国家卫生健康委员会"十四五"规划教材

全国高等职业教育药品类专业第四轮规划教材

供药学类、中医药类、食品类、生物技术类、药品生产技术、
生物制药技术、药物制剂技术等专业用

微生物与免疫学

第 3 版

主　编　张业霞

副主编　李国利　唐正宇

编　者（以姓氏笔画为序）

牛四坤（山西药科职业学院）　　　　　　张兰英（山东丹红制药有限公司）

李国利（重庆三峡医药高等专科学校）　　张佳伦（菏泽医学专科学校）

余水红（安庆医药高等专科学校）　　　　赵柯蔚（南阳医学高等专科学校）

张　丽（山东药品食品职业学院）　　　　徐丽丹（黑龙江护理高等专科学校）

张　婧（赣南卫生健康职业学院）　　　　唐正宇（长沙卫生职业学院）

张业霞（菏泽医学专科学校）　　　　　　崔艳丽（山东省莱阳卫生学校）

人民卫生出版社
·北　京·

版权所有，侵权必究！

图书在版编目（CIP）数据

微生物与免疫学 / 张业霞主编 . -- 3 版 . -- 北京 ：
人民卫生出版社，2025.8. --（全国高等职业教育药品
类专业第四轮规划教材）. -- ISBN 978-7-117-38107-9

Ⅰ. R37；R392

中国国家版本馆 CIP 数据核字第 2025ZH3463 号

| 人卫智网 | www.ipmph.com | 医学教育、学术、考试、健康，购书智慧智能综合服务平台 |
| 人卫官网 | www.pmph.com | 人卫官方资讯发布平台 |

微生物与免疫学
Weishengwu yu Mianyixue
第 3 版

主　　编：张业霞
出版发行：人民卫生出版社（中继线 010-59780011）
地　　址：北京市朝阳区潘家园南里 19 号
邮　　编：100021
E - mail：pmph @ pmph.com
购书热线：010-59787592　010-59787584　010-65264830
印　　刷：人卫印务（北京）有限公司
经　　销：新华书店
开　　本：850×1168　1/16　　印张：20
字　　数：470 千字
版　　次：2013 年 8 月第 1 版　　2025 年 8 月第 3 版
印　　次：2025 年 9 月第 1 次印刷
标准书号：ISBN 978-7-117-38107-9
定　　价：69.00 元
打击盗版举报电话：010-59787491　E-mail：WQ @ pmph.com
质量问题联系电话：010-59787234　E-mail：zhiliang @ pmph.com
数字融合服务电话：4001118166　E-mail：zengzhi @ pmph.com

出版说明

近年来,我国职业教育在国家的高度重视和大力推动下已经进入高质量发展新阶段。从党的十八大报告强调"加快发展现代职业教育",到党的十九大报告强调"完善职业教育和培训体系,深化产教融合、校企合作",再到党的二十大报告强调"统筹职业教育、高等教育、继续教育协同创新,推进职普融通、产教融合、科教融汇,优化职业教育类型定位",这一系列重要论述不仅是对职业教育发展路径的精准把握,更是对构建中国特色现代职业教育体系、服务国家发展战略、促进经济社会高质量发展的全面部署,也为我们指明了新时代职业教育改革发展的方向和路径。

为全面贯彻国家教育方针,将现代职业教育发展理念融入教材建设全过程,人民卫生出版社经过广泛调研论证,启动了全国高等职业教育药品类专业第四轮规划教材的修订出版工作。

本套规划教材首版于 2009 年,分别于 2013 年、2017 年修订出版了第二轮、第三轮规划教材。本套教材在建设之初,根据行业标准和教育目标,制定了统一的指导性教学计划和教学大纲,规范了药品类专业的教学内容。这套规划教材不仅为高等职业教育药品类专业的学生提供了系统的理论知识,还帮助他们建立了扎实的专业技能基础。这套教材的不断修订完善,是我国职业教育体系不断完善和进步的一个缩影,对于我国高素质药品类专业技术技能型人才的培养起到了重要的推动作用。同时,本套教材也取得了诸多成绩,其中《基础化学》(第 3 版)、《天然药物学》(第 3 版)、《中药制剂技术》(第 3 版)等多本教材入选了"十四五"职业教育国家规划教材,《药物制剂技术》(第 3 版)荣获了首届全国教材建设奖一等奖,《药物分析》(第 3 版)荣获了首届全国教材建设奖二等奖。

第四轮规划教材主要依据教育部相关文件精神和职业教育教学实际需求,调整充实了教材品种,涵盖了药品类相关专业群的主要课程。全套教材为国家卫生健康委员会"十四五"规划教材,是"十四五"时期人民卫生出版社重点教材建设项目。本轮教材继续秉承"大力培养大国工匠、能工巧匠、高技能人才"的职教理念,结合国内药学类专业领域教育教学发展趋势,科学合理推进规划教材体系改革,重点突出如下特点:

1. 坚持立德树人,融入课程思政 高职院校人才培养事关大国工匠养成,事关实体经济发展,事关制造强国建设,要确保党的事业后继有人,必须把立德树人作为中心环节。本轮教材修订注重深入挖掘各门课程中蕴含的课程思政元素,通过实践案例、知识链接等内容,润物细无声地将思想政治工作贯穿教育教学全过程,使学生在掌握专业知识与技能的同时,树立起正确的世界观、人生观、价值观,增强社会责任感,坚定服务人民健康事业的理想信念。

2. 对接岗位需求,优化教材内容 根据各专业对应从业岗位的任职标准,优化教材内容,避免重要知识点的遗漏和不必要的交叉重复,保证教学内容的设计与职业标准精准对接,学校的人才培养与企业的岗位需求精准对接。根据岗位技能要求设计教学内容，增加实践教学内容的比重，设计贴近企业实际生产、管理、服务流程的实验、实训项目，提高学生的实践能力和解决问题的能力；部分教材采用基于工作过程的模块化结构，模拟真实工作场景，让学生在实践中学习和运用知识，提高实际操作能力。

3. **知识技能并重，实现课证融通**　本轮教材在编写队伍组建上，特别邀请了一大批具有丰富实践经验的行业专家，与从全国高职院校中遴选出的优秀师资共同合作编写，使教材内容紧密围绕岗位所需的知识、技能和素养要求展开。在教材内容设计方面，充分考虑职业资格证书的考试内容和要求，将相关知识点和技能点融入教材中，使学生在学习过程中能够掌握与岗位实际紧密相关的知识和技能，帮助学生在完成学业的同时获得相应的职业资格证书，使教材既可作为学历教育的教科书，又能作为岗位证书的培训用书。

4. **完善教材体系，优化编写模式**　本轮教材通过搭建主干知识、实验实训、数字资源的"教学立交桥"，充分体现了现代高等职业教育的发展理念。强化"理实一体"的编写方式，并多配图表，让知识更加形象直观，便于教师讲授与学生理解。并通过丰富的栏目确保学生能够循序渐进地理解和掌握知识，如用"导学情景"引入概念，用"案例分析"结合实践，用"课堂活动"启发思考，用"知识链接"开阔视野，用"点滴积累"巩固考点，大大增加了教材的可读性。

5. **推进纸数融合，打造新形态精品教材**　为了适应新的教学模式的需要，通过在纸质教材中添加二维码的方式，融合多媒体元素，构建数字化平台，注重教材更新与迭代，将"线上""线下"教学有机融合，使学生能够随时随地进行扫码学习、在线测试、观看实验演示等，增强学习的互动性和趣味性，使抽象知识直观化、生动化，提高可理解性和学习效率。通过建设多元化学习路径，不断提升教材的质量和教学效果，为培养高素质技能型人才提供有力支持。

本套教材的编写过程中，全体编者以高度负责、严谨认真的态度为教材的编写工作付出了诸多心血，各参编院校为编写工作的顺利开展给予了大力支持，从而使本套教材得以高质量如期出版，在此对相关单位和各位专家表示诚挚的感谢！教材出版后，各位教师、学生在使用过程中，如发现问题请反馈给我们(发消息给"人卫药学"公众号)，以便及时更正和修订完善。

人民卫生出版社

2024 年 11 月

前　言

本教材是国家卫生健康委员会"十四五"规划教材、全国高等职业教育药品类专业第四轮规划教材。微生物与免疫学是高等职业教育药品类专业的专业基础课,本教材结合药品类专业特点,遵循国家卫生健康委员会"十四五"规划教材的编写原则和思路,充分体现职业教育特色,聚焦专业和行业发展,深入贯彻党的二十大精神,以习近平新时代中国特色社会主义思想为指引,将"立德树人"放在突出地位。本教材在内容上精准定位,着力做好课程优化,清晰呈现课程目标,能让学生在专业学习中将理论与实践有机结合,并通过加强产教融合与科教融汇,注重教材的实用性与科学性,全面提升育人质量,培养高素质技术技能人才、能工巧匠和大国工匠。

本教材在微生物方面,以微生物分类为依据、微生物细胞结构为主线,主要介绍原核微生物、真核微生物和非细胞型微生物的基本特性与常见病原体,在上版教材的基础上,增加了抗细菌和真菌的常用药物,重点阐述微生物与药学的关系,并增加了药物的微生物检查,使学生深刻认识微生物在药学中的应用,更加突出学科特点,贴近职业需求。在免疫学方面,增加了免疫学基础概述,帮助学生树立整体思维,认识人体免疫系统组成、免疫应答的发生机制、超敏反应和免疫学应用,尤其注重免疫学原理和技术在药学中的应用。随着现代信息技术的发展,本教材配备了完善的数字资源,纸数结合,满足学生个性化需求,提高使用效果。

本教材共有 12 位老师参与编写,他们长期工作在高等职业教育教学一线或行业一线,具有丰富的教学和实践带教经验,分别是菏泽医学专科学校的张业霞(负责编写第一章)和张佳伦(负责编写第十一章),长沙卫生职业学院的唐正宇(负责编写第二章),南阳医学高等专科学校的赵柯蔚(负责编写第二章),赣南卫生健康职业学院的张婧(负责编写第二章),山东省莱阳卫生学校的崔艳丽(负责编写第三章),黑龙江护理高等专科学校的徐丽丹(负责编写第四章和第十二章),山东丹红制药有限公司的张兰英(负责编写第五章),重庆三峡医药高等专科学校的李国利(负责编写第六、七章),山东药品食品职业学院的张丽(负责编写第八章),安庆医药高等专科学校的余水红(负责编写第九章),山西药科职业学院的牛四坤(负责编写第十章)。本教材是全体编委集体智慧的结晶,张业霞、唐正宇、李国利负责全书的统稿,张佳伦担任编写秘书。本教材在编写过程中得到了人民卫生出版社的大力帮助,同时也得到了各编写人员所在单位的关心和支持,在此一并表示衷心的感谢!

鉴于本教材编写时间紧迫,编者水平有限,不足或错漏在所难免,恳请使用本教材的广大师生以及有关专家在教学实践中提出宝贵意见,使其更趋完善。

张业霞

2025 年 7 月

目　录

第五章　微生物在药学中的应用　　154

第六章　免疫学基础概述　　172

第九章　免疫分子　　　　　　　　　　　　　　　　• **201**

第十章　免疫应答　　　　　　　　　　　　　　　　• **224**

第十一章 超敏反应 • 235

第十二章 免疫学应用 • 248

第一章　微生物和微生物学

ER 1-1

第一章
微生物和
微生物学
（课件）

学习目标

1. **掌握**　微生物的概念与特点；微生物的分类。
2. **熟悉**　微生物学发展简史。
3. **了解**　微生物与人类的关系。

导学情景

情景描述：

　　2023年冬季，多地进入呼吸系统疾病高发期，尤其以儿童感染率较高，个别患者甚至出现流行性感冒病毒、鼻病毒或呼吸道合胞病毒等的混合感染，亦有部分患者感染肺炎支原体。多数患者出现发热、鼻塞、流涕、咽痛、咳嗽等症状，急需入院治疗。

学前导语：

　　自然界中存在大量人类肉眼无法看到的生物，它们始终生活在我们的周围，无处不在，绝大部分可与我们和睦相处，但少部分会引起相关疾病，令我们防不胜防，这类生物就是微生物。

　　微生物在自然界分布极为广泛，无论在高山之巅、海洋之底、都市、旷野等，均有微生物的痕迹，它们与植物、动物及人类共同构建了地球上的生物大家庭，使自然界丰富多彩。

第一节　微生物和微生物学概述

一、微生物和微生物学的概念

　　微生物（microorganism）是一类个体微小、结构简单，肉眼看不见，必须借助光学显微镜或电子显微镜才能观察到的微小生物的总称。

　　微生物学（microbiology）是研究微生物的形态、结构、生理、遗传变异等生命活动规律及微生物之间、微生物与人类之间、微生物与动植物之间等相互关系的一门科学。随着当代医药学的发展，微生物学在现代医学中的地位越来越重要，尤其在当今感染性疾病频发的情况下，微生物学在临床疾病诊断和药物治疗方面的作用越来越突出。

二、微生物的特点

微生物和其他生物一样,具有生物最基本的特征,如生长繁殖、新陈代谢、遗传变异等。但微生物还有其自身的一些特点。

1. 个体微小、比表面积大、吸收多、转化快　绝大多数微生物的个体极其微小,需借助显微镜放大几百倍、几千倍甚至几万倍才能看清。其大小常用 μm($1m=10^6μm$)或 nm($1m=10^9nm$)来表示,如葡萄球菌直径大约为 $1μm$,流感病毒直径为 $80~120nm$。但是,一些大型真菌是肉眼可见的,如蘑菇、银耳、灵芝等,它们也是微生物的范畴。

虽然微生物体积微小,但其比表面积却很大。比表面积是指某一物体单位体积所占有的表面积,即表面积和体积之比,物体的体积越小,其比表面积就越大。如果将人的比表面积值设定为 1,则大肠埃希菌的比表面积可达 30 万。如此巨大的比表面积,有利于微生物与环境中物质、能量和信息的交换,促进微生物对营养物质的吸收和转化。

微生物能利用的物质十分广泛。动植物能利用的、不能利用的,甚至对动植物有害的物质,都可以被微生物所分解利用,故微生物具有"胃口"大、"食谱"广的特性,可发挥其"微生物工厂"的作用,化有害为无害,变无用为有用,为人类的生产生活提供医药、食品或化工产品等。

2. 种类多、数量大、分布广　微生物种类繁多,可能是地球上物种最多的一类生物。迄今为止有所记载的微生物有 20 余万种,但这可能只占地球实际存在的微生物总数的 20%。在自然界中,除了"明火"、火山喷发中心区和人为的无菌环境外,微生物无处不在,上至 85km 外的高空,下至地表下 2km 的深处、海洋万米以上的水底层及矿层中,均分布有不同类型的微生物,故人类生活在一个遍布着微生物的世界中,其中土壤里微生物的种类和数量最多。此外,近 100℃的温泉、−250℃的极端环境等地方亦有微生物的存在。

除自然环境外,人体和动物体内亦有大量微生物存在,它们主要分布在人和动物的体表和与外界相通的腔道中,如人体肠道中经常居住着 100~400 种不同的微生物,总数可达 100 万亿个之多,普通人双手上带有细菌达 4 万~40 万个,但这些细菌绝大多数为非致病菌。

3. 新陈代谢能力强、生长旺、繁殖快　因微生物比表面积大,吸收多、转化快,故其新陈代谢能力极强。如发酵乳糖的细菌在 1 小时内可分解其自身重量 100~1 000 倍的乳糖,而人体消耗自身体重 100 倍的糖则需几十年之久。故微生物的代谢速率是任何其他生物所不及的。

微生物的这个特性决定了其以惊人的速度进行繁殖。绝大多数微生物以无性"二分裂法"进行繁殖,繁殖速度极快,如大肠埃希菌在适宜条件下,20 分钟左右即可繁殖 1 代。据此计算,1 个细菌经过 10 小时可繁殖达 10 亿个。但事实上,因各种条件(如营养物质的消耗、代谢废物的积累等)的限制,这种几何级数的增殖仅能维持几小时,不可能持续繁殖下去。

此外,微生物的代谢类型多种多样,既能以二氧化碳(CO_2)为碳源(carbon source)进行自养型生长,也能以有机物为碳源进行异养型生长;既可利用光能,也可利用化学能;既可在有氧条件下生长,也可在无氧条件下生长。微生物的代谢产物也多种多样,可用于生产多种工业产品或药品,如酸、生物碱、醇、氨基酸、维生素、抗生素等。

4. 适应性强、易变异 与高等动植物相比，微生物对环境条件有极强的适应性，甚至是对恶劣的极端环境也具有惊人的适应能力。如大多数细菌能耐 –196~0℃的低温；某些细菌能耐250~300℃的高温；一些嗜盐菌能在接近饱和的盐水中正常生存；真菌的孢子、细菌的芽孢在干燥条件下可存活几十年。

微生物个体结构简单，绝大多数是单细胞或简单的多细胞，有的甚至无细胞结构，代谢旺盛、繁殖快，且与外界环境的接触面大，故易受环境条件影响而发生变异。尽管变异的概率只有 $10^{-10} \sim 10^{-5}$，但由于其繁殖迅速，短时间内即可产生大量变异的后代，某些变异后的个体对新环境的适应能力较强。微生物的变异既可带来不利影响，又可对人类有益。如利用微生物的变异可制备疫苗；可对生产菌种进行改造，获取优良品种，提高产物质量；但有些病原性细菌的耐药性变异会给临床药物治疗带来较大困难，有些菌种变异可使优良菌种退化，影响生产。微生物适应性强、易变异的特点也是造成其种类繁多的原因之一。

5. 结构简单，是研究生命科学规律的理想材料 微生物虽然个体微小、结构简单，但却承载着生命活动的功能。随着生物科学研究的深入，人们逐渐认识到微生物不是一个独立的分类类群，其代谢过程与高等动植物的代谢模式相同或相似，如酿酒酵母的乙醇发酵机制和脊椎动物肌肉的糖酵解机制十分相似，可见两者可能具有相同的酶系，故在很多研究中，微生物是阐明许多生命基本过程的重要参考。科学家们以微生物作为研究材料，已经获得了许多研究成果。如在肺炎球菌的研究基础上，明确了生物遗传变异的物质基础为 DNA。近年来，微生物研究发展迅速，在医学和药学研究中的地位越来越重要，如基因工程技术在临床上已应用广泛。

三、微生物的分类及细菌的命名

1. 微生物在自然界生物中的地位 生物分类学的始祖——瑞典植物学家林奈（Carl von Linné，1707—1778）在 200 多年前将生物划分为动物界和植物界。自从人们发现并逐步认识了微生物以后，发现将它们归入动物界或植物界都不合适。因此，德国动物学家和哲学家海克尔（Haeckel，1834—1919）在 1866 年提出三界系统，将生物分为动物界、植物界和原生生物界（protista），他将那些既非典型动物也非典型植物的单细胞微生物归属于原生生物界。到 20 世纪50 年代，人们利用电子显微镜观察到了微生物细胞的内部结构，在此基础上，1969 年魏泰克（R. H. Whittaker）提出生物分类的五界系统，即原核生物界、原生生物界、真菌界、植物界和动物界。微生物分别归属于五界中的前三界，其中原核生物界包括各类细菌，原生生物界包括单细胞藻类和原生动物，真菌界包括真菌和黏菌。

Jahn 等于 1949 年曾提出六界系统，即后生动物界、后生植物界、真菌界、原生生物界、原核生物界和病毒界。我国学者王大耜等于 1977 年也提出过六界系统的设想，即在魏泰克五界系统的基础上加上病毒界。

对整个生物的分类划界有不同的分类系统，除了已确定的动物界和植物界外，其余各界都是随着人类对微生物的深入研究和认识后才发展建立起来的。200多年来，从两界系统发展到三界、四界、五界和六界系统，这是一个由低到高、由浅到深的认识过程，如图1-1所示。

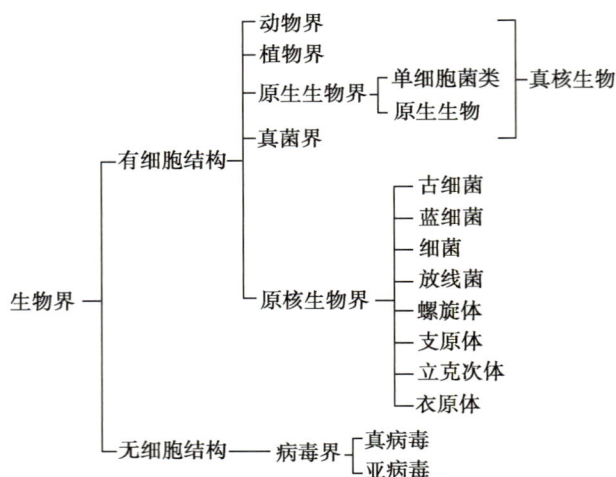

```
                              ┌ 动物界
                              ├ 植物界
                              ├ 原生生物界 ┬ 单细胞菌类 ┐ 真核生物
                  ┌ 有细胞结构 ┤           └ 原生生物  ┘
                  │           ├ 真菌界
                  │           │           ┌ 古细菌
                  │           │           ├ 蓝细菌
                  │           │           ├ 细菌
  生物界 ─┤        │           └ 原核生物界 ┼ 放线菌
                  │                       ├ 螺旋体
                  │                       ├ 支原体
                  │                       ├ 立克次体
                  │                       └ 衣原体
                  └ 无细胞结构 ── 病毒界 ┬ 真病毒
                                        └ 亚病毒
```

图1-1　微生物在生物界中的分类位置

2. 微生物的分类　按有无细胞结构及分化程度不同，微生物可分为3种类型。

（1）原核细胞型微生物：细胞的分化程度较低，仅有原始核质，无核仁和核膜，胞质内细胞器不完整，DNA与RNA同时存在。此类微生物种类较多，主要包括细菌、放线菌、支原体、衣原体、螺旋体、立克次体等。

（2）真核细胞型微生物：此类生物大多由多细胞组成，细胞核分化程度高，有核膜、核仁和染色体，胞浆内有完整的细胞器，如内质网、核糖体、线粒体等。此类生物主要包括真菌。

（3）非细胞型微生物：无典型的细胞结构，仅由核心和蛋白质衣壳组成，是最小的一类微生物，能通过滤菌器。核心中只有单一的核酸（DNA或RNA），缺乏产生能量的酶系统，必须在活细胞内才能增殖。病毒为其代表，另外，近年发现的朊粒，结构中只有蛋白质没有核酸，也属于此类。

3. 微生物的分类单位　与其他动植物一样，微生物的分类单位自上而下依次分为界（kingdom）、门（phylum）、纲（class）、目（order）、科（family）、属（genus）、种（species）。在细菌学中常用的是属和种。

（1）属：性状相近、关系密切的若干菌种组成一个属。

（2）种：生物学性状相同或相似的细菌群体构成一个菌种，种是细菌分类的基本单位。同一菌种的各个细菌，虽然性状基本相同，但在某些方面仍有一定差异，差异较为明显的称亚种或变种，差异小的称为型（type）。如按照细菌抗原结构分为不同血清型，按照生化反应和其他某些生物学性状分为不同生物型，按噬菌体和细菌素的敏感性不同分为噬菌体型和细菌素型。

（3）菌株：又称为品系或株（在病毒中称毒株），不同来源的同一菌种的细菌称为该菌的不同菌株（strain）。而具有某种细菌典型特征的菌株则称为该菌的标准菌株（standard strain），又称为模式菌株（type strain）。

4. 细菌的命名　一般采用国际通用的拉丁文双名法。其学名（scientific name）包括属名和种名两部分,书写时前面为属名,为名词,首字母需大写;后面为种名,为形容词,应全部小写,印刷时均用斜体表示。如大肠埃希菌(又称大肠杆菌)为 *Escherichia coli*。另外,常在种名之后加上命名者的姓氏(用正体字),也可省略,如金黄色葡萄球菌为 *Staphylococcus aureus* Rosenbach。少数情况下,若该种是一个亚种,学名则应按"三名法"构成,即属名 + 种名 + 亚种名(亚种名缩写为"subsp.",用正体字,加上亚种名称),如蜡样芽孢杆菌的蕈状亚种为 *Bacillus cereus* subsp. *Mycoides*。

除了学名外,细菌通常还有俗名。俗名简明,但不够确切。如结核分枝杆菌的学名为 *Mycobacterium tuberculosis*,俗称为结核杆菌,英文是 tubercle bacillus,常缩写为 TB。

点滴积累

1. 微生物是一类个体微小、结构简单,肉眼看不到,需借助显微镜才能看清其个体形态的微小生物的总称。
2. 微生物除具有生物最基本的特征,如新陈代谢、生长繁殖、遗传变异外,还有其自身的一些特点:个体微小、比表面积大、吸收多、转化快;种类多、数量大、分布广;新陈代谢能力强、生长旺、繁殖速度快;适应性强、易变异;结构简单,是阐明生命科学规律研究的理想材料。
3. 微生物按有无细胞结构及分化程度不同,分为原核细胞型微生物、真核细胞型微生物、非细胞型微生物三大类。
4. 微生物的分类单位自上而下可依次分为界、门、纲、目、科、属、种。种是最基本的分类单位,在种以下还可分为亚种、菌株和型等。

第二节 微生物与人类的关系

据研究,地球诞生至今已有 46 亿多年,而最早的微生物在 35 亿年前就已出现了,可人类自诞生至今只有几百万年的历史。事实上,人类从诞生时起就和微生物相依相存,而人类对微生物的认识,只有短短的几百年。绝大多数微生物对人类和动植物的生存是有益的、必需的,人类也将微生物应用于生活和生产实践中。但微生物既是人类和自然的"朋友",也是"敌人",因为人类不断遭受着少数病原性微生物所诱发的各种疾病的危害,如病毒性肝炎、艾滋病等,某些动植物也可因感染微生物而发病,如禽流感、小麦赤霉病等,因此微生物对人类既有有利的一面,也有有害的一面。

人类的生存离不开微生物,它与人类生活息息相关。现代微生物学是一个具有许多分支的大学科,在自然界的物质循环、医药卫生、现代工业、农业、环境等多个领域都有重大影响,促进人类社会的进步和发展。

课堂活动

1. 如果没有微生物,人类在世界上还能生存吗?
2. 微生物可导致人类疾病,请列举发生在自己或身边的由微生物感染引起的疾病。

一、微生物在自然界物质循环中的作用

自然界中氮、碳、硫等多种元素的循环都离不开微生物的代谢活动。例如在碳循环中,地球上90%的二氧化碳是由微生物的生命活动产生的;空气中的大量氮气必须通过固氮菌的作用才能被植物吸收,土壤中的微生物能将动植物体内的有机物转化为无机物,以供植物生长需要,而植物又是人类和动物的主要营养来源。没有微生物,植物就不能进行代谢,人类和动物也无法生存。所以微生物在自然界的物质循环中扮演着重要角色,使生态系统保持平衡。

二、微生物与工业发展

微生物与工业发展关系密切。在食品、医药等工业领域,我国的氨基酸、抗生素、有机酸、维生素、酿酒等产业的发展已相当先进。抗生素的产量、质量大幅提升,远销世界各国。我国的一步发酵法生产维生素C等技术已位于国际前列;利用微生物发酵生产的味精、枸橼酸、甘油等,产量高、质量好;用微生物发酵法进行石油脱蜡,可降低油品凝固点,在国防建设中有重要贡献。利用微生物法勘探石油和天然气,创造了多种微生物采油工艺,提高了原油采收率,并以石油为原料发酵生产有机酸、酶制剂等都取得了很大进展。此外,细菌冶金研究、食品罐藏防腐、酿造技术以及代谢调控发酵技术等均取得了高速发展,提高了生产效率。

三、微生物与农业生产

微生物在促进农业发展中具有显著作用。我国已开发多种微生物农药,例如,防治农田害虫的苏云金杆菌、防治松毛虫等的白僵菌制剂等;微生物可生产多种农用抗生素,如春雷霉素、井冈霉素、庆丰霉素等,应用广泛;微生物除草剂的除草效果良好;利用微生物制作菌肥,如根瘤菌、自生固氮菌、磷细菌等多种制剂应用良好;利用细菌产沼气等生物能源技术在农村普遍推广使用;此外,微生物在畜用生物制品、防治植物病毒病等方面的研究与应用已成功开展。

四、微生物与环境保护

微生物在环境保护方面的作用日益突出。由于人类工业化等生产活动,环境破坏越来越严重,而在环境污染治理方面,微生物发挥着重要作用。目前我国利用微生物处理有毒废水取得了重要进展,已选育出一批可高效降解污染物的菌株,优化了生物治理工艺,可处理含酚、氰、有机磷、有机氯、丙烯腈、硫氰酸盐、石油、重金属、染料等的废水,效果显著,同时微生物也是环境污染和监测的重要指示生物。

五、微生物与医疗卫生

从古至今,人类社会一直遭受着病原微生物的威胁。如病原微生物导致的天花、霍乱、鼠疫等疾病曾在世界各国流行传播,夺去无数人的生命。目前一些新的病原体不断出现,原有病原体也可发生变异,如人类免疫缺陷病毒、新型冠状病毒、流感病毒等,而结核、疟疾等疾病亦有死灰复燃的趋势,给人类带来新的疾病或灾难,防治形势依然非常严峻。

案例分析

案例: 患者,女,28岁。主诉:昨日淋雨后出现打喷嚏、流鼻涕、鼻塞等症状,自行服用了板蓝根颗粒。今日出现高热、寒战、咳嗽咳痰、胸痛。体格检查:T 38.7℃,P 89次/min,R 27次/min,咽部充血;双肺呼吸音不清,腹平软,肝脾未触及,肠鸣音正常。实验室检查:WBC 19.3×10^9/L,X射线显示肺纹理增粗,左侧呈现密度相对较高的阴影。

分析: 该患者于淋雨后出现打喷嚏、流鼻涕、鼻塞等症状,次日又出现高热、寒战、咳嗽咳痰、胸痛等表现,结合体格检查及实验室检查,患者可能为肺炎球菌引起的大叶性肺炎,可给予青霉素等抗生素和其他辅助治疗。

随着医疗卫生事业的发展,出现了如外科消毒手术的建立、免疫防治措施的实施、抗生素等药物的大规模生产和应用等先进技术与手段,某些传染病得到了有效控制,人们的健康水平得以大幅提高。如今微生物在抗生素、微生物免疫制剂与酶抑制剂等方面都有广泛的应用,微生物与人类健康的关系十分密切。

(一) 微生物与抗生素

抗生素(antibiotic)是生物(包括微生物、植物和动物)在其生命活动过程中所产生的或由其他方法获得的,能在低微浓度下选择性地抑制或影响他种生物功能的有机化合物,主要用于治疗感染性疾病。

自从1928年弗莱明(Fleming)发现了青霉素,微生物与医药学就结下了不解之缘。现有的抗生素主要来源于微生物,土壤中孕育着众多的抗生素产生菌,多数有价值的抗生素产生菌都是从土壤中筛选出来的。目前筛选新抗生素的产生菌主要来自"稀有"菌。除了利用传统的微生物培养技术获取抗生素外,目前还可利用分子生物学技术如基因工程、细胞融合等创造的工程微生物来获取抗生素。可以采用基因克隆,或通过转基因、原生质体融合、真菌的有性和无性周期进行重组等技术来构建微生物工程菌生产抗生素。

随着新的病原体的出现及细菌耐药性的产生,人类面临巨大的威胁和挑战。微生物作为抗生素来源的巨大资源库,人类对其研究并寻找新抗生素的工作不能放松。

(二) 微生物多糖

微生物多糖主要来自细菌和真菌。根据其合成部位不同,可分为胞内多糖、胞壁多糖和胞外多糖。胞外多糖产生后易与菌体分离且产量大,应用较多。微生物多糖除了可作为新药,也可被用作稳定剂、增稠剂、成膜剂、乳化剂、悬浮剂和润滑剂等，应用于食品、制药和化工等行业。

目前研究和应用最多的是真菌多糖，它可激活淋巴细胞、巨噬细胞，参与免疫调节，提高人体抗感染和抗肿瘤等能力。如香菇多糖可有效激活 T 淋巴细胞，促进特异性细胞毒性 T 淋巴细胞（cytotoxic T lymphocyte，CTL）的产生，并提高其杀伤活性。

（三）微生物免疫制剂

微生物免疫制剂在防控传染病中具有重要作用。免疫预防就是指通过给机体接种某种免疫制剂使机体获得针对某种特定传染病的特异性抵抗力。机体获得特异性免疫力的方式分为自然免疫和人工免疫。人工免疫常用的疫苗主要有减毒活疫苗、灭活疫苗、亚单位疫苗以及基因工程疫苗等。微生物是疫苗的重要来源，疫苗就是用各种方法将微生物及其亚单位、代谢产物等制作成可使机体产生特异性免疫力的产品。

（四）微生物生产的酶制剂与酶抑制剂

生物的一切新陈代谢活动都是在酶的作用下进行的，它是一类具有生物催化活性的蛋白质，主要包括酶制剂与酶抑制剂，可来源于动物、植物和微生物，当前微生物是其重要来源。

1. 酶制剂　酶制剂是一类从生物中提取获得的具有酶特性的物质，随着医药科学的发展，目前已应用于药品、食品等多个方面。如消化酶类有蛋白酶、淀粉酶、脂肪酶等，能治疗消化系统疾病；抗肿瘤酶类如天冬酰胺酶，是大肠埃希菌产生的一种抗白血病药物；青霉素酶能分解青霉素，可用于治疗青霉素引起的过敏反应。

2. 酶抑制剂　酶抑制剂是一类来自微生物的小分子生物活性物质，它可以与酶结合降低其活性。具有增强机体免疫功能、生理调节等多种作用，有些也可用于制作农药。如链霉菌产生的抑肽素，是一种蛋白酶抑制剂，可结合胃蛋白酶降低其作用，用于治疗胃溃疡；泛涎菌素是一种淀粉酶抑制剂，在防治糖尿病、肥胖症中有一定作用。

（五）微生物毒素药物

许多微生物在代谢过程中可产生毒素，尤其是细菌和真菌。如葡萄球菌产生的肠毒素、黄曲霉产生的黄曲霉毒素等。虽然毒素对机体有毒性作用，但这些微生物毒素也是人类寻找新药的重要宝库。目前研究的毒素的作用主要表现在以下几个方面：①直接用作药物，如肉毒毒素可用于治疗功能性失明的眼睑及内斜视；②以微生物毒素为模板，可研发抗肿瘤新药；③在细菌外毒素的基础上制备疫苗，如利用破伤风外毒素制备破伤风类毒素疫苗；④作为超抗原（superantigen，SAg）激活免疫应答，极微量即可诱发机体出现强烈的应答反应，激活淋巴细胞增殖的能力较强，是多克隆有丝分裂原。

点滴积累

1. 微生物与人类的关系非常密切，绝大多数微生物对人类和动植物是有益的，而且有些是必需的，其中少数病原微生物可使人类和动植物患病。
2. 微生物在自然界的物质循环、医药卫生、现代工业、农业、环境等多个领域都有重大意义，没有微生物，人类将无法生存，微生物促进了人类社会的进步和发展。

第三节　微生物学及其发展简史

　　人类在逐步认识、研究和利用微生物的过程中,揭示了微生物的生命活动规律,建立了微生物学学科,而揭示微生物的相关规律并有效利用微生物的历程就是微生物学的发展历史。

一、微生物学及其分支学科

(一) 微生物学

　　简单来说,微生物学(microbiology)是研究微生物及其生命活动规律的科学。

　　学习、研究微生物是为了充分利用微生物对人类有益的一面,开发微生物资源,使其更好地为人们的生活、生产服务;同时,控制微生物有害的一面,使微生物对人类的病害等得到有效的治疗和预防,促进人类的健康和社会的发展。

(二) 微生物学的分支学科

　　随着微生物学的不断发展,现已形成了基础微生物学和应用微生物学两大领域,研究的领域和范围日益广泛与深入,涉及医学、工业、农业和环境等许多方面,形成了许多不同的分支学科。按研究对象可分为细菌学、真菌学、病毒学等。按微生物所在的生态环境可分为土壤微生物学、海洋微生物学、宇宙微生物学、环境微生物学等。按功能与过程可分为微生物生理学、微生物分类学、微生物遗传学、微生物生态学等。按应用范围可分为工业微生物学、农业微生物学、医学微生物学、食品微生物学等分支学科。

二、微生物学发展简史

(一) 我国古代对微生物的利用(经验阶段)

　　由于微生物个体微小,需要借助显微镜观察,古代人们并不能直接观察到微生物,但在长期的生活与生产实践中,人们对微生物的认识和利用却有着悠久的历史,并积累了丰富的经验。例如,长期以来,民间常用盐腌、烟熏、风干等方法来保存食物,实际上正是通过抑制微生物生长来防止食物的腐烂变质。除文字记载外,在出土文物中经常出现酿酒和盛酒用具,可见古时我国劳动人民已成功掌握了发酵这项微生物技术,很早就发明了制曲酿酒工艺。春秋战国时期,人们也已能制醋和制酱。

　　在农业上,我国农民对于制作堆肥和厩肥有一套完整的技术,即利用有机质在微生物的作用下,腐解为简单的可供植物吸收的营养成分,此内容在著名的农业著作《齐民要术》中已有详细论述。我国农民还懂得利用豆科植物与粮食作物进行轮作和间作,实际上这是利用了根瘤菌与豆科植物的共生固氮作用,提高土壤肥力。

　　在古医书中,也有许多防止病原菌侵染和利用微生物治病的措施,如明朝李时珍在《本草纲目》

中指出,将患者的衣服蒸过后再穿就不会感染疾病,表明已有消毒的记载;我国先民自宋朝就开创了预防天花的人痘接种法,故免疫接种法预防疾病在我国有着悠久的历史。此外,古人还利用微生物如灵芝、茯苓等作为强身和治病的药剂,沿用至今。

(二)微生物的发现(形态学阶段)

1676年,荷兰人列文虎克(Antonie van Leeuwenhoek,1632—1723)利用自制的简单显微镜首次观察发现了微生物。他当时所用的显微镜可以放大约300倍,他观察了雨水、血液和牙垢等物,描绘了细菌和原生动物等的形态与活动方式,为证明微生物的存在提供了科学依据,这在微生物学的发展史上具有划时代的意义,因此列文虎克被称为"微生物学的先驱者"。此后,由于没有放大倍数更高的显微镜出现,对微生物的研究停滞了一段时间。故该阶段人们对微生物的研究仅停留在形态描述上。

(三)微生物学的奠基时期(生理学阶段)

微生物学作为一门学科,发展于19世纪中期。19世纪60年代,在欧洲一些国家占有重要经济地位的酿酒工业和蚕丝业出现了酒变质与蚕病危害等问题,当时以法国巴斯德(Louis Pasteur,1822—1895)和德国科赫(Robert Koch,1843—1910)为代表的科学家研究了微生物的生理活动,并与生产实际和预防疾病联系起来,奠定了微生物学的理论和技术基础。

巴斯德用著名的曲颈瓶实验彻底否定了统治长久的微生物自然发生学说,该学说认为一切生物是自然发生的,可以从一些没有生命的材料中产生。巴斯德设计了有细长弯曲的长颈的玻璃瓶,内装有机物浸汁(图1-2),将浸汁煮沸灭菌后,瓶口虽然开放,但不会腐败。这是由于空气虽能进入玻璃瓶,但其中所含有的微小生物不能从弯曲的细管进入瓶内,而是附着在管壁上。一旦将瓶颈打破,或将瓶内的浸汁倾湿管壁,再倒回去,则瓶内的浸汁就有了微生物而发生腐败。该实验证明了空气中含有微生物,并可引起有机质的腐败,否定了自然发生学说。

巴斯德通过研究发现,未变质的陈年葡萄酒和啤酒中有一种圆球状的酵母细胞,而变质的酒中有一根根细棍似的乳酸杆菌,正是它们使得酒质变酸。他通过反复实验,终于找到了简便且有效的解决酒类、牛奶等变质的消毒方法,即时至今日仍在使用的巴氏消毒法(61.1~62.8℃ 30分钟或

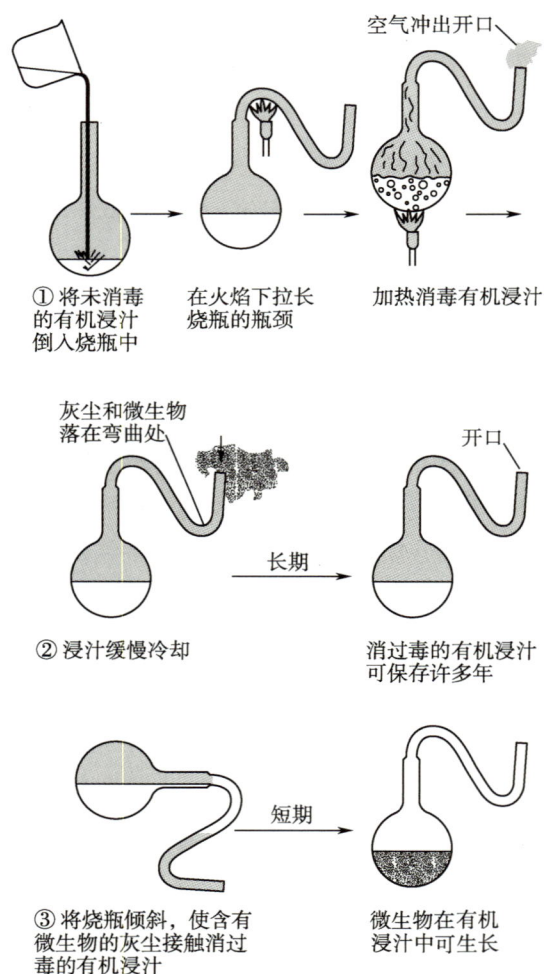

图 1-2 巴斯德曲颈瓶实验的图解示意

71.7℃ 15~30 秒),这种消毒方法在较低的温度下既可杀死病原菌,又能保持酒类、牛奶的营养和风味不变。在巴斯德的影响下,英国外科医生李斯特(Joseph Lister,1827—1912)创新用苯酚喷洒手术室和煮沸手术用具,以防止术后感染,为防腐、消毒以及无菌操作奠定了基础。

随后,巴斯德又对蚕病进行了研究,发现蚕病是由微生物引起的一种传染病,并找到了预防方法,遏止了蚕业病害的蔓延。此外,他还证明鸡霍乱、炭疽病、狂犬病等都是由相应的微生物引起的,并研制了狂犬病疫苗。巴斯德为微生物学的发展作出了伟大贡献,被誉为"微生物学之父"。

企业视角

微生物在自然界无处不在、无孔不入,企业在药品生产的各个环节,如原料的采集、车间的环境、生产设备、工作人员的健康状况等,以及在药品储存和流通过程中,根据不同的药品类型,都应注意避免微生物的污染,保障患者用药安全。

微生物学的另一位奠基人——德国医生科赫,同样为微生物学的发展作出了杰出贡献。①创造了固体培养基代替液体培养基:通过固体培养基将环境或患者排泄物中的细菌分离成单个菌落,建立了纯培养技术。②分离得到多种病原菌:利用纯培养技术,他先后分离出炭疽杆菌(1877 年)、结核分枝杆菌(1882 年)和霍乱弧菌(1883 年)等病原菌,在此后的短时间内世界各地相继发现了许多细菌性传染病的病原菌。③提出了确立病原菌的科赫法则:即病原微生物总是在患传染病的机体中发现,健康机体中不存在。在体外获得该病原菌的纯培养物,将病原菌接种于健康动物后能引起同样的疾病,并可从患病动物体内重新分离出相同的病原菌。实践证明,科赫法则对大多数病原菌的确定是实用的。在随后的研究中,这个法则得到了修正和发展。

在早期因受到了研究方法的限制,微生物学的发展速度比较缓慢,但是,初期的工作打开了微生物世界的大门,奠定了微生物形态学、生理学、分类学及医学微生物等各个方面的基础。

(四)微生物学的发展时期(生物化学阶段)

19 世纪后期到 20 世纪初期是微生物学全面发展的时期。

1897 年,德国化学家比希纳(E. Büchner,1860—1917)用酵母菌无细胞滤液进行乙醇发酵取得了成功,并把具有发酵作用的蛋白质称为"酒化酶",建立了现代酶学,开创了微生物生物化学研究的新时代。

微生物学家维诺格拉斯基(S. Winogradsky,1856—1953)发现在土壤中存在一类化能自养菌,它们只需氧化无机物就可以存活。他还着重研究了在温泉中生活的一种硫细菌,证明这种细菌能将 H_2S 氧化成 S,并在菌体内积累硫颗粒。其后他还研究了铁细菌和硝化细菌,这不仅丰富了细菌的种类,而且揭示了一类新的代谢类型。

荷兰微生物学家拜耶林克(M. W. Beijerinck,1851—1931)首先发现了自然界中存在固氮细菌这一特殊类型的微生物。1888 年,他成功地从豆科植物的根瘤中分离出根瘤菌,揭示了共生固氮现象。

抗生素的发现及其在疾病治疗上的应用具有划时代的意义。1929年,英国细菌学家弗莱明在培养葡萄球菌的实验中发现青霉菌产生的青霉素可以抑制金黄色葡萄球菌的生长。后来,弗洛里(Florey)等学者提纯了青霉素,用于治疗革兰氏阳性菌所引起的疾病,从而挽救了无数患者的生命。随后,科学家们纷纷从微生物中寻找抗生素,氯霉素、四环素、金霉素等一系列抗生素被发现,使许多由细菌引起的感染性疾病和传染病得到控制和治愈,为治疗和预防感染性疾病作出了重大贡献。

(五) 现代微生物学的发展

20世纪30年代以来,由于电子显微镜和放射性核素示踪技术的运用,人们将微生物学、生物化学、遗传学、细胞生物学、生物物理学和计算机科学等结合起来,在分子水平上进行研究,形成了现代微生物学的新分支——分子微生物学。

1941年,Beadle和Tatum根据在微生物上的研究结果,提出了"一个基因一个酶"的假说。1944年,艾弗里(O. Avery)等在研究细菌的转化因子时取得重要成果,发现了DNA的遗传作用,实验证实了DNA是遗传物质,揭示了基因的化学本质,从而证实了遗传的物质基础。1953年,沃森(J. D. Watson)和克里克(F. H. Crick)发现并证明了DNA的双螺旋结构,同时提出半保留复制原则,被公认为是分子生物学诞生的标志,极大地促进了分子遗传学的发展。1961年,加古勃(F. Jacob)和莫诺德(J. Monod)用实验证实了大肠埃希菌乳糖代谢的调节是由一套调节基因控制的,提出乳糖操纵子学说,奠定了研究微生物代谢调控的基础。1965年,Nirenberg破译了DNA碱基组成的三联密码,揭示了生物同一性的本质。此外,DNA复制机制、DNA分子杂交、DNA序列分析、蛋白质生物合成以及聚合酶链反应(polymerase chain reaction,PCR)技术等均以惊人的速度发展,极大地推动了相关学科和技术的发展。

三、微生物学发展趋势

微生物学的发展简史充分说明,微生物学对医药学、生命科学、工农业生产和人类社会的发展均已经产生了深远的影响。微生物学已经进入分子生物学阶段,主要有以下几个方面。

(一) 微生物的基因组和后基因组

目前已有许多微生物的基因组被测序,主要是模式微生物、病原微生物和特殊微生物。病原微生物基因组测序除了可以更好地了解其结构与功能、致病机制外,还能发现更特异的分子靶标作为诊断、分型的依据,为临床筛选有效药物和开发疫苗等提供参考。之后,人们还可将研究扩大到与工农业生产和环境保护有关的重要微生物上,采用分子生物学和生物信息学等方法,重点研究基因组与细胞结构的关系,以及相关基因的功能。

(二) 微生物的多样性

据估计,目前地球上能被培养的微生物种类可能还不到自然界中的微生物总数的1%。因此,在未来,微生物学家将大力发展新的分离培养技术,广泛深入地研究微生物的多样性,尤其加强研究在实验室中还不能培养的微生物以及在极端环境中生长的微生物(嗜极微生物),发现新型微生物,促进工业化生产和提高对环境的保护。

（三）微生物的深入综合利用

21世纪，人们可应用各种不同的新方法来深入开发和利用微生物，生产高质量的食品和其他新型实用的微生物产品，如新型酶制剂等。另外，利用微生物来降解土壤和水域中的污染物以及有毒物质，提高农业的产量、防治病虫害、防止食品和其他产品的微生物污染等亦将受到高度重视。

（四）微生物之间、微生物与其他生物以及微生物与环境之间的相互关系

随着微生物生态学研究的深入，人们将更深入地了解微生物与高等生物之间的各种关系，更有效地促进各种生物的协调发展，改善并维护生态平衡，促进人与自然的平衡与和谐发展。

（五）微生物的致病性和寄主免疫机制

新传染病（如SARS、禽流感等）的不断发生和旧传染病（如出血热、肺结核病等）的复发与传播，说明人类的生命和健康始终受到微生物的威胁。因此，人类应加强对微生物致病性和寄主免疫机制的研究，不断寻求延缓或阻止抗药性产生的途径，研究制造新的疫苗来防治严重危害人类健康的疾病。

总之，微生物学已经为生命科学等相关学科的研究带来了理论、技术和方法的革命，也为医疗卫生、工农业生产、环境保护的发展和人类社会的进步作出了重要贡献。随着对微生物研究的深入以及对微生物资源的深入开发和利用，可以确认，微生物学仍是领先发展的学科之一，并将为人类的健康和社会经济的发展作出更大的贡献。

点滴积累

1. 微生物学是研究微生物及其生命活动规律的科学，其研究主要涉及微生物的形态与结构、生理、遗传与变异、生态分布以及与人类、动植物、自然界之间的相互关系及其规律。随着研究的深入，微生物学自身已经形成许多分支学科，并与其他学科交叉与融合。
2. 在微生物学发展史上，涌现出了大批科学家，如荷兰科学家列文虎克、法国科学家巴斯德和德国科学家科赫等，在微生物学发展史上作出了重要贡献。
3. 微生物学发展经历了经验阶段、形态学阶段、生理学阶段、生物化学阶段和现代微生物学阶段，目前已进入分子生物学阶段。

目标检测

一、简答题

1. 微生物的分类有哪些类型？请举例说明。

2. 简述微生物与医疗卫生的关系有哪些。

3. 简述德国医生科赫在微生物学中的贡献。

二、实例分析

19世纪，法国酿酒业遭遇变酸困境，科学家巴斯德为了解决这一问题，首先用显微镜观察正常的葡萄酒和变酸的葡萄酒中究竟有什么不同，结果他发现，正常的葡萄酒中只能看到一种又圆又大

ER 1-2
第一章
微生物和
微生物学
（习题）

ER 1-3
第一章
微生物和
微生物学
（思维导图）

的酵母菌,而变酸的酒中则还有另外一种又细又长的细菌。他把这种细菌放到没有变酸的葡萄酒中,葡萄酒就变酸了。随后,他做了一个实验,把几瓶葡萄酒分成两组,一组在50℃的温度下加热并密封,另一组不加热,放置几个月后开瓶品尝,结果加热过的葡萄酒依旧酒味芳醇,而没有加热的葡萄酒却变得极酸。针对这个实例,请问:

1. 从巴斯德的实验发现中可以得出什么结论? 变酸的酒中的细菌的来源是哪里?
2. 结合巴斯德的实验,谈谈如何防止酒变酸。

（张业霞）

第二章　原核微生物

学习目标

1. **掌握** 细菌的基本形态、基本结构及特殊结构；细菌的生长繁殖；细菌的致病性；常用的消毒灭菌方法；常见的病原性细菌；放线菌的基本特性；支原体和衣原体的概念及其主要生物学性状；梅毒螺旋体的传播途径、致病性和危害。
2. **熟悉** 细菌的新陈代谢；细菌对药物的敏感性；放线菌的主要用途；常见致病性支原体和衣原体致病性及其防治原则。
3. **了解** 细菌的遗传与变异；放线菌的危害；常见立克次体致病性及其防治原则。

导学情景

情景描述：

　　2023 年 5 月，根据美国疾病控制与预防中心的消息，一款由某药企生产的滴眼液被高度耐药的细菌污染，导致 4 人死亡、14 人失明。该感染是由一种叫作铜绿假单胞菌的细菌引起的。有关专家认为此次感染尤其令人担忧，因为造成感染的细菌对标准抗生素有耐药性。美国食品药品管理局称，该公司召回了大量未过期的该种滴眼液和另一款产品。

学前导语：

　　自然界中生活着一类微生物如细菌，被称为原核微生物，它与人类关系密切。

　　原核微生物是微生物家族中的"主要成员"，其中与人类关系密切的主要有细菌、放线菌、螺旋体、支原体、衣原体和立克次体等。

第一节　细菌

　　细菌是一类个体微小、结构简单、具有细胞壁并以二分裂方式进行繁殖的单细胞原核细胞型微生物。细菌种类繁多，在自然界中分布广泛，其中大多数对人体有益，少数可引起人体和动植物的疾病。

　　本节主要介绍细菌的形态、结构、生理、遗传、变异、消毒、灭菌、药物敏感性及致病性等基础知识，对于鉴别、研究、开发利用细菌以及诊断和防治细菌性疾病具有十分重要的意义。

一、细菌的形态与结构

(一) 细菌的大小和形态

细菌个体微小,需用显微镜放大数百至上千倍才能被观察到,通常以微米(μm,1μm=10⁻³mm)
为单位来测量细菌的大小。不同种类的细菌大小不同,同一种细菌的大小也会因菌龄和环境不同
而有差异。

虽然细菌种类很多,但其基本形态概括起来有球形、杆形和螺旋形 3 种,分别称为球菌、杆菌和
螺旋菌(图 2-1)。

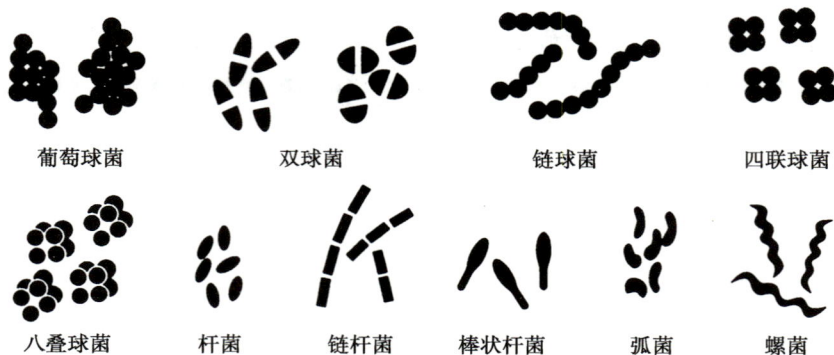

| 葡萄球菌 | 双球菌 | 链球菌 | 四联球菌 |
| 八叠球菌 | 杆菌 | 链杆菌 | 棒状杆菌 | 弧菌 | 螺菌 |

图 2-1 细菌的基本形态

球菌的大小通常以其直径表示,多数球菌的直径为 1.0μm 左右;杆菌和螺旋菌的大小一般以其
长度和宽度表示,常见杆菌的大小一般为(1~5)μm ×(0.5~1.0)μm。

1. 球菌 球菌(coccus)呈球形或近似球形。根据球菌分裂的平面和分裂后排列方式的不同,
可分为以下几种。

(1)双球菌:双球菌(diplococcus)在一个平面上分裂,分裂后的两个菌体成对排列,如肺炎球菌
(*pneumococcus*)。

(2)链球菌:链球菌(streptococcus)在一个平面上分裂,分裂后多个菌体粘连呈链状排列,如溶
血性链球菌(*streptococcus hemolyticus*)。

(3)四联球菌:四联球菌(tetrads)在两个相互垂直的平面上分裂,分裂后的四个菌体黏附在一起
呈正方形,如四联微球菌(*micrococcus tetragenus*)。

(4)八叠球菌:八叠球菌(sarcina)在三个相互垂直的平面上分裂,分裂后的八个菌体黏附呈包
裹状立方体,如藤黄微球菌(*micrococcus luteus*)。

(5)葡萄球菌:葡萄球菌(staphylococcus)在多个不规则的平面上分裂,分裂后的菌体黏附在一
起呈葡萄串状,如金黄色葡萄球菌(*staphylococcus aureus*)。

2. 杆菌 杆菌(bacillus)多数呈直杆状,有的菌体稍弯,常呈散在排列;有的杆菌菌体短小,近
似椭圆形,称为球杆菌;有的杆菌末端膨大如棒状,称为棒状杆菌;有的常呈分枝生长趋势,称为分

枝杆菌;也有少数杆菌呈链状排列,称为链杆菌。

3. 螺旋菌 螺旋菌(*spiral bacterium*)菌体呈弯曲状,按其弯曲程度不同分为两大类。

(1)弧菌:弧菌(*vibrio*)菌体只有一个弯曲,呈弧形或逗号状,如霍乱弧菌。

(2)螺菌:螺菌(*spirillum*)菌体有数个弯曲,呈螺旋状,如幽门螺杆菌。

细菌的形态易受培养温度、时间、培养基成分及 pH 等因素的影响。通常在适宜的生长条件下,培养 8~18 小时的细菌形态较为典型,否则可能会出现不规则形态。

(二)细菌的结构

细菌的结构包括基本结构和特殊结构(图 2-2)。前者包括细胞壁、细胞膜、细胞质和核质等,是所有细菌都具有的结构;后者包括荚膜、鞭毛、菌毛和芽孢等,是部分细菌具有的结构。

1. 基本结构

(1)细胞壁:细胞壁(cell wall)是位于细菌细胞最外层的坚韧而富有弹性的结构。经质壁分离和特殊染色法在光学显微镜下可见,也可用电子显微镜直接观察。细胞壁的主要功能是维持细菌固有形态,保护细菌抵抗低渗环境。细胞壁能使细菌抵抗胞内强大的渗透压(506.6~2 533.1kPa,相当于 5~25 个大气压),而不致破裂和变形,并在低渗环境中也能生存;细胞壁上的许多微孔与细

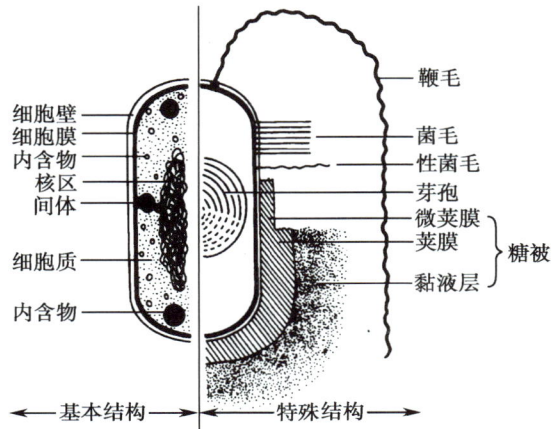

图 2-2　细菌细胞结构模式图

胞膜共同完成细胞内外的物质交换;细胞壁上的某些成分具有免疫原性,可诱导机体产生免疫应答。此外,细胞壁上的某些成分还与细菌的致病性有关。

细胞壁的组成较复杂,并随细菌种类不同而异。细胞壁的主要成分为肽聚糖(peptidoglycan),又称黏肽,是原核细胞型微生物所特有的成分。此外,还含有磷壁酸、外膜层等特殊成分。由于细胞壁的结构组成不同,用革兰氏染色法(Gram staining)可将细菌分为革兰氏阳性(G⁺)菌和革兰氏阴性(G⁻)菌两大类,其细胞壁组成有较大差异(图 2-3)。

课 堂 活 动

不同的抗生素所作用的病原菌不同,请同学们查找资料,说说哪些致病菌属于革兰氏阴性菌,哪些致病菌属于革兰氏阳性菌,并分别列举可用于治疗的抗生素。

1)革兰氏阳性菌细胞壁:革兰氏阳性菌细胞壁较厚,为 20~80nm,细胞壁的化学组成以肽聚糖为主,占细胞壁总量的 50%~80%,另外还结合有磷壁酸(teichoic acid)(图 2-4)。①肽聚糖:革兰氏阳性菌的肽聚糖由聚糖骨架、四肽侧链和五肽交联桥组成。聚糖骨架由 N- 乙酰葡萄糖胺(G)与 N- 乙酰胞壁酸(M)交替排列,通过 β-1,4 糖苷键连接而成。四肽侧链为由 4 种氨基酸组成的短肽,连接在 N- 乙酰胞壁酸上。四肽侧链之间借助肽桥连接,肽桥多由 5 个甘氨酸组成,第 3 位的 L- 赖氨酸通过甘氨酸五肽交联桥连接到相邻四肽链末端的 D- 丙氨酸上,构成机械强度十分坚韧的三维立体框架结构(图 2-5)。②磷壁酸:是革兰氏阳性菌细胞壁特有的成分,一般占细胞壁干重的 10% 左右,有时可

达 50%,由几十个分子组成的长链穿插于肽聚糖中。按其结合部位不同,可分为壁磷壁酸和膜磷壁酸。前者与肽聚糖的 N- 乙酰胞壁酸相结合,后者与细胞膜中的磷脂相连,两者的另一端均伸到肽聚糖的表面,构成革兰氏阳性菌重要的表面抗原。此外,某些细菌(如 A 群溶血性链球菌)的膜磷壁酸具有黏附作用,与细菌的致病性有关。

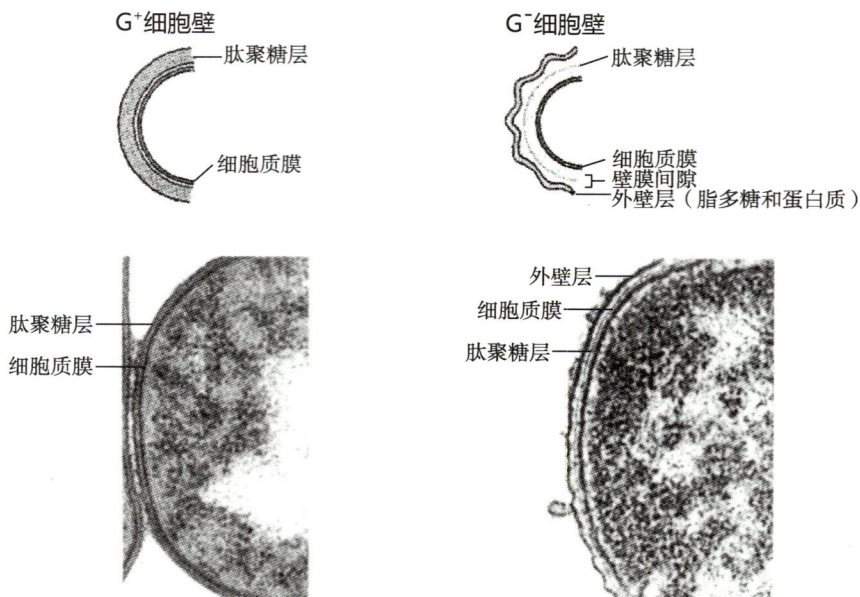

图 2-3 细菌细胞壁的电镜扫描照片

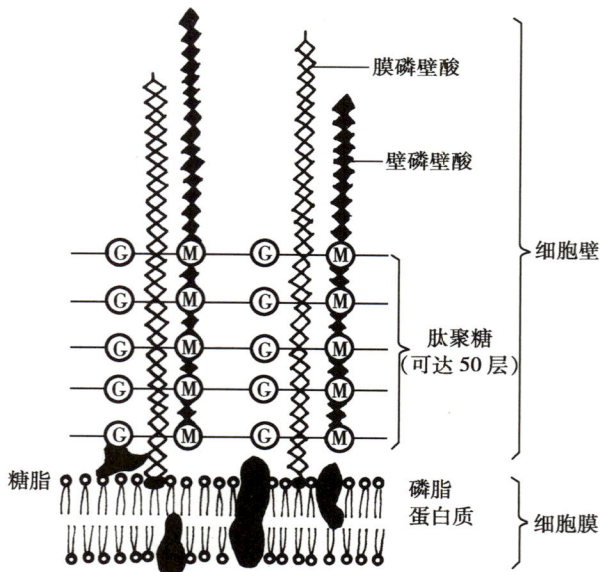

图 2-4 革兰氏阳性菌细胞壁结构示意图

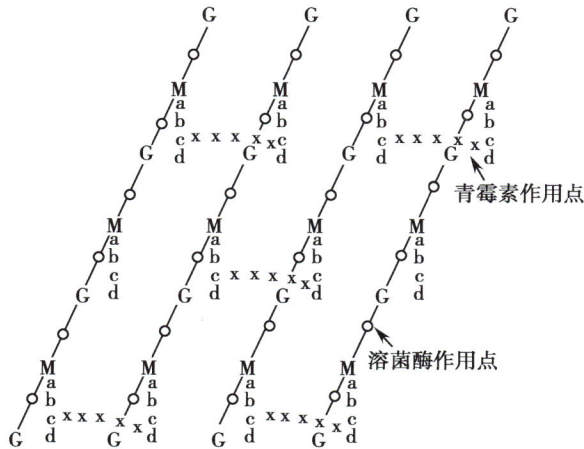

M. *N*-乙酰胞壁酸；G. *N*-乙酰葡糖胺；O. β-1,4 糖苷键；
a. L-丙氨酸；b. D-谷氨酸；c. L-丙氨酸；d. D-丙氨酸；x. 甘氨酸。

图 2-5　革兰氏阳性菌细胞壁肽聚糖结构示意图

2）革兰氏阴性菌细胞壁：革兰氏阴性菌细胞壁较薄，为 10~15nm，肽聚糖含量少，有 1~3 层，占细胞壁干重 10% 左右，革兰氏阴性菌细胞壁结构较复杂，除肽聚糖外，还有由脂多糖、脂蛋白、脂质双层构成的**外膜**(outer membrane)。①肽聚糖：革兰氏阴性菌的肽聚糖仅由聚糖骨架、四肽侧链两部分组成。在大肠埃希菌（G⁻）四肽侧链中，第 1、4 位均为丙氨酸，第 2 位为谷氨酸，第 3 位氨基酸是内消旋二氨基庚二酸（m-DAP），并由 m-DAP 与相邻四肽侧链末端的 D-丙氨酸直接相连。两条四肽侧链之间没有五肽桥交联，因而只能形成一个疏松的单层平面的二维结构（图 2-6）。②外膜：位于肽聚糖层外部，是革兰氏阴性菌细胞壁特有的组分，外膜自内向外由脂蛋白、脂质双层、**脂多糖**(lipopolysaccharide，LPS)三部分组成。脂蛋白由类脂质和蛋白质组成，连接外膜和肽聚糖使其构成一个整体，具有稳定外膜的功能；脂质双层与细胞膜的结构类似，其内镶嵌多种特异性蛋白，与物质的交换有关；脂多糖是位于革兰氏阴性菌细胞壁最外层的结构，它由 *O*-特异性多糖、核心多糖和脂质 A 三部分组成（图 2-7）。脂质 A 是革兰氏阴性菌内毒素的毒性中心，无种属特异性，故不同的细菌产生的内毒素其毒性作用基本相似。核心多糖位于脂质 A 的外层，有种属特异性，同一属细菌的核心多糖相同。*O*-特异性多糖位于 LPS 的最外层，为数个到数十个低聚糖重复单位构成的多糖链，是革兰氏阴性菌的菌体抗原（O 抗原），具有种特异性，不同种或型的细菌其特异性多糖组成和结构（如多糖的种类和序列）各不相同。革兰氏阳性菌与革兰氏阴性菌的细胞壁结构显著不同（表 2-1），导致这两类细菌在染色性、抗原性、致病性及对药物的敏感性等方面有很大差异。

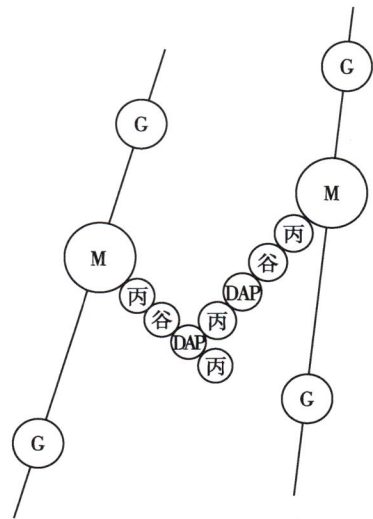

图 2-6　革兰氏阴性菌细胞壁肽聚糖结构示意图

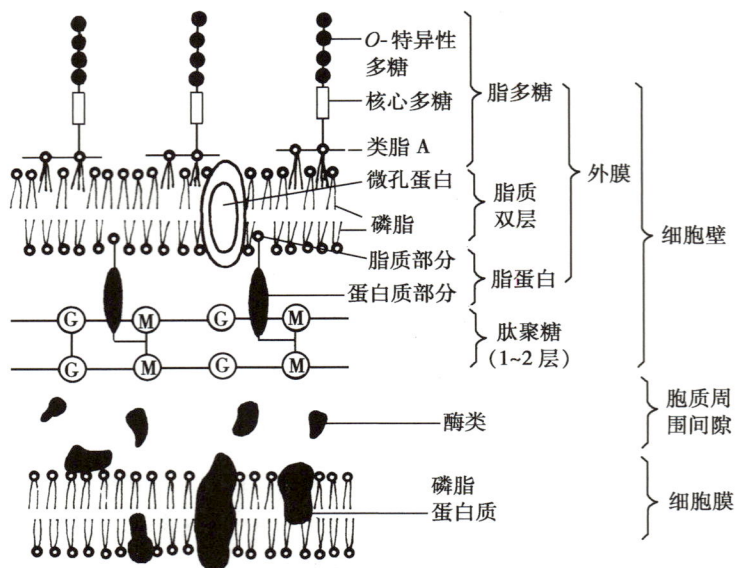

图 2-7　革兰氏阴性菌细胞壁结构示意图

表 2-1　革兰氏阳性菌与革兰氏阴性菌细胞壁结构比较

细胞壁结构	坚韧度	厚度	肽聚糖层数	肽聚糖含量	肽聚糖组成	肽聚糖结构	磷壁酸	外膜
革兰氏阳性菌	较坚韧	厚,20~80nm	多,可达50层	多,占胞壁干重的50%~80%	聚糖骨架、四肽侧链、五肽交联桥	三维空间（立体结构）	+	-
革兰氏阴性菌	较疏松	薄,5~10nm	少,1~3层	少,占胞壁干重的10%	聚糖骨架、四肽侧链	二维空间（平面结构）	-	+

3) 作用于细菌细胞壁的抗生素及酶：凡能破坏肽聚糖结构或抑制其合成的物质,都能损伤细胞壁而杀伤细菌。如溶菌酶能切断肽聚糖中 N- 乙酰葡萄糖胺与 N- 乙酰胞壁酸之间的 β-1,4 糖苷键,裂解聚糖骨架；青霉素能阻断四肽侧链上的 D- 丙氨酸与五肽交联桥之间的连接；环丝氨酸、磷霉素是作用于肽聚糖支架合成阶段；万古霉素、杆菌肽则作用于四肽链形成阶段,使细菌不能合成完整的细胞壁,从而导致细菌死亡。革兰氏阴性菌由于肽聚糖含量少,且有外膜保护作用,溶菌酶和青霉素等药物对其无明显的抗菌作用。由于人和动物细胞无细胞壁,故这些药物和酶对其无影响。

4) 细胞壁缺陷型细菌：指那些由于长期受某些环境因素影响或通过人工施加某种压力而导致细菌细胞壁合成不完整或完全缺失的细菌。这种细胞壁受损的细菌一般在普通环境中不能耐受菌体内的高渗透压,从而易胀裂死亡,但其在高渗环境下仍可存活。根据导致细胞壁缺失的因素和程度的不同,可将细胞壁缺陷型细菌分为 3 种类型。①原生质体（protoplast）：指在人工条件下,用溶菌酶完全水解或通过青霉素阻止其细胞壁的正常合成而获得的仅有细胞膜包裹的原球状结构。一般由革兰氏阳性菌在高渗环境中形成。原生质体由于没有坚韧的细胞壁,故任何形态的菌体均呈球形。原生质体对环境条件很敏感,而且特别脆弱,渗透压、振荡、离心甚至通气等因素都可引起其破裂。②原生质球（spheroplast）：又称球状体或原球体,指在人工条件下,用溶菌酶和乙二胺四乙酸（ethylenediaminetetra-acetic acid，EDTA）部分水解细胞壁所获得的仍带有部分细胞壁的圆球状结构，一般由革兰氏阴性菌在高渗环境中形成。原生质球细胞壁肽聚糖虽被除去，但外膜层中的脂多糖、脂蛋白仍然保留，外膜的结构尚存。故原生质球较原生质体对外界环境具有一定抗性，并能在普通培养基上生长。③L 型细菌（L-form bacterial）：指在体内或体外人工诱导或自然情况下，细胞壁受损，但细菌并非死亡的细胞壁缺陷菌株。由于它最先被英国李斯特预防研究所发现，故而得名。L 型细菌大小相差悬殊，从 0.05~50μm 有多种形态，在营养丰富的固体培养基表面可形成 0.1mm 的中间厚、边缘薄似"油煎蛋"样的微小菌落。许多革兰氏阳性菌和革兰氏阴性菌都可成为 L 型细菌。

细胞壁缺陷型细菌的共同特征是对环境因素的影响非常敏感，对环境的敏感度为原生质体＞原生质球＞L 型细菌。由于原生质体和原生质球比正常细菌更易于导入外源性遗传物质，故原生质体和原生质球是遗传育种和进行细胞融合的基础研究材料。

5）周浆间隙：周浆间隙（periplasmic space）又称壁膜空间，指革兰氏阴性菌外膜与细胞膜之间的狭窄空间。该间隙中含有多种周质蛋白，如碱性蛋白酶、核酸酶、β- 内酰胺酶等，在细菌获取营养、解除有害物质毒性等方面具有重要作用。

（2）细胞膜：细胞膜（cell membrane）又称胞质膜，是位于细胞壁内侧的一层柔软而富有弹性、具有半渗透性的生物膜，厚 5~10nm，占细菌干重的 10%~20%。细菌细胞膜的结构与其他生物细胞膜基本相同，为脂质双层中间镶嵌多种蛋白质，这些蛋白质多为具有特殊作用的酶和载体蛋白（图 2-8）。

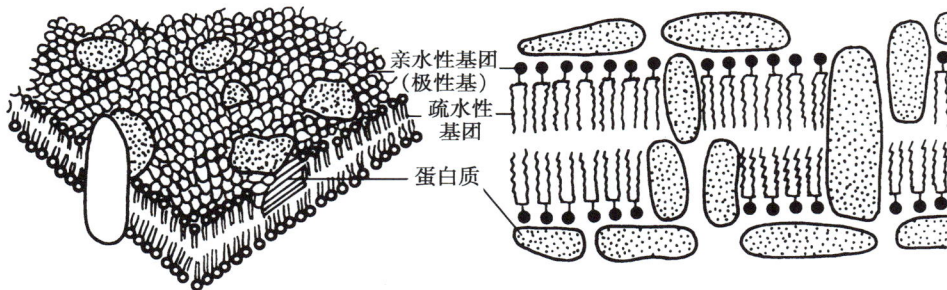

亲水性基团（极性基）
疏水性基团
蛋白质

图 2-8　细菌细胞膜结构模式图

由于细菌细胞内没有行使独立功能的细胞器，因此其细胞膜具有非常重要的生理功能。①物质转运：细胞膜具有选择性通透作用，控制细胞内外的物质转运和交换。②呼吸和分泌：细胞膜上含有多种呼吸酶，参与细胞的呼吸和能量代谢。③生物合成：细胞膜上有多种合成酶，参与细胞结构（如肽聚糖、鞭毛和荚膜等）的合成。其中与肽聚糖合成有关的酶类（转肽酶或转糖基酶）也是青霉素的主要靶位，称为青霉素结合蛋白（penicillin-binding protein，PBP），与细菌耐药性形成有关。④参与细菌的分裂：细胞膜内陷折叠形成的囊状物称为中介体（mesosome）（图 2-9），电镜下可见，多见于革兰氏阳性菌，有类似于真核细胞纺锤丝的作用。中介体的形成扩大了细胞膜的表面积，增加了膜上酶的含量，加强了膜的生理功能。此外，中介体具有类似于真核细胞线粒体的作用，又称拟线粒体。

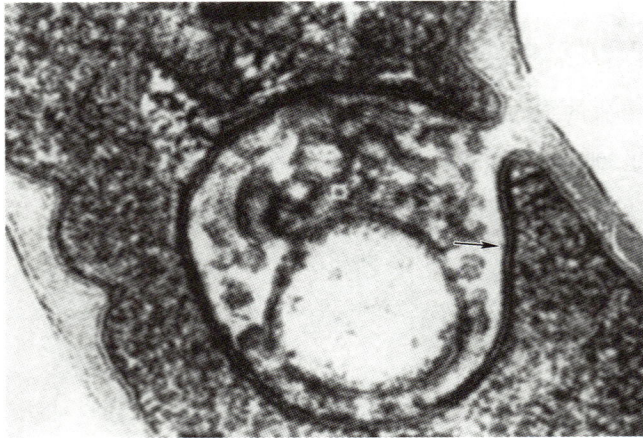

图 2-9　细菌中介体电镜照片

（3）细胞质：细胞质（cytoplasm）是由细胞膜包裹着的透明胶状物，主要成分为水、蛋白质、脂类、核酸及少量的糖和无机盐。细胞质是细菌的内环境，含丰富的酶系统，是细菌新陈代谢的主要场所。细胞质内含多种重要结构。

1）核糖体：核糖体（ribosome）亦称核蛋白体，是分散于细胞质中的微小颗粒，数量可达数万个，由 RNA 和蛋白质组成，菌体中约 90% 的 RNA 存在于核糖体内。细菌的核糖体由 50S 和 30S 两个亚基组成，在一定条件下聚合成完整有活性的 70S 核糖体，成为合成蛋白质的场所。链霉素、红霉素等抗菌药物能分别与 30S 和 50S 亚基结合，从而干扰蛋白质的合成而导致细菌死亡。由于真核细胞（包括人类）核糖体是由 60S 和 40S 两个亚基组成的，在合成蛋白质时可组装成 80S 的活性单位，因此许多能有效作用于细菌核糖体的抗生素对人体无害。

2）质粒：质粒（plasmid）是细菌染色体外的遗传物质，为闭合环状双链 DNA 分子，携带遗传信息，控制细菌某些特定的遗传性状。医学上重要的质粒有决定细菌耐药性的 R 质粒、决定细菌性菌毛的 F 质粒等。质粒能自行复制，但并非细菌生命活动所必需。质粒是基因工程研究中的重要载体。

3）胞质颗粒：胞质颗粒是细菌胞质内的一些颗粒状物质，多数为细菌暂时储存的营养物质，包括多糖、脂类等。较常见的是异染颗粒，主要成分是 RNA 和多偏磷酸盐，嗜碱性强，经特殊染色法可染成与菌体其他部分不同的颜色，故称异染颗粒。如白喉棒状杆菌具有此颗粒，是鉴定该菌的重要特征之一。

（4）核质：由一条细长的闭合双链环状 DNA 经反复盘绕卷曲而成，位于细胞质的一定区域，因无核膜、核仁，故称为核质或拟核。核质具有细胞核的功能，决定细菌的遗传性状，是细菌遗传变异的物质基础。

2. 特殊结构　是某些细菌在一定条件下所特有的结构，具有某些特定的功能，包括荚膜、芽孢、鞭毛和菌毛等。

（1）荚膜：荚膜（capsule）是某些细菌合成并分泌到细胞壁外的一层黏液性物质，厚度 ≥0.2μm 的称为荚膜，厚度 <0.2μm 的称为微荚膜。若黏液性物质疏松地附着于菌体表面、边界不明显且易

被洗脱则称为黏液层。荚膜用一般染色法不易着色,在光学显微镜下只能观察到菌体周围有一层透明圈(图 2-10)。荚膜的形成与环境条件密切相关,一般在人体和动物体内或营养丰富的培养基上容易产生。荚膜的化学成分因菌种而异,多数细菌的荚膜为多糖,如肺炎链球菌;少数细菌的荚膜为多肽,如炭疽杆菌的荚膜为 D- 谷氨酸的多肽。

荚膜形成的意义有以下几点。①抗吞噬作用:荚膜具有抵抗吞噬细胞对病原菌的吞噬和消化,增强细菌侵袭力的作用;②抗干燥作用:荚膜丰富的含水量使其免受干燥的影响;③具有免疫原性:对于细菌的鉴别和分型具有重要的作用;④黏附作用:荚膜多糖可使细菌彼此之间粘连,也可黏附于组织细胞或无生命物体表面,引起感染。

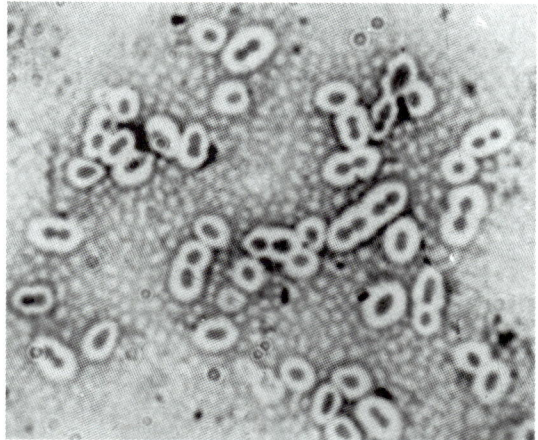

图 2-10　细菌荚膜

产荚膜细菌对人类既有利又有害。在制药工业中,可以从肠膜明串珠菌的荚膜中提取葡聚糖,葡聚糖已成为用来治疗失血性休克的血浆代用品。但产荚膜细菌作为污染菌出现时,常常会给发酵生产带来危害。

(2)芽孢:某些细菌在一定的环境条件下,细胞质脱水浓缩在菌体内形成一个圆形或椭圆形的小体,称为芽孢(spore)。芽孢具有厚而致密的壁,折光性强,不易着色,经特殊的芽孢染色法可将芽孢染成与菌体不同的颜色。

芽孢的位置、形状、大小因菌种而异,故在分类鉴定上有一定意义(图 2-11)。成熟的芽孢具有多层膜结构,由内向外依次为核心、内膜、芽孢壁、皮质、外膜、外壳层及芽孢外衣(图 2-12)。

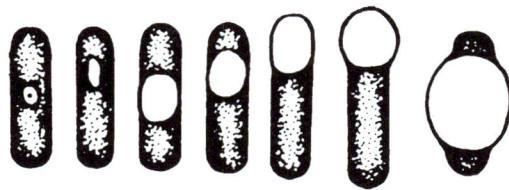

图 2-11　芽孢形状和位置模式图

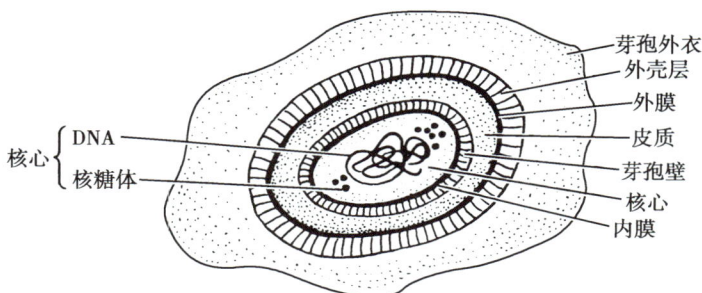

图 2-12　细菌芽孢结构模式图

能生成芽孢的细菌多为 G$^+$ 杆菌。芽孢具有完整的核质、酶系统和合成菌体组分的结构，保存着细菌全部生命活动的物质，但代谢相对静止，不能分裂繁殖，即细菌的休眠体。当条件适宜时，芽孢可发芽形成新的菌体。一个菌体只能形成一个芽孢，一个芽孢发芽也只能生成一个菌体，因此芽孢不是细菌的繁殖方式，而菌体能进行分裂繁殖，可称为繁殖体。

细菌芽孢的意义有以下两点。①增强细菌的抵抗力：芽孢对热、干燥、辐射及消毒剂均有很强的抵抗力，在自然界中能存活几年甚至几十年；某些细菌的芽孢可耐煮沸数小时等。芽孢的抵抗力强与其结构和成分有关，芽孢的含水量低，并有致密且厚的芽孢壁；内含有大量耐热的吡啶二羧酸钙盐，能增强芽孢中各种酶的耐热性。②作为判断灭菌效果的指标：由于芽孢的抵抗力强，在医学实践中对手术器械、敷料、培养基、注射剂等进行灭菌时，应以是否杀死芽孢作为判断灭菌效果的指标。杀灭芽孢的最可靠的方法是高压蒸汽灭菌法。

（3）鞭毛：某些细菌的表面附着的细长呈波状弯曲的丝状物称为鞭毛（flagella）。由于鞭毛细而长，直径只有 10~20nm，需用电子显微镜观察，或用特殊的鞭毛染色法使其增粗后才能在普通光学显微镜下观察到（图 2-13）。

细菌鞭毛的数目和着生位置是细菌种的特征，据此可将细菌分为 4 类（图 2-14）。①单鞭毛菌（monotricha）：在菌体的一端只生一根鞭毛，如霍乱弧菌；②两端单鞭毛菌（amphitrichate）：菌体两端各具一根鞭毛，如空肠弯曲菌；③丛鞭毛菌（lophotricha）：菌体一端或两端生一束鞭毛，如铜绿假单胞菌；④周鞭毛菌（peritricha）：周身都有鞭毛，如大肠埃希菌等。

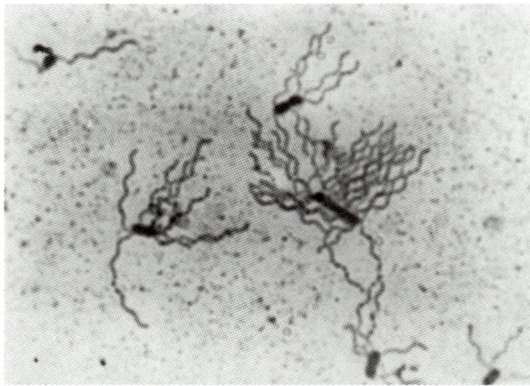

图 2-13 细菌鞭毛

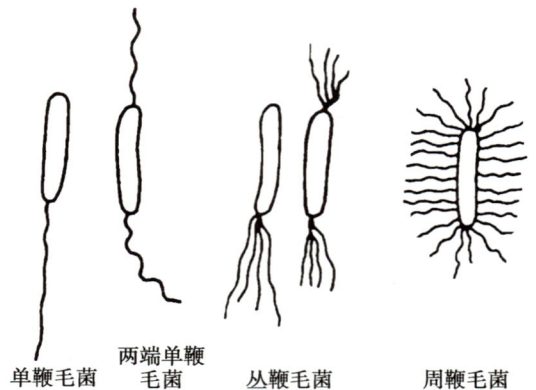

单鞭毛菌 　两端单鞭毛菌 　丛鞭毛菌 　周鞭毛菌

图 2-14 细菌鞭毛的类型（示意图）

鞭毛存在的意义有以下三点。①细菌的运动器官：根据有无鞭毛运动，可鉴别细菌；②具有免疫原性：鞭毛的化学成分是蛋白质，具有很强的免疫原性，称为 H 抗原，在细菌的分类、分型和鉴定上具有一定意义；③与致病性有关：某些细菌如空肠弯曲菌、霍乱弧菌等借助鞭毛运动，帮助细菌穿透肠黏膜表面的黏液层，使菌体黏附于小肠上皮细胞而导致病变。

（4）菌毛：某些细菌菌体表面有比鞭毛更细、短而直硬的丝状物，称为菌毛（fimbria）。菌毛与细菌运动无关，必须用电子显微镜才能观察到。根据功能不同，菌毛可分为普通菌毛和性菌毛两种类型（图 2-15）。

1）普通菌毛：普通菌毛（common pili）短而直，周身分布，数目可达百根以上（图 2-16）。

普通菌毛主要与细菌的黏附性有关,能与宿主细胞表面的相应受体结合,导致感染的发生。如大肠埃希菌的普通菌毛能黏附于肠道和尿道黏膜上皮细胞,引发肠炎或尿道炎。无菌毛的细菌则易被黏膜细胞的纤毛运动、肠蠕动或尿液冲洗而被排出。细菌失去菌毛,致病力亦随之丧失。因此,普通菌毛与细菌的致病性有关。

2)性菌毛:性菌毛(sex pili)比普通菌毛粗而长,数量少,一个细胞仅具 1~4 根,为中空的管状结构。性菌毛是在 F 质粒控制下形成的,带有性菌毛的细菌称为 F⁺ 菌或雄性菌,无性菌毛的细菌称为 F⁻ 菌或雌性菌。性菌毛能在细菌之间传递 DNA,细菌的毒力及耐药性即可通过这种方式传递,这是某些肠道杆菌容易产生耐药性的原因之一(图 2-16)。

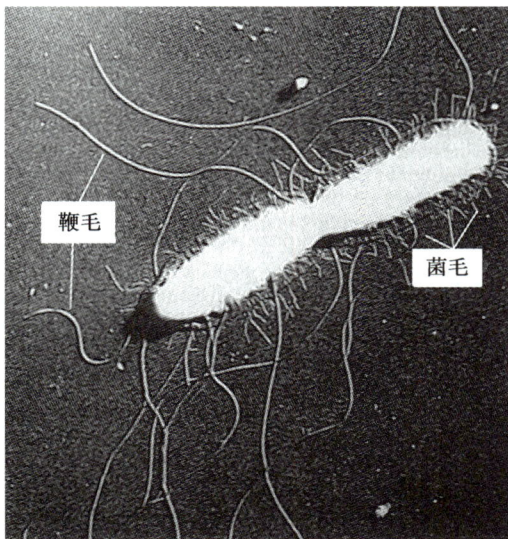

图 2-15　细菌鞭毛和菌毛

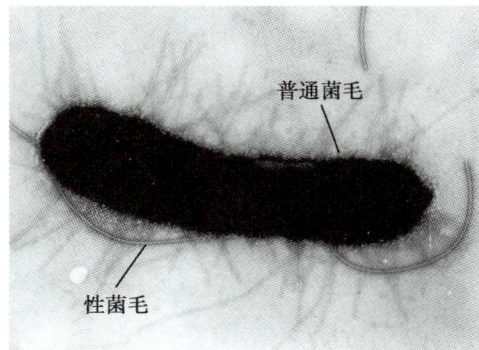

图 2-16　细菌普通菌毛和性菌毛

(三)细菌的形态学检查

细菌的形态学检查是细菌检验的基本方法之一,它是细菌分类和鉴定的基础,可根据其形态、结构和染色反应性等为进一步鉴定提供参考依据。

1. **显微镜**　细菌个体微小,肉眼无法看到,显微镜是观察细菌的基本工具。根据目的不同,实验室内常使用以下几种显微镜。

(1)普通光学显微镜:采用自然光或灯光为光源,其最大分辨率为 0.2μm,最大放大倍数为 1 000 倍,一般细菌都大于 0.25μm,故可用光学显微镜进行观察细菌的形态和排列方式,对于荚膜、鞭毛、芽孢等特殊结构经特殊染色也可进行清晰观察。

(2)暗视野显微镜:在普通显微镜上安装暗视野聚光器后,光线不能从中间直接透入,整个视野呈暗色,而标本片上的细菌能反射发光,因此可在暗视野背景下观察到光亮的微生物如细菌或螺旋体等。常用于观察不染色活菌体的形态和运动。

(3)相差显微镜:相差显微镜利用相差板的光栅作用,改变直射光的光位相和振幅,将光位相的差异转换为光强度差。在相差显微镜下,当光线透过不染色标本时,由于标本不同部位的密度不一致而引起位相的差异并显示出光强度的明暗对比,可观察到活菌及其内部结构。

(4)荧光显微镜:采用能发出紫外线或蓝紫光的高压汞灯为光源,配有滤光片和能透过紫外线的聚光器。因其波长短,故比普通显微镜的分辨率高。细菌预先用荧光素着色,置于荧光显微镜下就可激发荧光,故在暗色背景中即能看到发射荧光的物体。本法适用于对荧光色素染色或与荧光抗体结合的细菌的检测或鉴定。

(5)电子显微镜:以电子流代替可见光,以电磁圈代替放大透镜。因其波长极短,仅为可见光波长的几万分之一,故电子显微镜的放大倍数可达数十万倍,能分辨1nm的微粒。电子显微镜常用于细菌超微结构和病毒颗粒的观察。当前使用的电子显微镜有两类,即透射电子显微镜和扫描电子显微镜。

2. 不染色标本检查 是指将细菌直接放在显微镜下观察,常用的方法有压滴法、悬滴法和毛细管法等。细菌未染色时为无色透明的,在显微镜下主要靠细菌的折光率与周围环境的不同来进行观察。因此一般可用于观察细菌形态、动力及运动情况,其优点是操作简单。

3. 染色标本检查 由于细菌是半透明个体,一般很难直接在显微镜下观察其形态结构,因此必须经染色后才可观察清楚。由于细菌的等电点在pH 2~5,在近中性的环境中带负电荷,易与带正电荷的碱性染料结合,使细菌着色,故常用亚甲蓝、碱性复红、结晶紫等碱性染料进行染色。医学上常用的细菌染色法有单染色、复染色和特殊染色法3种。

(1)单染色法:只用一种染料进行染色的方法。细菌经单染色法处理后,可观察细菌的大小、形态与排列方式,但不能显示细菌的染色特性。

(2)复染色法:用两种或两种以上不同的染料对细菌标本进行染色的方法。通过复染色法可将细菌染成不同的颜色,除可观察细菌的大小、形态与排列外,还可反映细菌的染色特性,具有鉴别细菌种类的价值,因此复染法又称为鉴别染色法。常用的有革兰氏染色法和抗酸染色法。

1)革兰氏染色法:革兰氏染色法(Gram staining)是丹麦细菌学家革兰(Hans Christian Gram)于1884年创建的,至今仍在广泛应用。其具体步骤是细菌涂片干燥、固定后,加结晶紫初染,然后加碘液媒染,此时各种细菌都被染成深紫色。然后用95%乙醇脱色,其中有的脱去紫色,有的仍保留紫色。最后加苯酚复红(或沙黄染液)复染,吸干后置显微镜下观察结果。镜下呈紫色的为革兰氏阳性(G$^+$)菌,呈红色的为革兰氏阴性(G$^-$)菌。

革兰氏染色的结果与细菌细胞壁的化学组成和结构有关。随着研究的深入,对革兰氏染色的原理也有比较满意的解释:革兰氏阴性菌细胞壁中的肽聚糖含量较低,脂类物质含量较高,染色过程中经过脂溶剂乙醇的处理,细胞壁中的脂类物质被溶解,使革兰氏阴性菌细胞壁的通透性增加,染色过程中形成的结晶紫-碘复合物被乙醇抽提出来,细菌被脱色,最后呈复染液的红色;革兰氏阳性菌因其细胞壁中的肽聚糖含量高,形成多层的网状结构,交联度高,脂类物质含量低,染色过程中经过脂溶剂乙醇的处理,可引起细菌细胞壁肽聚糖网状结构中的孔径缩小,细胞壁的通透性降低,染色过程中形成的结晶紫-碘复合物被保留在细胞壁中,故呈紫色。

革兰氏染色法的实际意义有以下几点。①鉴别细菌:通过该染色法可将细菌分为革兰氏阳性菌和革兰氏阴性菌两大类,从而有助于鉴别细菌;②选择治疗用药:革兰氏阳性菌和革兰氏阴性菌细胞壁组成上的差异导致两者对某些抗生素的敏感性不同,如大多数革兰氏阳性菌对青霉素、头孢菌素等作用于细菌细胞壁的抗生素敏感,而革兰氏阴性菌大多对作用于细胞内核糖体的红霉素、链霉素等抗生素敏感,故对指导临床用药有一定的参考价值;③与致病性有关:革兰氏染色的差异,在某种程度上反映出细菌某些生物学性状的差异,如革兰氏阳性菌大多能分泌产生外毒素,而革兰氏阴性菌多数具有内毒素,这有助于了解细菌的致病性。

2)抗酸染色法:可用于鉴定细菌的抗酸性,根据染色结果将细菌分为抗酸性细菌和非抗酸性细菌。具体步骤是将细菌涂片经火焰固定后,加苯酚复红溶液加温染色,再用盐酸乙醇脱色,最后加碱性亚甲蓝复染。凡不被脱色,镜下呈红色的为抗酸性细菌,如结核分枝杆菌、麻风分枝杆菌等;能被脱色在镜下呈蓝色的为非抗酸性细菌。目前认为这种染色的差异可能与抗酸性细菌细胞内的分枝菌酸、脂类等成分有关。

(3)特殊染色法:细菌细胞的某些结构如芽孢、荚膜、鞭毛等,用一般染色方法不易染色,必须用相应的特殊染色法才能着色观察。在芽孢染色中,为了增强其通透性,必须处理芽孢壁才能使其着色;在荚膜染色中一般采用负染色法,即将背景染色,从而衬托出不能着色的荚膜,在显微镜下可看到呈现透明的荚膜层;在鞭毛染色中,往往是将染料堆积在鞭毛丝上,加粗其直径,便于观察。

点滴积累

1. 细菌为原核细胞型微生物,其基本形态有球形、杆状和螺形。
2. 细菌的结构包括基本结构和特殊结构,各结构均有不同的功能。用革兰氏染色法可将细菌分为 G^+ 菌和 G^- 菌,两类细菌细胞壁的化学组成既有相同的肽聚糖,又有特有的磷壁酸和外膜成分,故在染色性、抗原性、毒性和对药物的敏感性等方面均有差异。

二、细菌的生理

细菌的生理是研究细菌的营养、代谢、生长繁殖与生命活动的规律。细菌代谢旺盛、生长繁殖迅速,在代谢过程中可产生多种对医学和工农业生产具有意义的代谢产物。了解细菌的生长繁殖及新陈代谢规律,对于了解病原菌的致病性、细菌的分离培养鉴定、消毒灭菌及发酵生产等均具有理论和实际的意义。

(一)细菌的化学组成

研究细菌细胞的化学组成,可正确理解细菌的营养需要和生理特性。细菌细胞的化学组成与其他生物细胞基本相似,都含有碳、氢、氧、氮、磷、硫、钾、钙、镁、铁等元素,这些元素按其对细胞的重要程度来说是主要元素,其中碳、氢、氧、氮、磷、硫这6种元素约占细菌细胞干重的97%,其他如锌、锰、铜、锡、钴、镍、硼等为微量元素,含量极低。这些化学元素构成细胞内的各类化学物质,以满足生命活动的需要。

1. 水分 细菌细胞的水分含量占细胞重量的75%~85%。芽孢的含水量较少,约占40%。水分分为结合水和自由水。结合水与细胞成分紧密结合,是蛋白质等复杂有机物的组成成分;自由水是细胞物质的溶媒,参与各种生理作用。

2. 固形成分　细菌细胞的固形成分包括有机物(如蛋白质、核酸、糖类、脂类、维生素等)和无机物,占细胞重量的 15%~25%。在固形成分中,碳、氢、氧、氮 4 种元素占 90%~97%,其他元素占 3%~10%。

(1)蛋白质:占固形成分的 50%~80%,含量随菌种、菌龄和培养条件而有所不同。蛋白质是组成细菌细胞的基本物质,也是细菌酶的组成成分,与细菌的生命活动密切相关。细菌的蛋白质少数为简单蛋白,如球蛋白、鞭毛蛋白等;多数为复合蛋白,如核蛋白、糖蛋白、脂蛋白等,其中核蛋白含量最高,占蛋白质总量的 50% 以上。

(2)核酸:细菌细胞同时存在核糖核酸(RNA)和脱氧核糖核酸(DNA)。RNA 存在细胞质中,除少量以游离状态存在外,大多与蛋白质组成核糖体,约占细胞干重的 10%;DNA 存在于染色体和质粒中,约占细胞干重的 3%。核酸与细菌的遗传和蛋白质的合成有密切关系。

(3)糖类:占固形成分的 10%~30%,其中有 2.6%~8% 是核糖,构成核糖核酸。细菌表面的糖类主要是荚膜多糖、肽聚糖、脂多糖等。细胞内常有游离的糖原和淀粉颗粒,前者是作为内源性碳源和能源,后者为可被利用的贮藏性多糖。

(4)脂类:细菌细胞中的脂类含量为 1%~7%,但结核分枝杆菌的脂类含量高达 40%。脂类包括脂肪、磷脂、蜡质和固醇等。脂类可以游离状态存在,或者与蛋白质或糖结合。磷脂是构成细胞膜的重要成分,脂蛋白、脂多糖是细胞壁的组成成分。

(5)矿物质元素:又称无机盐,其种类很多,约占固形成分的 10%。以磷为主,其次为钾、镁、钙、硫、钠、氯等,此外还有铁、铜、锌、锰、硅等微量元素。矿物质元素或参与菌体成分的组成,或以无机盐形式存在,可调节细胞的渗透压及维持酶活性等。

(6)维生素:细菌细胞中存在的维生素主要是水溶性 B 族维生素,其含量非常低。维生素是构成许多重要辅酶的前体或功能基团,在代谢过程中起重要作用。

除上述物质外,细菌体内还含有一些特有的化学物质,如肽聚糖、D 型氨基酸、磷壁酸、胞壁酸、二氨基庚二酸、2,6- 吡啶二羧酸、2- 酮基 -3- 脱氧辛酸等。细菌的组成成分中除核酸相对稳定外,其他化学成分的含量常因菌种、菌龄的不同以及环境条件的改变而有所变化。

(二)细菌的物理性质

1. 细菌的带电现象　细菌的蛋白质和其他蛋白质一样,是由许多氨基酸组成的。氨基酸是兼性离子,在溶液中可电离成带阳离子的氨基(NH_3^+)和带阴离子的羧基(COO^-)。在一定的 pH 下,它所电离的阳离子和阴离子相等,净电荷为 0,此 pH 即为细菌的等电点(pI)。当溶液的 pH 比细菌的等电点低时,则氨基酸中的羧基电离受抑制,氨基电离,细菌带正电荷;反之,溶液的 pH 比等电点高时,则氨基电离受抑制,羧基电离,细菌则带负电荷。

溶液的 pH 距离细菌的等电点越远,细菌所带的电荷就越多。细菌的带电现象与细菌的染色反应、凝集反应、抑菌和杀菌作用均有密切的关系。

2. 比表面积　单位体积所具有的表面积称为比表面积(即表面积 / 体积)。物体随着体积的缩小,其比表面积则随之增大。如葡萄球菌的直径为 1μm,1cm³ 的表面积可达 6×10^4cm²;而一般生物体细胞的直径为 1cm,1cm³ 的表面积为 6cm²,前者是后者的 1 万倍。细菌因其具有巨大的比表面积,有利于与周围环境进行营养物质的吸收、代谢废物的排泄和环境信息的交流,所以细菌代谢旺盛、繁殖迅速。

3. 布朗运动 细菌是一个大胶体粒子,在液体中受分散媒介分子的撞击,产生一种在原地不停地摆动运动,称之为布朗运动。这种运动和具有鞭毛的细菌所发生的位移运动(真运动)是完全不同的。

4. 细菌的比重和重量 细菌细胞由水分和固形成分组成,其比重为 1.07~1.19。细菌的比重与菌体所含物质的种类及多少有关。细菌的重量常以单位体积的细菌群体的干重来表示,即将一定体积的细菌洗净、离心、干燥后称重。测定细菌单位体积干重,可以反映细菌在各种环境下生长与代谢活动的关系。

5. 细菌的光学性质 细菌为半透明体,光线不能全部透过菌体。光束通过细菌悬液,会被散射或吸收而降低其透过量,所以细菌悬液呈混浊状态。细菌悬液的透光度或光密度可以反映细菌数量的多少。透光度或光密度可借助光电比色计精确地测出来,从而反映细菌的繁殖浓度,推知细菌在单位体积中繁殖数量与代谢活动之间的关系。这种菌体光密度测定法比测重法简便、精确,广泛应用在科研、生产工作中。

6. 细胞膜的半渗透性 细菌细胞膜与所有生物膜一样,具有半渗透性,它可以让水和部分小分子物质透过,但对其他物质的透过则具有选择性。细菌营养物的吸收和代谢产物的排出均与细胞膜的半渗透性有关。

(三)细菌的营养与繁殖

1. 细菌的营养物质及其生理功能 细菌从周围环境中吸收的作为代谢活动所必需的有机物或无机物称为细菌的营养物质。获得和利用营养物质的过程称为营养(nutrition)。营养物质是细菌生存的重要物质基础,而营养是细菌维持和延续生命形式的一种生理过程。各种细菌在生长繁殖时所需要的营养物质主要包括水、碳源、氮源、无机盐和生长因子。

(1)水:水是维持细菌细胞结构和生存必不可少的重要物质。主要生理功能有以下几点。①作为细胞的组成成分,如结合水。②为细胞代谢提供液体介质环境,细菌营养物质的运输、分解及代谢废物的排泄等都是以水为媒介的。③直接以分子状态参与代谢,如脂肪酸分解过程中的β- 氧化就有加水反应和脱水反应。④调节细菌温度。水的比热高,又是热的良导体,能有效吸收物质代谢过程中所放出的热量,并将热迅速扩散到细胞外,使细胞内的温度不至于骤然上升,细胞内的各种氧化还原反应都能在适宜的温度下进行,酶的生理活性得到正常发挥。⑤维持蛋白质、核酸等生物大分子的天然构象稳定,以发挥正常的生物学效应。

(2)碳源:碳源(carbon source)是指为细菌生长提供碳素来源的营养物质的统称,是含碳元素的各种化合物。碳源主要用于合成细菌的含碳物质及其细胞骨架,同时也是细菌获得能量的主要来源。

碳源主要包括无机碳源和有机碳源。少数细菌能利用无机碳源,多数细菌则是以有机碳源为主。无机碳源主要有 CO_2 及碳酸盐(CO_3^{2-} 或 HCO_3^-);有机碳源的种类非常丰富,常见的有糖类及其衍生物、脂类、醇类、氨基酸和烃类等。各种有机碳源中，容易被细菌吸收利用的是糖类物质，其中包括单糖、双糖和多糖。糖类中最简单的是单糖，尤其是葡萄糖，它是细菌利用的主要碳源物质。

大多数细菌能以有机物作为碳源。病原菌主要从糖类中获得碳素，而有些细菌可以以 CO_2 为唯一的碳源。常根据细菌利用碳源的类型和能力的差异对其进行分类鉴定。

(3)氮源：氮源（nitrogen source）是为细菌生长提供氮素来源的营养物质的统称，是含氮元素的各种化合物或简单分子。细菌需利用各种含氮化合物来合成自身的蛋白质、核酸和其他含氮化合物，一般不用作能量。个别类型的细菌能利用氨基酸、铵盐或硝酸盐同时作为氮源和能源。

氮源从其化学结构上划分可分为无机氮源、有机氮源及氮气分子。常见的无机氮源主要有铵盐、硝酸盐、尿素等；有机氮源主要是动物或植物蛋白质及其不同程度的降解产物，也称为蛋白质类氮源，如鱼粉、黄豆饼粉、牛肉膏、蛋白胨、玉米浆等。由于各类氮源的复杂程度差异较大，所以细菌对不同氮源的吸收利用能力差异也较大，利用速度也不同。小分子氮源很容易被细菌吸收利用，在短时间内就可满足菌体生长需要，故称为速效氮源；大分子复杂氮源在被细菌吸收利用之前还要经进一步的降解才能被吸收利用，故称为迟效氮源。

病原性微生物主要从氨基酸、蛋白胨等有机氮化合物中获取氮。有些细菌由于缺少某种或几种酶，不具备合成相应氨基酸或碱基的能力，因此必须依靠外界提供有机氮化合物才能生长。

(4)无机盐：细菌所需的无机盐（inorganic salt）有很多种类，包括氯化物、硫酸盐、磷酸盐、碳酸盐以及含有钾、钠、钙、镁、铁等元素的化合物，其中主要是含磷和硫的化合物。磷在菌体中的含量较多，其作用一方面是合成菌体组分，如核酸、磷脂、核蛋白、多种辅酶和辅基等；另一方面是贮存和转运能量，氧化磷酸化作用是能量代谢的主要步骤之一，ATP 等高能磷酸键可贮存和转运能量。硫是制造含硫氨基酸及多种含巯基化合物的原料。其他的无机盐还有锰、锌、钴、铜等，它们可为细胞生长提供必需的各种微量元素，以满足细菌细胞生理活动的需要。

无机盐对细菌细胞发挥的主要生理功能有：①作为酶或辅酶的组成部分；②作为酶的调节剂，参与调节酶的活性；③调节并维持细菌细胞内的渗透压、氧化还原电位；④可作为一些特殊类型细菌的能源；⑤维持生物大分子和细胞结构的稳定性。

(5)生长因子：生长因子（growth factor）是指某些细菌在其生长过程中必需的，但细菌细胞本身不能合成或合成量不足，必须借助外源加入，微量就可满足细菌生长繁殖的营养物质。细菌所需的常见营养因子主要有维生素、各类碱基（嘌呤及嘧啶）及氨基酸等。前两类的主要作用是构成辅酶、辅基和核酸。维生素中主要是 B 族维生素，如维生素 B_1（硫胺素）、维生素 B_2（核黄素）、泛酸、烟酸、生物素、叶酸等，它们多半是辅基或辅酶的成分。而供给少量的氨基酸是因为某些细菌缺乏合成该氨基酸的酶。

2. 细菌的生长繁殖

(1)细菌生长繁殖的条件：细菌生长繁殖除需要营养物质外，尚需适宜的酸碱度、温度和气体等环境条件。

1)营养物质：包括一定量的水分、碳源、氮源、无机元素和生长因子。当营养物质不足时，菌体一方面降低代谢速度,避免能量的消耗;另一方面通过激活特定运输系统,大量吸收周围环境中的微量营养物质以供菌体生存。在一定范围内,菌体细胞的生长繁殖速度与其营养物质的浓度成正比。

2)酸碱度:大多数病原菌生长的最适 pH 为 7.2~7.6,在此范围内细菌的酶活性强,生长繁殖旺盛。少数细菌如嗜酸乳杆菌生长的最适 pH 为 5.8~6.6,而霍乱弧菌生长的最适 pH 则为 8.4~9.2。在适宜的 pH 条件下,特别是在含糖液体培养基中,细菌代谢旺盛,可很快分解糖产生有机酸,降低培养基中的 pH,不利于细菌继续生长和代谢。因此,在配制培养基时,不仅要注意调节其合适的pH,还应加入适宜的缓冲物质,如磷酸盐、碳酸盐或有机物(如氨基酸)等。

3)温度:细菌的生长繁殖必须在适宜的温度范围内进行。根据细菌对温度范围的要求,细菌可分为嗜冷菌、嗜温菌和嗜热菌三类。大多数细菌属于嗜温菌(最适温度为 25~32℃),多数病原菌生长的最适温度为 37℃。

4)气体:细菌生长繁殖需要的气体主要是 O_2 和 CO_2。一般细菌在代谢过程中产生的 CO_2 即可满足自身需求,但有些细菌如脑膜炎奈瑟菌等在初次分离培养时,需提供 5%~10% 的 CO_2 才能生长。

根据细菌生长与氧气的关系,可将细菌分为 5 种类型(表 2-2)。①需氧菌:在有氧的环境中才能生长繁殖,如结核分枝杆菌;②微需氧菌:能在含有少量分子氧的情况下生长,如空肠弯曲菌等;③耐氧菌:在生长过程中一般不需要氧气,但氧气的存在对其影响不大,如乳酸菌;④兼性厌氧菌:在有氧或无氧的环境中均能生长,有氧时进行需氧呼吸,无氧时进行厌氧发酵,以有氧条件下生长较好,如大肠埃希菌等;⑤专性厌氧菌:在无氧的环境中才能生长繁殖,氧对其生长有毒害作用,如破伤风梭菌。

表 2-2　细菌生长与氧气的关系

细菌类型	最适生长时 O_2 体积	代表类型
需氧菌	≥20%	结核分枝杆菌
微需氧菌	2%~10%	空肠弯曲菌
耐氧菌	≤2%	乳酸菌
兼性厌氧菌	有 O_2 或无 O_2	大肠埃希菌
专性厌氧菌	不能有 O_2	破伤风梭菌

(2)细菌的繁殖方式与速度:细菌一般以无性二分裂方式进行繁殖。即细菌生长到一定时期,在细胞中间逐渐形成横膈,由一个母细胞分裂成两个大小基本相等的子细胞。

细菌的繁殖速度极快,大多数细菌每 20~30 分钟即可繁殖 1 代,经过 18~24 小时在固体培养基上即可见到细菌的菌落。少数细菌繁殖较慢,如结核分枝杆菌需 18~20 小时才能分裂 1 次。

3. 细菌的营养类型　细菌的营养类型实质为细菌利用营养物质的特定方式,在营养物质的利用中涉及能量的来源。因此,常以细菌生长所需的能源和主要营养物质碳源的不同,将细菌分为光能无机营养型、光能有机营养型、化能无机营养型和化能有机营养型四大类(表 2-3)。

表 2-3　细菌的营养类型

营养类型	能源	碳源	电子供体	代表类型
光能无机营养型（光能自养型）	光	CO_2	（H_2S、S、H_2 或水）	绿硫细菌、蓝细菌
光能有机营养型（光能异养菌）	光	有机物	有机物	红螺菌
化能无机营养型（化能自养菌）	化学能（无机物）	CO_2 或碳酸盐	（H_2S、H_2、Fe^{2+}、NH_4^+、NO_2^-）	硝化细菌、铁细菌
化能有机营养型（化能异养菌）	化学能（有机物）	有机物	有机物	大多数细菌

(1)光能营养型细菌：光能营养型细菌(phototroph)是以光为唯一或主要能量来源的营养类型。按其所需碳源的不同分为光能无机营养型和光能有机营养型。

1)光能无机营养型：又称光能自养菌，能以 CO_2 作为主要或唯一的碳源，以无机物作为供氢体并利用光能进行生长。

2)光能有机营养型：又称光能异养菌，不能以 CO_2 或碳酸盐作为主要或唯一的碳源，而是以有机物作为碳源及供氢体并利用光能进行生长。

(2)化能营养型细菌：化能营养型细菌(chemoautotroph)是以无机物或有机物氧化过程中释放的化学能为能量来源的营养类型。在细菌中该类型的种类和数量较多。根据所需碳源的不同，可再分为化能无机营养型和化能有机营养型。

1)化能无机营养型：又称化能自养菌，以氧化无机物产生的化学能为能源，以 CO_2 或碳酸盐为主要碳源来合成菌体自身的有机物，如硝化细菌。

2)化能有机营养型：又称化能异养菌，以氧化有机物所产生的化学能作为能源，并以有机物作为主要碳源。因此，有机物对化能异养菌来说既是碳源又是能源。在化能营养型细菌中，异养型是主要类型，已知所有的病原菌都属于此种类型。

根据利用的有机物性质不同，还可以将化能异养菌分为腐生型和寄生型两类。腐生型(metatrophy)是利用无生命的有机物质作为碳源，如土壤中动植物的尸体和残体；寄生型(paratrophy)是利用有生命的有机物质作为碳源，借助寄生方式生活在活体细胞或组织间隙中，以宿主体内的有机物质为营养，目前工业发酵中使用的菌种及病原性细菌多属此类。

4. 营养物质的吸收　细菌结构简单，营养物质的进入及代谢产物的排出都是借助其细胞壁和细胞膜的选择性透过作用完成的。根据营养物质运输的特点，可将营养物质运输方式分为简单扩散、促进扩散、主动运输和基团转位 4 种类型，其中主动运输是细菌吸收营养的主要方式。

(1)简单扩散(simple diffusion)：又称被动扩散(passive diffusion)或自由扩散，营养物质借助细胞内外溶质的浓度差，不需任何细菌组分的帮助，通过细菌细胞的壁膜屏障结构，从高浓度区向低浓度区扩散。其主要特点是：①不消耗能量；②不需要载体蛋白——渗透酶(permease)参与；③扩散方向是从高浓度区向低浓度区，并且过程可逆；④扩散速度随浓度差的降低而减小，当细胞内外浓度相等时达到动态平衡。

通过简单扩散的营养物质种类不多,主要是一些水溶性及脂溶性小分子,如水、脂肪酸、乙醇、甘油、某些氨基酸及 O_2、CO_2 气体等。扩散是非特异性的,速度较慢。

(2)促进扩散(facilitated diffusion):又称协助扩散,是借助细胞内外营养物质的浓度差和载体蛋白(carrier protein),使营养物质通过细菌细胞的壁膜屏障结构进入细胞内的过程。其主要特点是:①促进扩散的动力是细菌细胞内外溶质的浓度差值,不需要消耗能量。②促进扩散需要细胞膜上的特异性载体蛋白参加。这些载体属于渗透酶类,与相应的被运输物质有亲和力,而且细胞外的亲和力大于细胞内,从而使营养物质进入细胞后能与载体分离。③扩散方向是从高浓度向低浓度,但不是一个可逆性的过程,只可从胞外进入胞内。促进扩散模式如图 2-17 所示。

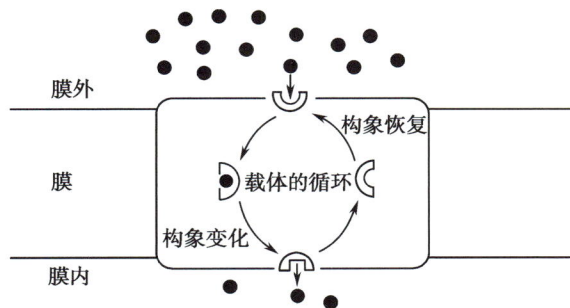

图 2-17　促进扩散模式图

载体蛋白具有高度特异性,一般细菌往往只能借助专一的载体蛋白来运输相应的营养物质,也有一些细菌可以利用多种载体来运输同一种营养物质。通过这种方式进入细胞的营养物质主要有氨基酸、某些单糖、维生素及无机盐等。

(3)主动运输:主动运输(active transport)是在特异性渗透酶的参与下,逆浓度差运输所需的营养物质至细胞内的过程,是细菌吸收营养物质的主要方式。其主要特点是:①消耗能量,能量来自细菌的呼吸能;②需要载体蛋白(渗透酶)参与;③逆浓度梯度运输,即扩散方向是从低浓度向高浓度;④对被运输的物质具有高度的选择性;⑤单方向运输,从细胞外到细胞内,不存在动态平衡点。

在主动运输中,载体蛋白起着非常关键的作用。在膜的外表面,载体蛋白对营养物质显示了高度亲和力,使营养物质能与载体蛋白特异性结合;当营养物质被运输穿过膜时,载体蛋白的构象发生改变,导致营养物质在细胞内释放(图 2-18)。在主动运输中载体蛋白的构型变化需要消耗能量。

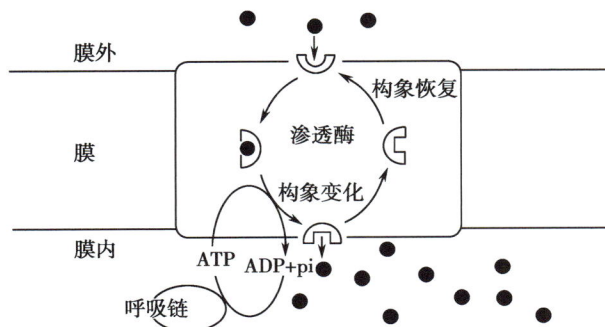

图 2-18　主动运输模式图

主动运输虽然对营养物质有选择性,但由于载体系统多样,故运输的营养物质种类丰富。大多数氨基酸、糖类和一些离子(如 K^+、Na^+、HPO_4^{2-}、HSO_4^-)等都是借助主动运输进入细胞内的。

(4)基团转位:基团转位(group translocation)指需要载体蛋白参加,消耗能量的物质运输方式,且被运输物质在运输前后发生了分子结构修饰。如葡萄糖经过基团转位进入胞内后,经过修饰在其分子上增加了一个磷酸基团,成为葡萄糖 -6- 磷酸。因此,基团转位是一种特殊形式的主动运输,其特点是被运输物质在由胞外向胞内运输的过程中得到了化学修饰。

基团转位主要存在于厌氧型和兼性厌氧型细菌中,主要用于糖的运输,此外还包括对脂肪酸、核苷、碱基等的运输。

(四) 细菌的人工培养

细菌的人工培养是指利用人工方法提供细菌生长所需的营养物质及环境条件,使细菌能在短时间内大量繁殖。通过人工培养细菌可以获得大量的菌体及其相应的代谢产物,这不仅能满足感染性疾病的病原学诊断与治疗、流行病学调查和生物制品的制备等,而且对生物制药的生产实践也有着重要的指导意义。

1. 培养基 培养基(medium)是人工配制的满足细菌及其他微生物生长繁殖和 / 或积累代谢产物的营养基质。培养基必须具备下列条件:含有适当的水分和各种适宜的营养物质;具有合适的 pH;适当的物理状态(固体、液体、半固体);本身必须无菌。

培养基的种类繁多,按照其物理性状和用途等可分为不同的种类。

(1)按物理性状分类:可分为液体、固体和半固体培养基三大类。

1)液体培养基:指呈液体状态的培养基。该培养基有利于细菌增殖,用于发酵工业大规模生产以及实验室进行微生物生理代谢活动研究。此外,可根据培养后的浊度判断微生物的生长程度。

2)固体培养基:指在液体培养基中加入一定量凝固剂而呈固体状态的培养基。琼脂是最常用的凝固剂,它是一种从海藻中提取的多糖类物质,大多不被细菌分解利用,加热至98℃时即可熔化,冷却至45℃时可凝固。一般固体培养基中的琼脂添加量为 2%~3%。固体培养基可依据使用目的不同而制成平板、斜面、高层斜面等形式,常用于微生物的分离、纯化和保存菌种等。

3)半固体培养基:在液体培养基内加入少量凝固剂(如 0.5% 左右的琼脂)而呈半固体状态的培养基。常用于观察细菌动力等。

(2)按培养基的用途分类

1)基础培养基:含有满足一般细菌生长繁殖所必需的营养物质。如肉汤培养基,其组成为牛肉浸膏、蛋白胨、氯化钠和水。

2)营养培养基:在基础培养基中加入葡萄糖、血液、血清、酵母浸膏等,专供营养要求较高或有特殊要求的细菌生长。如利于溶血性链球菌和肺炎链球菌生长的血琼脂平板。

3)鉴别培养基:是在基础培养基中加入特定的底物和指示剂,通过细菌生长过程中分解底物所释放的不同代谢产物,通过指示剂的反应来鉴别细菌。如在蛋白胨水中加入某种糖类及指示剂,细菌培养后,可根据产酸、产气情况来鉴别细菌分解糖的发酵能力;又如醋酸铅培养基可用于检查细菌能否分解含硫氨基酸产生硫化氢。

4)选择培养基:利用不同细菌对某些化学物质的敏感性不同的特点,可在培养基中加入抑制某些细菌生长的药物,从而在混杂的细菌群体中筛选出目的菌。例如在培养基中加入胆盐,能选择性地抑制革兰氏阳性菌生长,有利于肠道中革兰氏阴性菌的分离;若在培养基中加入某种抗生素,亦可起到选择作用。

5)厌氧培养基:是专门用于培养专性厌氧菌的培养基。培养厌氧菌必须考虑到两个重要因素,一是细菌生长的环境中不能有氧;二是培养基中营养物质的氧化还原电位(Eh)不能高,Eh值一般是在 $-420\sim-150mV$。常用的厌氧培养基有疱肉培养基(肉汤中加入煮过的肉渣,其中包含具有还原性的不饱和脂肪酸和谷胱甘肽)、巯基乙酸钠培养基等。

此外,按营养物质来源,培养基可分为合成培养基和非合成培养基。前者是由已知化学成分的化学药品组成的;后者又称天然培养基,是用化学成分不甚清楚且不恒定的天然营养物质如马铃薯、牛肉膏和麦芽汁等配制而成的。

2. 细菌的培养方法及生长现象 将细菌接种在适宜的培养基上,于一定条件下培养就能看到细菌的生长。培养方法不同,其生长现象也不相同。

(1)固体培养法:常用于微生物的分离、纯化、保存和计数等。固体培养基分为平板和斜面两种。在固体培养基表面由单个细菌分裂繁殖所形成的一团肉眼可见的细菌集团称为菌落(colony)。多个菌落融合成片,称为菌苔。理论上一个菌落是由一个细菌繁殖而来的,是同种的纯菌,故可用作纯种分离。同理,计数平板上生长的全部菌落数可以计算出标本中单位体积的活菌总数,常用单位体积中的菌落形成单位(colony forming unit,cfu)表示。挑取一个菌落,移种到另一个培养基中,生长出来的细菌均为纯种,称为纯培养。细菌种类不同,其菌落大小、形状、黏稠度、湿度、色泽、边缘形状、凸起或扁平、表面光滑或粗糙等都不尽相同,根据菌落的特征可以初步鉴别细菌。

知识链接

细菌培养的临床意义

自然界存在着很多的微生物,其中能导致人体患病的细菌侵犯人体后,可引起各种感染性疾病。同一种细菌侵犯人体不同的部位,可引起不同疾病的发生;而同一种疾病又可由不同细菌的侵犯而引起。为了明确诊断,临床医师会根据患者的症状,选择从患者的痰液、血液、尿液或其他分泌物中取样进行细菌培养,快速、准确地"侦缉"到病原菌。细菌培养的过程就是提供适合细菌生长的营养条件和适宜的生长温度,让细菌在培养基上生长出来,经过检验师的甄别判断,挑出致病菌,为下一步细菌鉴定和药敏试验提供检材。

(2)液体培养法:分为静置培养、摇瓶培养和发酵罐培养。常用于观察微生物的生长状况、检测生化反应及代谢产物或使细菌大量增殖。

1)静置培养:静置培养(stationary culture)是将培养物静置于培养箱中,如试管液体培养。多用于菌种培养、微生物的生理生化试验。细菌在澄清的培养基中经过一段时间的培养后,可出现混浊、沉淀、菌膜等现象。如大肠埃希菌等兼性厌氧菌在液体培养基中生长后,可呈现均匀混浊的状态,菌数越多,浊度越大,从而用比浊法可以估算细菌的数值;需氧菌如结核分枝杆菌多在液体表面生长并形成菌膜;能形成长链的细菌可在液体下部呈沉淀生长,如链球菌。

2)摇瓶培养:摇瓶培养(shaking culture)是在锥形瓶内装入一定量的液体培养基后,经摇床振荡培养,以提高氧的吸收和利用,促进细菌的生长繁殖,获得更多的菌体和代谢产物。在实验室中常采用摇瓶培养法以获得足够的菌体和代谢产物。

3)发酵罐培养:发酵罐培养(tank culture)是进一步放大培养,培养物可达数十升,适用于放大试验或应用于种子制备,此时还需向深层液体中通入无菌空气,故也称通气培养(aeration)。

(3)半固体培养法:将细菌穿刺接种到半固体培养基中,经培养后,无动力的细菌仅沿穿刺线呈清晰的线形生长,周围培养基仍透明澄清;有动力的细菌沿穿刺线扩散生长,呈羽毛状或云雾状,穿刺线模糊不清,从而可判断细菌是否有动力,即有无鞭毛的存在。半固体培养基可用于观察细菌的运动能力,也常用于菌种保存。

(4)厌氧培养法:是专门针对厌氧菌的培养方法。用于厌氧菌的培养方法有多种,主要措施有以惰性气体来置换空气,排出环境中的游离氧;加入还原剂降低微环境中的氧化还原电位,如液体培养基中可加入巯基乙酸钠、谷胱甘肽等;将细菌接种到一般培养基上,然后采取隔离空气的措施,如用凡士林或石蜡将培养基封住,或将其放入厌氧袋、厌氧罐或厌氧箱中培养。

3. 细菌的生长曲线　细菌在液体培养基中的生长繁殖具有一定的规律性。描述细菌群体在整个培养期间的菌数变化规律的曲线称之为生长曲线(growth curve)。其制作方法是将一定数量的细菌接种在适宜的液体培养基中培养,每隔一定的时间取样计算菌数,以时间(小时)为横坐标、活菌数的对数为纵坐标进行作图即得细菌的生长曲线。按生长繁殖的速率不同,细菌生长曲线可分为4期,如图 2-19 所示。

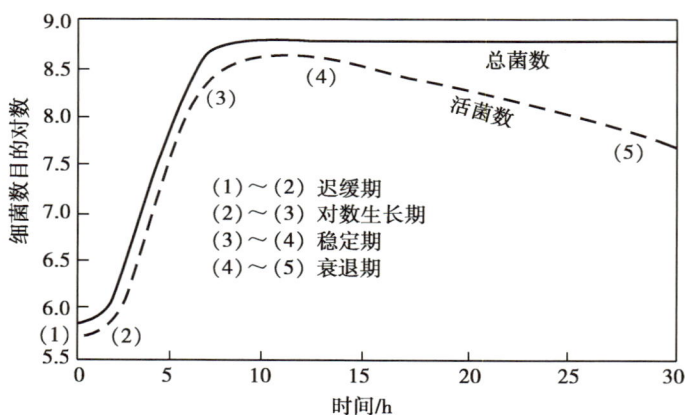

图 2-19　细菌的生长曲线

(1)迟缓期:迟缓期(lag phase)是细菌进入新环境后的适应时期,此期细菌不分裂,菌数不增加,但细胞体积变大,细胞内合成代谢活跃,胞内核酸、蛋白质的量均增加。迟缓期的出现是由于细菌需要适应新的环境条件,并产生足够量的酶、辅酶以及某些必要的中间代谢产物。当这些物质达到一定浓度时,细菌才开始分裂繁殖。一般细菌的迟缓期为1~4小时,迟缓期的长短可以反映细菌的生长繁殖条件是否适宜。影响迟缓期长短的因素有菌种、菌龄、接种量以及接种前后培养基成分的差异等。

（2）对数生长期：对数生长期（logarithmic growth phase）是细菌分裂繁殖最快的时期，活菌数按几何级数增加，即 $2^0 \rightarrow 2^1 \rightarrow 2^2 \rightarrow 2^3 \rightarrow \cdots \rightarrow 2^n$，在生长曲线上，活菌数目的对数呈直线上升，活菌数与总菌数非常接近。此期细菌的形态、大小、染色性均典型，群体细胞的化学组成及形态、生理特征比较一致，细菌代谢活跃，生长速率快，对外界环境因素的作用比较敏感。因此，实验室需研究细菌的生物学性状和做药敏试验，以选用对数生长期的细菌为佳（多数细菌经 8~18 小时的培养）。有些抗菌药物在这一时期作用于细菌的效果较好。

（3）稳定期：营养物质的消耗、有害代谢产物的积累以及其他环境条件如 pH、氧化还原电势的改变，都会导致对数生长期末期细菌生长速率逐渐下降，死亡率渐增，以至于细菌繁殖数与细菌死亡数趋于平衡，活菌数保持相对稳定，故称稳定期（stationary phase）。此期细菌的形态和生理发生改变，如革兰氏阳性菌可被染成革兰氏阴性菌，细菌开始积累贮存物质。细菌的芽孢多在此期形成，某些次级代谢产物如外毒素、抗生素等也在此期开始产生。

（4）衰退期：衰退期（decline phase）指稳定期后，生长环境越来越不利于细菌生长，细菌繁殖速度减慢或停止，死菌数逐渐上升，活菌数越来越少，死菌数超过活菌数。此期细菌的形态会发生显著改变，出现多形态的衰退型或菌体自溶。形成芽孢的细菌，此期芽孢会成熟。该期死亡的细菌以对数方式增加，但在衰退期后期，部分细菌对不良环境能产生一定的抗性，在一定程度上可使死亡速率降低。

细菌对不同营养物质的利用能力是不同的，有的可以直接被利用，如葡萄糖或 NH_4^+ 等；有的需要过一段时间才能被吸收利用，如乳糖或鱼粉等。当培养基中同时含有这两类碳源或氮源时，细菌在生长过程中会出现二次生长现象。

了解细菌的生长曲线对研究细菌的生理学和生产实践都有重要的指导意义。例如为了尽量减少菌数的增加，在无菌制剂和输液的制备中就要将灭菌工序控制在迟缓期，以保证输液质量和减少致热原污染；在大量培养细菌时，选择适当的菌种、菌龄、培养基及控制培养条件可缩短迟缓期。对数生长期的细菌生长繁殖快、代谢旺盛，利用此期的细菌作为连续发酵的种子，可缩短生产周期。实验室工作中，多利用此期进行细菌的形态结构、生理代谢等方面的研究。稳定期是细菌代谢产物增多并大量积累的时期。在发酵工业上，为更多地获得细菌产生的代谢产物，如氨基酸、抗生素等，可适当补充营养物质，延长稳定期。可形成芽孢的细菌，芽孢在衰退期成熟，有利于菌种保藏。

4. 细菌生长量的测定　主要根据细菌的数目、重量及生理指标 3 个方面对生长量进行测定。

（1）计数法：可分为直接计数法、间接计数法和比浊法。直接计数法是利用特定的细菌计数板或血细胞计数板，在显微镜下对一定容积中的细菌进行计数，此法的缺点是不能区分死菌与活菌；间接计数法又称活菌计数法，是通过对琼脂平板上生长的菌落进行计数，从而计算出样品中的细菌总数，常用单位体积中的菌落形成单位（colony forming unit，cfu）表示；比浊法则是根据细菌悬液的光吸收值能反映出细菌细胞浓度的原理，用浊度计或分光光度计测出细菌悬液的光吸收值，由此计算出细菌总数。

(2)重量法:测定菌体重量的方法称为重量法,分为湿重法和干重法。湿重法是将一定体积的样品通过离心或过滤将菌体分离出来,经洗涤,再离心后直接称重;而干重法则是将样品置于105℃烘干至恒重后,再称其重量。

(3)生理指标法:生理指标包括细菌的呼吸强度、耗氧量、酶活性及生物热等。由于在生长过程中细菌的这些生理指标会发生变化,因此可以借助一些特定的仪器来测定相应的指标,从而判断细菌的生长量。此方法主要用于科学研究、分析细菌的生理活性等。

(五)细菌的新陈代谢

细菌的新陈代谢包括分解代谢和合成代谢两个方面。细菌的生长繁殖实际上就是进行物质的分解与合成的新陈代谢过程。分解代谢(catabolism)是由复杂的化合物分解成简单化合物的过程,同时获得能量;合成代谢(anabolism)是指将简单化合物合成复杂的大分子乃至细胞结构物质的过程,同时消耗能量。两种代谢过程均可产生多种代谢产物,其中有些在细菌的鉴别和医学上具有重要意义。

1. 细菌的酶　酶是活细胞合成的特殊物质,具有专一的催化活性,是生物催化剂。细菌作为可独立生活的单细胞生物,具有非常丰富的酶类。按照不同的分类方法可将细菌体内的酶分为多种类型。

(1)按存在部位:可将细菌的酶分为胞外酶和胞内酶。

1)胞外酶:即由细菌产生后分泌到细菌外发挥作用的酶。胞外酶多为水解酶,主要与细菌吸收、利用某些营养物质有关,如蛋白酶、淀粉酶、纤维素酶等,能将细胞外的一些复杂大分子物质水解为简单的小分子化合物,使其易于透过细胞膜而被细菌吸收。某些致病性细菌产生的胞外酶与其毒力有关,如卵磷脂酶、透明质酸酶等。

2)胞内酶:产生并存在于细胞内,催化细胞内进行的各种生化反应。参与细菌代谢的多数酶都属于胞内酶,如氧化还原酶类、裂解酶类、异构酶类和连接酶类等,是细菌呼吸和代谢不可缺少的酶类。

(2)按产生方式:可将细菌的酶分为组成酶和诱导酶。

1)组成酶:组成酶是细菌固有产生的,由遗传性决定,不管细菌生活的环境中有无该酶的作用基质,均不影响其产生。细菌的酶多为组成酶。

2)诱导酶:又称适应酶,是细菌为适应环境而产生的酶。如大肠埃希菌分解乳糖的 β- 半乳糖苷酶、耐青霉素的金黄色葡萄球菌产生的 β- 内酰胺酶,当环境中含有相应的基质如乳糖或青霉素时,这些酶的含量就迅速增加;当底物或诱导物移走后,酶的产生则停止,这类酶的合成一般受多基因调控。

(3)按专属性:可将细菌的酶分为共有酶和特有酶。

1)共有酶:细胞内的酶种类繁多,其中很多酶在不同类型的菌体内都存在,如参与细菌基础代谢的一些酶,这些酶在细胞内催化的生化反应过程相似,称之为共有酶。

2)特有酶:少数酶只存在于某些特殊类型的细菌体内,所催化的生化反应往往是该类细菌所特有的,称为特有酶。常利用特有酶对细菌的生物化学反应来鉴别细菌和诊断疾病。

近年来,在遗传工程研究中,发现许多细菌如大肠埃希菌菌体内含有防御作用的限制酶(restriction enzyme)和修饰酶(modification enzyme),称限制修饰系统(restriction modification system)。该系统能区别自己与非己的 DNA,对外来非己的 DNA 通过限制性内切酶的作用使其降解;对自己的 DNA 由修饰甲基化酶使核苷酸甲基化,使之免受限制性内切酶的作用。这个系统的酶现已被分离和纯化的有近百种,可作为分子生物学研究的工具酶使用。

2. 细菌的呼吸　大多数细菌必须从物质的氧化过程中获得能量,而一种物质的氧化必然伴随着另一种物质的还原。所谓呼吸就是产生能量的生物发生氧化还原反应的过程。细菌生物氧化的方式主要是以脱氢和失去电子的方式实现的。一般将以无机物为氢受体的称为呼吸,以有机物为氢受体的则称为发酵。根据在呼吸中最终的氢(或电子)受体不同,将细菌分为 3 种呼吸类型。

(1)需氧呼吸:需氧呼吸是以分子氧作为最终电子(或氢)受体的氧化作用。需氧菌以及兼性厌氧菌在有氧情况下都进行需氧呼吸以获得能量。需氧呼吸时从代谢产物上脱下的氢和电子,通过呼吸链逐步传递,最终被分子氧接受而生成水。同时在上述氧化过程中伴有氧化磷酸化作用。以葡萄糖为例,每摩尔葡萄糖彻底氧化,可生成 CO_2 和 H_2O 并释放出 3 632kJ 的自由能,其中约 40%贮存在 ATP 中(38 个 ATP),其余以热的形式散失。

(2)无氧呼吸:无氧呼吸是指以无机氧化物如 NO、SO 或 CO_2 等代替分子氧作为最终电子(或氢)受体的氧化作用。一些厌氧菌和兼性厌氧菌在无氧条件下可进行无氧呼吸获得能量。在无氧呼吸中,底物脱下的氢和电子经过细胞色素等一系列中间传递体传递,并伴有氧化磷酸化作用,生成 ATP,但比有氧呼吸产生的能量少。

(3)发酵:发酵是指电子(或氢)的供体和受体都是有机物的氧化作用,有时最终电子(或氢)受体就是供体的分解产物。由于这种氧化作用不彻底,最终形成还原型产物,因此只能放出部分自由能,其中一部分自由能贮存在 ATP 中,其余以热的形式散失。

3. 细菌的代谢过程　作为原核单细胞微生物,细菌的代谢方式同其他生物甚至高等生物既有相似之处,也有其自身的特点。

(1)分解代谢:细菌的类型不同,能利用的营养物质种类亦不同。细菌对某些分子量较大、结构复杂的营养物质如多糖、蛋白质及脂类等一般难以直接利用,需通过相应的胞外酶将其降解为小分子物质后再吸收利用;而一些结构简单的有机化合物如葡萄糖、氨基酸等则很容易被细菌分解利用。分解代谢主要为细菌生长繁殖提供能量,并产生合成生物大分子所需的前体物质。

1)糖的分解:糖是多数细菌良好的碳源和能源。营养物质中的多糖先经细菌分泌的胞外酶水解为单糖(一般为葡萄糖),进而转化为丙酮酸。"多糖→单糖→丙酮酸"这一基本过程对所有细菌都是一样的,但各类细菌对丙酮酸的利用则不尽相同。需氧菌将丙酮酸经三羧酸循环彻底分解成 CO_2 和水,在此过程中可产生各种代谢产物。厌氧菌则可发酵丙酮酸,产生各种酸类(如甲酸、乙酸、丙酸、乳酸、琥珀酸等)、醛类(如乙醛)、醇类(如乙醇、乙酰甲基甲醇、丁醇等)、酮类(如丙酮)。在无氧条件下,不同的厌氧菌对丙酮酸的发酵途径不同,代谢产物也不同。

2)蛋白质的分解:蛋白质在细菌胞外酶的作用下首先分解为蛋白胨,再进一步分解为短肽,从而被吸收进入菌体,在菌体内经肽酶水解成游离的氨基酸,再进行下一步的代谢。

能分解蛋白质的细菌不多,而蛋白酶又有较强的专一性,故可根据分解蛋白质的能力差异对一些细菌的特性进行鉴定。如明胶液化、牛乳胨化等都是细菌分解利用蛋白质的现象。能分解氨基酸的细菌比能分解蛋白质的细菌多,其分解能力也不相同。细菌既可直接利用吸收的氨基酸来合成蛋白质,也可将氨基酸进一步分解利用。氨基酸分解的方式有脱氨作用、脱羧作用、转氨作用。①脱氨作用:是分解氨基酸的主要方式。细菌类型、氨基酸种类以及环境条件不同,脱氨的方式也不同。脱氨作用主要有氧化、还原、水解等方式,可生成各种有机酸和氨。②脱羧作用:许多细菌细胞内含有氨基酸脱羧酶,可以催化氨基酸脱羧产生有机胺和二氧化碳。③转氨作用:氨基酸上的 α-氨基通过相应的氨基转移酶催化转移到 α-酮酸的酮基位置上,分别生成新的 α-酮酸和 α-氨基酸,该过程是可逆性的。

3)细菌对其他物质的分解:细菌除能分解糖和蛋白质外,对一些有机物和无机物也可分解利用。各种细菌产生的酶不同,其代谢的基质不同,代谢的产物也不一样,故可用来鉴别细菌。①对其他有机物的分解:如变形杆菌具有尿素酶,可以水解尿素,产生氨。沙门菌和变形杆菌都有脱巯基作用,使含硫氨基酸(胱氨酸)分解成氨和硫化氢。②对其他无机物的分解:产气肠杆菌分解枸橼酸盐生成碳酸盐,并分解培养基中的铵盐生成氨。细菌还原硝酸盐为亚硝酸盐、氮气或氨气的作用称为硝酸盐还原作用。如大肠埃希菌可使硝酸盐还原为亚硝酸盐,沙雷菌属可使硝酸盐或亚硝酸盐还原为氮气。

(2)合成代谢:细菌的合成代谢是利用分解代谢产生的能量、中间产物以及从外界吸收的小分子营养物为原料,通过生物合成菌体的各种复杂组成成分的过程。与分解代谢相比,合成代谢是一个消耗能量的过程,合成代谢的三要素是 ATP、还原力和小分子前体物质。细菌进行的最重要的合成代谢是细胞内蛋白质、多糖、脂类、核酸等物质的合成。

4. 细菌的代谢产物 伴随代谢的进行,细菌可产生大量的代谢产物,其中有些是细菌生长所必需的,有些产物虽然并非细菌必需,但可用于鉴别细菌,还有些与细菌致病性有关。

(1)分解代谢产物和相关的生化反应:细菌在分解代谢过程中,因其具备的酶各不相同,故其分解代谢产物随菌种不同而有差异,可以通过检测各种代谢产物借以鉴别细菌,尤其用以鉴别肠道杆菌。这种方法称为生化试验,通常也称为细菌的生化反应。

1)糖发酵试验(carbohydrate fermentation test):细菌能分解发酵多种单糖,产生能量和酸、醛、醇、酮、气体(如 CO_2、H_2)等代谢产物。不同细菌对糖的分解能力不同,借以能鉴别细菌。如大肠埃希菌能分解葡萄糖和乳糖产酸、产气,而伤寒沙门菌只能分解葡萄糖产酸、不产气。

2)甲基红试验(methyl red test):细菌分解葡萄糖可产生丙酮酸,丙酮酸则进一步分解成甲酸、乙酸、乳酸等混合酸,使培养基的 pH 下降至 4.4 以下,加入甲基红指示剂变为红色,为甲基红试验阳性;产气肠杆菌可使丙酮酸脱羧生成中性的乙酰甲基甲醇,故生成的酸类较少,培养液的最终 pH 高于 5.4,以甲基红为指示剂呈橘黄色,为甲基红试验阴性。

3)VP 试验(Voges-Proskauer test):产气肠杆菌在含有葡萄糖的培养基中能分解葡萄糖产生丙酮酸,进一步脱羧形成中性的乙酰甲基甲醇,在碱性溶液中氧化成二乙酰,二乙酰可与含胍基的化合物发生反应,生成红色化合物,为 VP 试验阳性;大肠埃希菌不能生成乙酰甲基甲醇,最终培养液的颜色不能变红,为 VP 试验阴性。

4) 吲哚试验(indole test):吲哚试验又称靛基质试验。某些细菌如大肠埃希菌、普通变形杆菌、霍乱弧菌等含有色氨酸酶,能分解培养基中的色氨酸生成无色吲哚,当培养液中加入对二甲基氨基苯甲醛(吲哚试剂)时,生成红色化合物为阳性;产气肠杆菌、伤寒沙门菌无色氨酸酶,不能形成吲哚,故吲哚试验为阴性。

5) 枸橼酸盐利用试验(citrate utilization test):某些细菌如产气肠杆菌可利用枸橼酸盐为碳源,在仅含枸橼酸盐作为唯一碳源的培养基中能生长,分解枸橼酸盐产生 CO_2,再转变为碳酸盐,并分解培养基中的铵盐产生氨,使培养基中的 pH 由中性变为碱性,导致含有溴麝香草酚蓝(bromothymol blue,BTB)指示剂的培养基由绿色变为深蓝色,此为枸橼酸盐利用试验阳性;而大肠埃希菌不能利用枸橼酸盐作为碳源,故在该类培养基中不能生长,培养基中指示剂不变色,为枸橼酸盐利用试验阴性。

6) 硫化氢试验(hydrogen sulfide test):变形杆菌、沙门菌等细菌能分解胱氨酸、半胱氨酸等含硫氨基酸产生硫化氢,在培养基中加入铅或铁化合物,硫化氢可与之反应形成黑色的硫化铅或硫化亚铁,为硫化氢试验阳性。

7) 尿素酶试验:变形杆菌具有尿素酶,能迅速分解尿素产生氨,使培养基碱性增强,使酚红指示剂呈红色,此为尿素酶试验阳性;沙门菌无尿素酶,培养基颜色不改变,则为尿素酶试验阴性。

细菌的生化反应是鉴别细菌的重要方法之一,尤其对形态、革兰氏染色反应和菌落形态相同或相似的细菌更为重要。其中吲哚试验(I)、甲基红试验(M)、VP 试验(V)和枸橼酸盐利用试验(C)合称为 IMVC 试验,常用于肠道杆菌的鉴定。典型的大肠埃希菌的 IMVC 试验结果是"++--",而产气肠杆菌是"--++"。

(2)合成代谢产物:细菌在合成代谢过程中,除了合成蛋白质等细胞结构物质外,还会合成一些在医学上及制药工业中具有重要意义的代谢产物。

1) 致热原(pyrogen):是细菌合成的一种注入人体或动物体内能引起发热反应的物质。可产生致热原的细菌大多为 G⁻ 菌,致热原即其细胞壁中的脂多糖。致热原耐高温,高压蒸汽灭菌(121.3℃ 20 分钟)亦不被破坏,需用 250℃高温 30 分钟以上或 180℃ 4 小时才能被破坏。若注射液、器皿等被细菌污染,即可能有致热原,输入机体后可引起严重的发热反应,甚至导致死亡。因此,注射药品、生物制品以及输液用的蒸馏水均不能含有致热原。

在制药工业中,若液体中存在致热原可用吸附剂吸附、超滤膜过滤或蒸馏法除去,其中蒸馏法效果较好。在制备和使用注射药品、生物制品等过程中,应严格无菌操作,防止被易产生致热原的细菌污染。

知识链接

中国"超级工程菌"的环保奇迹

细菌虽小,却有强大的代谢能力。2025 年 5 月,中国科学院深圳先进技术研究院联合上海交通大学生命科学技术学院,利用需钠弧菌打造出"超级工程菌",成果登上 *Science* 期刊,未来或开启微生物治污新时代。

以往，自然微生物处理废水能力单一，难以应对复杂污染物。而我国科研团队运用合成生物学技术，在单一菌株需钠弧菌中构建了 5 条人工代谢通路，赋予"超级工程菌"多种分解能力。这种"超级工程菌"直径仅为 $2\mu m$，却能在盐度超海水 3 倍的工业废水中，高效降解联苯、苯酚、萘、甲苯、二苯并呋喃 5 种典型芳香类有机污染物。48 小时内可完全降解联苯，甲苯清除近 90%，且菌体完成任务后自动降解，不会造成二次污染。

这一成果展现了我国科研团队面对全球污染难题的责任担当、探索创新的坚韧毅力，以及跨学科协作的团队智慧。随着科技的发展，同学们要树立创新思维与合作意识，为科技进步和环境保护贡献力量。

2）毒素（toxin）：许多细菌特别是致病菌能合成对人体和动物有毒害作用的物质，包括内毒素和外毒素。内毒素（endotoxin）大多为革兰氏阴性菌细胞壁的结构物质如脂多糖中的类脂 A，该毒素不能向胞外分泌，只有在细菌死亡或崩解后才能释放出来，故称为内毒素，内毒素的毒性较弱。外毒素（exotoxin）主要是革兰氏阳性菌产生的蛋白质，产生后可以分泌到胞外，毒性强且具有高度选择性，如白喉外毒素、破伤风外毒素及肉毒毒素等。

3）酶类：多种致病菌能合成侵袭性酶类，该酶能促使细菌入侵或利于细菌扩散，如链球菌产生的透明质酸酶、产气荚膜梭菌产生的卵磷脂酶等。侵袭性酶类以及毒素在细菌的致病性中甚为重要。

4）抗生素（antibiotics）：是由某些微生物在代谢过程中产生的能抑制或杀死其他微生物和肿瘤细胞的物质。大多数抗生素由放线菌和真菌产生，细菌产生的较少，只有多黏菌素、杆菌肽等少数几种。

5）细菌素（bacteriocin）：是某些细菌合成的一类具有杀菌作用的蛋白质。它与抗生素有些相似，但其抗菌作用范围窄，仅对与产生菌株亲缘关系较近的细菌有杀伤作用。由于敏感菌表面有相应的受体，可吸附细菌素，所以可导致菌体死亡。

细菌素通常由质粒编码，常按其产生菌来命名，如大肠埃希菌产生的大肠菌素、铜绿假单胞菌产生的绿脓菌素等。细菌素一般不用于抗菌治疗，但由于其作用的特异性，可用于细菌的分型和流行病学调查。

6）维生素（vitamin）：多数细菌能利用周围环境中的氮源或碳源合成自身生长所需的维生素，其中某些类型的细菌还能将合成的维生素分泌到菌体外。如人和动物肠道中的大肠埃希菌能合成 B 族维生素及维生素 K 等，可被机体吸收利用，对维持肠道的生理环境起着重要作用。还有某些微生物在医药生产上可用于维生素的生产。

7）色素（pigment）：许多细菌在一定条件下（氧气充足、温度适宜、营养丰富等）能产生不同颜色的色素，可用于细菌的鉴别。细菌产生的色素有两类：一类为脂溶性色素，不溶于水，只存在于菌体中，可使菌落着色而培养基不显色，如金黄色葡萄球菌产生的金黄色色素，可使其菌落呈金黄色；另一类为水溶性色素，可弥散至菌落周围的培养基中，使培养基呈现颜色，如铜绿假单胞菌产生的水溶性绿色色素，可使培养基或感染部位的脓汁呈绿色。

三、细菌的分布与控制

细菌广泛分布于自然界与正常人体中,与外界环境及宿主一起构成相对平衡的生态体系。多数细菌对人类是无害的或是人类生存必不可少的组成成分,是可开发的生物资源。少数细菌及其他微生物能够引起人类疾病、生物制剂或药品变质或造成环境污染等。细菌的控制就是采取不利于细菌生长繁殖甚至可导致其死亡的方法,来抑制或杀死细菌。因此,学习细菌分布与控制的基本知识,对建立无菌观念、严格无菌操作、正确消毒灭菌、制备合格的生物药品具有十分重要的意义。

(一) 细菌的分布

1. 细菌在自然界中的分布 细菌在自然界中分布广泛,江河、湖泊、海洋、土壤、空气中都有数量不等、种类不一的细菌存在。这些细菌大多数对人类和动植物无害甚至是必需的,但也有一些是危害人类和动植物的病原菌。

(1)土壤中的细菌:土壤具备细菌生长繁殖所需要的营养、水分、空气、酸碱度、渗透压和温度等条件,有天然培养基的美称。土壤中的细菌种类和数量最多,土壤是人类最丰富的"菌种资源库"。土壤中的微生物主要分布于距地表 10~20cm 深的土层中,表层土壤由于阳光照射和干燥,微生物数量较少。

土壤中的细菌大多为非致病菌,它们在自然界的物质循环中发挥着重要作用,如固氮菌能固定大气中的游离氮气。但其中也有来自健康人体与动物、传染病患者的排泄物和动植物尸体进入土壤的病原菌,多数病原菌在土壤中很容易死亡,但是有芽孢的细菌如炭疽杆菌、破伤风梭菌、肉毒梭菌等可在土壤中存活几年甚至几十年。据有关资料统计,产气荚膜梭菌的芽孢在土壤中的检出率可达 100%,破伤风梭菌芽孢的检出率为 27%。这些细菌可直接或间接地进入人体,引起肠道、呼吸道的传染病和创伤感染。

由于带有土壤中的细菌和其他微生物,植物药材尤其是根茎类药材经采集后若未及时晒干或妥善处理,常可因微生物的繁殖、发酵而引起药材的霉变,丧失药用价值。

(2)水中的细菌:水中含有大量的有机物和无机物,具备细菌繁殖的基本条件。因此,自然水域称为细菌栖息的第二天然场所。水中细菌的种类与数量因水源不同而异,一般来说地面水中的细菌多于地下水、静止水中的细菌多于流动水、沿岸水中的细菌多于中流水。

水中有天然生存的细菌群,也有来自土壤、垃圾、污染物、人畜排泄物等中的细菌。伤寒沙门菌、痢疾志贺菌、霍乱弧菌等肠道致病菌常通过人和动物粪便及其他排泄物进入水中,从而引起消化道传染病。因此,水源的检查和管理在卫生学上十分重要。直接检查水中的病原菌比较困难,由于病原菌在水中数量少、分散、易死亡,故不易检出,一般以细菌总数和大肠菌群数作为水被粪便污染的指标,从而间接推测其他病原菌的存在概率。大肠菌群是指一群在37℃ 24小时能发酵乳糖、产酸、产气、需氧型或兼性厌氧型的革兰氏阴性菌。该菌群主要来源于人畜粪便,大肠菌群数越多,表示粪便污染程度越严重,间接表明可能有肠道致病菌污染。

由于水中常含有细菌,故注射制剂用水必须是新鲜的蒸馏水,以免污染细菌而产生致热原。制备口服制剂用水也应使用新鲜的冷却开水,以减少菌数。

(3)空气中的细菌:空气中缺乏细菌所必需的营养物质和水分,又受阳光直射,不是细菌生长繁殖的适宜场所。空气中的细菌数量较少,主要来自土壤尘埃或经人和动物的呼吸道及口腔排出的飞沫。

空气中细菌的数量决定于环境的活动情况和被搅动的尘土量。相对而言,近地面的大气中的细菌比高空多,室内空气比室外空气多,人口密集的公共场所中空气的含菌量就更多。空气中常见的细菌种类主要为需氧型芽孢杆菌、产色素细菌及某些球菌等,这些细菌也是培养基、医药制剂、生物制品以及手术室等污染的主要来源。此外,空气中也可能有一些抵抗力较强的病原菌,如结核分枝杆菌、金黄色葡萄球菌、溶血性链球菌、脑膜炎奈瑟菌等,这些细菌可引起伤口感染和呼吸道传染病。甲型溶血性链球菌常作为空气污染的指标。

进行微生物学接种、生物制品生产、药物制剂制备以及外科手术等工作时,均必须将室内空气消毒或净化,以免物品或药品被污染、变质以及手术感染。

(4)极端环境中的细菌:极端环境是指高温或低温、高压、高盐、高酸、高碱等特殊环境。各种极端环境中都有细菌及其他微生物分布。根据细菌生长的极端环境,可将其分为嗜热或嗜冷菌、嗜压菌、嗜盐菌、嗜酸菌、嗜碱菌等。如嗜热脂肪芽孢杆菌能在75℃的条件下生长,嗜冷菌能在−18℃的冰箱中生长等。

学习和了解极端环境条件下的细菌,不仅可为生物进化、细菌分类等提供线索,更重要的是可以利用极端环境条件下的细菌为人类服务。如嗜冷菌细胞产生的低温蛋白酶及嗜碱菌细胞产生的碱性淀粉酶、蛋白酶和脂肪酶等被大量用于新型洗涤剂的开发;嗜酸菌被广泛用于细菌冶金、生物脱硫;嗜热菌细胞内的 DNA 聚合酶已被广泛用于 PCR 技术,还被应用于高温发酵、污水处理等方面。

(5)其他环境中的细菌

1)原料和包装物中的细菌:天然来源的未经处理的原料常含有各种各样的细菌,如动物来源的明胶、胰腺,植物来源的阿拉伯胶、琼脂和中药材等。制药前或制药过程中加以消毒处理,如加热煎煮、过滤、照射、有机溶媒提取、加防腐剂等可减少细菌。另外,制成糖浆剂造成高渗环境也可防止细菌生长;酊剂、浸膏制剂中加入乙醇也能减少细菌的污染。原料需贮藏在干燥环境中,以降低药材的湿度,阻止细菌繁殖。

包装材料包括包装用的容器、包装纸、运输纸箱等,应按不同要求考虑是否需要消毒和如何处理封装,原则是尽量减少细菌的污染。

2)厂房建筑物和制药设备中的细菌:空气、人体、污水中的细菌都可附着在厂房建筑物和制药设备中,给药物生产带来隐患。因此,药物生产部门的所有房屋,包括厂房、车间、库房、实验室都必须清洁和整齐。建筑物的结构和表面应不透水,表面平坦均匀,没有裂缝,便于清洗;设备、管道均应易于拆卸,便于清洁和消毒。

2. 细菌在人体中的分布

(1)正常菌群:自然界中广泛存在着各种微生物,人体与自然界联系密切,因此在正常条件下,人体的体表及与外界相通的腔道中存在着不同种类和一定数量的细菌及其他微生物。这些菌群通常对人体无害甚至有益,故称正常菌群(normal bacteria flora 或 normal flora)或正常微生物群。寄居人体各部位的正常菌群见表 2-4。正常人体的体液、内脏、肌肉、骨骼及密闭腔道等部位是无菌的。

表 2-4 寄居人体各部位的正常菌群

部位	主要菌群
皮肤	葡萄球菌、类白喉棒状杆菌、铜绿假单胞菌、痤疮丙酸杆菌、白念珠菌等
口腔	链球菌、葡萄球菌、卡他莫拉菌、乳酸杆菌、梭杆菌、拟杆菌、白念珠菌、螺旋体、支原体、放线菌等
鼻咽腔	链球菌、葡萄球菌、奈瑟菌、类白喉棒状杆菌、肺炎链球菌、拟杆菌、嗜血杆菌、不动杆菌等
肠道	拟杆菌、双歧杆菌、乳酸杆菌、大肠埃希菌、肺炎克雷伯菌、变形杆菌、铜绿假单胞菌、葡萄球菌、粪肠球菌、消化链球菌、韦荣球菌、八叠球菌、产气荚膜梭菌、破伤风梭菌、白念珠菌、腺病毒等
前尿道	葡萄球菌、类白喉棒状杆菌、非致病性分枝杆菌、白念珠菌、乳酸杆菌、大肠埃希菌、拟杆菌、不动杆菌、奈瑟菌、支原体等
阴道	乳杆菌、大肠埃希菌、类白喉棒状杆菌、白念珠菌等
外耳道	表皮葡萄球菌、类白喉棒状杆菌、铜绿假单胞菌等
眼结膜	葡萄球菌、结膜干燥棒状杆菌、不动杆菌、奈瑟菌等

一般情况下,正常菌群与人体以及菌群中各种微生物之间是相互制约、相互依存的,这种主要通过微生物之间的相互作用所建立的平衡称为微生态平衡(eubiosis of microflora),并已成为一门新兴学科——微生态学(microecology)。微生态学除主要研究微生物与微生物、微生物与宿主,以及微生物和宿主与外界环境的相互依存和相互制约的关系外,还研究微观生态平衡、微生态失调和微生态调节等。

(2)正常菌群的生理功能:正常菌群对保持人体生态平衡和内环境的稳定有重要作用。

1)营养和代谢作用:正常菌群可参与物质代谢、营养转化和合成,以及胆汁、胆固醇代谢及激素转化等。有的菌群如肠道中大肠埃希菌能合成维生素 B 复合物和维生素 K,经肠壁吸收后供机体利用。

2)免疫作用:正常菌群可刺激宿主免疫系统的发育成熟,并能促进免疫细胞的分裂,产生抗体和佐剂作用,从而限制了正常菌群本身对宿主的危害性。

3)生物屏障与拮抗:正常菌群能构成一个防止外来细菌入侵的生物屏障。拮抗的机制是夺取营养、产生脂肪酸和细菌素等,从而使病原菌不能定居与致病。

4)抗衰老与抑制肿瘤作用:研究表明,肠道正常菌群中的双歧杆菌有抗衰老作用。此外,双歧杆菌和乳杆菌有抑制肿瘤发生的作用,它们抑制肿瘤作用的机制可能与其能降解亚硝酸铵,并激活巨噬细胞、提高其吞噬能力有关。

（3）菌群失调及菌群失调症：正常菌群与宿主间的生态平衡是相对的，在特定条件下，这种平衡可被打破而造成菌群失调（dysbacteriosis），使原来不致病的正常菌成为机会致病菌而引起疾病。生态失调是宿主、正常菌群与外环境共同适应过程中的一种反常状态，正常菌群表现为种类、数量和定位的改变，宿主表现为患病或病理变化。严重的菌群失调可使宿主发生一系列的临床症状，称为菌群失调症（dysbacteriosis）。

1）菌群失调的诱因：凡能影响正常菌群的生态平衡者都可能成为菌群失调的诱因。①患者的免疫力下降：由于皮肤大面积烧伤、黏膜受损、受凉、过度疲劳、慢性疾病长期消耗以及接受大量激素、抗肿瘤药物、放射性治疗等原因，机体的免疫力下降；②不适当的抗菌药物治疗：长期大量使用抗菌药物不仅能抑制致病菌，也会作用于正常菌群，使机会致病菌或耐药菌增殖，如金黄色葡萄球菌、革兰氏阴性杆菌及假丝酵母菌等，其大量繁殖会进一步促使菌群失调；③医疗措施影响及外来菌的侵袭：由于寄居部位改变，如手术、创伤等引起正常菌群移位，如大肠埃希菌进入腹腔或泌尿道，可引起腹膜炎、泌尿道感染等。

2）菌群失调的表现：根据失调程度可分为一度失调、二度失调和三度失调。一度失调（可逆性失调）是菌群失调中最轻的一种，临床没有表现或只有轻微的反应，除去诱因后，不需治疗即可自行恢复；二度失调（菌种数量比例失调）是菌群失调中较严重的一种，除去诱因后，失调状态仍然存在，在临床上多有慢性疾病的表现，如慢性肠炎等；三度失调（菌群交替症）是菌群失调中危害最大的一种，表现为原来的菌群（敏感菌）大部分被抑制，只有少数菌种（耐药菌）大量繁殖，或外来菌成为优势菌而引起新的感染，多发生在长期使用抗生素、免疫抑制剂、激素及大型手术、严重的糖尿病、恶性肿瘤等患者中。其中严重者可引起二重感染（double infection superin-fection），即抗菌药物治疗原感染性疾病的过程中产生的一种新感染。二重感染的治疗难度大，应避免发生。若发生二重感染，需停止使用原来的药物，重新选择合适的药物进行治疗，同时可以使用有关的微生态制剂，协助调整菌群的类型和数量，加快恢复原有的生态平衡。

3）菌群失调的常见菌类：①球菌，例如金黄色葡萄球菌、粪肠球菌；②杆菌，以革兰氏阴性杆菌为主，如铜绿假单胞菌、大肠埃希菌、变形杆菌、产气肠杆菌等；③厌氧菌，例如产气荚膜梭菌、类杆菌等；④真菌，例如白念珠菌、曲霉菌、毛霉菌等。

（二）细菌的控制

细菌为单细胞微生物，极易受外界各种因素的影响。适宜的环境能促进细菌生长繁殖，若环境不适宜或发生剧烈变化，细菌的生长繁殖可受到抑制或细菌发生变异甚至死亡。影响细菌生长繁殖的因素大致可分为物理、化学、生物3个方面，其中生物因素主要包括细菌素、噬菌体和抗生素等，一般不作为消毒灭菌的手段。本部分主要介绍各种物理、化学因素对细菌生长的影响，以及它们在实践中的应用。常用的术语有以下几个：

消毒（disinfection）指杀死物体或环境中的病原微生物的方法。消毒后的物体或环境中可能还含有一定种类和数量的微生物，如一些非病原微生物和芽孢。用于消毒的化学试剂称为消毒剂（disinfectant）。

灭菌（sterilization）是指杀灭物体上的所有微生物的方法。灭菌后的物品中不含任何活菌，包括细菌的芽孢。

防腐（antisepsis）是指防止或抑制微生物生长繁殖的方法。在该状态下，细菌一般不死亡，但也不生长，故可防止食品或生物制品腐败。用于防腐的化学物质称为防腐剂。同一种化学物质在高浓度时为消毒剂，在低浓度时为防腐剂。

无菌（asepsis）指不含任何活菌。只有经灭菌处理才能达到无菌状态。防止微生物进入机体或物体的操作技术称为无菌操作（aseptic technique）。进行外科手术、微生物实验及制备无菌制剂时必须严格无菌操作，防止污染和感染。

消毒灭菌的技术方法很多，在实际工作中应根据消毒灭菌的对象和目的要求，选择合适的方法。

1. 物理消毒灭菌法 是利用物理因素杀灭或控制微生物生长繁殖的方法，物理因素包括温度、辐射、干燥、超声波、渗透压和过滤等，其中最重要的因素是温度。

（1）热力灭菌法：热力灭菌法是利用高温来杀死细菌的方法。高温可使细菌的蛋白质（包括酶类）变性凝固、DNA断裂、核蛋白解体和膜结构破坏，从而导致细菌死亡。热力灭菌法简便、经济、有效，因此应用非常广泛。常用的热力灭菌法有干热灭菌和湿热灭菌两大类。

1）干热灭菌法：是在无水状态下进行的。干热灭菌法可通过脱水、干燥和大分子变性使细菌死亡。

常用的方法有以下几种。①焚烧法：直接点燃或在焚烧炉内焚烧，适用于废弃物品或动物尸体等的处理。②烧灼法：直接用火焰灭菌，适用于接种环（针）、试管口、瓶口等的灭菌。③干烤法：主要在密闭的干烤箱中利用热空气进行灭菌，160~170℃持续2小时便可达到灭菌效果，适用于玻璃器皿、瓷器、金属工具以及不能遇水的油脂、凡士林等的灭菌。干烤灭菌时，温度不能超过170℃，否则包装纸与棉塞等纤维物品易被烤焦；玻璃器皿等必须洗净烘干，不能沾有油脂等有机物。

2）湿热灭菌法：湿热灭菌是在流通蒸汽、饱和蒸汽或水中进行的。在同一温度下，湿热灭菌比干热灭菌效果好。其原因是湿热环境中菌体蛋白质更易变性凝固；湿热的穿透力比干热大；湿热的蒸汽含有潜热，水由气态变成液态时放出的潜热可迅速提高被灭菌物体的温度。

湿热消毒灭菌法有以下几种。①巴氏消毒法（pasteurization）：是一种较低温度消毒法，因巴斯德首创而得名。具体消毒方法有两种，一种是61.1~62.8℃维持30分钟；另一种是71.7℃维持15~30秒。主要适用于酒类、乳制品等不耐高温物品的消毒。②煮沸法：在100℃沸水中煮沸5分钟，可杀死细菌的繁殖体。煮沸保持1~2小时可杀死芽孢。如水中加入2% NaHCO₃，沸点可达105℃，可增强杀菌作用，同时又可防止金属器械生锈。此法适用于食具等的消毒。③流通蒸汽消毒法：是在1个大气压下，利用100℃的水蒸气进行消毒，可在灭菌器或一般蒸笼中进行，细菌的繁殖体经15~30分钟可被杀死，但不能全部杀灭芽孢。④间歇灭菌法（fractional sterilization）：间歇采用流通蒸汽加热以达到灭菌目的。将物品置于流通蒸汽灭菌器中，100℃ 15~30分钟，每天1次，连续3天。第1次加热可杀死其中的繁殖体，但尚存有芽孢。将物品置于37℃培养箱过夜，使其中的芽孢发育成繁殖体，次日再通过流通蒸汽加热以杀死新发育的繁殖体。如此连续3次后，可将所有繁殖体和芽孢杀死，但又不破坏被灭菌物品的成分。此法适用于某些不耐高温如含有血清、卵黄等培养基的灭菌。⑤高压蒸汽灭菌法（autoclaving）：是实验室和生产中最常采用的灭菌方法，通常在高压蒸汽灭菌器中进行。在密闭的蒸锅内，蒸汽不外溢，随着压力增加，容器内的温度随之升高。通常在103.4kPa（1.05kg/cm³）蒸汽压下，温度达121.3℃，维持15~30分钟，可杀死包括芽孢在内的所有微生物。常用于医用敷料、手术器械、生理盐水和普通培养基等的灭菌。需要指出的是高压蒸汽灭菌的条件并不是固定的，实际操作中应根据灭菌材料的性质、耐高温性能等进行选择。如含糖或其他特殊营养成分的培养基或注射液可选择55.21kPa、113℃ 20~30分钟灭菌，目的是不破坏其营养成分。

（2）低温抑菌法：多数细菌耐受低温。在低温状态下，细菌的代谢活动减慢，最后处于停滞状态，但仍有生命力。低温主要用于防止由于微生物生长导致的物品腐败，也被广泛用来保存菌种。

一般细菌在4~10℃冰箱内可生存数月，在−70~−20℃下能长期生存。但冷冻也能使部分细菌死亡，因为在此过程中，细菌原生质的水分形成结晶，机械性地损伤细胞，并破坏原生质的胶体状态，故可造成部分细菌死亡。冷冻和融化交替进行，对细菌细胞的破坏更大。但迅速冷冻能使细胞内原生质体的水分形成一片均匀的玻璃样结晶，可减少对细菌的损害。故用冷冻法保藏菌种时，要尽可能地快速降温。为避免解冻时对细菌的损伤，宜先将细菌悬于少量保护剂（如脱脂牛乳、甘油及二甲基亚砜等）中再低温保存。也可在低温真空下抽干去除水分，此即真空冷冻干燥法（vacuum freeze drying），用该法保藏菌种，即使在室温下，菌种也可保持数年甚至数十年之久，是目前保存菌种的最好方法。少数病原菌如脑膜炎奈瑟菌、流感嗜血杆菌对低温敏感，采集标本时应注意保温并迅速送检。

（3）辐射杀菌法：辐射是能量通过空间传递的一种物理现象。按其能否使被辐射物质发生电离，可分为非电离辐射和电离辐射两种。

1）非电离辐射灭菌法：包括日光、紫外线、微波等。①日光与紫外线：日光是一种天然杀菌因素，其杀菌作用主要是通过日光中的紫外线实现的。波长在240~280nm的紫外线具有杀菌作用，其中265~266nm波长的紫外线杀菌力最强。细菌被紫外线照射时，细胞中的DNA吸收了紫外线，使DNA同一条链或两条链上相邻近的胸腺嘧啶形成二聚体，改变了DNA的分子构型，从而干扰DNA的复制，导致细菌变异或死亡。此外，紫外线可使分子氧变成臭氧，也具有杀菌能力。紫外线的杀菌力强，但穿透力弱，不能透过普通玻璃、水蒸气、纸张、尘埃等，故只能用于物品表面和空气消毒。人工紫外线灯是将汞置于石英玻璃灯管中，通电后汞化为气体，放出杀菌波长的紫外线。一般无菌室内1支30W的紫外线灯，照射30分钟即可杀死空气中的微生物。如果紫外线不足以达到致死剂量，可引起核酸结构部分改变，使微生物发生变异。因此，紫外线也是一种诱变剂。使用紫外线消毒时，要注意防护，因其对人体皮肤、眼结膜都有损伤作用。②微波：微波是一种波长在1mm~1m的电磁波，它主要是通过产热使被照射物品的温度升高，发挥杀菌作用。微波的穿透力要强于紫外线，它可透过玻璃、塑料薄膜及陶瓷等介质，但不能穿透金属。常用于对非金属器械的消毒，如实验室用品、食用器具等。

2）电离辐射灭菌法：使用放射性核素γ源或β射线加速器发射的高能量电子束，破坏细胞核酸、酶和蛋白质的结构或活性而杀死细菌。目前常用^{60}Co照射装置进行一次性使用的医疗卫生用品的消毒和灭菌。由于电离射线的辐射能量极大，对人体同样具有强损害效应，故在使用时要注意安全防护。

（4）干燥抑菌法：干燥可引起细胞脱水和胞内的盐类浓度升高，导致细菌死亡。药材、食品、粮食等物品经干燥后，水分降至低点（3%左右），可以抑制细菌生长。

（5）超声波杀菌法：频率高于20 000Hz者为超声波。超声波可引起细胞破裂，内含物外溢，导致细胞死亡。主要用于粉碎细胞，以提取细胞组分或制备抗原。因超声波处理会产生热量使溶液温度升高，故在处理过程中一般用冰盐溶液降温，以保持细胞破碎液中蛋白质的活性。

（6）渗透压：过高或过低的渗透压均可引起细菌死亡。将细菌置于高渗溶液（如20% NaCl）中，会造成细胞脱水而引起质壁分离，使细菌不能生长甚至死亡；相反，若将微生物置于低渗溶液（如0.01% NaCl）或水中，则水将从溶液进入细胞内引起细胞膨胀，以至于破裂。因此，培养微生物或稀释培养物应在等渗透压环境。用浓盐液或糖浆处理药物或食品，使细菌细胞内的水分溢出，也是久存食品和药品的方法之一。

（7）过滤除菌法（filtration）：使用物理阻留的方法除去液体或空气中的细菌的方法。利用具有微细小孔的滤菌器（filter）的筛滤和吸附作用，使带菌液体或空气通过滤菌器后成为无菌液体或空气。此法只适用于空气及不耐高温的血清、毒素、抗生素等液体的除菌。

滤菌器种类很多，目前常用的有以下几种。①薄膜滤菌器（membrane filter）：由硝基纤维素膜制成，依孔径大小分为多种规格，用于除菌的滤膜孔径在0.45μm以下，最小为0.1μm。该滤菌器操作简单，广泛用于医药生产及医药制品的无菌检查，已纳入许多国家的药典。②蔡氏滤菌器（Seitz filter）：是用金属制成的，中间夹石棉滤板，按石棉板滤孔的大小分为K、EK、EK-S三种，常用EK号除菌。③玻璃滤菌器（sintered glass filter）：是用玻璃细砂加热压成小碟，嵌于玻璃漏斗中，分为G1、G2、G3、G4、G5和G6六种，G5、G6可阻止细菌通过。

《药品生产质量管理规范》（Good Manu-facturing Practice，GMP）所要求的无菌车间的空气消毒是通过初效、中效和高效滤膜过滤后的净化空气，实验室常用的超净工作台、生物安全柜内的净化空气也来源于此。

知识链接

空气的滤过除菌

空气除菌采用生物洁净技术，即通过三级过滤除掉空气中直径<0.3μm的微粒、尘埃，选用合理的气流方式来达到空气洁净的目的。初效过滤采用塑料泡沫海绵，过滤率在50%以下；中效过滤使用无纺布，过滤率为50%~90%；高效或亚高效过滤用超细玻璃滤纸，过滤率为99.95%~99.99%。经高度净化的空气可形成一种稀薄的气流，以均匀的速度按设定的方向输送，空气持续向外流动，从而保持无菌的环境。

此外，通过无菌棉花加活性炭过滤可得无菌空气。由于棉花纤维错综交织，能截住空气中的灰尘和细菌。如微生物试验用的试管、烧瓶的棉塞以及发酵工业中充满棉花或细玻璃纤维的空气过滤器等，既能滤除空气中的杂菌获得无菌空气，又能保持良好的通气状态，有利于需氧型微生物的培养。

2. 化学消毒灭菌法　是用化学试剂来杀死细菌或抑制细菌生长繁殖的方法。用于杀灭病原微生物的化学试剂称为消毒剂（disinfectant），用于防止或抑制微生物生长繁殖的化学试剂称为防腐剂（antiseptic）。消毒剂和防腐剂之间无严格的界限，在高浓度下是消毒剂，在低浓度下就是防腐剂，一般统称为消毒防腐剂。消毒防腐剂不仅能杀死病原菌,同时对人体细胞也有损害作用,故只能外用,主要用于物体表面、体表(皮肤、黏膜、浅表伤口等)、排泄物和周围环境的消毒。

(1)常用消毒剂的种类和应用

1)重金属盐类:所有的重金属(汞、银、砷)盐类对细菌都有毒性。重金属离子易与带负电荷的菌体蛋白结合,使之变性、凝固。汞、银等可与酶的巯基(—SH)结合,使一些以巯基为必要基团的酶类如丙酮酸氧化酶、氨基转移酶等失去活性。常用的这类消毒剂有红汞、硫柳汞、硝酸银等。①2% 红汞:用于皮肤、黏膜和小创伤消毒;②1% 硝酸银:用于新生儿滴眼,预防淋球菌感染。

2)氧化剂:氧化剂可以使菌体酶中的—SH 氧化为—S—S—,从而使酶失去活性。①高锰酸钾:是一种强氧化剂,性质稳定。0.1% 高锰酸钾溶液可用于皮肤、口腔、蔬菜及水果消毒。②过氧化氢:通过分解成新生态氧和自由羟基而发挥杀菌作用,稳定性差。3% 过氧化氢溶液常用于伤口和口腔黏膜消毒。③过氧乙酸(CH_3COOOH):为无色透明液体,易溶于水,其氧化作用很强,对金属有腐蚀性。市售品为 20% 水溶液,用前稀释为 0.2%~0.5%。过氧乙酸能迅速杀灭细菌及其芽孢、真菌和病毒,适用于皮肤、塑料、玻璃、纤维制品等消毒。

3)酚类:主要是作用于细菌的细胞壁和细胞膜,使菌体内含物溢出,同时也可使菌体蛋白变性。对细菌繁殖体作用强烈,但对芽孢作用不大。一般用苯酚作为标准来比较其他消毒剂的杀菌力。①苯酚(石炭酸):2%~5% 溶液用于器械、排泄物消毒;②甲酚皂(来苏儿):3%~5% 溶液用于器械、排泄物、家具、地面消毒,1%~2% 溶液用于手、皮肤消毒。

4)醇类:主要有以下两种。①乙醇:高浓度及无水乙醇可使菌体表面的蛋白质很快凝固,妨碍乙醇向深部渗入,影响杀菌能力。70%~75% 乙醇与细胞膜的极性接近,能迅速通过细胞膜,溶解膜中的脂类,同时使细菌蛋白质变性、凝固,从而杀死菌体。主要用于皮肤、手、体表等消毒。②苯氧乙醇(phenoxyethanol):为无色黏稠液体,溶于水。其 2% 溶液可用于治疗铜绿假单胞菌感染的表面创伤、灼伤和脓疡。

丙醇、丁醇、戊醇也有强杀菌作用,但不易溶于水,且价格昂贵,甲醇对组织细胞有毒性,因而这些醇类很少用于消毒。

5)醛类:醛类的杀菌作用大于醇类,其中以甲醛和戊二醛的作用最强。醛基能与细菌蛋白质的氨基结合,使蛋白质变性,因此有强大的杀菌作用。①甲醛:甲醛在常温下呈气态,溶于水为甲醛溶液。市售的甲醛溶液为 37%~40%,亦称福尔马林,可用作防腐剂,保存解剖组织标本。3%~8% 甲醛溶液可杀死细菌及其芽孢、病毒和真菌。但甲醛溶液有腐蚀性,刺激性强,不适用于体表。1% 甲醛溶液可用于熏蒸厂房、无菌室和手术室等,但不适于药品、食品存放场所的空气消毒。当室内温度为 22℃左右、湿度保持在 60%~80% 时,消毒效果较好。②戊二醛(glutaraldehyde):戊二醛比甲醛的刺激性小,杀菌力大。碱性(pH 7.8~8.5)的 2% 戊二醛水溶液可杀死细菌及其芽孢、病毒和真菌。戊二醛对金属无腐蚀性,对橡胶、塑料也无损伤,故可用于消毒不耐热的物品和精密仪器。

6)烷化剂:烷化剂是指能够作用于菌体蛋白或核酸中的—NH₂、—COOH、—OH 和—SH 等,使之发生烷基化反应,导致其结构改变、生物学活性丧失的化学物质。由于烷化剂具有诱变效应,故是一类常用的化学诱变剂。

作为消毒剂使用的烷化剂主要是环氧乙烷(ethylene oxide),是一种小分子气体消毒剂,沸点为10.9℃,常温下呈气态。环氧乙烷对细菌及芽孢、病毒、真菌都有较强的杀菌作用,而且穿透力强,广泛应用于纸张、皮革、木材、金属、塑料、化纤制品等的灭菌。但环氧乙烷易燃易爆,当空气中混入环氧乙烷达3.0%(V/V)时即爆炸。故在实际应用时,必须有耐压的密闭容器,将容器内的空气置换成环氧乙烷与CO_2混合的惰性气体,连续作用4小时,即可将其中的物品彻底灭菌。此外,环氧乙烷对人体有一定的毒性,严禁直接接触,且严禁接触明火。

7)卤素类:氟、氯、溴、碘制剂均有显著的杀菌效果,以氯和碘常用。①氯:氯的杀菌效应是由于氯与水结合产生次氯酸,次氯酸分解产生具有杀菌能力的新生态氧。氯对许多微生物有杀灭作用,包括细菌、真菌、病毒、立克次体和原虫,但不能杀死芽孢。0.2~0.5mg/L的氯气常用于自来水或游泳池的消毒。漂白粉的主要成分为次氯酸钙,次氯酸钙在水中分解为次氯酸,由此产生强烈的杀菌作用。10%~20%漂白粉溶液可用于消毒地面、厕所等,既能杀菌又能除臭。氯胺类(chloramine)是含氯的有机化合物,常用的有氯胺B和氯胺T,氯胺类溶于水,无臭,放氯迅速,比漂白粉的杀菌力弱,但刺激性及腐蚀性小,其0.2%~0.5%溶液可用于消毒手、家具和空气等。②碘:碘的杀菌作用强,能杀死各种微生物及一些芽孢,其作用机制是氧化蛋白质及酶的—SH,使蛋白质变性,酶失活。碘在碘化钾的存在下易溶于水。2.5%的碘酊(碘溶于乙醇的溶液)常用于小范围的皮肤、伤口消毒。

8)酸碱类:微生物生长需要适宜的pH,过酸或过碱都会导致微生物代谢障碍甚至死亡。但由于强酸、强碱具有腐蚀性,故它们的应用受到限制。

酸性消毒剂有硼酸,可用作洗眼剂;苯甲酸和水杨酸可抑制真菌;乳酸和乙酸加热可蒸发,可用于手术室、无菌室的空气消毒。

碱类消毒剂常用的是生石灰。生石灰加水可生成具有杀菌作用的氢氧化钙,用于消毒地面、厕所、排泄物等。

9)表面活性剂:又称去污剂,是能够浓缩在界面的化合物,可降低液体的表面张力,它们同时含有亲水基和疏水基。按亲水基的电离作用分为阳离子型、阴离子型和非离子型3种表面活性剂。因细菌常带负电荷,故阳离子型的杀菌力较强。

阳离子型表面活性剂多是季铵盐类化合物。其阳离子亲水基与细菌细胞膜磷脂中的磷酸结合,而疏水基则伸到膜内的疏水区,引起细胞膜损伤,使细胞内容物漏出,呈现杀菌作用。阳离子型表面活性剂的杀菌范围较广,能杀死多种革兰氏阳性菌和革兰氏阴性菌,但对铜绿假单胞菌和芽孢的作用弱。属于这类的药物有苯扎溴铵、度米芬和氯己定等,其0.05%~0.1%溶液可消毒手、皮肤和手术器械。由于表面活性剂能降低液体的表面张力,使物体表面的油脂乳化,因而同时兼有除垢去污作用。

阴离子型表面活性剂的杀菌作用较弱,主要对革兰氏阳性菌起作用,如十二烷基硫酸钠;肥皂是长链脂肪酸钠盐,杀菌作用不强,常用作去垢剂。

非离子型表面活性剂一般无杀菌作用,有些还能通过分散菌体细胞,促进细菌生长,如吐温-80。

10)染料:染料分为碱性染料和酸性染料,碱性染料的杀菌作用比酸性染料强。因为细菌一般情况下带阴电子,因此碱性染料的阳离子易与细菌蛋白质的羧基结合,呈现杀菌或抑菌作用,对革兰氏阳性菌的效果优于革兰氏阴性菌。常用的碱性染料包括孔雀绿、煌绿、结晶紫等。

（2）影响消毒剂作用的因素

1）消毒剂的性质、浓度和作用时间：不同的消毒剂其理化性质不同，对细菌的作用效果也有所差异。如表面活性剂对革兰氏阳性菌的杀菌效果强于革兰氏阴性菌。同一种消毒剂浓度不同，消毒效果也不同。一般浓度越大，杀菌效果越强，但乙醇例外，70%~75%乙醇比95%乙醇的消毒效果好（原因可能是更高浓度的乙醇可使菌体蛋白质迅速脱水而凝固，影响乙醇继续向菌体内渗入，故杀菌效果差）。消毒剂在一定浓度下，作用时间越长，消毒效果越好。

2）细菌的种类和数量：不同种类的细菌对消毒剂的敏感性不同。如结核分枝杆菌对酸碱、染料的抵抗力比其他细菌强；同种细菌其芽孢比繁殖体的抵抗力强，老龄菌比幼龄菌的抵抗力强。此外，消毒物品中细菌的数量越大，所需的消毒时间越长。

3）环境因素：被消毒物体的温度、pH、环境中的有机物等都对杀菌效果有重要影响。一般来说，温度升高有助于提高杀菌效果；介质的pH降低或升高也可使消毒剂对某种微生物的杀灭效果提高；环境中有机物的存在会使细菌表面形成保护层妨碍消毒剂与细菌的接触，或延迟消毒剂的作用，可减弱消毒剂的杀菌效力。所以在对皮肤或医疗器械消毒时，应先洗净再进行消毒；对痰、排泄物的清理消毒，应选用受有机物影响小的消毒剂。此外化学消毒剂还受其他拮抗物质的影响，如季铵盐类消毒剂的作用可被肥皂或阴离子洗涤剂所中和，次氯酸盐、过氧乙酸的作用可被硫代硫酸钠中和。这些现象在消毒处理中都应避免发生。

有些消毒剂的毒性大，在杀菌的同时，可能会对人或动物带来一定危害，还有些消毒剂本身就是强致癌物。因此，在选择和使用消毒剂时一定要根据消毒的目的、想要达到的效果及可能对周围环境带来的影响等综合来考虑。

（三）生物安全

生物安全（biosafety）是事关国家与人类生存发展的大事。2021年4月15日我国颁布实施了《中华人民共和国生物安全法》（简称《生物安全法》），将生物安全纳入国家安全体系。依据《生物安全法》，生物安全是指国家有效防范和应对危险生物因子及相关因素威胁，生物技术能够稳定健康发展，人民生命健康和生态系统相对处于没有危险和不受威胁的状态，生物领域具备维护国家安全和持续发展的能力。生物安全涉及的领域广泛，包括防控重大新发突发传染病、动植物疫情；生物技术研究、开发与应用；病原微生物实验室生物安全管理；人类遗传资源与生物资源安全管理；防范外来物种入侵与保护生物多样性；应对微生物耐药；防范生物恐怖袭击与防御生物武器威胁等。

案例分析

案例：某年5月9日，患者因慢性乙型肝炎（中度）、肝炎肝硬化失代偿在医院住院治疗，至5月16日腹腔积液已消失，肝功能恢复正常。医院于5月22日拟定患者5月23日出院，并于22日上午9时给予某药厂生产的20%清蛋白50ml静脉滴注，约10分钟，患者血压为零，发生休克，经及时抢救脱险。5月28日，相关专家来院会诊，认为"患者5月22日发生休克与输注清蛋白有关，清蛋白所致过敏性休克没有见过，因是生物制品，不能排除致热原所致休克的可能，对清蛋白可考虑作有关检验"。

何谓致热原？其有何医学意义？

分析：致热原是细菌合成的一种注入人体或动物体内能引起发热反应的物质，耐高温，不被高压蒸汽灭菌所破坏，用蒸馏、过滤或干烤（250℃）的方法可除去。由于致热原可引起输液反应，在制备和应用注射药品等过程中，应严格执行无菌操作，防止细菌污染，保证无致热原存在。

> **点滴积累**
>
> 1. 细菌广泛存在于自然界及正常人体中，常用理化方法控制细菌以达到消毒灭菌的目的，保障无菌操作。
> 2. 根据目的不同采用不同的微生物控制方法。高压蒸汽灭菌法是最彻底的灭菌方法。

（张　婧）

四、细菌的遗传与变异

细菌与所有生物一样，都具有遗传与变异的生命特征。细菌的子代与亲代之间性状保持相对稳定，且代代相传，使其种属得以保存称为**遗传**（heredity）。在一定条件下，若子代与亲代之间以及子代与子代之间的生物学性状出现了差异，则称为**变异**（variation）。变异使得细菌产生新变种，变种的新特性也靠遗传得以巩固，并使物种得以发展与进化。

细菌的变异分为遗传型变异与非遗传型变异。前者是由于细菌的基因结构发生改变而引起的变异，并不受环境因素的影响，如基因突变或基因转移与重组等，故又称为基因型变异；后者则是由于环境条件影响而引起的变异，细菌的基因结构未改变，称为表型变异。

（一）细菌的变异现象

1. 形态与结构变异　细菌的大小、形态与结构常因外界环境条件的改变而发生变异。如鼠疫耶尔森菌在陈旧的培养物或含有 30~60g/L NaCl 的培养基上，可从典型的椭圆形小杆菌变为球状、棒状、哑铃状、酵母样形等多形态；许多细菌在抗生素、免疫血清、补体和溶菌酶等因素影响下，细胞壁合成受阻，可成为细胞壁缺陷型细菌（细菌 L 型变异）。L 型变异后，细菌失去原有的形状，可呈现多种不规则的形态。

在一些特定的培养条件下，细菌的特殊结构如荚膜、芽孢、鞭毛等也可发生变异。致病性肺炎链球菌须在易感动物体内或含动物血清的培养基内才能形成荚膜，在普通培养基上培养或连续多次传代培养荚膜会变薄或消失，致病力也随之减弱。炭疽杆菌在 42℃培养 10~20 天后，可失去形成芽孢的能力，其毒力也会随之减弱。将有鞭毛的普通变形杆菌点种在琼脂平板上，鞭毛的动力可使细菌在平板上弥散生长，此现象称为迁徙现象，菌落形似薄膜，故称为 H 菌落；若将此菌点种在含 1% 苯酚的培养基上，细菌则失去鞭毛，只能在点种处形成不向外扩展的单个菌落，称为 O 菌落。通常将细菌失去鞭毛的变异称为 H-O 变异，此变异是可逆的。

2. 毒力变异　细菌的毒力变异包括毒力的增强和减弱。当无毒的白喉棒状杆菌被 β- 棒状杆菌噬菌体侵染后，可获得产生白喉毒素的能力，变成有毒株，引起白喉。一些毒力较强的细菌经过长期的人工培养或在培养基中加入少量化学物质、抗生素或免疫血清等,可使细菌的毒力减弱或消失。如科学家 Calmette 和 Guerin 将有毒的牛型结核分枝杆菌接种在含有胆汁的甘油、马铃薯培养基上经 13 年连续传 230 代,获得一株毒力减弱但仍保持免疫原性的变异株,即卡介苗(Bacille Calmette-Guérin,BCG),目前已广泛应用于结核病的预防。

3. 耐药性变异 细菌对某种抗菌药物由敏感变为耐药的变异称为耐药性变异。自抗菌药物广泛应用于临床以来,耐药菌株不断增加,如金黄色葡萄球菌耐青霉素的菌株已从 1946 年的 14% 上升至目前的 90% 以上,耐甲氧西林金黄色葡萄球菌(methicillin resistant Staphylococcus aureus)也在逐年上升。有些细菌还表现为同时对多种抗生素耐药,即多重耐药性(multiple resistance),甚至有的细菌从耐药菌株变异成赖药菌株,如痢疾志贺菌依赖链霉素株,离开链霉素则不能生长。细菌的耐药性变异给临床治疗带来很大的困扰,已成为当今医学上的重要问题。为了减少耐药菌株的出现,用药前应尽量先做药敏试验,并根据药敏试验结果选择敏感药物,避免盲目使用抗生素。

知识链接

NDM-1"超级细菌"

NDM-1 又名新德里金属 -β- 内酰胺酶 -1,是一种由细菌质粒携带的耐药基因,能编码一种金属 β-内酰胺酶,通过水解 β- 内酰胺类抗生素,导致细菌对绝大多数抗生素产生耐药性,因此携带该基因的细菌被称为"超级细菌"。这种基因可在不同的细菌间转移和传递,加速多重耐药菌扩散。NDM-1 最常见于大肠埃希菌和肺炎克雷伯菌,其次为阴沟肠杆菌等肠杆菌科细菌。

4. 菌落变异 细菌的菌落主要有光滑型(smooth,S)和粗糙型(rough,R)两种。S 型菌落表面光滑、湿润、边缘整齐;R 型菌落表面粗糙、干燥且有褶皱、边缘不整齐。细菌的菌落由光滑型变为粗糙型时,称为 S-R 变异。S-R 变异多见于肠道杆菌,细菌菌落发生变异时常伴有理化性状、抗原性、代谢酶活性及毒力等的改变。

一般而言,S 型菌落的细菌致病性强。但有少数细菌是 R 型菌的致病性强,如结核分枝杆菌、炭疽杆菌和鼠疫耶尔森菌等。了解细菌的菌落变异对从标本中挑选菌落分离致病菌具有实际意义。

(二)细菌遗传变异的物质基础

细菌遗传变异的物质基础是细菌的染色体、质粒和转位因子。细菌的遗传物质是 DNA,DNA 靠其构成的特定基因来传递遗传信息。细菌的基因组是指细菌染色体和染色体以外的遗传物质所携带基因的总称。染色体外的遗传物质是指质粒和转位因子等。

1. 细菌的染色体 细菌的染色体是一条单一闭合环状双螺旋 DNA 长链,不含组蛋白,高度盘曲缠绕成较致密的丝团状,裸露在胞质中,无核膜包围。

2. 质粒 质粒(plasmid)是存在于细菌细胞质中染色体以外的遗传物质,是环状、闭合的双链 DNA 分子。质粒有大、小两类,大质粒可含几百个基因,为染色体的 1%~10%;小质粒仅含 20~30 个基因,约为染色体的 0.5%。质粒基因可赋予细菌很多重要的生物学性状,医学上重要的质粒有以下几种。

（1）致育质粒：又称为 F 质粒（fertility plasmid），编码性菌毛，介导细菌之间结合，带有 F 质粒的细菌能长出性菌毛，称为雄性菌或 F⁺菌，反之则称为雌性菌或 F⁻菌。

（2）耐药性质粒：又称 R 质粒（resistance plasmid），编码细菌对抗菌药物的耐药性，可以通过细菌间的接合进行传递，又称接合性耐药质粒。

（3）毒力质粒：又称 Vi 质粒（virulence plasmid），编码与细菌致病性相关的毒力因子，如破伤风梭菌痉挛毒素、致病性大肠埃希菌肠毒素、炭疽毒素、金黄色葡萄球菌的表皮剥脱毒素等。

（4）细菌素质粒：编码各种细菌产生的细菌素，如 Col 质粒编码大肠埃希菌产生大肠菌素。

（5）代谢质粒：编码产生相关的代谢酶，如沙门菌发酵乳糖的能力通常是由该类质粒决定的，另又发现了编码产生脲酶及枸橼酸盐利用酶的若干种质粒。

质粒具有一些共同的特征。①具有独立自我复制的功能。②质粒 DNA 所编码的基因产物赋予细菌某些性状特征，如致育性、耐药性、致病性、某些生化特性等。③可自行丢失或消除：质粒并非细菌生命活动不可缺少的遗传物质，可自行丢失或经紫外线等理化因素处理后消除，随着质粒的丢失与消除，质粒所赋予细菌的性状亦随之消失，但细菌仍然可以正常存活。④具有转移性：质粒可通过接合、转化或转导等方式在细菌细胞间进行转移。⑤分为相容性与不相容性两种：在极少数情况下，几种不同的质粒可以同时共存于一个细菌细胞内的现象称为相容性（compatibility），但大多数质粒则是不能相容的，即一种细菌细胞中只能允许一种质粒存在。

3. 转位因子 转位因子（transposable element）是存在于细菌染色体或质粒 DNA 中能改变自身位置的独特 DNA 片段。转位因子通过位置移动可以改变遗传物质的核苷酸序列，产生插入突变、基因重排或插入点附近基因表达的改变，可作为遗传学和基因工程的重要工具。

（三）细菌的变异机制

细菌变异分为非遗传型变异和遗传型变异两种类型。

非遗传型变异是细菌在环境因素等影响下出现的变化，并非基因结构的改变，是可逆的。多种细菌能发生这种变异，如大肠埃希菌在有乳糖的培养基中，乳糖操纵子通过基因表达的调节来适应营养环境的变化而产生乳糖酶，即属于这种情况。而遗传型变异是由基因结构发生改变所致，是不可逆的，所获得的新性状能遗传给子代，其机制包括基因突变以及基因的转移与重组。

1. 基因突变 基因突变简称突变（mutation），是生物遗传物质的结构发生突然而稳定的改变，导致其生物学性状发生遗传型变异的现象。若细菌 DNA 上核苷酸序列的改变仅为一个或几个碱基的置换、插入或丢失，出现的突变引起较少的性状变异称为小突变或点突变（point mutation）；若大片段的 DNA 发生改变，则称为大突变或染色体畸变（chromosome aberration）。发生突变的菌株称为突变型（mutant），原来未发生突变的菌株称为野生型（wild type）。

根据发生的原因，基因突变可分为两种类型。①自发突变：指细菌在自然状态下发生的低频率突变，可随时发生，一般在 $10^{-9} \sim 10^{-6}$；②诱发突变：指人工应用各种诱变剂引起的基因突变，其概率比自发突变要高 10~1 000 倍。诱变剂系指能显著提高突变频率的各种理化因素，如高温、紫外线、辐射、各种碱基类似物、烷化剂等。

基因突变有如下共同特性。①自发性：生物中编码各种性状的基因的突变，可以在没有人为的诱变因素影响下自发地发生。②随机性：细菌 DNA 上的基因每时每刻都可能发生突变，即突变随时都可能发生，突变不仅对某一细胞是随机的，对某一基因也是随机的。③稀有性：自发突变虽可随时发生，但突变率低而稳定，一般在 $10^{-9}\sim10^{-6}$。④可逆性：由原始的野生型基因变异为突变型基因的过程称为正向突变（forward mutation），相反的过程则称为回复突变或反突变（back mutation 或 reverse mutation）。⑤诱变性：基因突变既能够自发产生，也可以通过人工诱导来进行。通过诱变剂的作用，可提高自发突变的频率，一般可提高 10~1 000 倍。⑥稳定性：由于突变的根源是遗传物质结构上发生了稳定的变化，所以产生的新性状也是相对稳定的、可遗传的。⑦独立性：每个基因突变的发生一般都是独立的，即在某一群体中，既可发生抗青霉素的突变型，也可发生抗链霉素或任何其他抗菌药物的抗药性突变型，而且还可发生任何其他不属抗药性的突变。⑧不对应性：不对应性是基因突变的一个重要特点，即突变的性状与引起突变的原因间无直接的对应关系。

2. 基因的转移与重组　外源性的遗传物质由供体菌转入某受体菌细胞内的过程称为基因转移（gene transfer）。供体菌的基因与受体菌的 DNA 整合在一起的过程称为重组（recombination）。外源性遗传物质包括供体菌染色体 DNA 片段、质粒 DNA 及噬菌体基因等。细菌的基因转移和重组通常可通过转化、接合、转导、溶源性转换和原生质体融合等方式来完成。

（1）转化（transformation）：指受体菌直接摄取供体菌游离的 DNA 片段并将其整合到自己的基因组中，从而获得新的遗传性状的过程。

1928 年，Griffith 以肺炎链球菌进行实验。将有荚膜因而毒力强、菌落呈光滑型（S）的Ⅲ型肺炎链球菌注射至小鼠体内，小鼠死亡，从死鼠心血中可分离出活的光滑型Ⅲ型肺炎链球菌；将无荚膜、毒力减弱、菌落呈粗糙型（R）的Ⅱ型肺炎链球菌或经加热杀死的光滑型Ⅲ型肺炎链球菌分别注射小鼠，小鼠不死；但将经加热杀死的光滑型Ⅲ型肺炎链球菌（有荚膜）和活的粗糙型Ⅱ型肺炎链球菌（无荚膜）混合注射至小鼠体内，结果小鼠死于败血症，并可从小鼠血液中分离到活的光滑型Ⅲ型肺炎链球菌。这表明活的粗糙型Ⅱ型肺炎链球菌从死的光滑型Ⅲ型肺炎链球菌中获得了产生光滑型Ⅲ型肺炎链球菌荚膜的遗传物质。最后确定，引起粗糙型Ⅱ型肺炎链球菌转化的物质是光滑型Ⅲ型肺炎链球菌的 DNA（图 2-20）。

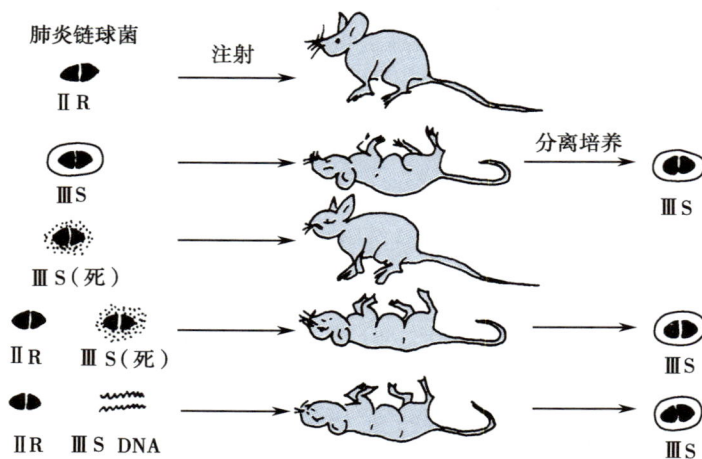

图 2-20　小鼠体内肺炎链球菌的转化试验

（2）接合（conjugation）：是指细菌通过性菌毛将遗传物质（质粒）由供体菌转移给受体菌，使受体菌直接获得新的遗传性状的过程。能通过接合方式转移的质粒称为接合性质粒，主要包括 F 质粒、R 质粒、Col 质粒和毒力质粒等。

1）F 质粒的接合：有 F 质粒的细菌为 F⁺ 菌，无 F 质粒的细菌为 F⁻ 菌。接合时，F⁺ 菌的性菌毛末端可与 F⁻ 菌的表面受体接合，性菌毛逐渐收缩使两菌之间靠近并形成通道，F⁺ 菌的质粒 DNA 中的一条链断开通过性菌毛通道进入 F⁻ 菌内，继而两菌细胞内的单股 DNA 链以滚环式进行复制，各自形成完整的 F 质粒。受体菌获得了 F 质粒后成为 F⁺ 菌（图 2-21）。

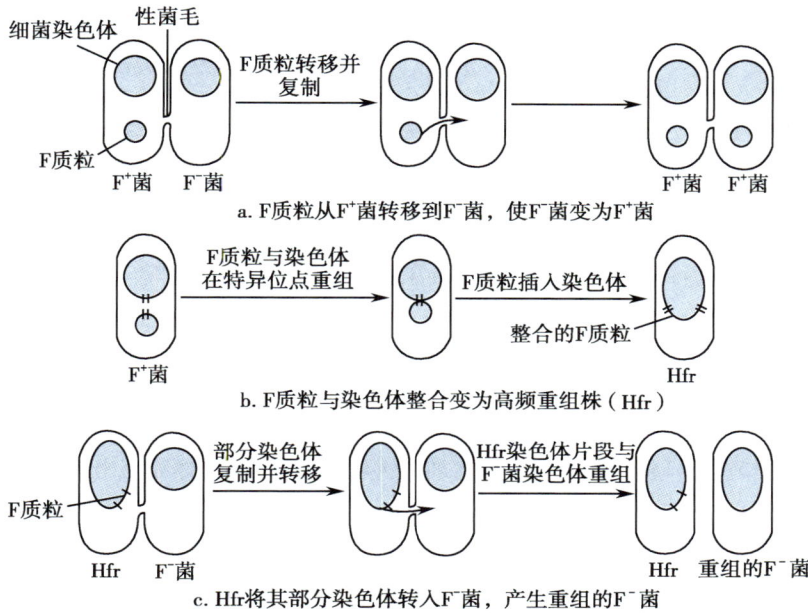

图 2-21　细菌的接合及 F 质粒的转移和复制

2）R 质粒的接合：R 质粒由抗性转移因子（resistance transfer factor，RTF）和抗性决定因子（resistance determining factor，r-det）两部分组成。RTF 的功能与 F 质粒相似，可编码性菌毛，决定质粒的复制、结合和转移；r-det 则决定细菌的耐药性。目前，耐药菌株日益增多，除与耐药性突变有关外，主要是由于 R 质粒在细菌间转移，造成耐药性的广泛传播，给疾病的防治带来很大的困难。因此，R 质粒又称为传染性耐药因子。

（3）转导（transduction）：是以噬菌体为载体，将供体菌的遗传物质转移重组到受体菌内，使受体菌获得新性状的过程。根据转移基因片段的范围，可分为普遍性转导和局限性转导。

1）普遍性转导：烈性噬菌体和温和噬菌体均可作为载体介导，将供体菌的一段 DNA 转移到受体菌内，使受体菌获得新的性状，如转移的 DNA 是供体菌染色体上的任何部分，则称为普遍性转导。

2）局限性转导：由温和噬菌体介导，在转导过程中，如所转导的只限于供体菌染色体上特定的基因，则称为局限性转导。

（4）溶源性转换（lysogenic conversion）：当细菌被温和噬菌体感染而成为溶原状态时，噬菌体的基因可整合到宿主菌的基因组上,从而使宿主菌获得了新的遗传性状,称为溶源性转换。如不产毒素的白喉棒状杆菌被 β- 棒状杆菌噬菌体感染而发生溶源性转化后,便可产生白喉外毒素。

(5)原生质体融合(protoplast fusion):是指两种细菌经处理失去细胞壁成为原生质体后进行相互融合的过程,加入聚乙二醇可促使两种原生质体的融合。原生质体融合不要求供体菌与受体菌DNA 的同源性,可以在同种或异种细菌间进行。虽然成功率并不高,但已成为植物细胞和产生抗生素的真菌细胞间基因转移的重要技术。

(四)细菌遗传变异的实际意义

1. 在医药工业生产中的应用　学习细菌遗传变异理论,对医药工业生产的菌种选育、复壮及保藏均有重要的指导意义。

(1)在菌种选育中的应用:优良菌种对于发酵生产至关重要。在生产实践中,通过自然选育、诱变育种、杂交育种以及通过基因工程对原有菌种进行基因改造,可获得优良菌种。

(2)在菌种复壮中的应用:菌种衰退是一种潜在的危险。只有掌握菌种衰退的某些规律,采取相应的措施,才能减少菌种的衰退或使已衰退的菌种得以复壮。

1)菌种衰退及其预防:菌种衰退是指菌种在进行传代或保藏后,其某些生物学性状发生改变或生理特性逐渐减退甚至完全丧失的现象。菌种衰退是发生在群体细胞中的一个从量变到质变逐步演变的过程。除基因突变外,连续传代也是加速菌种衰退的重要原因,传代次数越多,发生基因突变的概率越高,群体中个别衰退细胞的数量增加并占优势,便致使群体表型出现衰退。

预防菌种衰退的措施主要有:①控制传代次数;②创造良好的培养条件,避免使用陈旧的培养基,减少有害物质所导致的菌种衰退;③利用不易衰退的细胞传代;④采用更有效的菌种保藏方法。

2)菌种复壮:狭义的菌种复壮仅是一种消极的措施,指的是菌种已发生衰退后,再通过纯种分离和性能测定等方法,从衰退的群体中找出少数尚未衰退的个体,以达到恢复该菌种原有典型性状的一种措施;而广义的菌种复壮则应是一项积极的措施,即在菌种的生产性能尚未衰退前,经常有意识地进行纯种分离和有关性能的测定工作,以使菌种的生产性能逐步有所提高。

菌种复壮也是目前工业生产中应积极提倡的措施,其方法有以下几种。①纯种分离法:可将退化菌种的细胞群体中一部分仍保持原有典型性状的单细胞分离出来,经过扩大培养,可恢复原菌株的典型性状;②宿主体内复壮法:对于寄生性微生物的衰退菌株,可通过接种至相应的昆虫或动植物宿主体内,以提高菌株的毒力;③淘汰法:将衰退的菌种进行一定的处理(如高温、低温、药物等),可起到淘汰已衰退个体而达到复壮的目的。

(3)在菌种保藏中的应用:菌种是极其重要的生物资源,菌种的妥善保藏是一项重要工作。许多国家设有菌种保藏机构,广泛收集并妥善保存实验室的菌种、菌株,以便于研究、交流和使用。

菌种保藏是依据菌种的生理、生化特性,人工创造条件使菌体的代谢活动处于休眠状态。保藏时一般利用菌种的休眠体(孢子、芽孢等),创造最有利于休眠状态的环境条件,如干燥、低温、缺氧、避光、缺乏营养等,以降低菌种的代谢活动,减少菌种变异,达到长期保存的目的。一个好的菌种保藏方法应能保持原种的优良性状和较高的存活率,同时还须经济、简便。

常用的菌种保藏方法有以下几种。①传代培养保藏法:包括斜面培养、穿刺培养、庖肉培养基培养(适用培养和保藏厌氧型细菌),培养后于4~6℃冰箱内保存,保藏期为1~3个月。②液体石蜡覆盖保藏法:是传代培养的变相方法,能够适当延长保藏时间。它是在斜面培养物和穿刺培养物上面覆盖灭菌的液体石蜡,一方面可防止因培养基水分蒸发而引起菌种死亡,另一方面可阻止氧气进入,以减弱代谢作用,保藏期为1~2年。③载体保藏法:是将微生物吸附在适当的载体如土壤、沙子、硅胶、滤纸上,而后进行干燥的保藏法。例如沙土管保藏法和滤纸保藏法的应用就相当广泛,保藏期为1~2年。④冷冻真空干燥保藏法:是先使微生物在极低温度(-70℃左右)下快速冷冻以保持细胞结构的完整,然后在减压下利用升华现象除去水分(真空干燥)的保藏方法,保藏期为5~10年。⑤液氮超低温保藏法:液氮的温度可达到-196℃,远低于微生物新陈代谢的最低温度(-130℃),所以此时菌种的代谢活动已停止,故可长期保藏菌种,保藏期可达15年以上。

在国际上最具代表性的美国菌种保藏中心(American Type Culture Collection,ATCC)近年来仅选择两种最有效的方法保藏所有菌种,即冷冻真空干燥保藏法和液氮超低温保藏法,两者结合可最大限度地减少不必要的传代次数,且不影响随时分发给全球用户,效果甚佳。我国使用的标准质控菌株即来源于此。

知识链接

国内外重要的菌种保藏机构

1. 国内 中国典型培养物保藏中心(China Center for Type Culture Collection,CCTCC);中国普通微生物菌种保藏管理中心(China General Microbiological Culture Collection Center,CGMCC);中国工业微生物菌种保藏管理中心(China Center of Industrial Culture Collection,CICC);中国医学细菌保藏管理中心(Nation Center for Medical Culture Collections,CMCC)等。

2. 国外 美国菌种保藏中心(ATCC);英国国家菌种保藏所(National Collection of Type Cultures,NCTC)等。

2. 在疾病诊断、治疗和预防中的应用 研究细菌的遗传变异对疾病的诊断和防治具有重要意义。

(1)在疾病诊断中的应用:在感染性疾病的检验过程中,一些变异菌株在形态结构、培养特性、生化特性、抗原性及毒力等方面常表现出不典型性,这为细菌鉴定工作带来了很多困难。如某些使用过青霉素等抗生素的患者,体内细菌可能出现L型变异,用常规方法分离培养为阴性,必须采用含血清的高渗培养基才能培养出L型细菌;从患者体内新分离的伤寒沙门菌中,10%的菌株不产生鞭毛、检查时无动力等。故在临床细菌学检查中不仅要熟悉细菌的典型特性,还要掌握各种病原菌的变异现象和规律,才能对细菌感染性疾病作出正确诊断。

(2)在疾病治疗中的应用:随着抗菌药物的广泛应用,耐药菌株日益增多,细菌的耐药性变异已成为临床治疗感染性疾病面临的重要问题。为提高抗菌药物的疗效,防止耐药菌株的扩散,在使用抗生素治疗感染性疾病时,应依据药敏试验结果有针对性地选择药物;对需长期用药的慢性疾病如结核,应合理地联合用药,因为细菌对两种药物同时产生抗药性突变的概率比单一药物小得多。

(3)在疾病预防中的应用:利用细菌毒力变异的原理,制备以减弱毒力保留原有免疫原性的减毒或无毒疫苗,已成功地用于某些传染病的预防,如卡介苗、炭疽菌苗等均是用相应病原菌的减毒变异株制备而成。

3. 在基因工程中的应用　基因工程是根据遗传变异中细菌基因可通过转移和重组等方式而获得新性状的原理,从供体细胞 DNA 上剪切所需的目的基因,将其结合到载体(质粒或噬菌体)上,并将此重组的 DNA 基因转移至受体菌内表达的一种生物工程技术。将这种经基因工程改造后的"工程菌"进行发酵,可获得大量目标菌基因的产物。目前通过基因工程已能使工程菌大量生产胰岛素、干扰素、生长激素、白细胞介素等细胞因子和人重组乙肝疫苗等生物制品,为生物制药开辟了一条新的途径。

4. 在测定致癌物中的应用　一般认为肿瘤的发生是由于细胞内的遗传物质发生改变,因此凡能诱导细菌发生突变的物质都可能是致癌物。细菌的基因突变可由诱变剂引起。埃姆斯试验(Ames test,简称 Ames 试验)就是根据此原理设计的。该试验采用鼠伤寒沙门菌组氨酸营养缺陷型(his⁻)作为试验菌,his⁻ 菌在组氨酸缺乏的培养基上不能生长,若突变为 his⁺ 菌则能够生长。对培养基上的菌落计数,比较有待检物诱导的试验平板与对照平板,能诱导菌落生长较多者则有致癌的可能性。

点滴积累

1. 变异有利于细菌产生变种和新种,利于细菌在自然界不断进化,以适应生存的需要。
2. 耐药性变异是指细菌对某种抗菌药物由敏感的细菌变成耐药性的菌株。

五、细菌的致病性

细菌对宿主致病的性能称为细菌的致病性(pathogenicity)。细菌的致病作用与其毒力、侵入机体的数量及途径密切相关。

(一)细菌的毒力

细菌致病性的强弱程度称为细菌的毒力(virulence),细菌毒力的大小常用半数致死量(median lethal dose,LD_{50})或

> **课 堂 活 动**
> 1. 病原微生物为什么会使人生病?
> 2. 细菌是通过哪些因素致病的呢?

半数感染量(median infective dose,ID_{50})表示。即在一定时间内,通过一定的接种途径,能使一定体重或年龄的某种实验动物半数死亡或感染所需的最少细菌数量或毒素剂量。

构成细菌毒力的主要因素包括侵袭力和毒素。

1. 侵袭力　侵袭力(invasiveness)指病原菌突破宿主的防御功能,在体内定居、繁殖、扩散的能力。构成侵袭力的物质基础是细菌的菌体表面结构和侵袭性酶类。

(1)菌体表面结构:①荚膜。荚膜及荚膜类物质能抵抗宿主吞噬细胞的吞噬和体液中的杀菌物

质对细菌的损伤作用,利于病原菌入侵机体并在体内生长繁殖,引起疾病。如有荚膜的炭疽杆菌、肺炎链球菌等不易被吞噬细胞吞噬杀灭,其致病性明显增强,当其失去荚膜后,则能被吞噬细胞迅速吞噬、杀灭。某些细菌表面有类似于荚膜的物质,如链球菌的微荚膜、伤寒沙门菌和丙型副伤寒沙门菌表面的 Vi 抗原,以及某些大肠埃希菌的 K 抗原等也具有抵抗吞噬作用及抵御抗体和补体的作用。②黏附素(adhesin):是一类存在于细菌表面的与黏附有关的分子。细菌的黏附素可以分为两种:一种是菌毛黏附素,另一种是由细菌细胞的表面结构组成,如 A 群链球菌的膜磷壁酸等。细菌通过其黏附素与宿主细胞相应受体结合,黏附于宿主细胞表面,以抵御纤毛运动、肠蠕动、尿液冲洗的清除作用,继而定居、繁殖,引起感染。

(2)侵袭性酶类:是细菌在代谢过程中合成的一些胞外酶,其本身无毒性,但能协助病原菌在体内定植、繁殖及扩散。如金黄色葡萄球菌产生的血浆凝固酶(coagulase),能使血浆中的液态纤维蛋白原变成固态的纤维蛋白包绕在细菌表面,有利于抵抗宿主吞噬细胞的吞噬作用。A 群链球菌产生的透明质酸酶(hyaluronidase)又称扩散因子,可溶解结缔组织中的透明质酸,使结缔组织疏松,通透性增强,有利于细菌及毒素扩散。

2. 毒素　细菌的毒素(toxin)是细菌致病性的关键因素。按其来源、性质和毒性作用的不同,可分为外毒素和内毒素两大类。

(1)外毒素:是多数革兰氏阳性菌及少数革兰氏阴性菌在生长繁殖过程中合成并分泌的毒性蛋白质。大多数外毒素是在细菌细胞内合成后分泌到菌体外的,但也有外毒素存在于菌体内,当细胞破裂后才释放出来,如志贺菌的外毒素。

1)多数外毒素的化学成分为蛋白质,不耐热、不稳定,一般加热 60~80℃ 30 分钟即可被破坏。如破伤风毒素加热 60℃ 20 分钟即被破坏,但葡萄球菌肠毒素能耐 100℃ 30 分钟,并能抵抗胰蛋白酶的破坏作用。外毒素遇酸会发生变性,可被蛋白酶分解。

2)外毒素的分子结构一般由 A、B 两个亚单位组成。A 亚单位为外毒素的活性部分,决定其毒性效应;B 亚单位无毒性,但能与宿主细胞膜上的特异性受体结合,介导 A 亚单位进入细胞。两个亚单位中的任何一个单独存在时,均对机体无毒害作用。由于 B 亚单位无毒性且抗原性强,可以将其提纯制成亚单位疫苗,预防外毒素所致疾病。

3)外毒素一般具有很强的免疫原性,可刺激机体产生抗毒素抗体,其能中和游离外毒素的毒性作用。如果用 0.3%~0.4% 甲醛溶液作用于外毒素,就会成为失去毒性而仍保留免疫原性的类毒素。用类毒素免疫动物可以制备抗毒素,因此类毒素在某些传染病的防治上具有重要的意义。

4)外毒素的毒性极强,尤其是肉毒毒素,其毒性比氰化钾强 1 万倍,1mg 肉毒毒素纯品可杀死 2 亿只小鼠。不同细菌产生的外毒素,对机体组织器官的毒性作用具有选择性,能引起特定的病变和症状。例如肉毒毒素主要作用于胆碱能神经轴突终末,阻断胆碱能神经末梢释放乙酰胆碱,使眼和咽肌等麻痹,引起眼睑下垂、复视、斜视、吞咽困难等,严重者可因呼吸麻痹而死亡;而白喉外毒素对外周神经末梢和心肌细胞等有亲和力,通过抑制靶细胞蛋白质的合成引起外周神经麻痹和心肌炎等。

(2)内毒素:是革兰氏阴性菌细胞壁中的脂多糖(LPS)成分,只有当菌体死亡、自溶或用人工方法裂解后才释放出来。

1）内毒素的主要化学成分为脂多糖,性质稳定,耐热,100℃加热 1 小时不被破坏,必须加热 160℃经 2~4 小时,或用强酸、强碱、强氧化剂加热煮沸 30 分钟才能被灭活。各种革兰氏阴性菌具有相同的 LPS 基本骨架,即由 O- 特异多糖、非特异核心多糖和类脂 A 三部分组成。类脂 A 在脂多糖的内层,是一种特殊的糖磷脂,是内毒素的主要毒性成分。

2）内毒素的免疫原性弱,用甲醛处理不能使其脱毒成为类毒素。

内毒素的毒性较弱,作用时无组织细胞选择性。各种革兰氏阴性菌内毒素的化学成分和结构相似,故不同的革兰氏阴性菌感染时,由内毒素引起的病理改变和临床症状大致相同,主要引起发热、糖代谢紊乱、白细胞增多及微循环障碍等症状;严重时,大量的内毒素还能引发内毒素血症、内毒素休克及弥散性血管内凝血等疾病,死亡率高。

内毒素检测一般用于两种情况:①确定所制备的注射用液和生物制品是否有内毒素污染;②在临床上确定患者是否发生革兰氏阴性菌引起的内毒素血症,以方便及时治疗,减少休克的发生和死亡。内毒素检测方法常有家兔发热法和鲎试验法两种,前者操作烦琐,影响因素不易控制;后者可用于快速检测。

> **边 学 边 练**
> 细菌内毒素的检测具体内容见实训项目六。

细菌内、外毒素的区别见表 2-5。

表 2-5　外毒素与内毒素的比较

区别要点	外毒素	内毒素
来源	革兰氏阳性菌和部分革兰氏阴性菌产生	革兰氏阴性菌产生
存在部位	胞质内合成分泌至胞外	菌体细胞壁成分,细菌裂解后释放
化学组成	蛋白质	脂多糖
稳定性	不稳定,60~80℃ 30 分钟被破坏	较稳定,160℃ 2~4 小时被破坏
毒性作用	强,对机体组织器官有选择性毒害作用,可引起特殊的临床症状	较弱,毒性作用大致相同,可引起发热、白细胞变化、微循环障碍、休克等
免疫原性	强,可刺激机体产生抗毒素,甲醛处理后可脱毒成类毒素	弱,甲醛处理不形成类毒素

（二）细菌侵入的数量

病原菌引起感染,除需要一定的毒力外,还必须有足够的数量。一般情况下,细菌毒力越强,引起感染所需的菌量越少;反之则越多。如毒性较强的鼠疫耶尔森菌,在无特异性免疫力的机体中,只要有数个细菌侵入就可导致感染;而毒力较弱的细菌如沙门菌,则需摄入上亿个细菌才能引起感染。

（三）细菌侵入的途径

宿主的不同部位、不同组织器官对病原菌的敏感性不同,因此病原菌的侵入部位也是构成感染的重要环节之一。如霍乱弧菌必须经口进入肠道后才能引起感染;破伤风梭菌及其芽孢只有经缺氧状态的深部伤口感染才能引起破伤风;肺炎链球菌则必须借助呼吸道才能引起感染。但也有一些病原菌可经多种渠道感染,如结核分枝杆菌可经呼吸道、消化道、皮肤伤口等多种途径侵入机体,引起结核病。

细菌感染的传播途径有以下几种。①呼吸道感染：患者或带菌者通过咳嗽、喷嚏等将含有病原体的呼吸道分泌物随飞沫排至空气中，健康人通过吸入被病原体污染的空气而引起感染，如肺结核、白喉等；②消化道感染：通过食入被病原体污染的食品或饮用水而引起感染，如伤寒、痢疾和霍乱等；③接触感染：通过人与人或人与带菌动物密切接触引起感染，如淋病、梅毒等；④创伤感染：通过皮肤、黏膜破损或创伤引起感染，如葡萄球菌、链球菌引起的化脓性感染等；⑤虫媒传播：以节肢动物为媒介，通过叮咬引起感染，如鼠疫、乙型脑炎等。

> **点滴积累**
>
> 1. 病原性细菌通过一定的方式和途径侵入宿主体内并在其中生长繁殖，产生、释放毒性物质，造成宿主病理性损伤的过程，称为感染。
> 2. 病原性细菌侵入机体能否致病，主要取决于细菌的致病因素（毒力、侵入数量和侵入途径）和宿主机体的抵抗力。

六、常用的抗菌药物

1935 年，磺胺类药作为最早合成的化学药物首次用于临床治疗。1940 年，青霉素作为第一个抗生素问世。自此人类对细菌性感染的防治进入了新时代。随着抗菌药物的广泛应用，细菌耐药性日趋严重和普遍，不仅有多重耐药菌，甚至出现了几乎对所有抗菌药物都耐受的"超级细菌"。因此，阐明细菌耐药性的机制，加强对耐药菌传播和扩散的防控，寻找对耐药菌具有高效、低毒、药理性能好的抗菌药物，已成为当代医学研究面临的严峻挑战和迫切任务。

(一) 概念

抗菌药物（antimicrobial agent）是指具有抑菌或杀菌活性，用于治疗和预防细菌性感染的药物，包括抗生素（antibiotic）和人工合成的药物。

抗生素是指对特定微生物有抑制或杀灭作用的各种微生物（包括细菌、真菌和放线菌）产物，分子量较低，低浓度时就能发挥其生物活性，有天然和人工半合成两类。

(二) 抗菌药物的种类

抗菌药物应当具备对病原菌选择性的杀灭或抑制作用，同时对患者机体具有安全性。了解抗菌药物的作用机制，不但是研究细菌耐药性的基础，也是临床合理选用抗菌药物的前提。根据抗菌药物的作用机制可分为以下几类。

1. 干扰细菌细胞壁合成的药物　细菌（除支原体外）具有细胞壁，革兰氏阳性菌和革兰氏阴性菌细胞壁的组成虽有不同，但其主要成分均有肽聚糖。β- 内酰胺类抗生素可与青霉素结合蛋白共价结合，抑制其转肽酶、内肽酶和羧肽酶的活性，干扰细菌细胞壁肽聚糖的合成，使细菌细胞壁缺损，在渗透压的作用下水分渗入菌体内，导致细菌膨胀、变形、破裂而死亡。人体细胞无细胞壁，故此类药物对人体细胞几乎无毒性。抑制细菌细胞壁合成的抗菌药物主要有青霉素类和头孢菌素类。

2. 损伤细胞膜功能的药物　①某些抗生素分子(如多黏菌素)呈两极性,其亲水性端与细胞膜的蛋白质结合,亲脂性端与细胞膜内磷脂相结合,导致胞膜裂开,胞内成分外漏,细菌死亡;②多肽类抗生素通过与细菌细胞膜中的磷脂结合、唑类抗真菌药通过抑制细胞膜中固醇类物质的合成,使细菌细胞膜的通透性增加,导致菌体内蛋白质、氨基酸及核苷酸等营养物质外漏,造成细菌死亡。

3. 抑制蛋白质合成的药物　抗生素大多可抑制细菌蛋白质的合成,其作用部位及作用时段有差异。如氨基糖苷类和四环素类抗生素作用于细菌核糖体的 30S 亚基,大环内酯类、林可霉素类和氯霉素等抗生素作用于 50S 亚基,抑制细菌蛋白质合成而产生抑菌或杀菌作用。

4. 抑制核酸合成的药物　喹诺酮类抑制细菌 DNA 拓扑异构酶Ⅱ(又称 DNA 回旋酶)和拓扑异构酶Ⅳ而影响 DNA 复制;利福平可抑制细菌 DNA 依赖的 RNA 聚合酶而影响转录。

5. 影响叶酸代谢的药物　某些细菌不能直接利用环境中的叶酸,需要自身合成四氢叶酸供自身生长繁殖所需。磺胺类药和甲氧苄啶可分别抑制二氢叶酸合酶与二氢叶酸还原酶,导致敏感菌四氢叶酸合成障碍而发挥抗菌作用。因此,磺胺类药与甲氧苄啶合用有协同作用。

(三) 抗菌药物敏感试验

不同的细菌对药物的敏感性不同,同一细菌的不同菌株对各种抗菌药物的敏感性也有差别。在应用抗菌药物治疗的过程中,细菌对药物的敏感性也会发生变化。近年来,随着抗菌药物的广泛应用,更因广谱和超广谱抗菌药物的滥用,造成耐药菌株迅速增加,给临床治疗带来困难。因此必须进行细菌对抗菌药物的实验室检测,即细菌对药物的敏感性试验,及时准确地监测细菌对药物的敏感性和耐药性改变。

1. 概念　抗菌药物敏感试验简称药敏试验,是指在体外测定药物抑制或杀死细菌能力的试验,即检测细菌对抗菌药物的敏感性。

(1)敏感(susceptible,S):表示被检菌可被常规剂量在体内达到的浓度所抑制或杀灭。

(2)耐药(resistant,R):表示被检菌不能被常规剂量的待测药物在体内达到的浓度所抑制。

(3)最低抑菌浓度(minimal inhibitory concentration,MIC):抗菌药物能抑制被检菌生长的最低浓度。对同一菌株而言,药物的 MIC 值越小,其抗菌力就越强,细菌对这种药物就越敏感。

(4)最低杀菌浓度(minimal bactericidal concentration,MBC):抗菌药物完全杀灭细菌所需用的最低浓度。

2. 药敏试验的意义

(1)筛选药物:对抗菌药物的临床效果进行预测,指导临床抗菌药物的应用,避免抗菌药物使用不当而造成不良后果。

(2)耐药监控:药敏试验为耐药菌株的监测、控制耐药性的发生与发展等提供了实验依据。

(3)评价新药:根据药敏试验的不同方法和结果,可用于评估新抗菌药物的抗菌谱(能抑制细菌种类的范围)及抗菌活性,指导药品的研制和生产。

(4)鉴定细菌:利用细菌耐药谱的分析进行某些菌种的鉴定。

3. 药物的体外抑菌试验 体外抑菌试验是最常用的抗菌试验,常用方法有琼脂扩散法和连续稀释法。

(1)琼脂扩散法:是利用药物可以在琼脂培养基中扩散的特点,在药物有效浓度的范围内形成抑菌环,以抑菌环的直径大小来评价药物抗菌作用的强弱,或了解细菌对药物的敏感程度。主要方法有纸片法、挖沟法和管碟法等。

1)纸片法:由 Kirby 和 Bauer 所创建,故又称 K-B 法。该法是将含有定量抗菌药物的纸片(药敏纸片)贴在已接种测试菌的琼脂平板上,抗菌药物通过纸片吸收水分在琼脂内向四周呈递减浓度梯度扩散,纸片周围一定距离范围内测试菌的生长受到抑制,形成无菌生长的抑菌环。抑菌环的大小反映测试菌对测定药物的敏感程度的高低,并与该药对测试菌的最低抑菌浓度(MIC)成负相关,即抑菌环越大,MIC 越小(图 2-22)。此法是目前应用最广泛的药敏试验方法,主要用于新药抗菌能力、抑菌范围研究,抗生素发酵过程中效价单位测定。

2)挖沟法:先制备琼脂平板,在平板上挖沟,沟两边垂直划线接种各种试验菌,再在沟内加入药液。培养后,根据沟两边所生长的试验菌离沟的抑菌距离来判断药物的抗菌效力(图 2-23)。此法适用于在一个平板上试验一种药物对几种试验菌的抗菌作用。

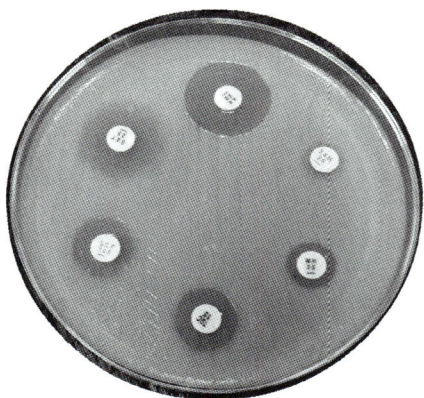

图 2-22 纸片法药敏试验图

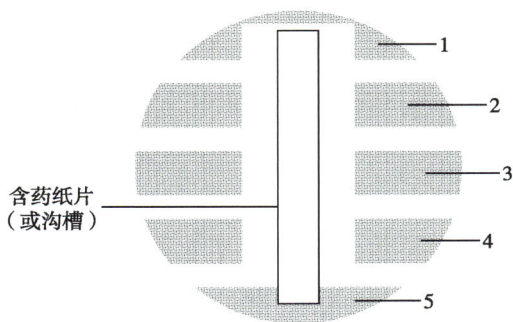

图 2-23 挖沟法示意图

含药纸片（或沟槽）

1、2、4、5 为被检菌;3为对照组

3)管碟法:将管状小杯放置于平皿菌层上,加入一定量的药液(以药液与杯面平为准)。置 37℃恒温箱中培养 18~24 小时后,测定抑菌环直径的大小,计算细菌对药物的敏感程度。管碟法可用于定量测定,如抗生素效价的测定。

(2)连续稀释法:即用肉汤或琼脂培养基作稀释剂,倍比稀释抗菌药物,定量加入被检菌株。经培养后测定抗菌药物的最小抑菌浓度(MIC)和最小杀菌浓度(MBC)。该法属于定量实验,用于测定抗菌药物的活性,其优点是可直接定量检测抗菌药物在体外对病原菌的抑制或杀伤浓度,有利于临床根据 MIC、药物代谢等制订合理的治疗方案,也是目前厌氧菌等的最佳测定方法。

1)试管稀释法:在一系列试管中,用液体培养基对抗菌药物做倍比稀释,获得药物浓度递减的系列试管,然后在每一管中加入定量的试验菌,经培养一定时间后,肉眼观察试管的混浊情况,记录能抑制试验菌生长的最低抑菌浓度(图 2-24)。由于此法中细菌与药液接触,所以比其他方法更为敏感,可作为筛选抗生素、无深色中草药制剂抗菌作用的研究。

2)平板稀释法：先按连续稀释法配制药物,将不同系列浓度、定量的药物分别混入琼脂培养基,制成一批药物浓度呈系列递减的平板,然后将含有一定细胞数的试验菌液(通常为 10^4 左右)以点种法接种于平板上,可以逐个点种;同时设无药空白平板对照。培养后测定各菌对该药的 MIC。平板法可同时测定大批试验菌株对同一药物的 MIC,且不受药物颜色及浑浊度的影响,适于中药制剂的药效学试验。此法还易于发现污染或耐药突变株,也是开发新药体外药敏试验时常用的经典参照标准。缺点是操作比较烦琐,不便于基层实验室开展。

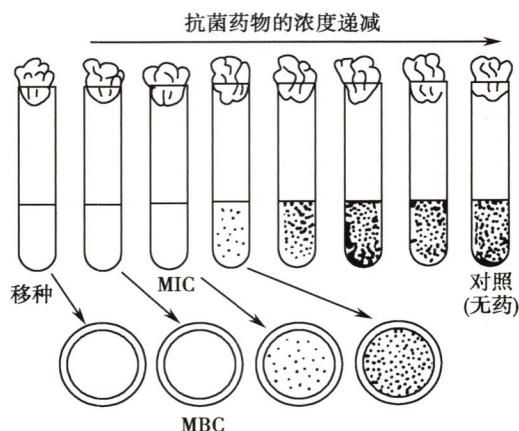

图 2-24　试管稀释法示意图

4. 药物的体外杀菌试验　体外杀菌试验用以评价药物对微生物的致死活性。

(1)最低杀菌浓度(或最低致死浓度)的测定：最低杀菌浓度(MBC)是指药物能杀死细菌的最低浓度。一般是将待检药物先以合适的液体培养基在试管内进行连续稀释,每管内再加入一定量的试验菌液,培养后可得该药物的 MIC,取 MIC 终点以上未长菌的各管培养液,分别移种于另一无菌平板上,培养后凡平板上无菌生长的药物最低浓度即为该药物的 MBC。

(2)活菌计数法：是在一定浓度的定量药物内加入定量的试验菌,作用一定时间后,取样进行活菌计数,从存活的微生物数计算出药物对微生物的致死率。活菌计数的方法一般是将定量的药物与试验菌作用后的混合液稀释后,混入琼脂培养基,制成平板,培养后计数平板上形成的菌落数,由于一个菌落是由一个细菌繁殖而来的,所以可用菌落数或菌落形成单位(colony forming unit,cfu)乘以稀释倍数计算出混合液中存活的细菌数。

5. 药敏试验的影响因素

(1)试验菌：一般包括标准菌株和临床分离菌株。标准菌株来自专门机构,我国的法定机构是中国食品药品检定研究院。临床分离菌株须经形态、生化及血清学等方面鉴定。试验用菌株应注意菌株纯度,不得有杂菌污染。试验菌必须生长旺盛,应控制适当的培养时间。试验菌接种量的多少应选用适当方法进行计数。

(2)培养基：应按各试验菌的营养需要进行配制,严格控制各种原料、成分的质量及培养基的配制过程。要注意当有些药物具有抗代谢作用时,培养基内应不能存在该代谢物,否则抑菌作用将被消除。培养基内含有血清等蛋白质时,可使某些抗菌药物失去作用,应避免含此类物质。

(3)供试药物：药物的浓度和总量直接影响抗菌试验的结果,需要精确配制。固体药物应配制成溶液使用;有些不溶于水的药物需用少量有机溶剂或碱先行溶解,再稀释成合适浓度,如氯霉素及红霉素需先用少量乙醇溶解后,再用稀释剂稀释到所需的浓度;液体样品若太稀,需先浓缩;药液的 pH 应尽量接近中性,既能保持药物的稳定性又不至于影响试验菌生长;要注意中药制剂内往往含有鞣质,且具有特殊色泽,可能影响结果的判断;含菌样品需先除菌再试验,尽量采用薄膜过滤法除菌。

（4）对照试验：为准确判断结果，试验中必须有各种对照试验与抗菌试验同时进行。①试验菌对照：在无药情况下，应能在培养基内正常生长；②已知药物对照：已知抗菌药对标准的敏感菌株应出现预期的抗菌效应，对已知的抗药菌不出现抗菌效应；③溶剂及稀释剂对照：抗菌药物配制时所用的溶剂及稀释剂应无抗菌作用。

> **点滴积累**
>
> 1. 根据作用机制的不同，临床常见抗菌药物分为以下几类。①干扰细菌细胞壁合成的药物；②损伤细胞膜功能的药物；③抑制蛋白质合成的药物；④抑制核酸合成的药物；⑤影响叶酸代谢的药物。
> 2. 药物体外抗菌试验是在体外测定微生物对药物敏感程度的试验，包括抑菌试验和杀菌试验。
> 3. 药物体外抑菌试验常用琼脂扩散法和连续稀释法；药物体外杀菌试验常用活菌计数法。

七、常见的病原性细菌

病原性细菌种类繁多、分布广泛，它们可以通过不同的渠道进入人体，使之产生不同的感染性疾病，以下仅介绍几种最为常见的病原性细菌。

（一）金黄色葡萄球菌

金黄色葡萄球菌（Staphylococcus aureus）是葡萄球菌属中致病力最强的一种，因其能产生金黄色色素而得名。广泛存在于自然界中，而且人体的皮肤、毛囊及鼻咽部也有存在，常污染药物和食品。《中华人民共和国药典》（简称《中国药典》）（2025 年版）规定，皮肤给药制剂、呼吸道吸入给药制剂等均不得检出金黄色葡萄球菌。

1. 生物学性状

（1）形态与染色：单个呈球形或椭圆形，平均直径为 1.0μm，在固体培养基上呈葡萄串状排列（图 2-25），在液体或脓汁中呈单个、成双或短链状排列。无鞭毛和芽孢，体外培养一般不形成荚膜，体内有些菌株可形成荚膜。

（2）培养特性与生化反应：营养要求不高，在普通培养基上生长良好，为需氧型或兼性厌氧型。最适生长温度为 37℃，最适宜 pH 为 7.4。①在普通琼脂培养基上形成圆形、凸起、边缘整齐、表面光滑、湿润、有光泽、不透明的菌落，菌落因种不同而呈金黄色、白色或柠檬色；②在血琼脂平板上，致病菌株可形成透明溶血环。

多数葡萄球菌能分解葡萄糖、麦芽糖和蔗糖，产酸不产气，致病菌能分解甘露醇。致病性葡萄球菌凝固酶试验多为阳性。

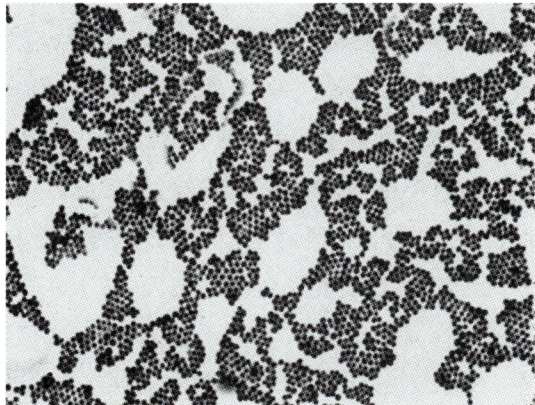

图 2-25　葡萄球菌（革兰氏染色阳性）

（3）抵抗力：葡萄球菌对外界的抵抗力强于其他无芽孢细菌。加热 60℃ 1 小时或 80℃ 30 分钟才被杀死；在干燥的脓汁、痰液中可存活 2~3 个月；在 2% 苯酚中 15 分钟或 1% 氯化汞水中 10 分钟可死亡；对碱性染料敏感，如 1∶（105~205）的龙胆紫溶液可抑制其生长。对青霉素、红霉素、庆大霉素及磺胺类药敏感，但对许多抗菌药物易产生耐药，且耐药菌株逐年增加。目前金黄色葡萄球菌对青霉素 G 的耐药菌株高达 90% 以上。

2. 致病性

（1）致病物质：金黄色葡萄球菌可以产生多种侵袭性酶类和外毒素，主要有凝固酶、葡萄球菌溶血素、杀白细胞素、肠毒素、表皮剥脱毒素和毒性休克综合征毒素 -1 等。

1）凝固酶（coagulase）：是能使含枸橼酸钠或肝素抗凝剂的人或兔的血浆发生凝固的酶。致病菌株多能产生凝固酶，可作为鉴定葡萄球菌有无致病性的重要指标。

凝固酶分为游离凝固酶和结合凝固酶。凝固酶使纤维蛋白沉积在菌体表面，使得细菌不易扩散，因此葡萄球菌引起的感染，易于局限化和形成血栓，脓汁黏稠。

2）葡萄球菌溶素（staphylolysin）：葡萄球菌能产生多种抗原性不同的溶素，分为 α、β、γ、δ 等，对人有致病作用的主要是 α 溶素。α 溶素为外毒素，其对白细胞、血小板、肝细胞、成纤维细胞、血管平滑肌细胞均有损伤破坏作用。

3）杀白细胞素（leucocidin）：可造成中性粒细胞和巨噬细胞的损伤，抵抗宿主吞噬细胞的吞噬，增强细菌的侵袭力。

4）肠毒素（enterotoxin）：是一组对热稳定的可溶性蛋白质。肠毒素在 100℃下 30 分钟不被破坏，并能抵抗胃肠液中蛋白酶的水解作用。食用被葡萄球菌产毒株污染的食物后，在适宜温度下，经 8~10 小时即可产生大量的肠毒素，引起以呕吐为主要症状的急性胃肠炎。

5）表皮剥脱毒素（exfoliative toxin, exfoliatin）：也称表皮溶解毒素，能裂解表皮组织的棘状颗粒层，使表皮与真皮脱离，引起烫伤样皮肤综合征（scalded skin syndrome）。

6）毒性休克综合征毒素 -1（toxic shock syndrome toxin-1, TSST-1）：主要引起机体发热，增加宿主对内毒素的敏感性，诱生 IL-1、TNF、IFN 等。

（2）所致疾病：金黄色葡萄球菌主要引起化脓性感染和毒素性疾病两种。

1）化脓性感染：主要分为局部组织感染、内脏器官感染、全身性感染等。①局部组织感染主要有皮肤软组织感染，如毛囊炎、疖、痈、脓肿、睑腺炎等；②内脏器官感染主要有支气管炎、肺炎、中耳炎、脑膜炎、脓胸等；③全身性感染主要有败血症、脓毒血症等。

2）毒素性疾病：由外毒素引起。①食物中毒：食入被肠毒素污染的食物后 1~6 小时，出现头晕、恶心、呕吐、腹痛、腹泻等急性胃肠炎症状，呕吐最为突出。1~2 天可自行恢复。②烫伤样皮肤综合征：是由表皮剥脱毒素引起的，皮肤开始出现弥漫性红斑、起皱，继而形成水疱，造成皮肤脱落。多见于新生儿、婴儿及免疫力低下的成人。③毒素休克综合征：主要表现为急性高热、低血压、猩红热样皮疹、腹泻、呕吐，严重可出现休克。④假膜性肠炎：正常人的肠道中有少量金黄色葡萄球菌存在，不致病。当长期使用广谱抗生素后，耐药的金黄色葡萄球菌大肆繁殖，并产生肠毒素，可引起呕吐、腹泻等症，特点是肠黏膜覆盖炎性假膜。

3. 防治原则　注意个人卫生,对皮肤创伤及时消毒处理,防止感染。加强医院管理,严格无菌操作,防止和减少医源性感染。加强对公共食堂和餐饮行业的卫生监督,对皮肤化脓性感染者,尤其是手部感染者,治愈前不能从事食品制作和餐饮服务,以防止葡萄球菌引起的食物中毒。避免滥用抗生素,对患者的治疗必须根据药敏试验的结果来选用药物。

（二）大肠埃希菌

大肠埃希菌(E.coli)俗称大肠杆菌,是人和动物肠道内的正常菌群,随粪便排出体外。该菌可直接或间接污染药品及药品生产的各个环节,因此被列为重要的卫生指标菌,是口服药品的常规必检项目之一。药品中若检出大肠埃希菌,表明该样品已受到粪便污染。《中国药典》(2025 年版)规定,口服药品不得检出大肠埃希菌。此外,大肠埃希菌还是分子生物学研究中最常用的实验材料。

1. 生物学性状

(1)形态与染色:埃希菌属细菌大小为(0.4~0.7)μm×(1~3)μm,为革兰氏阴性杆菌(图 2-26)。无芽孢,多数菌株有周身鞭毛,有普通菌毛和性菌毛,引起肠道外感染的菌株常有多糖荚膜。

(2)培养特性与生化反应:营养要求不高,兼性厌氧。在普通营养肉汤中呈浑浊生长。在普通琼脂平板上,37℃培养 24 小时后形成圆形、凸起、灰白色、直径为 2~3mm 的 S 型菌落。在鉴别或选择培养基上形成有色、直径为 2~3mm 的 S 型菌落。能发酵葡萄糖、乳糖等多种糖并产酸产气。

(3)抵抗力:对热的抵抗力较强,55℃ 60 分钟或 60℃ 15 分钟仍有部分细菌可存活。在自然界的水中可存活数周至数月,在温度较低的粪便中可存活更久。对常用的化学消毒剂敏感,胆盐可抑制该菌生长,对庆大霉素、诺氟沙星、磺胺类等药物敏感,但易产生耐药性。

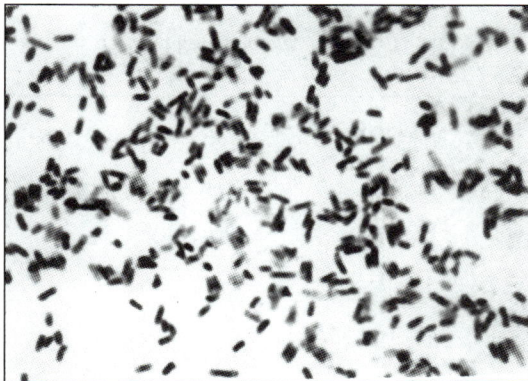

图 2-26　大肠埃希菌(革兰氏染色阴性)

2. 致病性

致病物质有以下几种。

1)黏附素:是一种特殊的菌毛,能使细菌紧密黏附在肠道和泌尿道黏膜上皮细胞上,避免因肠蠕动和尿液的冲刷作用而被排出体外。大肠埃希菌的黏附素是由质粒编码的特殊菌毛,具有很强的免疫原性,能刺激机体产生相应的抗体。

2)外毒素:包括不耐热肠毒素、耐热肠毒素、志贺样毒素等。①不耐热肠毒素(heat-labile enterotoxin,LT)对热不稳定,65℃ 30 分钟即破坏,导致小肠液体过度分泌至肠腔而出现腹泻;②耐热肠毒素(heat-stable enterotoxin,ST)对热稳定,100℃ 20 分钟仍不被破坏,免疫原性弱,可激活小肠上皮细胞的鸟苷酸环化酶,使胞内 cAMP 增加,肠腔积液而引起腹泻;③志贺样毒素(verotoxin)由肠出血型大肠埃希菌产生的一种细胞毒素,为细胞毒素。

3)其他致病物质:K 抗原、内毒素、溶血素等。大肠埃希菌的 K 抗原有抗吞噬作用;内毒素引起发热、休克和弥散性血管内凝血等。

3. 所致疾病

(1)肠道外感染：多为内源性感染。细菌寄居部位改变等原因可引起化脓性炎症，如尿道炎、膀胱炎、肾盂肾炎，也可引起腹膜炎、阑尾炎、术后伤口感染等。免疫力低下者可引起败血症，甚至引起新生儿肠杆菌性脑膜炎。

(2)肠道内感染：多为外源性感染。常见的可引起腹泻的大肠埃希菌有以下5种类型，详见表2-6。

表 2-6　可引起腹泻的大肠埃希菌

菌株	作用部位	致病机制	疾病与症状
肠产毒素型大肠埃希菌(enterotoxigenic E. coli, ETEC)	小肠	LT 和 ST 致肠液大量分泌	婴儿和旅游者腹泻，水样便
肠致病型大肠埃希菌(enteropathogenic E. coli, EPEC)	小肠	破坏肠黏膜上皮细胞，不产生肠毒素	婴儿腹泻，水样便
肠侵袭型大肠埃希菌(enteroinvasive E. coli, EIEC)	大肠	内毒素破坏结肠黏膜上皮细胞，不产生肠毒素	较大儿童和成人腹泻，脓血便或黏液血便
肠出血型大肠埃希菌(enterohemor-rhagic E. coli, EHEC)	大肠	产生志贺样毒素	出血性结肠炎，儿童与老年人多见
肠集聚型大肠埃希菌(enteroaggre-gative E. coli, EAEC)	小肠	黏附、聚集于上皮细胞，EAST 致大量分泌肠液	婴儿腹泻，持续性水样便

4. 防治原则　加强饮食卫生检查，实施严格的消毒措施，避免与患者密切接触，改善公共卫生条件，控制传染等都非常重要。治疗用磺胺类药、链霉素、卡那霉素、诺氟沙星等，但易产生耐药性。因此，应根据药敏试验结果选择药物。

(三) 沙门菌属

沙门菌属(Salmonella)是一大群寄生于人类和动物肠道内，生化反应和抗原结构相似的革兰氏阴性杆菌。沙门菌属细菌种类繁多，目前已发现2 500多个血清型，对人致病的只是少数，如伤寒沙门菌、甲型副伤寒沙门菌、乙型副伤寒沙门菌、丙型副伤寒沙门菌等可引起肠热症；鼠伤寒沙门菌、猪霍乱沙门菌、肠炎沙门菌等10余种细菌也可传染给人类，引起食源性疾病或败血症。

沙门菌还可污染药物使其变质，从而对人体造成严重危害，因此要严防沙门菌对药物的影响。例如，《中国药典》(2025年版)中规定，含脏器提取物的制剂不得检出沙门菌。

1. 生物学性状

(1)形态与染色：革兰氏阴性杆菌，大小为$(0.6\sim1.0)\,\mu m \times (2\sim4)\,\mu m$，无芽孢，一般无荚膜，多数有周鞭毛和菌毛。

(2)培养特性与生化反应：营养要求不高，兼性厌氧。在普通琼脂平板上可形成中等大小、无色半透明的 S 型菌落；在肠道鉴别培养基上因不分解乳糖而形成不着色菌落，在克氏双糖铁试验中 H_2S 试验阳性，产生黑色 S 型菌落。

2. 致病性

(1)致病物质：主要有侵袭力、内毒素和肠毒素。

(2)所致疾病：人群对沙门菌普遍易感，主要感染分以下几种类型。

1）肠热症：包括伤寒沙门菌引起的伤寒，以及甲型副伤寒沙门菌、肖氏沙门菌、希氏沙门菌引起的副伤寒。伤寒和副伤寒的致病过程和临床症状基本相似，只是副伤寒的病程较短，病情较轻。

细菌经消化道进入小肠，到达肠壁黏膜固有层，被吞噬细胞吞噬后，在吞噬细胞内寄生，此时患者无症状。细菌经淋巴液至肠系膜淋巴结中大量繁殖，经胸导管入血，引起第一次菌血症。此时处于病程的第 1 周，称为前驱期。患者出现发热、乏力、全身不适等症状。细菌随血流至肝、脾、肾、骨髓、胆囊等器官大量繁殖后，再次入血引起第二次菌血症，并释放大量内毒素。此时处于病程的第 2~3 周，患者的典型症状为持续高热（39℃以上）、相对缓脉、外周白细胞数量减少、肝脾肿大及全身中毒症状，部分患者胸腹部出现玫瑰疹。胆囊中的细菌随胆汁排入肠道，一部分随粪便排出体外，另一部分可再次侵入肠壁淋巴组织，引起Ⅳ型超敏反应，导致局部溃疡和坏死，严重者可发生肠出血或肠穿孔。肾脏中的细菌可随尿液排出。若无并发症，3~4 周后病情开始好转，逐渐恢复。病愈后部分患者继续排菌达 1 年或更长时间，是重要的传染源。5%~10% 未经治疗的患者可出现复发，但与初始疾病相比，病情一般较轻，病程较短。

2）急性胃肠炎：因食入被大量鼠伤寒沙门菌、猪霍乱沙门菌、肠炎沙门菌等污染的食物引起，是最常见的沙门菌感染，多为集体食源性疾病，病程较短，一般 2~3 天可自愈。

3）败血症：常由鼠伤寒沙门菌、肠炎沙门菌等引起，多见于儿童和免疫力低下的成人。症状严重，有高热、寒战、厌食和贫血等。病菌随血液散播，可引起脑膜炎、骨髓炎、肾盂肾炎、胆囊炎、心内膜炎等组织器官感染。

3. 防治原则 加强饮水、食品等的卫生监督管理以切断传播途径，积极治疗感染者和带菌者以消除传染源，使用伤寒沙门菌 Ty21a 活疫苗和伤寒 Vi 荚膜多糖疫苗进行伤寒与副伤寒的特异性预防，以保护易感人群。治疗可选择的抗生素有氯霉素、氨苄西林和环丙沙星等。

（四）铜绿假单胞菌

铜绿假单胞菌（*Pseudomonas aeruginosa*）俗称绿脓杆菌，因在生长过程中会产生水溶性绿色色素，使感染后脓液出现绿色而得名。本菌广泛分布于自然界中，空气、土壤、水，以及人和动物的皮肤、肠道和呼吸道中均有存在，是一种常见的机会致病菌，故可通过生产的各个环节污染药品。因此我国规定，眼科用制剂和外用药品不得检出铜绿假单胞菌。

1. 生物学性状

（1）形态与染色：革兰氏阴性短杆菌，菌体一端有 1~3 根鞭毛，运动活泼。

（2）培养特性：专性需氧菌，最适生长温度为 35℃，在 4℃不生长而 42℃能生长是本菌的特点。在普通培养基上生长良好，菌落大小形态不一，边缘不整齐，扁平湿润，常相互融合，产生带荧光的水溶性绿色色素使培养基呈亮绿色，培养物有特殊的生姜气味。在 SS 平板上因不分解乳糖形成无色透明的小菌落。在十六烷三甲基溴化铵（或明胶十六烷三甲基溴化铵）琼脂平板上，典型的铜绿假单胞菌形成绿色或淡绿色带荧光的菌落。

（3）生化反应：氧化酶试验阳性，分解葡萄糖产酸、不产气，不分解乳糖、蔗糖及甘露醇，能液化明胶、还原硝酸盐、分解尿素，可利用枸橼酸盐，不生成吲哚。

（4）抵抗力：较其他细菌强。铜绿假单胞菌有天然抗药菌之称，对青霉素、氯霉素、链霉素、四环素等多种抗生素均有抗药性,给临床治疗带来了较大困难。

2. 致病性

(1)主要致病物质:本菌可产生内毒素、外毒素及胞外酶等致病物质。

(2)所致疾病:铜绿假单胞菌为机会致病菌,正常人体表面、肠道及上呼吸道均有此菌存在,通常不致病。但在一定条件下如机体抵抗力低下、严重感染、患恶性或慢性消耗性疾病时,可引起继发性感染或混合感染。铜绿假单胞菌可通过污染医疗器具及药品而导致医源性感染,应引起人们的重视。若细菌侵入血流可引起败血症,病死率高。此外,铜绿假单胞菌还能产生胶原酶,一旦眼睛受伤后感染此菌,则会使角膜形成溃疡、穿孔而导致患者失明。

(五)破伤风梭菌

破伤风梭菌(*Clostridium tetani*)是破伤风的病原菌,大量存在于人和动物的肠道中,经粪便污染土壤后,在适宜的条件下形成芽孢,可在土壤中存活数年。

1. 生物学性状　菌体细长呈杆状,(0.5~2)μm×(2~18)μm,革兰氏染色呈阳性。有周鞭毛,无荚膜。芽孢呈正圆形,直径大于菌体,位于菌体顶端,使细菌呈鼓槌状,此为本菌的典型特征(图 2-27)。专性厌氧,对营养要求不高。在血平板上,37℃培养48小时后,可见薄膜状边缘不整齐的菌落,有β溶血环;在庖肉培养基中培养,液体部分浑浊,有少量气泡,肉渣被消化呈微黑色,有腐败恶臭味。大多数生化反应阴性,一般不发酵糖类,不分解蛋白质;能液化明胶,产生硫化氢和吲哚。芽孢

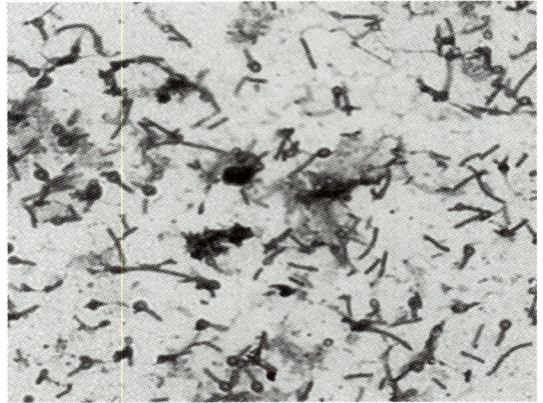

图 2-27　破伤风梭菌(芽孢染色)

对外界抵抗力强,在干燥的土壤和尘埃中可存活数年;繁殖体对青霉素敏感。

2. 致病性　破伤风梭菌由伤口进入机体,若伤口形成厌氧微环境,芽孢可在伤口局部发芽繁殖,产生破伤风痉挛毒素而致病。潜伏期一般为 7~8 天,与原发感染距离中枢神经系统的远近有关,距离越近,潜伏期越短,病死率越高。发病早期有发热、头痛、肌肉酸痛等前驱症状。典型症状是咀嚼肌痉挛所致的牙关紧闭、苦笑面容;颈部、躯干和四肢肌肉强直性痉挛导致的角弓反张;面部发绀,呼吸困难,最后可因窒息死亡。

3. 免疫性　机体对破伤风梭菌的免疫主要为体液免疫,即产生抗毒素中和外毒素。由于破伤风痉挛毒素的毒性很强,极微量即可致人死亡,如此微量的毒素不足以引起机体免疫,且毒素与组织结合后也不能有效刺激机体免疫系统产生抗毒素,因此病后不会产生牢固免疫力。获得有效抗毒素的途径是建立人工免疫。

4. 防治原则

(1)伤口处理:创口应及时清创和扩创,用3%过氧化氢或1:400高锰酸钾溶液冲洗伤口,防止厌氧微环境的形成。

(2)特异性预防:①对 3~6 个月的儿童可通过注射破伤风类毒素、白喉类毒素和百日咳菌苗三

联疫苗进行人工主动免疫。计划免疫程序为婴儿出生后第 3、4、5 个月连续免疫 3 次,2 岁、6 岁时各加强 1 次,以建立基础免疫;②对已有基础免疫的成人,用破伤风类毒素紧急预防;③对伤口污染严重而又没有基础免疫者,可立即注射破伤风抗毒素(tetanus antitoxin,TAT)作紧急预防。

(3)特异性治疗:对已发病者采用早期、足量注射 TAT。注射前必须先做皮肤试验。若皮肤试验阳性,必须采用脱敏注射法。

(4)抗菌治疗:在特异性治疗的同时要进行抗菌治疗。首选青霉素和甲硝唑,可抑制破伤风梭菌的繁殖,以防止毒素产生。

(六) 结核分枝杆菌

结核分枝杆菌(*Mycobacterium tuber-culosis*)俗称结核杆菌,是引起人和动物结核病的病原菌。本菌可侵犯全身各器官,但以肺结核最多见。结核病是目前全球危害最为严重的慢性传染病之一。

1. 生物学性状

(1)形态与染色:菌体细长略弯曲,大小约为(1~4)μm × 0.4μm,呈单个、分枝状或团束状排列,无芽孢,无鞭毛,有菌毛,有荚膜。结核分枝杆菌细胞壁含有大量脂质不易着色,故一般不用革兰氏染色,常用齐 - 尼抗酸染色法,染色后结核分枝杆菌被染成红色,其他非抗酸菌及背景被染成蓝色。

(2)培养特性与生化反应:营养要求高,专性需氧,最适生长温度为 35~37℃,最适 pH 为 6.5~6.8,生长缓慢,繁殖一代约需 18 小时,在固体培养基上 2~4 周才可见菌落生长。常采用罗氏培养基分离培养,3~6 周后可出现乳白色或米黄色颗粒、结节或菜花状的干燥菌落。

(3)抵抗力:结核分枝杆菌的脂类含量高,对某些理化因素的抵抗力较强。在干痰中可存活 6~8 个月,若黏附于尘埃上,可保持传染性 8~10 天。耐酸、碱,临床上常以 3% HCl、6% H_2SO_4 或 4% NaOH 溶液处理有杂菌的标本,以提高检出率。但是其对湿热、紫外线、乙醇的抵抗力弱。在 62~63℃液体中加热 15 分钟或煮沸 10 分钟、日光直射下 2~3 小时、75% 乙醇内数分钟即死亡。

2. 致病性

结核分枝杆菌主要通过呼吸道、消化道和损伤的皮肤等途径感染机体,侵犯多种组织器官,引起相应的结核病。由于结核分枝杆菌易通过吸入的飞沫和尘埃侵入肺部,故结核病以肺部感染最常见。细菌进入机体后主要通过淋巴管、血液、支气管和消化道进行扩散。

(1)原发感染:多发于儿童。结核分枝杆菌通过飞沫、尘埃等经呼吸道进入肺泡,被吞噬细胞吞噬后,由于细菌细胞壁的硫酸脑苷脂抑制吞噬体与溶酶体结合,使其在细胞内大量繁殖,最终导致细胞裂解破坏,释放出大量细菌,引起渗出性炎症,称为原发灶。感染 3~6 周后,机体产生特异性细胞免疫,同时可出现迟发型超敏反应。

(2)原发后感染:多见于成人,常为原发感染的再活化,也可由外源性感染所致,好发于肺内通气最好的顶部。由于机体已建立了特异性免疫,所以病灶多局限,一般不累及邻近的淋巴结,被纤维素包绕的干酪样坏死灶可钙化而痊愈。若干酪样坏死液化,排入邻近支气管、气管,则可形成空洞并释放大量结核分枝杆菌至痰中,此为开放性肺结核,传染性很强。

(3)肺外感染:部分患者体内的结核分枝杆菌经血液及淋巴液扩散,还可导致肺外结核病,如脑、肾、骨、关节、生殖系统等结核。近年来肺外结核标本中 L 型检出率较高,应引起重视。

3. 防治原则

接种卡介苗是预防结核病的主要措施之一,一般于出生后当天接种,在接种后

1~2 个月形成红肿,并溃破形成疤痕,俗称"卡疤"。对于结核病患者的治疗一般采用联合用药,常用的一线药物有异烟肼、利福平、乙醇丁胺、链霉素等。

知识链接

耐药肺结核

结核病曾经被称为"白色瘟疫"。随着对结核分枝杆菌生物学特性的进一步研究,链霉素、异烟肼等有效抗结核药物陆续出现,特别是利福平问世后,更是开启了短程化疗的里程碑,结核病得到有效的遏制。但 20 世纪 80 年代后期,随着人口的流动、艾滋病病毒的出现及耐药结核病例的增加,结核病在全球范围内卷土重来,耐药结核分枝杆菌的流行近年来越来越受到广泛关注。

耐药肺结核治疗比普通肺结核复杂,治疗往往需要多种抗结核药物联合使用,全程需要 18~20 个月。在治疗过程中一旦出现不良反应,应及时到结核病定点医院处理。针对症状较轻、肺部病灶不广泛以及对短程口服药物方案所用药物敏感或既往使用这些药物不超过 1 个月的患者,也有 9~11 个月的短程口服药物治疗方案。不论是哪种治疗方案,若患者不按照医生的医嘱规律全程的治疗,不仅疾病不能得到有效治疗,还可能传染给更多的健康人,特别是身边的亲属。

(七) 其他常见的病原性细菌

其他常见的病原性细菌详见表 2-7。

表 2-7　其他常见的病原性细菌

菌名	形态染色	致病物质	传播途径	所致疾病
乙型溶血性链球菌	G⁺,链状排列	链球菌超抗原、透明质酸酶、链球菌溶素等	呼吸道	化脓性感染、毒素性疾病、超敏反应性疾病
肺炎链球菌	G⁺,成双排列,菌体呈矛头状,钝端相对,可有荚膜	荚膜	呼吸道	大叶性肺炎
脑膜炎奈瑟菌	G⁻,成双排列,菌体呈肾形,凹面相对,有荚膜	菌毛、荚膜、内毒素	呼吸道	流行性脑脊髓膜炎
淋病奈瑟菌	G⁻,成双排列,菌体呈肾形,凹面相对,有荚膜	菌毛、荚膜、内毒素	主要通过性接触	淋病
痢疾杆菌	G⁻,杆菌,无鞭毛,有菌毛	菌毛、内毒素、外毒素	消化道	细菌性痢疾
霍乱弧菌	G⁻,菌体呈弧形或逗点状,单鞭毛	菌毛、霍乱肠毒素	消化道	霍乱
幽门螺杆菌	G⁻,细长弯曲,呈螺旋状、S形,有鞭毛	鞭毛、黏附素、内毒素等	消化道	慢性胃炎、消化性溃疡、胃癌
布鲁氏菌	G⁻,短小杆菌,可有荚膜	内毒素、侵袭性酶	接触病兽或食用被该菌污染的食物	布鲁氏菌病
百日咳杆菌	G⁻,卵圆形,短小杆菌,有荚膜	荚膜、菌毛、外毒素	呼吸道	百日咳
炭疽杆菌	G⁺,粗大杆菌,两端平切,链状排列,有芽孢、荚膜	荚膜、炭疽毒素	呼吸道、皮肤、消化道	皮肤炭疽、肺炭疽、肠炭疽
产气荚膜梭菌	G⁺,粗大杆菌,有芽孢、荚膜	多种外毒素及侵袭性酶、荚膜	创伤感染、食入含肠毒素食物	气性坏疽、食物中毒
肉毒梭菌	G⁺,粗短杆菌,周鞭毛,有芽孢	肉毒毒素	消化道(食入带肉毒毒素的食物)	食物中毒

第二节 放线菌

放线菌(actinomycetes)是一类丝状或链状的原核细胞型微生物,由分枝状的菌丝体和孢子组成。因其菌落呈放射状,故得名。放线菌广泛分布于自然界中,主要存在于土壤中,泥土特有的"土腥味"主要是大多数放线菌产生的土腥味素(geosmins)所致。

放线菌对营养要求不高,分解淀粉的能力强,在分解有机物质、改变土壤结构以及自然界的物质转化中可发挥一定作用。大多数放线菌是需氧型腐生菌,只有少数为寄生菌,可使人和动物致病。

放线菌是抗生素的主要产生菌,据统计,迄今发现的上万种抗生素中,约80%是由放线菌产生的,而其中90%又是由链霉菌属产生的。常用的抗生素除了青霉素和头孢菌素外,绝大多数是放线菌的产物。放线菌还可用于制造抗肿瘤药物、维生素、酶制剂(蛋白酶、淀粉酶、纤维素酶等)及有机酸,在医药工业上有重要意义。

一、放线菌的生物学特性

(一) 放线菌的形态与结构

放线菌是介于细菌和真菌之间又接近于细菌的单细胞分枝微生物,基本结构与细菌相似,细胞壁由肽聚糖组成,并含有二氨基庚二酸,不含有真菌细胞壁所具有的纤维素或几丁质。目前在进化上已经将放线菌列入广义的细菌。

放线菌具有菌丝和孢子结构,革兰氏染色呈阳性。

1. **菌丝** 菌丝是放线菌孢子在适宜环境下吸收水分,萌发出芽,芽管伸长呈放射状、分枝状的丝状物。放线菌的菌丝基本为无隔的多核菌丝,直径细小,大量菌丝交织成团,形成菌丝体(mycelium)。

菌丝按着生部位及功能不同,可分为基内菌丝、气生菌丝和孢子丝3种(图2-28)。

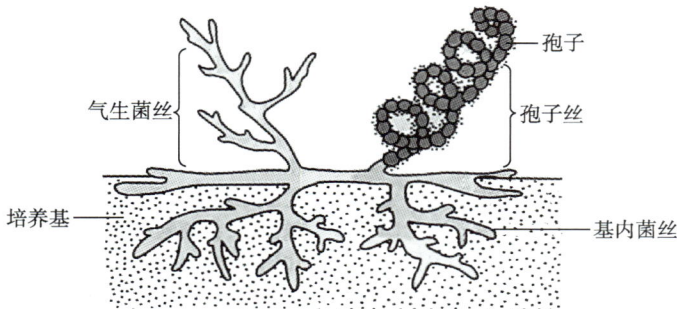

图2-28 放线菌的形态结构示意图

(1)基内菌丝:伸入培养基质表面或伸向基质内部,像植物的根一样,具有吸收水分和营养的功能,又称为营养菌丝或一级菌丝。基内菌丝无隔,直径较细,通常为0.2~1.2μm。有的无色,有的可产生色素,呈现不同的颜色。色素分为脂溶性和水溶性两类,后者可向培养基内扩散,使之呈现一定的颜色。

(2)气生菌丝:基内菌丝不断向空中生长,分化出直径比基内菌丝粗、颜色较深的分枝菌丝,称为气生菌丝或二级菌丝。

(3)孢子丝:气生菌丝发育到一定阶段,顶端可分化形成孢子(spore),这种形成孢子的菌丝称为孢子丝。孢子丝的形状、着生方式,螺旋的方向、数目、疏密程度以及形态特征是鉴定放线菌的重要依据(图 2-29)。

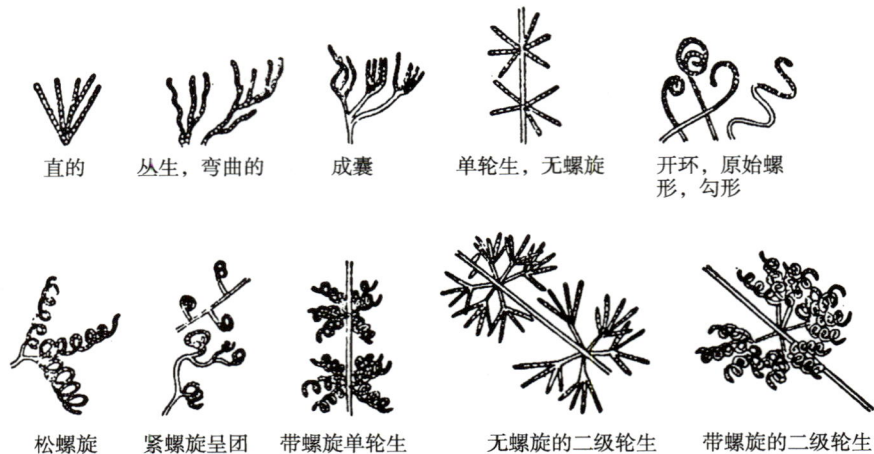

| 直的 | 丛生,弯曲的 | 成囊 | 单轮生,无螺旋 | 开环,原始螺形,勾形 |

| 松螺旋 | 紧螺旋呈团 | 带螺旋单轮生 | 无螺旋的二级轮生 | 带螺旋的二级轮生 |

图 2-29　部分放线菌孢子丝的类型模式图

2. **孢子**　孢子丝发育到一定阶段即分化形成孢子。孢子成熟后,可从孢子丝中逸出飞散。放线菌的孢子属无性孢子,是放线菌的繁殖器官。孢子的形状不一,有球形、椭圆形、杆状或柱状。排列方式不同,有单个、双个、短链或长链状。在电镜下可见孢子的表面结构不同,有的表面光滑,有的为疣状、鳞片状、刺状或毛发状。

(二)放线菌的培养特性

1. **培养条件**　绝大多数放线菌为异养菌,营养要求不高,能在简单培养基上生长。多数放线菌分解淀粉的能力较强,故培养基中大多含有一定量的淀粉。放线菌对无机盐的要求较高,培养基中常加入多种元素如钾、钠、硫、磷、镁、铁、锰等。

对放线菌的培养主要采用液体培养和固体培养两种方式。固体培养可以积累大量的孢子;液体培养则可获得大量的菌丝体及代谢产物。在抗生素生产中,一般采用液体培养,除致病类型外,放线菌大多为需氧菌,所以需进行通气搅拌培养,以增加发酵液中的溶氧量。

放线菌的最适生长温度为 28~30℃;对酸敏感,最适 pH 为中性偏碱,在 pH 7.2~7.6 环境中生长良好。

放线菌生长缓慢,培养 3~7 天才能长成典型菌落。

2. **菌落特征**　放线菌的菌落通常为圆形,类似于或略大于细菌的菌落,比真菌的菌落小。菌落表面干燥,有皱褶,致密而坚实。当孢子丝成熟时,可形成大量孢子堆,铺于菌落表面,使菌落呈现颗粒状、粉状、石灰状或绒毛状,并带有不同的颜色。由于大量基内菌丝伸入培养基内,故菌落与培养基结合紧密,不易被接种针挑起。放线菌在固体平板培养基上培养后形成的菌落特征,可作为菌种鉴别的依据。

3. 繁殖方式及生活周期 放线菌主要通过无性孢子的方式进行繁殖。在液体培养基中,也可通过菌丝断裂的片段形成新的菌丝体而大量繁殖,工业发酵生产抗生素时常采用的搅拌培养法即是依此原理进行的。

放线菌主要通过横隔分裂方式形成孢子。

现以链霉菌的生活史(图 2-30)为例说明放线菌的生活周期:①孢子萌发,长出芽管;②芽管延长,生出分枝,形成基内菌丝;③基内菌丝向培养基外空间生长形成气生菌丝;④气生菌丝顶部分化形成孢子丝;⑤孢子丝发育形成孢子,如此循环反复。孢子是繁殖器官,一个孢子可长成许多菌丝,然后再分化形成许多孢子。

4. 保藏方法 放线菌是一类在生产上具有重要意义的微生物,因此在保藏中要避免菌种分类学上鉴别特征的改变,及工业上要保持抗生素、酶、维生素与其他生理活性物质的产生能力和防止发酵特性发生变化。

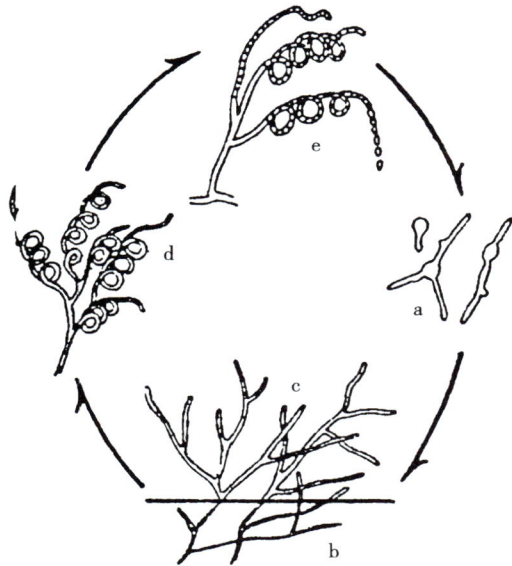

图 2-30 链霉菌生活史示意图
a. 孢子萌发;b. 基内菌丝(培养基内部);c. 气生菌丝;d. 孢子丝;e. 孢子丝分化为孢子。

常用的几种保藏方法有以下几种。①定期移植:常用高氏一号琼脂斜面,每隔 3~6 个月移植 1 次;②琼脂水法保藏:即在蒸馏水中加入 0.125% 优质琼脂,经 103.4kPa、30 分钟灭菌后,取 5~6ml 灭菌琼脂水加入待保藏菌的斜面,制成孢子悬液,将此悬液移入带塞小瓶中密封、低温保藏,可保藏 2~3 年;③液体石蜡冷冻:在 –70~–20℃超低温冰箱中保藏,对于工业生产用的放线菌如大观霉素产生菌、吉他霉素产生菌,可简便有效地保藏其存活率及生产能力;④砂土保藏:红霉素、土霉素等产生菌保藏 40 年后活性没有变化;⑤冷冻干燥、液氮等均可用来保藏放线菌。

二、放线菌的主要用途与危害

放线菌在医药上主要用于生产抗生素。此外,放线菌也应用于维生素和酶类的生产、皮革脱毛、污水处理、石油脱蜡、甾体转化等方面。少数寄生性的放线菌对人和动植物有致病性。

(一) 产生抗生素的放线菌

放线菌是抗生素的主要产生菌,除产生抗生素最多的链霉菌属外,其他各属中产生抗生素较多的依次为小单孢菌属、游动放线菌属、诺卡菌属、链孢囊菌属和马杜拉放线菌属。由于抗生素在医疗上的应用,许多传染性疾病已得到有效的治疗和控制。

1. 链霉菌属　链霉菌属(*Streptomyces*)是放线菌中最大的一个属,该属产生的抗生素种类最多。现有的抗生素80%由放线菌产生,而其中90%又是由链霉菌属产生的。根据该菌属不同菌的形态和培养特征,特别是根据气生菌丝、孢子堆和基内菌丝的颜色及孢子丝的形态,可将链霉菌属分为14个类群,其中有很多种类是重要抗生素的产生菌,如灰色链霉菌产生链霉素、龟裂链霉菌产生土霉素、卡那霉素链霉菌产生卡那霉素等。此外,链霉菌还产生氯霉素、四环素、金霉素、新霉素、红霉素、两性霉素B、制霉菌素、万古霉素、放线菌素D、博来霉素以及丝裂霉素等。

有的链霉菌能产生一种以上的抗生素,而不同种的链霉菌也可能产生同种抗生素。链霉菌有发育良好的基内菌丝、气生菌丝和孢子丝,菌丝无隔,孢子丝性状各异,可形成长的孢子链(图2-31)。

2. 诺卡菌属　诺卡菌属(*Nocardia*)的放线菌主要形成基内菌丝,菌丝纤细,一般无气生菌丝(图2-32)。少数菌产生一薄层气生菌丝,成为孢子丝。基内菌丝和孢子丝均有横膈,断裂后形成不同长度的杆形,这是该菌属的重要特征。

本属菌落表面多皱、致密、干燥或湿润,呈黄、黄绿、橙红等颜色,用接种环一触即碎。

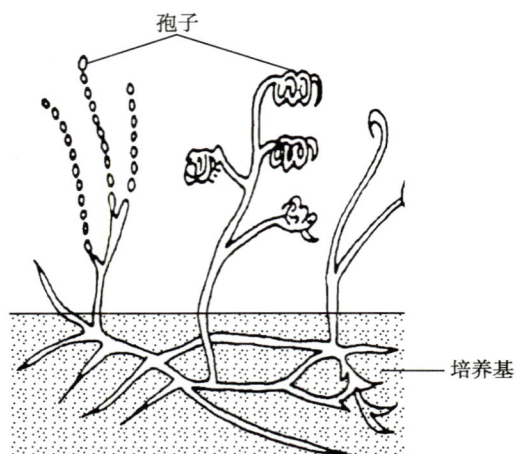

图 2-31　链霉菌形态示意图

诺卡菌属产生30多种抗生素,如治疗结核病和麻风病的利福霉素,对引起植物白叶病的细菌和原虫、对病毒有作用的间型霉素,以及对G^+菌有作用的瑞斯托菌素等。此外,该菌属还可用于石油脱蜡、烃类发酵及污水处理。

3. 小单孢菌属　小单孢菌属(*Micromonospora*)放线菌的基内菌丝纤细,无横隔,不断裂,亦不形成气生菌丝,只在基内菌丝上长出孢子梗,顶端只生成一个球形或椭圆形的孢子,其表面为棘状或疣状(图2-33)。

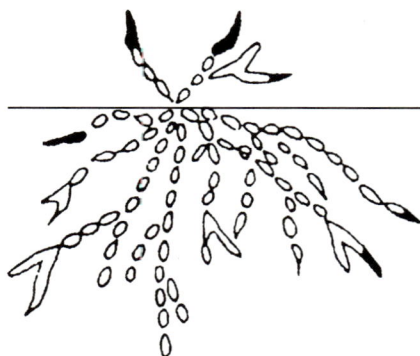

图 2-32　诺卡菌形态示意图

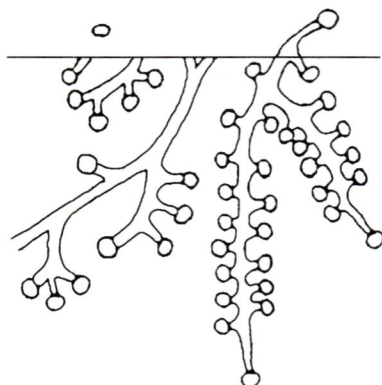

图 2-33　小单孢菌形态示意图

本属菌落凸起,多皱或光滑,常呈橙黄、红、深褐或黑色。本属约有40多种,喜居于土壤、湿泥和盐地中,能分解自然界中的纤维素、几丁质、木素等,同时也是产生抗生素较多的属,可产生庆大霉素、创新霉素、卤霉素等 50 多种抗生素。

4. 链孢囊菌属 链孢囊菌属(*Streptosporangium*)的特点是孢囊由气生菌丝上的孢子丝盘卷而成(图 2-34)。孢囊孢子无鞭毛,不能运动。在有氧环境中生长发育良好。菌落与链霉菌属的菌落相似。能产生对 G^+ 菌、G^- 菌、病毒和肿瘤有作用的抗生素,如多杀霉素。

5. 游动放线菌属 游动放线菌属(*Actinoplanes*)的放线菌一般不形成气生菌丝,基内菌丝有分枝并形成各种形态的球形孢囊,这是该菌属的重要特征(图 2-35)。囊内有孢子囊孢子,孢子有鞭毛,可运动。

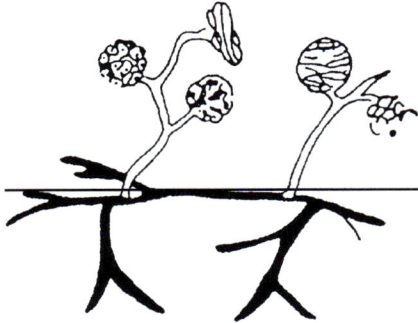

图 2-34 链孢囊菌形态示意图

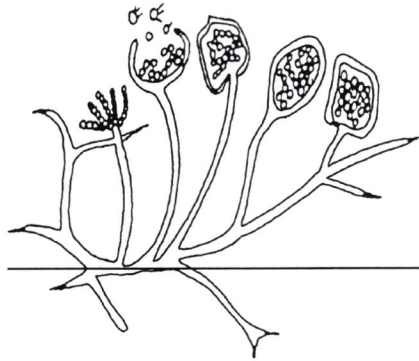

图 2-35 游动放线菌形态示意图

本属放线菌生长缓慢,2~3 周才形成菌落,菌落湿润发亮。本属菌至今已报道 14 种,产生的抗生素有创新霉素、萘醌类的绛红霉素等,后者对肿瘤、细菌、真菌均有一定作用。

6. 高温放线菌属 高温放线菌属(*Thermoactinomycetaceae*)的基内菌丝和气生菌丝发育良好,单个孢子侧生在基内菌丝和气生菌丝上(图 2-36)。孢子是内生的,结构和性质与细菌芽孢类似,孢子外面有多层外壁,内含吡啶二羧酸,能抵抗高温、化学药物和环境中的其他不利因素。

该菌属可产生高温红霉素,对 G^+ 菌和 G^- 菌均有作用。常存在于自然界高温场所如堆肥、牧草中,可引起人类呼吸系统疾病。

7. 马杜拉放线菌属 马杜拉放线菌属(*Actinomadura*)的细胞壁含有马杜拉糖,有发育良好的基内菌丝和气生菌丝体,气生菌丝上形成短孢子链(图 2-37)。产生的抗生素有洋红霉素等。

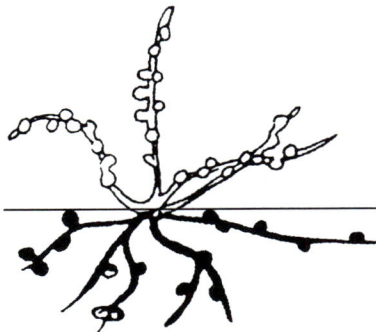

图 2-36 高温放线菌形态示意图

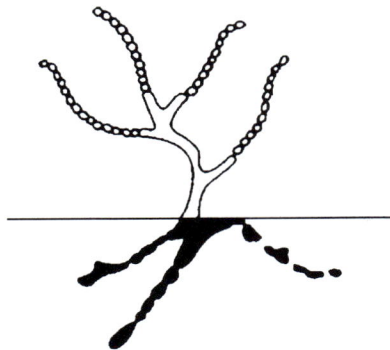

图 2-37 马杜拉放线菌形态示意图

放线菌与抗生素

尽管抗生素挽救了无数患者的生命,但是抗生素的广泛使用和滥用也带来了一些严重问题。例如,大量使用四环素使得不少儿童的牙齿发黄且发育不良,称为"四环素牙";有的患者因为长期使用链霉素而丧失听力;有的患者长期使用抗生素,导致菌群失调,从而对疾病的抵抗力越来越弱。更为严重的是微生物对抗生素的抵抗力也越来越强,使得许多抗生素对微生物感染已经无能为力。因此,临床医生在开处方时,对是否要使用抗生素需越来越谨慎。

(二)病原性放线菌

病原性放线菌主要是厌氧放线菌属和需氧诺卡菌属中的少数放线菌。厌氧放线菌属的基内菌丝有横膈,可断裂为 V 形、Y 形、T 形,不形成气生菌丝和孢子。对人致病的主要有衣氏放线菌(*A. israelii*)(图 2-38)、牛放线菌(*A. bovis*)、内氏放线菌(*A. naeslundii*)、黏液放线菌(*A. viscous*)和龋齿放线菌(*A. odontolyticus*)等,主要引起内源性感染,不在人与人或人与动物间传播。其中对人致病性较强的主要为衣氏放线菌,主要存在于正常人和动物的

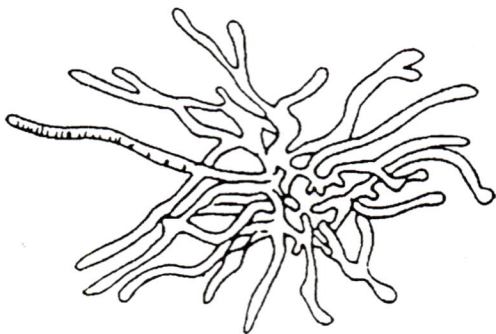

图 2-38　衣氏放线菌形态示意图

口腔、扁桃体、咽部、胃肠道和泌尿生殖道中,为机会致病菌,可引起放线菌病。放线菌病是一种软组织的化脓性炎症,若无继发感染多呈慢性肉芽肿,常伴有多发性瘘管形成,脓汁中有特征性的硫黄样颗粒。

近年来临床大量使用广谱抗生素、皮质激素、免疫抑制剂或进行大剂量放疗,造成机体菌群失调,使放线菌、机会致病菌引起的二重感染发病率急剧上升,或因机体抵抗力减弱、拔牙、口腔黏膜损伤而引起内源性感染,导致软组织的慢性化脓性炎症,疾病多发于面颈部、胸、腹部。①面颈部放线菌病患者大多近期有口腔炎、拔牙史或下颌骨骨折史,临床表现为后颈面部肿胀,不断产生新结节、多发性脓肿和瘘管形成。②肺部感染是经器官、支气管吸入或经血行扩散在肺部形成病灶,症状和体征酷似肺结核。③腹部感染常能触及腹部包块与腹壁粘连,出现便血和排便困难,常疑似结肠癌。

案例:患者,女,41 岁。因咳嗽 2 年,加重伴咳黄色结节 1 年,收入院。患者 1 年前开始间断干咳,出现剧烈刺激性咳嗽并咳出黄色颗粒状物,米粒大小,质韧,有臭味,伴气短及胸闷。当地医院摄胸片示:双下肺纹理厚。胸部 CT 示:双侧胸膜高密度小结节影。予头孢唑林抗感染无效。行胸腔镜胸膜活检术,术中见壁层胸膜、膈肌及心包多处散在白色结节,大小不等,最大的为 2cm×1cm×1cm,取活检病理为"渐进性坏死性结节"。体检:双肺呼吸音粗,余无阳性体征。实验室检查:痰培养有肺炎克雷伯菌及厌氧菌;咳出物涂片查到硫黄样颗粒,可见大量菌丝及孢子。

分析：患者以咳颗粒状物及胸膜多发结节为特征,咳出物涂片找到典型的硫黄样颗粒,故可确诊肺放线菌病。放线菌病是由放线菌属中的衣氏放线菌等引起的一种慢性化脓性肉芽肿性疾病,有瘘管形成并流出带硫黄样颗粒的脓液。该病从临床表现可分为面颈部型、胸部型和腹部型。胸部型可累及肺、胸膜、纵隔或胸壁,形成脓肿或咳出带有硫黄样颗粒的脓痰,伴发热、胸痛和胸闷。胸片及 CT 所见无特异性,类似于肺炎、肺脓肿或肿瘤。确诊要依靠微生物学检查,发现硫黄样颗粒才有意义。治疗首选青霉素,磺胺、红霉素等也有效。

> **点滴积累**
>
> 1. 放线菌是一类菌落呈放射状的原核细胞型微生物,由分支状的菌丝体和孢子组成。菌丝和孢子的形态多种多样。
> 2. 放线菌对营养要求不高,易培养,主要通过无性孢子的方式繁殖。放线菌是抗生素的主要产生菌。
> 3. 少数放线菌对人和动植物有一定的致病性。

(赵柯蔚)

第三节　其他原核微生物简介

> **导学情景**
>
> **情景描述**：
>
> 　　2023 年冬季,多家媒体报道儿童"支原体肺炎"冲上热搜,"支原体肺炎"来势凶猛,孩子们接连生病,引起社会广泛关注。2024 年 2 月,《柳叶刀 - 微生物》在线发布相关文献,对耐大环内酯类肺炎支原体暴发原因进行了解释,研究人员发现,疫情中的流行菌株的主要特征是序列上有可导致大环内酯耐药的点突变。
>
> **学前导语**：
>
> 　　肺炎支原体是儿童社区获得性肺炎的常见病原体之一,秋冬季节往往是高发季。目前无预防肺炎支原体感染的疫苗,做好预防至关重要。本节学习除细菌、放线菌以外的其他原核微生物,即支原体、立克次体、衣原体、螺旋体。

一、支原体

　　支原体(mycoplasma)是一类缺乏细胞壁、呈高度多形性、能通过滤菌器并能在无生命培养基中生长繁殖的最小的原核细胞型微生物。支原体科分为支原体属和脲原体属。其中对人致病的主要为肺炎支原体（mycoplasma pneumoniae）、人型支原体（mycoplasma hominis）、生殖支原体（mycoplasma genitalium）、解脲支原体（ureaplasma urealyticum）等。

（一）生物学性状

1. 形态与结构　支原体大小约为 0.3~0.5μm，无细胞壁，呈高度多形性，有球形、杆形、丝状、分枝状等（图 2-39），可通过滤菌器。革兰氏阴性菌、但不易着色，以吉姆萨染色（Giemsa staining）较佳，可染成淡紫色。电镜下可见胞膜由 3 层组成，内、外层主要为蛋白质及糖类，中间为脂质，主要为磷脂。胆固醇位于磷脂分子之间，对保持细胞膜的完整性具有一定的作用。凡能与胆固醇作用的物质，如皂素、两性霉素 B、洋地黄苷等，均可破坏支原体的细胞膜，使之死亡。有的支原体可形成多聚糖组成的生物被膜，与支原体致病有关。肺炎支原体与生殖支原体还有一种特殊的顶端结构，能使支原体黏附在宿主上皮细胞表面，有利于支原体的定居与侵入，与支原体的致病有关。

2. 培养特性　支原体的营养要求比一般细菌高，培养基中须加入 10%~20% 人或动物血清，主要用于提供胆固醇和其他长链脂肪酸，不仅是细胞膜合成所需，且具稳定细胞膜的作用。多数支原体还需添加酵母浸液、组织浸液、核酸提取物、辅酶等才能生长。大部分支原体适宜的 pH 为 7.6~8.0，低于 7.0 易死亡，但解脲脲原体最适 pH 5.5~6.5。支原体兼性厌氧，生长缓慢，在适宜环境中孵育，约 3~4 小时繁殖一代。在琼脂含量较低（<1.5%）的固体培养基上孵育 2~7 天后出现菌落。菌落呈典型油煎蛋样（图 2-40），低倍镜下观察，可见菌落呈圆形，中心致密较厚，向下长入琼脂，外周由一层薄薄的透明颗粒包绕。将支原体接种到一定量的鉴别培养基中，能分解底物并使指示剂变色，故液体清亮。支原体许多特性与 L 型细菌相似，但支原体在遗传上与细菌无关。

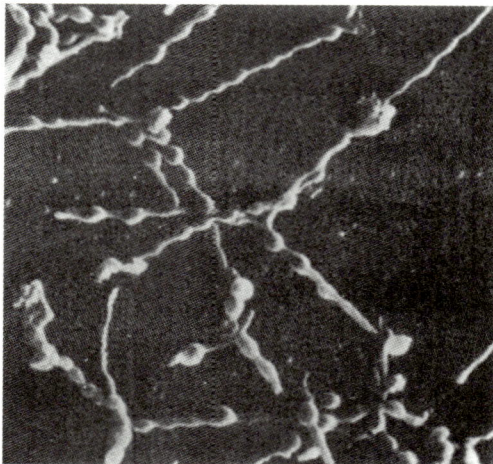

图 2-39　肺炎支原体的形态

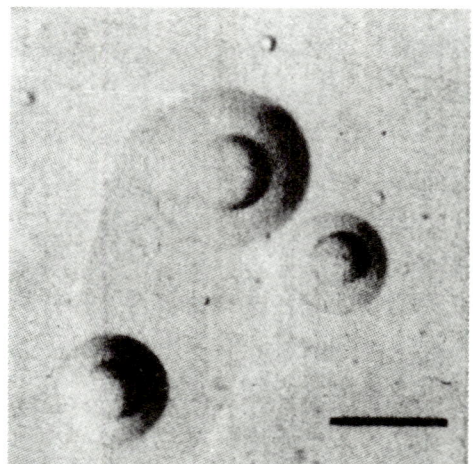

图 2-40　支原体的油煎蛋样菌落

支原体是细胞培养污染的一个重要因素，支原体在细胞培养中不一定都引起细胞病变，但可影响这些细胞用于病毒培养。

3. **生化反应** 支原体可根据是否利用葡萄糖、水解精氨酸和尿素来进行鉴别(见表 2-8)。

表 2-8 人类主要支原体的生物学性状

支原体	葡萄糖	水解精氨酸	尿素	吸附细胞	致病性
肺炎支原体	+	–	–	红细胞	肺炎、支气管炎
人型支原体	–	+	–	–	泌尿生殖道感染
生殖支原体	+	–	–	红细胞	泌尿生殖道感染
穿透支原体	+	+	–	红细胞、CD_4^+细胞	条件感染、常见于艾滋病
解脲脲原体	–	–	+	红细胞(仅血清3型)	泌尿生殖道感染、流产、不孕

4. **抵抗力** 支原体因无细胞壁,对理化因素的影响要比细菌敏感,易被清洁剂和消毒剂灭活,但对结晶紫、醋酸铊、亚碲酸钾等有抵抗力,可作为支原体分离培养时防止杂菌污染的抑制剂。对干扰细胞壁合成的抗生素不敏感,如青霉素、头孢菌素等;对干扰蛋白质合成的抗生素敏感,如多西环素、交沙霉素等;对作用于 DNA 回旋酶而阻碍 DNA 复制的喹诺酮类药物敏感,如左旋氧氟沙星、司帕沙星等。

(二)主要致病性支原体

1. **肺炎支原体** 肺炎支原体(*mycoplasma pneumoniae*)主要引起人类原发性非典型肺炎。约占非细菌性肺炎的 50%。

(1)致病性与免疫性:肺炎支原体的传染源是患者和带菌者,主要通过飞沫传播,常发生于夏秋季,青少年多见。肺炎支原体一般以其顶端结构中的 P1 表面蛋白和 P30 表面蛋白作为主要的黏附蛋白黏附于呼吸道上皮细胞上,在细胞外生长繁殖,从细胞膜中获得脂质与胆固醇,并产生代谢产物过氧化氢等,引起细胞损伤,可形成无症状感染以及引起支气管炎和肺炎。

肺炎支原体感染引起的病理改变以间质性肺炎为主,又称原发性非典型肺炎。临床症状较轻,可出现咳嗽、发热、头痛等症状,X 射线检查肺部有明显浸润。个别患者可伴有呼吸道以外的并发症,如心血管、神经症状和皮疹。肺炎支原体感染后可出现由 IgE 介导的 I 型超敏反应,促使哮喘病急性发作。呼吸道黏膜产生的分泌型免疫球蛋白 A(secretory immunoglobulin A,SIgA)对再感染有一定防御作用。

(2)防治原则:肺炎支原体减毒活疫苗和 DNA 疫苗在动物实验中有一定的预防效果,但尚未商品化。目前肺炎支原体感染多采用大环内酯类药物如罗红霉素、克拉霉素、阿奇霉素或喹诺酮类药物如氧氟沙星等治疗,但有耐药株产生。

2. **解脲支原体** 解脲支原体(*ureaplasma urealyticum*)是引起泌尿生殖道感染的重要病原体之一,主要通过性行为传播。解脲支原体直径为 0.05~0.3μm,多为单个或成双排列。生长除需要胆固醇外,还需要添加酵母浸液。在固体培养基上,48 小时后长出直径约为 15~30μm 的油煎蛋样菌落。生化反应不分解糖类和氨基酸,能分解尿素。最适 pH 为 5.5~6.5,由于其分解尿素产氨可使培养基迅速变碱性,造成其死亡。临床常将解脲支原体感染患者的标本直接接种于含尿素的解脲支原体鉴别培养基,培养后根据培养基指示剂变红色初步鉴定解脲支原体。

解脲支原体、人型支原体、生殖支原体是常见引起男性尿道炎的致病性支原体,临床上将这些支原体和沙眼衣原体引起的男性尿道炎称为非淋菌性尿道炎(nongonococcal urethritis,NGU),也可引起前列腺炎、附睾炎、阴道炎、盆腔炎等,还可通过胎盘感染胎儿,引起早产、流产和新生儿呼吸道感染。解脲支原体还可吸附于精子表面,阻碍精子与卵子的结合,它与精子有共同抗原成分,可造成精子的免疫损伤,导致不育症。

解脲支原体感染的预防主要是加强性卫生宣传教育,防止不洁性交切断传播途径,治疗可选用阿奇霉素、红霉素等,但有耐药菌株。

二、立克次体

立克次体(rickettsia)是一类以节肢动物为传播媒介、严格细胞内寄生的原核细胞型微生物。立克次体是为纪念首先发现并在研究斑疹伤寒时受感染致病死亡的美国病理学家和微生物学家 Howard Taylor Ricketts(1870—1910)而命名的。1934年,我国学者谢少文首先应用鸡胚成功地培养出了立克次体,为人类认识立克次体作出了重大贡献。

目前发现对人致病的立克次体主要包括立克次体属的斑疹伤寒群与斑点热群立克次体、东方体属的恙虫病东方体、无形体属的嗜吞噬细胞无形体、埃里希体属的查菲埃里希体等。由于不同立克次体的节肢动物传播媒介地理分布不同,各种立克次体病的流行也有明显的地区性。在我国分布的主要致病立克次体有普氏立克次体、莫氏立克次体、恙虫病立克次体等。

立克次体的共同特点是:①多数是人畜共患病原体;②以节肢动物作为传播媒介或为储存宿主;③革兰氏阴性;④有细胞壁,但多形态性,主要为球杆状;⑤专性活细胞内寄生;⑥对多种抗生素敏感。

(一)生物学性状

1. 形态与染色 大小约为(0.2~0.6)μm×(0.8~2)μm,多形态性,以球杆状或杆状为主(图 2-41),有细胞壁,革兰氏阴性,但不易着色,常用吉姆萨染色和 Gimenez 染色,前者可将立克次体染成紫色或蓝色,常有两极浓染。后者可染成红色。立克次体的结构与革兰氏阴性菌类似,但无鞭毛和菌毛。斑疹伤寒群和斑点热群立克次体细胞壁含肽聚糖和脂多糖,但东方体、埃立克体及无形体细胞壁均不含肽聚糖和脂多糖。外膜蛋白中的 OmpA 和 OmpB 具有黏附宿主细胞和抗吞噬作用,与致病性有关。

2. 培养特性 立克次体具有专性细胞内寄生性,其只能在活的宿主细胞内以二分裂方式生长繁殖,生长速度缓慢,9~12 小时可分裂 1 次,最适生长温度为 34℃。可用鸡胚卵黄囊接种及细胞培养,也可接种于豚鼠、大鼠、小鼠、家兔等动物培养。

3. 抵抗力 立克次体对理化因素的抵抗力较弱,在宿主体外可很快死亡,对常用消毒剂敏感。对低温、干燥的抵抗力绞强,如在节肢动物粪便中立克次体能保持传染性半年以上。对氯霉素、四环素等敏感,但磺胺类药可促进其生长繁殖,以致在立克次体感染的治疗中使用磺胺类药可加重病情。

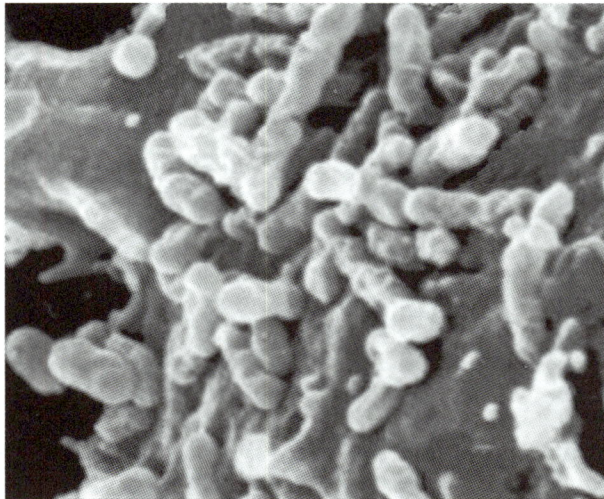

图 2-41 斑疹伤寒立克次体

（二）致病性与免疫性

1. 致病物质　主要致病物质是内毒素和磷脂酶 A 等。

2. 免疫性　特异性抗立克次体免疫包括 T 细胞介导的细胞免疫,细胞因子激活和增强吞噬细胞的杀灭作用,以及特异性抗体的产生。特异性抗体对胞内寄生的立克次体不能发挥清除作用,但可促进巨噬细胞的吞噬、中和毒性物质以及减缓感染的发展。患立克次体病愈后,一般可获得较强的免疫力。

（三）主要致病性立克次体

1. 普氏立克次体　普氏立克次体（*Rickettsia prowazekii*）是流行性斑疹伤寒（虱传斑疹伤寒）的病原体。患者是普氏立克次体的储存宿主和传染源。以人虱为媒介在人群中传播。

人虱叮咬患者后,立克次体在虱肠管上皮细胞内繁殖,破坏肠管上皮细胞,并随粪便排出人虱体外。当感染的人虱叮咬健康人,便排泄含立克次体的粪便于宿主皮肤上,经宿主抓痒后可通过抓破的伤口进入人体内。此外,干虱粪中的立克次体也可经飞沫侵入呼吸道或眼结膜使人感染。人感染后经 2 周左右的潜伏期后骤然发病,出现高热、剧烈头痛、周身疼痛、皮疹等症状,有的还伴有神经系统、心血管及其他实质性器官的损害。婴幼儿发病率低,感染多见于成人,50 岁以上的人发病率高。流行期间患者的死亡率可达到 6%~30%。病愈后可获得持久免疫力。

2. 斑疹伤寒立克次体　斑疹伤寒立克次体（*Rickettsia typhi*）是地方性斑疹伤寒（鼠型斑疹伤寒）的病原体。

鼠是主要传染源和储存宿主。以鼠蚤和鼠虱作为传播媒介在鼠群间传播,故又称其为鼠型斑疹伤寒。受染鼠蚤粪中的立克次体经破损皮肤或干燥的蚤粪随尘埃经口、鼻、眼结膜等进入人体而致病,也可因叮咬而感染。若人群中有人虱寄生,也可通过人虱在人群间传播。该病的症状与体征较流行性斑疹伤寒轻、病程较短,有头痛、发热、皮疹等,病变很少累及中枢神经系统、心脏和肾脏等。

3. 恙虫病立克次体　恙虫病立克次体（*Rickettsia tsutsugamushi*）是恙虫病或丛林斑疹伤寒的

病原体。该病为自然疫源性疾病,主要在啮齿动物中传播。鼠类感染后常无症状,但长期携带病原体,为主要传染源。恙螨是传播媒介,又是储存宿主。恙虫病立克次体寄居于恙螨体内,并可经卵传代。恙螨幼虫需吸一次人或动物的淋巴液或组织液才能发育成稚虫。因此,恙螨感染恙虫病立克次体后要在下一代幼虫才有传染性。携带恙螨的兔和鸟类亦可成为传染源。

恙虫病是一种急性传染病,人类通过恙螨幼虫的叮咬而感染,经 7~10 天或更长的潜伏期后突然发病。恙螨幼虫叮咬处出现红色丘疹,成水疱后破裂,中央溃疡,周围红润,上覆黑色焦痂,此为恙虫病特征之一。立克次体在局部繁殖后经淋巴系统入血,释放毒素,引起全身中毒症状和各内脏器官的炎症和变性,表现为高热、皮疹、全身淋巴结肿大及肺、肝、脾、脑等损害症状。

(四)微生物学检查

1. 标本采集 主要采集发病急性期、尚未用抗生素之前的患者血液,以供病原体分离或作免疫学试验。流行病学调查时,采集野生小动物和家畜的器官以及节肢动物等。

2. 直接染色镜检 标本切片和皮肤病变活检标本可经免疫荧光染色或常规染色后直接镜检。

3. 分离培养与鉴定 取血液、组织悬液接种易感动物腹腔(常用豚鼠、小鼠)培养。接种动物若有发病如腹胀、腹水、活动少、厌食、豚鼠体温高于 40℃或阴囊红肿,即可能有立克次体感染。可取接种部位腹壁刮片或睾丸鞘膜、肝、脾作涂片染色及免疫荧光染色检查鉴定。

4. 血清学试验 斑疹伤寒患者血清有凝集变形杆菌 OX_{19}、恙虫病患者血清有凝集 OX_K 的抗体。在排除变形杆菌感染后,其效价在 1:160 以上或恢复期效价比急性期增高 4 倍有诊断意义。

也可用间接免疫荧光试验及胶乳凝集试验、酶联免疫吸附试验(enzyme linked immunosorbent assay, ELISA)法检测患者血清抗体。

(五)防治原则

预防立克次体病同其他节肢动物传播的疾病一样,主要是改善生活条件,注意个人卫生与防护,增强机体免疫力。重点应控制和消灭储存宿主及媒介节肢动物。灭虱、灭蚤、灭鼠、灭螨及消除家畜的感染。特异性预防主要接种灭活疫苗或减毒活疫苗。治疗可用氯霉素、四环素、多西环素等。禁用磺胺类药。

三、衣原体

衣原体(chlamydia)是一类严格细胞内寄生、有独特发育周期,能通过细菌滤器的原核细胞型微生物。衣原体的共同特征是:①革兰氏阴性,呈圆形或椭圆形;②具有独特的发育周期,在活细胞内以二分裂方式繁殖;③有细胞壁,无肽聚糖,只含微量的胞壁酸;④有 DNA 和 RNA 两种核酸;⑤有核糖体和较复杂的酶类,能进行多种代谢,但缺乏代谢所需的能量来源,必须由宿主细胞提供;⑥对多种抗生素敏感。衣原体广泛寄生于人、哺乳动物及禽类。能引起人类疾病的有沙眼衣原体、肺炎衣原体及鹦鹉热衣原体。衣原体感染很普遍,其发病率有上升趋势应予以高度重视。

（一）生物学性状

1. 形态与染色 衣原体在宿主细胞内生长繁殖，具有独特的发育周期(图 2-42)。可观察衣原体两种大小、形态各异的颗粒：小而致密的颗粒结构称为原体(elementary body)，大而疏松的称为网状体(reticulate body，RB)亦称始体。原体是发育成熟的衣原体，为细胞外形式，有强感染性，在宿主细胞外较为稳定，无繁殖能力。吉姆萨染色呈紫色，麦氏染色(Macchiavello staining)呈红色。网状体为细胞内形式，无感染性，是繁殖型。麦氏染色呈蓝色。

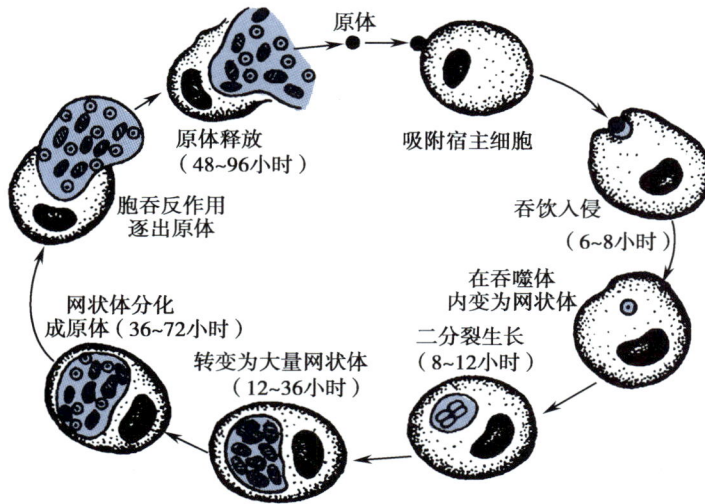

图 2-42　衣原体的发育周期

原体能吸附于易感细胞表面，经宿主细胞的吞饮作用进入胞内，而后由宿主细胞膜包围形成空泡。原体在空泡内逐渐发育、增大，变成网状体。网状体电子致密度低，无胞壁，代谢活跃，以二分裂方式繁殖，在空泡内增殖形成了许多子代原体，并聚集成各种形态的包涵体。不同衣原体包涵体的形态及在宿主细胞内的位置不尽相同，据此可鉴定衣原体的种类。成熟子代原体即从被破坏的感染细胞中释出，再感染新的易感细胞，开始新的发育周期。整个发育周期约需 24~72 小时。

2. 培养特性 衣原体为专性细胞内寄生，不能在人工培养基上生长。绝大多数能用鸡胚卵黄囊接种培养。组织细胞培养时，可在 HeLa、McCoy 或 HL 等细胞中生长良好。动物寄生的衣原体可接种于易感动物分离培养。衣原体进入宿主细胞后，可在细胞的胞质内生长繁殖。

3. 抵抗力 衣原体耐冷不耐热。60℃仅能存活 5~10 分钟，在 −60℃以下保存可保持感染性达 5 年以上。对常用消毒剂敏感，如在 75% 乙醇溶液中 1 分钟可灭活。对红霉素、四环素、氯霉素、多西环素等抗生素敏感，其有抑制衣原体繁殖的作用。

（二）致病性与免疫性

衣原体能产生类似革兰氏阴性菌的内毒素，其表面脂多糖和蛋白质能吸附易感细胞和促进易感细胞对衣原体的内吞作用。衣原体的主要外膜蛋白能阻止吞噬体与溶酶体的融合，有助于衣原体在吞噬体内繁殖并破坏宿主细胞。沙眼衣原体还可促进单核细胞产生 IL-1 等细胞因子，介导炎症和瘢痕形成，直接损伤宿主细胞，感染沙眼衣原体后易生成瘢痕可能与此有关。

衣原体感染后,能诱导机体产生特异性细胞免疫和体液免疫,以细胞免疫为主。但保护性不强,常造成反复感染、持续性感染或隐性感染。也有可能出现免疫病理损伤,主要由迟发型超敏反应引起,如性病肉芽肿。

(三)主要致病性衣原体

1. 沙眼衣原体　沙眼衣原体(*Chlamydia trachomatis*)是引起沙眼的病原体。沙眼衣原体在人群中广泛传播,常见通过直接接触和间接接触的方式由眼或生殖道外源性感染人体。沙眼衣原体不仅可以引起沙眼,还可以引起生殖系统感染、呼吸道感染、性病淋巴肉芽肿以及其他器官疾病。根据侵袭力和引起人类疾病部位的不同,将沙眼衣原体分为三个生物型,即沙眼生物型、生殖生物型、性病淋巴肉芽肿生物型。

(1)致病性与免疫性:沙眼衣原体主要寄生于人类,无动物储存宿主,主要引起以下疾病。

1)沙眼:主要以手、毛巾、脸盆等为媒介,通过"眼—眼"及"眼—手—眼"途径传播。沙眼衣原体感染结膜上皮细胞,并在其中繁殖并形成包涵体,引起结膜炎症常伴发细菌感染。主要表现为滤泡、结膜充血、血管翳和瘢痕形成,累及角膜。虽发病缓慢,但会影响视力甚至导致失明。沙眼已成为全球关注的公共健康问题。

2)包涵体结膜炎:包括婴儿结膜炎和成人结膜炎两种。婴儿结膜炎系婴儿通过产道垂直感染,引起急性化脓性结膜炎(包涵体脓漏眼),不侵犯角膜能自愈。成人结膜炎经两性接触、经"手—眼"或污染的游泳池水感染,引起滤泡性结膜炎,病变类似沙眼,但不形成角膜血管翳及结膜瘢痕,数月后可痊愈。

3)泌尿生殖道感染:经性接触传播引起的非淋球菌性泌尿生殖道感染,其中50%以上系沙眼衣原体所致。男性表现为尿道炎,未治疗者可缓解,但易转为慢性疾病可周期性加重,也可合并附睾炎、直肠炎等。对于女性可引起尿道炎、宫颈炎、盆腔炎、输卵管炎等。输卵管炎反复发作可导致不孕症或宫外孕。衣原体常与淋病奈瑟菌混合感染,据观察后者对衣原体增殖可能起激活和促进作用,淋球菌的存在可使沙眼衣原体在宫颈上皮细胞内的增殖能力大为提高。因此,合并淋球菌感染者,沙眼衣原体分离的阳性率明显升高。

4)婴幼儿肺炎:生殖生物型 D~K 血清型均可引起婴幼儿肺炎。

5)性病淋巴肉芽肿:主要通过性接触传播。在男性主要侵犯腹股沟淋巴结,可引起化脓性淋巴结炎和慢性淋巴肉芽肿,常形成瘘管。在女性多侵犯会阴、肛门、直肠,也可形成肠—皮肤瘘管及会阴—肛门—直肠狭窄与梗阻。

沙眼衣原体为细胞内寄生的病原体,以细胞免疫为主。能够激活单核巨噬细胞,破坏和清除感染或未感染的黏膜细胞产生病理性损害,易引起继发感染。特异性的中和抗体可与衣原体结合,阻断衣原体和宿主细胞膜上的受体结合,使其不能进入宿主细胞内增殖。沙眼衣原体病后宿主获得的免疫力不持久,仍可再次感染。

(2)微生物学检查:主要包括涂片染色镜检、分离培养、血清学试验、分子生物学检查。涂片染色镜检有助于沙眼衣原体感染早期与快速微生物学诊断。采集患者标本可直接或取离心沉淀物接种鸡胚卵黄囊或传代细胞分离培养。可采集沙眼衣原体感染患者的血清或眼分泌物标本,用 CF

试验检测沙眼衣原体的属特异性抗原的特异性抗体,也可用 IF 检测血清型特异性抗原的特异性抗体,是沙眼衣原体感染血清学诊断最敏感的方法。用特异性引物通过 PCR 和连接酶链扩增技术检测沙眼衣原体 DNA。

（3）防治原则：沙眼衣原体预防重点是注意个人卫生,避免直接或间接接触传染。广泛进行性传播疾病预防知识的宣传和教育,避免不洁性行为,积极治愈患者和带菌者。治疗药物可选用多西环素、罗红霉素、阿奇霉素等。目前尚无有效的沙眼衣原体疫苗。

2. 肺炎衣原体　肺炎衣原体（*Chlamydia pneumoniae*）分别于 1965 年在我国台湾省一名小学生的眼结膜和 1983 年在美国西雅图市一名急性呼吸道感染患者的咽部分离到,分别命名为 TW-183 株和 AR-39 株,后来证实为同一血清型的不同分离株,被命名为 TWAR。

（1）生物学性状：肺炎衣原体形态为圆球或梨形,大小约为 0.38μm。原体在胞浆中还有数个电子致密的圆形小体存在。网状体特征和沙眼衣原体相似。原体吉姆萨染色呈紫色。肺炎衣原体较难培养,目前常用 McCoy 和 Hela 细胞分离培养。

肺炎衣原体具有属、种、血清型特异性抗原。肺炎衣原体抗原主要有脂多糖（LPS）和蛋白质抗原两种。LPS 为衣原体属特异性抗原,不仅含有衣原体属特异性抗原决定簇,也含其他微生物 LPS 发生交叉反应的抗原表位。蛋白质抗原 MOMP,有较强免疫原性。

（2）致病性与免疫性：人是肺炎衣原体唯一自然宿主,人与人之间经飞沫或呼吸道分泌物传播。散播较为缓慢,具有散发和流行交替的特点。约 50% 成人曾有肺炎衣原体感染,故大部分感染者为亚临床型。肺炎衣原体是呼吸道疾病重要病原体,易引起肺炎、支气管炎、咽炎、鼻窦炎等。起病缓慢,临床症状与肺炎支原体相似,表现为咽痛、咳嗽、咳痰、发热等,一般症状较轻。肺炎衣原体与冠心病、动脉粥样硬化等慢性疾病也有关。机体感染肺炎衣原体后以细胞免疫为主,体液免疫为辅,但免疫力不持久,可重复感染。

（3）微生物学检查：常用痰标本、鼻咽拭子、支气管肺泡灌洗液,涂片染色镜检,在显微镜下观察肺炎衣原体及其包涵体。微量免疫荧光试验是目前检测肺炎衣原体感染最常用且较敏感的血清学方法,被称为"金标准"。根据肺炎衣原体的 16SrRNA 基因或 MOMP 基因保守序列设计特异性引物,采用 PCR 技术检测特异性核酸片段,可用于临床标本的快速诊断。

（4）防治原则：目前尚无特异性预防措施,一般性预防原则是早期发现和隔离治疗患者,易感者应避免与患者密切接触,注意个人卫生和增强机体抵抗力。治疗可用红霉素等大环内酯及喹诺酮类抗生素,不使用磺胺类药。

四、螺旋体

螺旋体（spirochete）是一类细长、柔软、弯曲呈螺旋状、运动活泼的原核细胞型微生物。其基本结构与细菌类似,有细胞壁、核质,以二分裂方式繁殖,且对抗生素敏感。螺旋体在自然界和动物体内分布广泛,种类很多。分类主要根据其抗原性、螺旋数目、大小与规则程度以及两个螺旋间距离的不同,对人和动物致病的有三个属。

1. **钩端螺旋体属** 钩端螺旋体属（*leptospira*）的螺旋细密、规则，一端或两端弯曲呈钩状。

2. **密螺旋体属** 密螺旋体属（*treponema*）的螺旋较为细密、规则，两端尖细。对人致病的有梅毒螺旋体、品他螺旋体等。

3. **疏螺旋体属** 疏螺旋体属（*borrelia*）有 3~10 个螺旋，螺旋稀疏、不规则呈波状。对人致病的有回归热螺旋体和伯氏疏螺旋体等。

(一) 钩端螺旋体

钩端螺旋体（简称钩体）种类很多，分致病性与非致病性两大类。致病性钩体能引起人和动物的钩体病，该病呈世界性分布，在我国绝大多数地区有不同程度的流行，严重危害人民健康，目前该病是我国重点防控的 13 种传染病之一。

1. **生物学性状**

(1) 形态染色：钩端螺旋体长 6~12μm、宽 0.1~0.2μm，可通过细菌滤器，菌体一端或两端弯曲成钩状，使菌体呈问号状、C 形、S 形或 8 字形，革兰氏阴性，但不易着色，常用镀银染色法，钩体被染成棕褐色。在暗视野显微镜下观察，可见螺旋盘绕细密、规则，形似细小珍珠排列成的细链，其运动活泼。

(2) 培养特性：需氧或微需氧，营养要求高，常用柯氏培养基（Korthof medium）进行培养。培养基中除含基本成分外，还添加 10% 兔血清或牛血清。适宜生长温度为 28~30℃，最适 pH 为 7.2~7.4，生长缓慢，在液体培养基中分裂一次约需 8 小时，一般需经 1~2 周才可见，28℃ 培养 1 周后呈半透明云雾状生长。固体培养基上，28℃ 培养 2 周后可形成半透明、不规则、直径约为 1~2mm 的扁平菌落。

(3) 抵抗力：抵抗力弱，加热 60℃ 1 分钟死亡。用 1:2 000 升汞、1% 苯酚处理 10~30 分钟即可被杀灭。在水和湿土中可存活数月，这在疾病的传播上有重要意义。对青霉素、庆大霉素等敏感。

2. **致病性与免疫性**

(1) 所致疾病：人感染钩端螺旋体后可引起钩端螺旋体病。患者主要是农民、渔民、屠宰工人以及一些临时进入疫区工作或旅行的人群。钩端螺旋体病为人畜共患的传染病。在野生动物和家畜中广泛流行，其中以鼠类和猪为主要传染源和储存宿主，带菌率较高且排菌期长，动物感染后大多呈慢性或无症状的"带菌状态"。钩端螺旋体病多流行于夏秋季，因气候温和、多雨、粮食成熟、鼠类等动物觅食活动频繁，环境易被钩端螺旋体污染。钩端螺旋体在感染动物的肾小管中生长繁殖，并不断随尿液排出，污染水源和土壤等周围环境。人与污染的水或土壤接触时，如田间劳动、防洪、捕鱼等，由于钩端螺旋体纤细，运动极为活泼，故有很强的侵袭力，钩端螺旋体可迅速通过破损或完整的皮肤或黏膜侵入机体而感染，并经淋巴系统或直接进入血流引起钩端螺旋体血症，出现中毒症状如乏力、发热、头痛、肌痛（尤以腓肠肌疼痛明显）、眼结膜充血、淋巴结肿大等。钩端螺旋体还可侵犯肝、肾、心、肺及中枢神经系统，引起肝、肾功能损害，严重时可出现休克、黄疸、出血、心肾功能不全、脑膜炎等。孕妇感染钩体后也可经胎盘感染胎儿导致流产。偶尔通过吸血昆虫传播。

(2) 免疫性：主要依赖于特异性体液免疫。发病后 1~2 周，机体可产生特异性抗体。隐性感染或病愈后可获得同型菌株的持久免疫力。

3. 微生物学检查

（1）检查螺旋体：发病 1 周内取患者血液，第 2 周取患者尿液，有脑膜炎症状者取脑脊液可进行直接镜检、分离培养与鉴定、动物实验、分子生物学等检查。

（2）血清学诊断：直接检查患者血清内的特异性抗体，一般在病初及发病 2~4 周各采血 1 次进行试验。以 MAT（显微镜凝集试验）最为经典和常用。

4. 防治原则

钩端螺旋体病是一种人畜共患病，预防措施主要是消灭传染源，切断传播途径和增强机体抗钩体免疫力。做好防鼠、灭鼠工作，加强对带菌家畜的管理。保护好水源，避免或减少与污染的水和土壤接触，接触疫水人群可口服多西环素进行紧急预防。对易感人群进行多价死疫苗接种，所用疫苗必须是当地流行的血清型，虽然有保护作用，但是副作用很大。近年国内试用钩端螺旋体外膜亚单位疫苗，免疫效果好，不良反应小。

钩端螺旋体病治疗首选青霉素，对过敏者可改用庆大霉素或多西环素。部分患者注射青霉素后出现寒战、高热和低血压，有的甚至出现抽搐、休克、呼吸和心搏骤停，称之为赫氏反应。赫氏反应可能与钩端螺旋体被青霉素杀灭后所释放的大量毒性物质及可溶性抗原有关。钩体所致脑膜炎可首选甲硝唑，因该药易通过血脑屏障，能破坏菌体 DNA 结构。

（二）梅毒螺旋体

梅毒螺旋体又称苍白密螺旋体（*Microspironema pallidum*），是人类梅毒的病原体。梅毒是性传播疾病危害较严重的一种。

1. 生物学性状

（1）形态与染色：梅毒螺旋体纤细，有 8~14 个细密而规则螺旋，长 6~15μm、宽 0.2μm。两端尖直，菌体内有轴丝，运动活泼。革兰氏染色阴性，普通染色不易着色，一般采用镀银染色法，螺旋体染成棕褐色（图 2-43）。在暗视野显微镜下可观察到其典型形态和运动方式。梅毒螺旋体基本结构由外至内分别为外膜、3~4 根内鞭毛、细胞壁肽聚糖及细胞膜包绕的原生质体。内鞭毛使梅毒螺旋体进行移行、屈伸、滚动等方式运动。

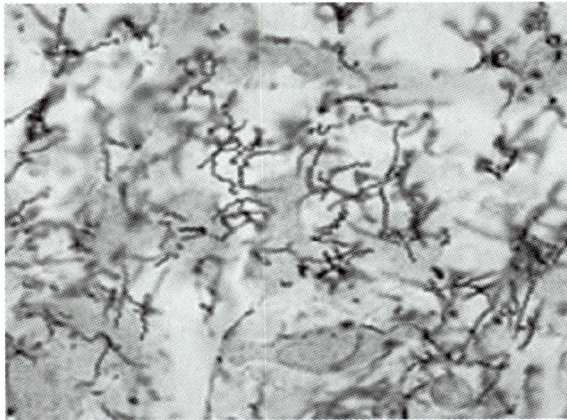

图 2-43　梅毒螺旋体（镀银染色）

（2）培养特性：梅毒螺旋体不易人工培养。有些菌株接种在家兔皮肤、睾丸和眼后，螺旋体可侵入动物的淋巴结、脾脏、骨髓及眼房内生长繁殖，但不会引起进行性加重的疾病，因此常用感染家兔的方法进行梅毒螺旋体菌种保存。因梅毒螺旋体培养条件要求高，难于推广。

（3）抵抗力：梅毒螺旋体的抵抗力极弱，对干燥、热、冷特别敏感。4℃ 3 天可死亡，故血库 4℃冷藏 3 天以上的血液无传染梅毒的危险。对一般消毒剂敏感，对 1%~2% 苯酚溶液处理数分钟即死亡。对青霉素、阿奇霉素、红霉素或砷剂敏感。

2. 致病性与免疫性

（1）致病物质：梅毒螺旋体具有很强的侵袭力，其致病因素可能与其荚膜样物质和毒性代谢物质有关。

（2）所致疾病：梅毒螺旋体只感染人类，患者是唯一传染源。梅毒可分为后天性（获得性）和先天性两种，前者通过性接触传染，后者从母体通过胎盘传给胎儿。

后天性梅毒临床上分为三期，表现为发作、潜伏和再发的特点。

1）Ⅰ期梅毒：在感染后 3 周左右，局部出现无痛性硬下疳，多见于外生殖器，也可见于肛门、直肠和口腔，其溃疡渗出物中含有大量梅毒螺旋体，传染性极强。约 1 个月，硬下疳常自然愈合。进入血液中的梅毒螺旋体则潜伏体内，经 2~3 个月后进入第Ⅱ期。Ⅰ期梅毒的早期诊断对防治梅毒具有重要意义，如能早期诊断、及时治疗，可达到彻底治愈，不再传给他人。

2）Ⅱ期梅毒：全身皮肤黏膜常出现梅毒疹（主要见于躯干及四肢）、全身淋巴结肿大，也可累及骨、关节、眼和神经系统。在梅毒疹及淋巴结中含有大量梅毒螺旋体，如不治疗，一般在 3 周~3 个月症状可消退，但常发生复发性Ⅱ期梅毒，有传染性。从出现硬下疳至梅毒疹消失 1 年的Ⅰ、Ⅱ期梅毒，又称为早期梅毒，传染性强，但组织破坏性小。

3）Ⅲ期梅毒：亦称晚期梅毒，一般发生在初次感染后 2 年，也可见潜伏期长达 10~15 年的患者。此期波及全身组织和器官，呈现慢性炎症损伤，常见病变是慢性肉芽肿，特点为皮肤黏膜出现溃疡性坏死病灶，局部组织因动脉内膜炎引起缺血坏死，以神经梅毒和心血管梅毒最为常见，皮肤、肝、脾和骨骼可被累及，导致动脉瘤、脊髓痨或全身麻痹等。此期病灶梅毒螺旋体少、传染性小，但破坏性大、病程长。

先天性梅毒是孕妇感染后经胎盘传给胎儿，引起胎儿全身感染。可导致流产、早产或死胎；出生后可表现为梅毒、间质性角膜炎、锯齿形牙、鞍形鼻、先天性耳聋等特殊体征。

（3）免疫性：梅毒的免疫是传染性免疫或有菌性免疫，包括细胞免疫和体液免疫，能够杀死螺旋体和引起组织的超敏反应性损害。梅毒螺旋体进入人体后首先经吞噬细胞吞噬和杀灭，随后人体逐渐产生对螺旋体的特异性体液免疫和细胞免疫。这种免疫力不完全，多数患者不能完全清除体内的螺旋体，常转为潜伏状态，进而发展为Ⅱ期梅毒和Ⅲ期梅毒。梅毒患者体内有两类抗体，一类是抗梅毒螺旋体抗体，可在补体存在的条件下，杀死或溶解梅毒螺旋体，同时对吞噬细胞有调理作用，故对机体有保护作用；另一类是抗磷脂抗体，称为反应素，能与生物组织中的某些脂类物质发生反应，其无保护作用，仅供血清学诊断。

3. 微生物学检查

（1）病原体检查：取Ⅰ期梅毒硬下疳渗出液、Ⅱ期梅毒疹渗出液或局部淋巴结抽出液。直接在暗视野显微镜下检查，如见有运动活泼的密螺旋体有助于诊断。也可用直接免疫荧光技术或ELISA法检查。组织切片标本可用镀银染色法染色后镜检。

（2）血清学试验：有非梅毒螺旋体抗原试验和梅毒螺旋体抗原试验两类。

（3）分子生物学检查法：荧光定量PCR法快速直接检测梅毒螺旋体特异基因片段，用于血清学阴性的早期梅毒、神经梅毒及胎传梅毒。

知识链接

梅毒患者治疗后血清固定

非梅毒螺旋体抗体检测的抗体滴度可能与疾病活动度相关，并可用于治疗后的随访，因此检测结果应以定量形式报告最高稀释倍数。使用相同的非梅毒螺旋体抗体血清学试验抗体滴度出现4倍变化具有临床意义。非梅毒螺旋体抗体试验滴度通常在治疗后下降，随着时间延长也有可能转阴；然而有些人非梅毒螺旋体抗体滴度下降不到4倍（即血清学反应不足），或滴度下降但未能血清转阴且持续相当长一段时间，该过程被称为血清固定。

4. 防治原则　梅毒是一种性病，应加强性卫生宣传教育和严格社会管理。对患者要早期确诊，彻底治疗。首选青霉素要剂量足、疗程够。可选用释放缓慢的长效青霉素并定期检查患者血清中抗体动态变化。在治疗3个月至1年后，用非螺旋体抗原试验检测患者血清中反应素转阴者为治愈，否则要继续治疗，且治疗结束后需定期复查。目前尚无梅毒疫苗进入临床应用。

点滴积累

1. 支原体是最小的原核细胞型微生物。
2. 立克次体多数是人畜共患病原体，以节肢动物作为传播媒介或为储存宿主。
3. 衣原体具有独特的发育周期。
4. 梅毒螺旋体的抵抗力极弱。

（唐正宇）

目标检测

一、简答题

1. 试述革兰氏染色法及其意义。
2. 细菌的群体生长繁殖分哪几期？各期有何实际意义？
3. 举例说明细菌的合成代谢产物有哪些，并简述其医学意义。
4. 简述肺炎支原体致病性。
5. 简述衣原体共同特征。

ER 2-2

第二章
原核微生物
（习题）

ER 2-3

第二章
原核微生物
（思维导图）

6. 梅毒螺旋体的传播途径有哪些？获得性梅毒分几期？有何特点？

二、实例分析

男性，23岁，高烧、咳嗽3天急诊入院。3天前因淋雨后出现寒战，体温高达40℃。咳嗽，咳痰，痰呈铁锈色，WBC 18.5×10^9/L，X射线胸片发现右肺中叶有大片阴影。针对这个实例，请问：

(1) 其诊断依据有哪些？

(2) 引起该病的病原菌是什么细菌？该菌是革兰氏阳性菌还是革兰氏阴性菌？

第三章　真核微生物

ER 3-1

第三章
真核微生物
（课件）

> **学习目标**
>
> 1. **掌握**　真菌的基本特性；几种主要的真菌；常见的病原性真菌。
> 2. **熟悉**　常用的抗真菌药物。
> 3. **了解**　药用真菌的分类与来源。

> **导学情景**
>
> **情景描述：**
>
> 　　自然界中存在着一类较细菌大、细胞核分化程度高、结构复杂的微生物，其与人类关系非常密切。其中有些对人类是有益的，在工业中常利用其发酵作用生产各种有机酸和酶制剂等；在制药业中是良好的原料，可利用其生产抗生素、激素和维生素等，甚至有些可以直接作为药材。有些可使食品、药品及药物制剂等霉变。少数对人类是有害的，各种皮肤癣病的罪魁祸首就是该类微生物，有些更是抵抗力低下人群（如艾滋病患者）的致命杀手。
>
> **学前导语：**
>
> 　　这类细胞核分化程度较高的微生物属于真核微生物，主要为真菌，让我们一起来探索这类微生物，掌握其特性及与人类的关系，使其更好地为人类造福。

第一节　真菌

　　真菌是真核细胞型微生物，比细菌大几倍至十几倍，结构亦较细菌复杂。细胞核高度分化，有核膜和核仁，胞质内有完整的细胞器，细胞壁主要由几丁质或纤维素组成，不含肽聚糖，故真菌对青霉素或头孢菌素不敏感。

一、真菌的基本特性

（一）真菌的形态与结构

　　真菌的形态多样，大小不一，按形态、结构可分为单细胞型真菌和多细胞型真菌两大类。

　　1. 单细胞型真菌　单细胞型真菌的菌体呈圆形或卵圆形，以出芽方式繁殖，如酵母型真菌和类酵母型真菌。①酵母型真菌：芽生孢子成熟后可脱离母细胞形成独立个体,如新型隐球菌;②类酵母型真菌：芽生孢子持续延长形成芽管,不与母细胞脱离而形成假菌丝,如白念珠菌。对人致病的主要有新型隐球菌和白念珠菌。

2. 多细胞型真菌　多细胞型真菌由菌丝和孢子组成,又称为丝状菌(俗称霉菌)。

(1)菌丝：真菌的孢子在适宜的环境条件下长出芽管,芽管逐渐延长呈丝状,称为菌丝。菌丝分枝交织成团称为菌丝体。

菌丝按结构可以分为两种。①无隔菌丝：菌丝中无横隔者,整条菌丝是一个细胞,含有多个细胞核;②有隔菌丝：菌丝在一定间距形成横膈,称隔膜,将菌丝分成一连串的细胞,隔膜中央有孔,细胞质可在细胞间流通。大多数病原性真菌为有隔菌丝。

按功能可分为三种。①营养菌丝：深入培养基中吸收营养的菌丝;②气生菌丝：是指向空气中生长的菌丝;③生殖菌丝：产生孢子的气生菌丝称为生殖菌丝。

气生菌丝的形态多样,如螺旋状、球拍状、结节状、鹿角状和破梳状等(图 3-1),可作为真菌鉴别和分类的依据。

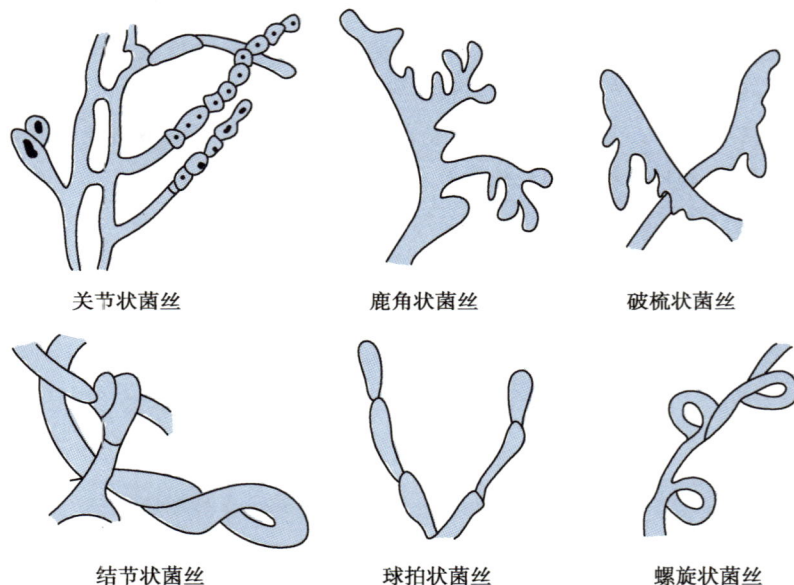

| 关节状菌丝 | 鹿角状菌丝 | 破梳状菌丝 |
| 结节状菌丝 | 球拍状菌丝 | 螺旋状菌丝 |

图 3-1　真菌的各种菌丝

(2)孢子：是由菌丝产生的圆形或卵圆形结构,为真菌的繁殖结构,也是真菌鉴定和分类的主要依据。孢子在适宜的环境条件下可发芽伸出芽管,逐渐延长成菌丝,一条菌丝又可长出多个孢子。真菌的孢子与细菌的芽孢不同,它的抵抗力不强,加热 60~70℃即可将其杀死。真菌孢子分有性孢子和无性孢子两种。有性孢子是由同一菌体或不同菌体上的两个细胞融合经减数分裂形成的;无性孢子是由菌丝上的细胞分化或出芽形成的。病原性真菌大多形成无性孢子。无性孢子根据形态可分为分生孢子、叶状孢子、孢子囊孢子 3 种(图 3-2)。

1)分生孢子：由菌丝末端细胞分裂或收缩形成,也可以在菌丝侧面出芽形成。根据形态和结构分为两种。①小分生孢子：为单细胞,体积较小,有球形、卵圆形、梨形等;②大分生孢子：为多细胞,体积较大,常呈梭状、棍棒状、梨状等。其大小、细胞数和颜色是鉴别真菌的重要依据。

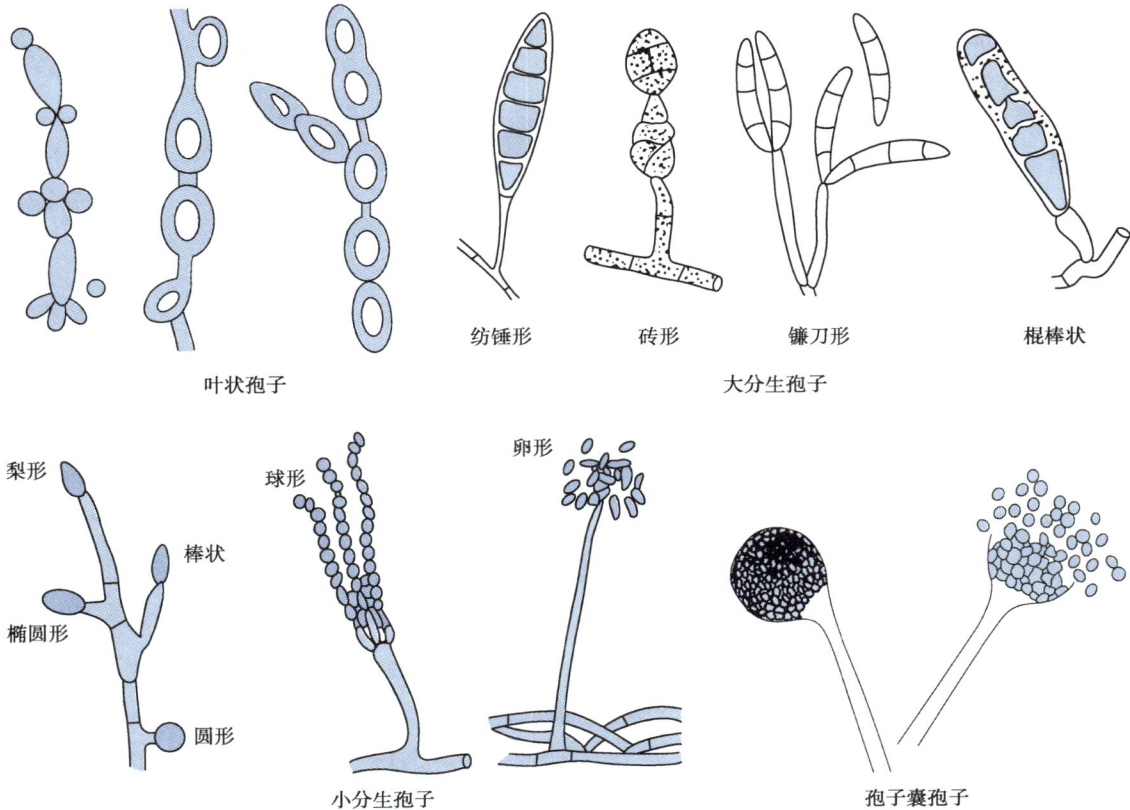

叶状孢子	大分生孢子

图 3-2 真菌的无性孢子

2)叶状孢子:由菌丝内细胞直接形成。有 3 种类型。①芽生孢子:由真菌细胞出芽形成。②厚膜孢子:菌丝内胞质浓缩、胞壁增厚,在不利环境中形成,为真菌的休眠细胞。当环境条件适宜时,厚膜孢子又可出芽繁殖。③关节孢子:菌丝细胞分化出隔膜,胞壁增厚,形成长方形节段,呈链状排列,在陈旧培养物中常见。

3)孢子囊孢子:菌丝末端膨大成囊状,内含许多孢子,孢子成熟后破囊而出,如毛霉菌、根霉菌的孢子囊孢子等。

(二)真菌的培养特性

真菌大多为需氧菌,营养要求不高,简单的糖类和无机盐便可满足其营养需要。葡萄糖是真菌生长最好的碳源。常用沙保弱葡萄糖琼脂培养基培养真菌。最适 pH 为 4.0~6.0;最适温度为 22~28℃ (浅部感染真菌)或 37℃ (深部感染真菌)。多数病原性真菌生长缓慢,培养 1~4 周可形成典型菌落。酵母型真菌生长较快,一般培养 24~48 小时可形成菌落。真菌的菌落有 3 种类型,即酵母型菌落、类酵母型菌落和丝状菌落。

1. 酵母型菌落 是单细胞型真菌的菌落形式,菌落光滑、湿润、柔软、致密。形态与一般细菌的菌落相似,如新型隐球菌。

2. 类酵母型菌落 部分单细胞型真菌在出芽繁殖后形成假菌丝,假菌丝由菌落向下生长,伸入培养基中,这种菌落称为类酵母型菌落,如白念珠菌。

3. 丝状菌落 是多细胞型真菌的菌落形式,由菌丝体和孢子构成。菌落呈棉絮状、绒毛状或粉末状,菌落正、背两面可呈现不同的颜色。丝状菌落的形态、结构和颜色常作为鉴定真菌时的参考。真菌有从中心向四周等距离生长形成圆形菌落的倾向,所以临床体癣、股癣、叠瓦癣等皮损表现为环形。

(三)真菌的变异性与抵抗力

1. 变异性 真菌容易发生变异。在培养基上多次传代或培养时间过久,其形态、结构、菌落及毒力都可发生改变。

2. 抵抗力 真菌对干燥、紫外线及多种化学药物有较强的抵抗力。由于紫外线对真菌孢子的杀灭作用不理想,因此真菌消毒一般不首选这种方法。实验证明多细胞型真菌与白念珠菌在距离紫外线 1 米处照射 30 分钟才被杀死。但真菌不耐热,菌丝和孢子经 60℃ 1 小时即被杀灭。对 20g/L 苯酚、25g/L 碘酊、1g/L 升汞或 10% 甲醛溶液较敏感。对常用抗细菌感染的抗生素及磺胺类药均不敏感;灰黄霉素、制霉菌素、两性霉素 B、克霉唑、酮康唑、伊曲康唑等对多种真菌有抑制作用。

二、几种主要的真菌

一些真菌可引起药物发霉变质,霉变的药物可能会引发慢性真菌中毒,因此防止药物霉变是保证药物质量的重要措施。可引发药物霉变的真菌主要有以下几种。

1. 毛霉 为结合菌亚门毛霉目中的一个大属,其特征为菌丝是管状分支的无隔菌丝,有性孢子为接合孢子,无性孢子为孢子囊孢子,孢子囊梗直接由菌丝体长出,孢子囊梗上生长着球形的孢子囊,内有大量孢子囊孢子,孢子成熟后破囊释放。毛霉属的代表菌为高大毛霉菌。

2. 根霉 根霉的形态与毛霉相似,同属于毛霉目,菌丝无隔,有性孢子为接合孢子,无性孢子为孢子囊孢子。根霉属的代表菌为匍枝根霉,在固体培养基上生长迅速,菌丝蔓延,可覆盖整个培养基表面,铺满整个容器,不形成固定菌落。

3. 梨头霉 也属于毛霉目,其形态与根霉相似,有弧形匍匐菌丝和假根,其孢子囊梗散在匍匐菌丝中间,而不与假根对立生长,孢子囊顶生,多呈梨形,孢子囊孢子小,大多无色。梨头霉属的代表菌为蓝色梨头霉。

4. 曲霉 曲霉是发酵工艺和酿造工艺上的重要真菌。曲霉的营养菌丝为有隔菌丝,菌丝底部有横生的足细胞(特化的厚壁而膨大的细胞),分生孢子梗是从足细胞长出的,其顶端膨大呈球形或烧瓶状的顶囊,在顶囊表面以辐射状生长出一层或两层杆状小梗,小梗顶端着生一串圆形的分生孢子,成链排列,分生孢子具有黄、绿、棕、黑等不同颜色。本属主要有烟曲霉和黄曲霉。

5. 青霉 青霉在自然界中分布很广,产黄青霉是青霉素的重要产生菌,青霉菌丝为有隔菌丝,分生孢子梗由气生菌丝或营养菌丝分化而成,分生孢子梗有多次分枝,最后一次分枝上长出成串的分生孢子链,整个分枝外形如扫帚状,称为青霉穗,从分生孢子梗往上依次称为副枝、梗基、小梗分生孢子,青霉的分生孢子呈球形或椭圆形,生长时呈蓝绿色。

青霉素的发现——开创了抗生素时代

1928 年,弗莱明发现了青霉素,虽未能提纯,却为人类埋下了一颗希望的种子。十年后,弗洛里与钱恩团队接过接力棒,在战争阴云下成功提纯青霉素并证实其强大疗效。二战期间,青霉素以"神药"姿态大规模生产,使无数伤员免于感染死亡。三人共获 1945 年诺贝尔生理学或医学奖。青霉素不仅拯救万千生命,更如一把钥匙开启了抗生素时代的大门,链霉素、金霉素、头孢菌素、红霉素等抗生素陆续被发现,使许多传染病变得可治可控。弗莱明的偶然洞察,最终开创了人类对抗微观世界的新纪元。

6. 木霉　菌丝为有隔菌丝,菌群密集如毡,分生孢子梗从菌丝侧支上长出,直立,分支,小支常对生,顶端不膨大,上生分生孢子团,分生孢子呈球形,淡色或无色。本属的代表菌为绿霉。

三、常见的病原性真菌

不同的真菌其致病性不同,因此可将其分为致病性真菌、机会致病性真菌、中毒性真菌、致癌性真菌等;也可依感染部位分为浅部感染真菌和深部感染真菌。

(一)浅部感染真菌

1. 皮肤癣菌　是引起浅部真菌病的最主要的病原菌。皮肤癣菌有 40 多个种,分属于 3 个属,包括毛癣菌属、表皮癣菌属(絮状表皮癣菌)和小孢子菌属。皮肤癣菌有嗜角质蛋白的特性,人类因直接或间接接触而感染。真菌在感染部位产生的酶和酸性代谢产物刺激造成局部病变,引起相应的皮肤癣病,如手足癣、体癣、股癣、灰指甲、头癣、黄癣和须癣等。皮肤癣病是人类最常见的真菌病,以手足癣最为多见。

2. 皮下组织感染真菌　一般存在于土壤和植物中,经创伤部位侵入人体皮下组织。皮下组织感染真菌主要有着色真菌和孢子丝菌。

(1)着色真菌:为腐生菌,由创伤侵入,感染多发生在暴露部位,病损皮肤变成暗红色或黑色,故称为着色真菌病。着色真菌的分生孢子主要有树枝形、剑顶形和花瓶形 3 种形态,是鉴定本菌的重要依据。

(2)孢子丝菌:为腐生菌,其中主要的病原菌是申克孢子丝菌。申克孢子丝菌由创伤侵入皮下组织后,沿淋巴管分布,局部皮肤形成亚急性或慢性肉芽肿,使淋巴管出现链状硬结,继而形成坏死和溃疡,称为孢子丝菌下疳。

(二)深部感染真菌

1. 新型隐球菌　为酵母型真菌,菌体为圆形,以出芽方式繁殖,菌体外覆一层多糖组成的肥厚荚膜,折光性强,一般染色法不被着色难以发现,故称为隐球菌。用墨汁染色后镜检,可在黑色背景中见到圆形或卵圆形的透亮菌体及芽生孢子(图 3-3)。

新型隐球菌多引起外源性感染,为机会致病菌。因其大量存在于干燥的鸽粪中,经呼吸道吸入后感染,引起隐球菌病。感染后大多数症状不明显,某些感染者可出现支气管肺炎,严重者呈暴发型感染而迅速死亡。部分患者病原菌可由肺部播散至皮肤、眼、前列腺等脏器，最易侵犯的是中枢神经系统，引起慢性脑膜炎。有 5%~10% 的获得性免疫缺陷综合征（acquired immunodeficiency syndrome，AIDS；简称艾滋病）患者伴有隐球菌性脑膜炎。

2. 白念珠菌　菌体呈圆形或卵圆形，以出芽方式繁殖，可形成假菌丝和厚膜孢子（图 3-4）。

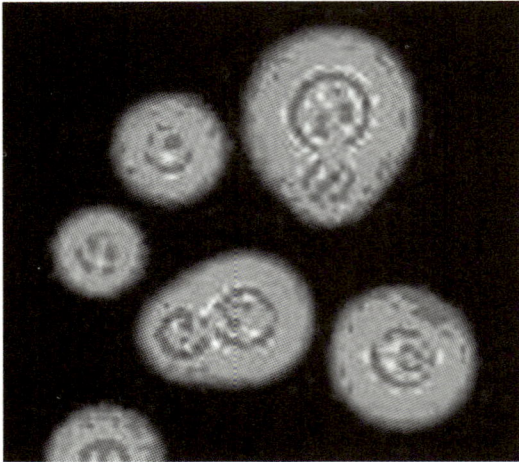

图 3-3　新型隐球菌（墨汁负染色 ×1000）　　图 3-4　白念珠菌的假菌丝和厚膜孢子（×400）

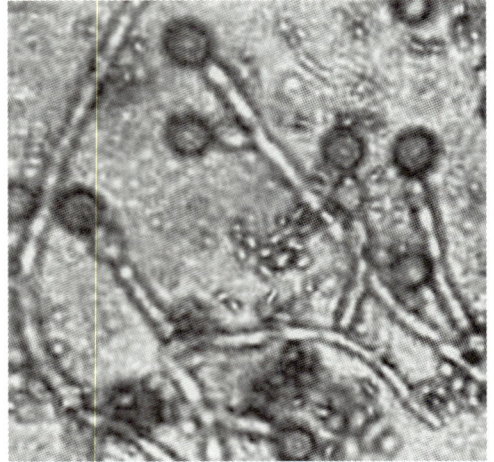

白念珠菌通常存在于人的皮肤、口腔、上呼吸道、阴道及肠道黏膜，多引起内源性感染，为机会致病真菌。在机体抵抗力下降时可引起皮肤、黏膜及内脏的急性或慢性炎症，称为念珠菌病。临床表现主要有：①皮肤念珠菌病，如皮肤湿疹样症、肛门周围瘙痒症、指（趾）间糜烂症等；②黏膜念珠菌病，如鹅口疮、口角糜烂、外阴炎及阴道炎等；③内脏念珠菌病，病原菌可随血流扩散至全身，引起支气管炎、肺炎、肠炎、膀胱炎、肾盂肾炎、关节炎、心内膜炎等；④中枢神经系统念珠菌病，如脑膜炎、脑膜脑炎、脑脓肿等。

（三）其他病原性真菌

1. 中毒性真菌　有些真菌如曲霉、青霉等可在粮食、食品或饲料中生长并产生毒素，人、畜误食后可导致急、慢性中毒，称为真菌毒素中毒。真菌毒素中毒的临床表现因毒素而异，有的会引起肝、肾损害，有的会引起血液系统的变化，有的则会引起神经系统损害，出现抽搐、昏迷等症状。

2. 致癌性真菌　近年来不断发现真菌毒素与肿瘤有关，其中研究最多的是黄曲霉毒素。此毒素毒性很强，小剂量就可导致癌症。在肝癌高发区的花生、玉米、粮油作物中，黄曲霉污染率很高。其他致癌的真菌毒素还有镰刀菌 T-2 毒素可诱发大鼠胃癌、胰腺癌、垂体肿瘤和脑肿瘤，展青霉素可引起局部肉瘤。

> **案例分析**
>
> **案例：**2020 年 10 月，黑龙江省鸡西市王某某及亲属 9 人在其家中聚餐，食用自制"酸汤子"（用玉米水磨发酵后做的一种粗面条样的主食）引发食物中毒，有 7 名患者经救治无效死亡。据调查王某某制作"酸汤子"所用食材已在冰箱里冷冻一年，经检测黄曲霉毒素严重超标，初步判定为黄曲霉毒素中毒。

分析： 黄曲霉毒素毒性要远远高于氰化物、砷化物和有机农药的毒性，其中以黄曲霉毒素 B_1 毒性最大。常存在于发霉花生或玉米、发苦的坚果、泡了好几天的木耳中，280℃ 以上的高温才能将其破坏。当人摄入量大时，发生急性中毒，出现急性肝炎、出血性坏死。当微量持续摄入，可造成慢性中毒，引起纤维性病变，致肝硬化。黄曲霉毒素的致癌力也居首位，是已知最强致癌物之一。

点滴积累

1. 真菌是真核细胞型微生物，有单细胞型真菌和多细胞型真菌，单细胞型真菌呈圆形或卵圆形，多细胞型真菌有孢子和菌丝两种形态。孢子和菌丝是真菌鉴别和分类的依据。真菌能进行有性繁殖和无性繁殖，孢子为其繁殖结构。
2. 真菌营养要求不高，在高糖、高氧、高湿、低温（22~28℃）、pH 偏酸环境中易生长。常用沙保弱葡萄糖琼脂培养基，多数生长缓慢，可形成酵母型、类酵母型和丝状三种菌落。
3. 真菌不耐热，对干燥、紫外线有较强的抵抗力，对抗细菌感染的抗生素不敏感。
4. 可引起中药发霉变质的真菌主要有毛霉、根霉、梨头霉、曲霉、青霉。
5. 常见的病原性真菌有浅部感染真菌（皮肤癣菌、着色真菌和孢子丝菌）、深部感染真菌（新型隐球菌和白念珠菌）、中毒性真菌和致癌性真菌（黄曲霉等）。

第二节　常用的抗真菌药物

抗真菌药物是指具有抑制或杀死真菌生长或繁殖作用的药物。根据化学结构的不同可分为：抗生素类抗真菌药物，如两性霉素 B；唑类抗真菌药物，如酮康唑；丙烯胺类抗真菌药物，如特比萘芬；嘧啶类抗真菌药物，如氟胞嘧啶等。

一、抗生素类抗真菌药物

抗生素类抗真菌药物包括多烯类抗生素如两性霉素 B、制霉菌素等抗生素和非多烯类抗生素如灰黄霉素，其中两性霉素 B 抗真菌活性最强，是唯一可用于治疗深部和皮下真菌感染的多烯类药物。其他多烯类药物只限于局部应用治疗浅部真菌感染。

（一）两性霉素 B（amphotericin B）

两性霉素 B 为广谱抗真菌药，已成为治疗各种严重真菌感染的首选药之一。对新型隐球菌、白念珠菌、芽生菌等有较强的抑菌作用，高浓度时有杀菌作用。静脉滴注可用于治疗深部真菌感染。真菌性脑膜炎时，除静脉滴注外，还需鞘内注射。口服仅用于肠道真菌感染。局部应用治疗皮肤、指甲及黏膜等浅部真菌感染。

（二）灰黄霉素（griseofulvin）

灰黄霉素口服易吸收，体内分布广泛，皮肤、脂肪和毛发等组织含量较高，能渗入并储存在皮肤角质层、毛发及指（趾）甲角质内。为抗浅部真菌抗生素，主要用于各种皮肤癣菌的治疗，对细菌及深部真菌无效。本药不易透过表皮角质层，故外用无效。因静止状态的真菌仅被抑制，病变痊愈有赖于角质的新生和受感染角质层的脱落，故治疗常需数周至数月。由于该药毒性反应较大，临床已少用。

二、唑类抗真菌药物

唑类（azoles）抗真菌药物可分成咪唑（imidazole）类和三唑（triazole）类。咪唑类包括酮康唑、咪康唑、益康唑、克霉唑和联苯苄唑等，酮康唑等可作为治疗浅部真菌感染首选药。三唑类包括伊曲康唑、氟康唑和伏立康唑等，可作为治疗深部真菌感染的首选药。

（一）酮康唑（ketoconazole）

酮康唑是广谱抗真菌药物，目前多局部外用治疗浅部真菌感染。

（二）氟康唑（fluconazole）

氟康唑具有广谱抗真菌作用，体内抗真菌活性较酮康唑强 5~20 倍。本品是治疗艾滋病患者隐球菌性脑膜炎的首选药，与氟胞嘧啶合用可增强疗效。口服和静脉给药均有效。

（三）伏立康唑（voriconazole）

伏立康唑为广谱抗真菌药物，对多种条件致病性真菌和地方流行性真菌均具有抗菌活性，抗真菌活性为氟康唑的 10~500 倍，对多种耐氟康唑、两性霉素 B 的真菌深部感染有显著治疗作用。可口服和静脉给药。

三、丙烯胺类抗真菌药物

丙烯胺类抗真菌药物包括萘替芬（naftifine）和特比萘芬（terbinafine）。特比萘芬脂溶性高，口服易吸收，主要分布于脂肪、皮肤、毛囊、毛发、汗腺和甲板等部位。可以外用或口服，治疗甲癣和其他一些浅部真菌感染。对深部真菌感染并非很有效，但若与唑类药物或两性霉素 B 合用，可获良好结果。

四、嘧啶类抗真菌药物

氟胞嘧啶（flucytosine）是人工合成的广谱抗深部真菌药物，广泛分布于深部体液中。适用于治疗新型隐球菌、白念珠菌等真菌所致深部感染，疗效弱于两性霉素 B。由于氟胞嘧啶易透过血脑屏障，对隐球菌性脑膜炎有较好疗效，但不主张单独应用，常与两性霉素 B 合用。

第三节 药用真菌

一、药用真菌概述

药用真菌是指可作为药物用以治疗疾病的真菌。它们在生长、发育的代谢活动中,能于菌丝体、菌核或子实体内产生酶、蛋白质、脂肪酸、氨基酸、肽类、多糖、生物碱、固醇、萜类、苷类以及维生素等具有药理活性或对人体疾病有抑制或治疗作用的物质,临床上或是直接利用菌丝体、菌核或子实体,或是利用从菌体中分离出来的有效物质。

药用真菌类药物种类广泛,通常所说的药用真菌多限于在生长发育的一定阶段能够形成个体较大的子实体或菌核结构的高等真菌,其中大部分属于担子菌亚门,少数属于子囊菌亚门,在酵母菌等其他真菌中也有少数种具药用价值。

二、常用的药用真菌

能产生抗生素的真菌作为药物历史悠久。早在 2 500 年前,我国就已采用酒曲治疗肠胃病。东汉初期的《神农本草经》及之后历代本草书内就记载有灵芝,常用的药用真菌有赤芝、紫芝、茯苓、猪苓、雷丸、大秃马勃、紫色秃马勃、冬虫夏草、僵蚕、香菇、木耳以及蝉花等,这些药用真菌都经历了长期的医疗实践,疗效得到了充分的验证,至今仍被广泛应用。临床上常用的药用真菌还有银耳、麦角、落叶松蕈、空柄假牛肝菌、大红菇、白乳菇、竹黄和糠谷老等百余种。

1. **分类** 药用真菌按其功效可分为以下几类:①滋补强壮类:如冬虫夏草、银耳、灵芝等;②利尿渗湿类:如猪苓、粟白发等;③止血活血、消炎祛痛类:如麦角、肉球菌、木耳、安络小皮伞、马勃、朱红栓菌;④止咳化痰类:如金耳、竹黄;⑤安神类:如茯苓;⑥驱虫类:如雷丸;⑦祛风湿类:如空柄假牛肝菌、大红菇;⑧平肝息风类:如蝉花、变绿红菇;⑨降血压类:如草菇;⑩调节机体代谢类:如蜜环菌、香菇、鸡油菌等。

2. **来源** 药用真菌的来源有野生采集、人工栽培和发酵培养 3 个途径。

（1）野生采集：野生资源不仅稀少，也不易采集，且受生态环境及季节等自然条件的限制。有些种类如冬虫夏草、麦角等的野生产量已满足不了临床的需要。

（2）人工栽培：人工栽培的蕈菇类多采用椴木栽培或锯木屑瓶栽。目前以茯苓、银耳及黑木耳的生产量较大。近年，灵芝的椴木栽培也已获得成功。锯木屑瓶栽的主要原料为锯木屑、麦麸或糠皮，也可加入少量糖类、石膏或硫酸铵等。灵芝、银耳、茯苓等都可采用木屑瓶栽。人工栽培能批量生产，较野生采集有优越性。

（3）发酵培养：为进一步扩大药源，改进真菌类药物的生产方法，1957年以来，中国医学科学院药物研究所等单位在麦角栽培的基础上，先后研究成功固体培养及深层发酵培养麦角菌，提制麦角新碱的生产工艺。1970年，我国各药用真菌研究和生产单位分别对灵芝、蜜环菌、亮菌、安络小皮伞、银耳、猴头、猪苓、茯苓和云芝等进行了发酵、药物化学、药理及临床等的综合研究，制定了生产工艺，并已投产。麦角新碱、蜜环菌片及亮菌片已列为国家级的科学研究成果。

此外，从银耳、茯苓、猪苓、云芝和香菇等担子菌中提制的真菌多糖也引起了国内外的重视，日本和美国都进行过大量的研究工作。经化学分析证明这些多糖虽结构各异，但都具有 β-1,3 键连接主链和 β-1,6 键连接支链构成的葡聚糖基本结构。多糖化合物的毒性很小，对小鼠肉瘤 S-180 有较强的抑制作用；它们的抗肿瘤作用机制不同于毒性类药物的直接杀伤细胞作用，而是通过提高机体免疫功能，间接抑制肿瘤的生长，从而为抗肿瘤药物的研究与应用开辟了新途径。

为了满足临床和适应生产的需要，在药用真菌的研究工作中，需不断选育优良菌种，相应地改进栽培技术措施或发酵生产工艺，对有效成分还不清楚的一些药用真菌，应加强化学成分的分离提取等研究工作。

点滴积累

1. 药用真菌是指可作为药物用以治疗疾病的真菌。该类药物种类广泛，临床上或是直接利用菌丝体、菌核或子实体，或是利用从菌体中分离出来的有效物质。能产生抗生素的真菌作为药物历史悠久。
2. 临床上常用的药用真菌有灵芝、麦角及茯苓等，分别具有滋补强壮、止血活血及安神等功效。此外，从银耳、茯苓、猪苓、云芝和香菇等担子菌中提制的真菌多糖为抗肿瘤药物的研究与应用开辟了新途径。

ER 3-2

第三章
真核微生物
（习题）

目标检测

一、简答题

1. 真菌的生物学特性有哪些？
2. 病原性真菌多以何种方式进行繁殖？其产生的孢子有哪些类型？
3. 可引起中药霉变的真菌有哪几类？

4. 常见的病原性真菌有哪些？分别可引起哪些疾病？

二、实例分析

1. 患者，男，70 岁，患有支气管哮喘 40 余年，近期咳嗽、咳痰加重 10 余天，伴有头痛、胸闷、乏力。服用抗生素及激素进行治疗，症状未见缓解。胸部 CT 检查显示双肺感染。痰培养结果显示有真菌感染，菌落呈黄色粉末状，镜检可见有隔菌丝，分生孢子梗顶端有球形的顶囊，顶囊表面双层小梗，顶端有链状的分生孢子。

请问：

（1）该患者可能感染了何种真菌？

（2）此真菌还能引起哪些疾病？

2. 患者，女，48 岁，因出现外阴瘙痒、豆渣样白带入院就诊。病史：曾因治疗其他疾病长期使用过激素类药物。实验室检查：宫颈分泌物直接涂片检查发现革兰氏阳性、圆形、卵圆形的芽生孢子，在沙保弱葡萄糖琼脂培养基上有假菌丝形成。诊断为阴道炎。

请问：

（1）该患者感染了何种病原体？

（2）该病原体的致病特征如何？

（崔艳丽）

第四章　病毒

学习目标

1. **掌握**　病毒的结构和化学组成；病毒的复制周期；病毒的异常增殖与干扰；病毒感染的致病机制；病毒感染的类型；病毒感染的检测。流感病毒的形态结构、分型与变异、致病性；脊髓灰质炎病毒的形态结构和特异性预防；甲型、乙型和丙型肝炎病毒的形态结构和致病性；乙型肝炎病毒的抗原、抗体组成；人类免疫缺陷病毒的生物学特性、致病性及预防原则；噬菌体的概念和特点。

2. **熟悉**　病毒的人工培养法；理化因素对病毒的影响；抗病毒免疫。呼吸道感染病毒的生物学性状和致病性；消化道感染病毒的生物学性状和致病性；狂犬病毒的致病机制和防治原则。烈性噬菌体和温和噬菌体与宿主菌的相互关系。

3. **了解**　病毒的大小与形态；病毒的分类；病毒感染的传播方式；病毒感染的防治原则；抗病毒药物及其作用机制。

导学情景

情景描述：

　　同学们，走进烟草种植园，常能看到叶片黄绿斑驳、扭曲皱缩的烟草植株，这背后的"元凶"就是烟草花叶病毒。1892 年，科学家伊凡诺夫斯基首次发现这种可过滤的致病因子，随后贝叶林克证实其不同于细菌，由此揭开了人类探索病毒世界的序幕。烟草花叶病毒呈棒状结构，由蛋白质外壳包裹单链 RNA 构成，能通过汁液摩擦、农事操作和昆虫传播，且寄主广泛。当它入侵烟草细胞，会干扰细胞分裂，让叶片出现明脉、坏死斑等症状，严重影响烟草产量与品质，在我国南方烟区，这种病害的发病率常高达 5%~20%。

学前导语：

　　从最初发现病毒，到如今深入研究防治方法，人类对病毒的探索之旅从未停歇。想揭开更多病毒的神秘面纱吗？就让我们一起走进本章的学习，探寻病毒世界的奥秘！

　　病毒（virus）是一类个体微小、结构简单，仅含一种类型核酸（DNA 或 RNA），必须在活的易感细胞内以复制方式进行增殖的非细胞型微生物。

　　病毒在自然界中分布广泛，可寄生于人、动物、植物、细菌、真菌、放线菌等生物细胞内。一旦侵入人、动物、植物等生物体内，可引起宿主结构或功能发生改变，导致感染。在人类的传染性疾病中，约有 75% 是由病毒引起的。病毒感染性疾病具有传染性强、传播迅速、流行广泛、病死率高等特点。有些病毒感染还与肿瘤、免疫缺陷、自身免疫病和先天畸形的发生密切相关。目前病毒感染性疾病尚缺乏特效治疗药物，而特异性预防对控制病毒感染行之有效，故开发研制病毒性疫苗和抗病毒药物是人类有效控制病毒感染性疾病的研究方向。

第一节 病毒的生物学特性

病毒体(virion)是指有感染性的完整病毒颗粒。病毒体是病毒在细胞外的结构形式,具有典型的形态结构,并具有感染性。病毒的形态、结构是指病毒体的形态、结构。

一、病毒的形态与结构

(一)病毒的大小和形态

1. **病毒的大小** 病毒个体微小,能通过滤菌器,其大小的测量单位为纳米(nm),故通常需用电子显微镜放大数千倍甚至数万倍才能被观察到。各种病毒大小不一,最大的病毒约为 300nm,如痘病毒;最小的病毒仅为 20nm,如微小的 DNA 病毒。大多数病毒在 150nm 以下。病毒与其他微生物大小的比较见图 4-1。

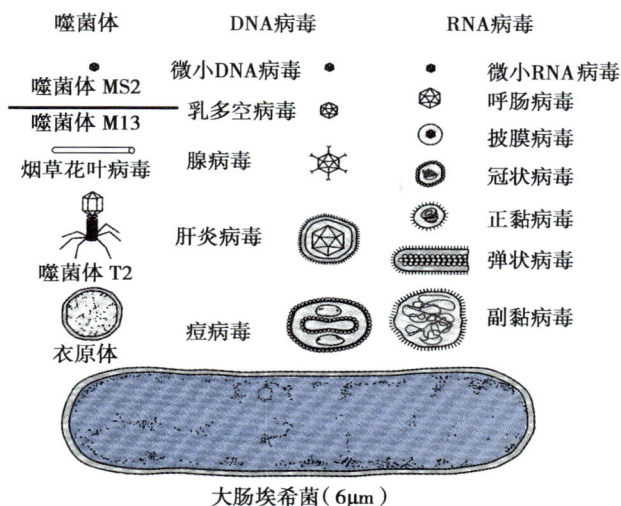

图 4-1 各类病毒与其他微生物大小的比较示意图

2. **病毒的形态** 病毒形态多种多样,大多数对人和动物致病的病毒呈球形或近似球形,少数呈杆状(如烟草花叶病毒)、丝状(如埃博拉病毒)、弹头状(如狂犬病毒)或砖形(如痘病毒),噬菌体多呈蝌蚪状(图 4-2)。

(二)病毒的结构和化学组成

病毒的基本结构由核心和衣壳构成,称为核衣壳。有些病毒除核衣壳外还有包膜和包膜的构成成分刺突等辅助结构(图 4-3)。有包膜的病毒称为包膜病毒,无包膜的病毒称为裸病毒。对人和动物有致病性的病毒多数具有包膜。

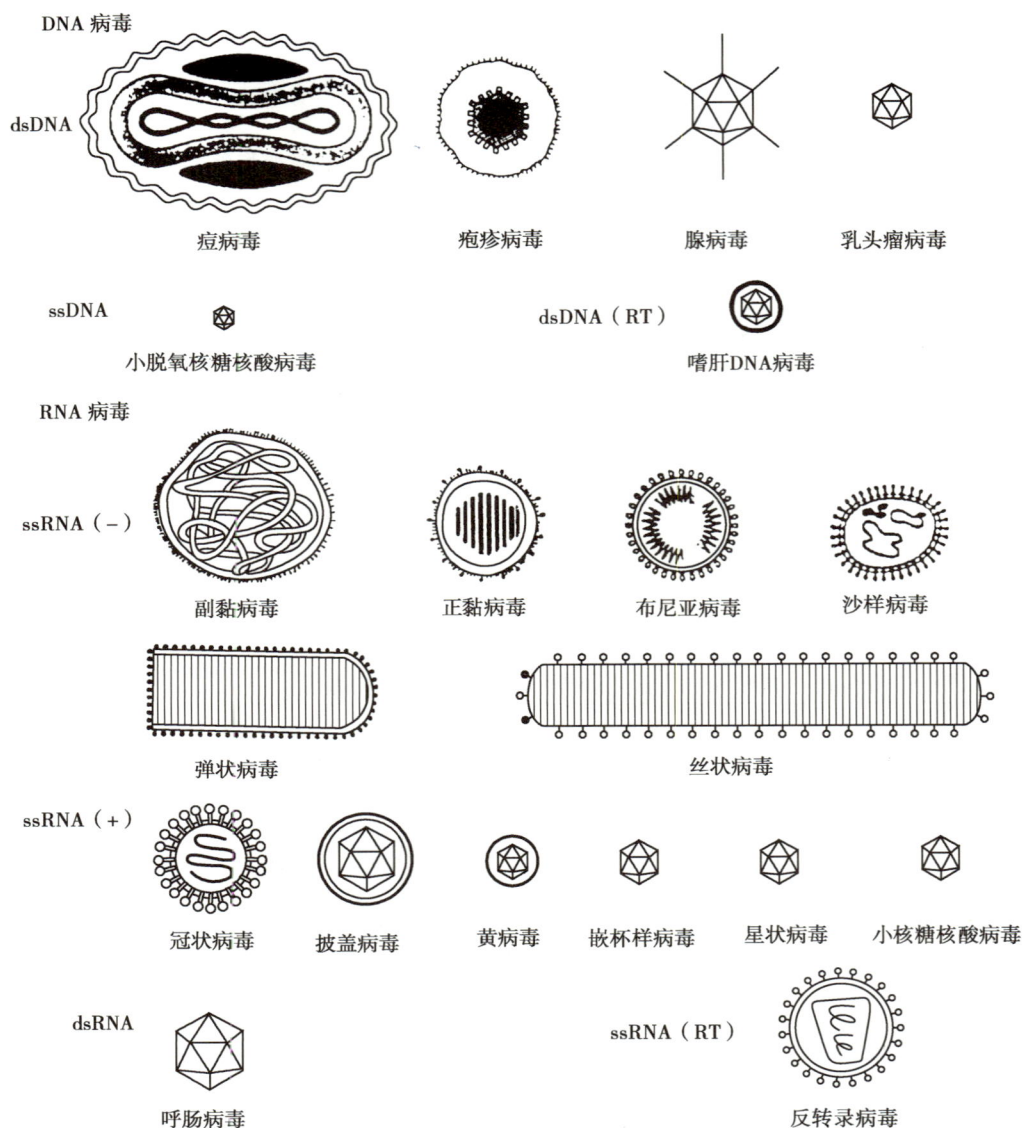

DNA 病毒

dsDNA

痘病毒　　　　　　疱疹病毒　　　　　　腺病毒　　　　　　乳头瘤病毒

ssDNA

小脱氧核糖核酸病毒

dsDNA（RT）

嗜肝DNA病毒

RNA 病毒

ssRNA（－）

副黏病毒　　　　　　正黏病毒　　　　　　布尼亚病毒　　　　　　沙样病毒

弹状病毒　　　　　　　　　　　　丝状病毒

ssRNA（＋）

冠状病毒　　披盖病毒　　黄病毒　　嵌杯样病毒　　星状病毒　　小核糖核酸病毒

dsRNA

呼肠病毒

ssRNA（RT）

反转录病毒

图 4-2　病毒的形态

1. 核心

（1）化学组成：是病毒体的中心结构，其主要成分为 DNA 或 RNA，据此可把病毒分为 DNA 病毒和 RNA 病毒两大类。病毒核酸具有多样性，可以呈线型或环型，可为单链或双链。DNA 病毒大多为双链（微小 DNA 病毒、环状病毒除外）。RNA 病毒大多是单链（呼肠病毒、博尔纳病毒除外）。单链 RNA 又分正链和负链。有的病毒核酸分节段。病毒核心中，除核酸外，还含有少量的非结构蛋白，如病毒核酸聚合酶、转录酶或逆转录酶等。

（2）功能：病毒核酸是病毒的基因组，携带病毒的全部遗传信息，决定病毒的感染、增殖、遗传和变异。主要功能有①指导病毒复制；②决定病毒的特性；③部分病毒核酸具有感染性。有些病毒核酸在除去衣壳蛋白后，仍能进入宿主细胞并复制增殖，称为感染性核酸。感染性核酸易被核酸酶降解，故其感染性比结构完整的病毒弱，但无宿主特异性。

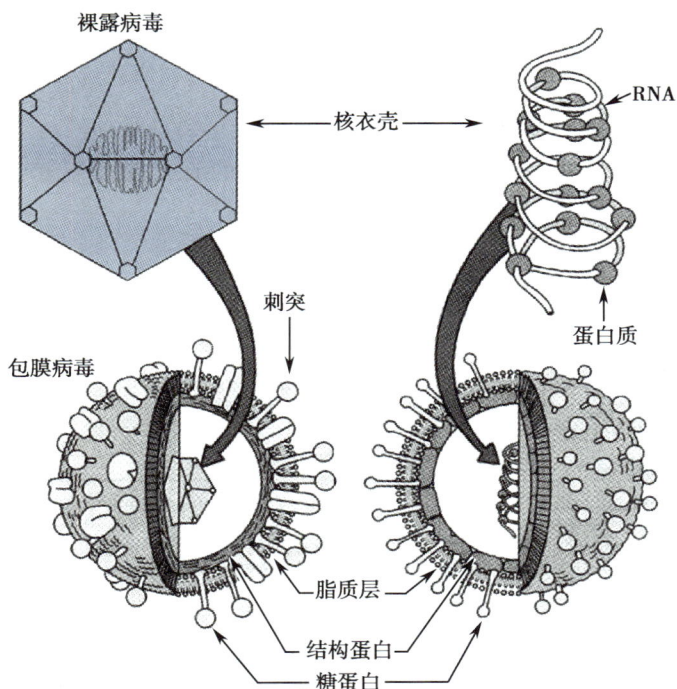

图 4-3 包膜病毒、裸露病毒二十面体对称和螺旋对称结构示意图

2. 衣壳

（1）化学组成：衣壳是包围在病毒核酸外的一层蛋白质，由一定数量的壳粒（即蛋白质亚单位）组成。壳粒有二十面体立体对称型、螺旋对称型、复合对称型 3 种排列方式(图 4-4)，可作为病毒分类和鉴别的依据。

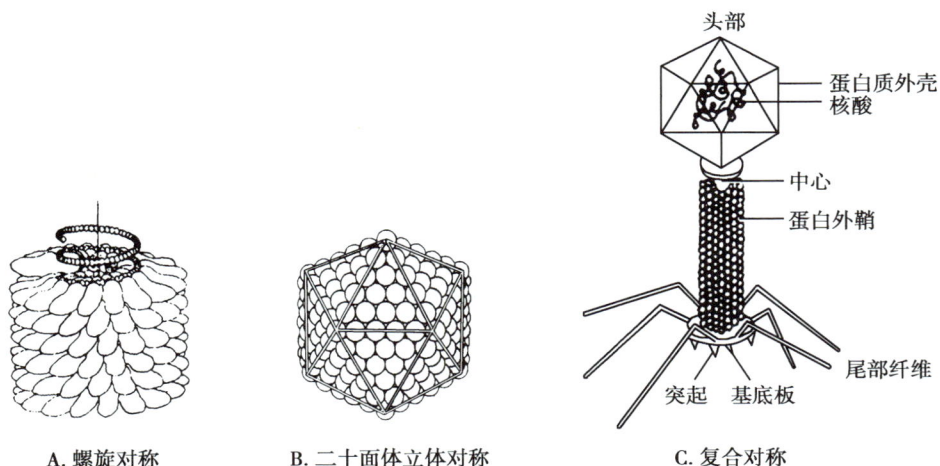

图 4-4 病毒体衣壳对称排列模式图

（2）功能：病毒衣壳是病毒体的主要结构蛋白，主要功能有以下几点。①保护病毒核酸免受酶或其他理化因素（如紫外线、射线等）的破坏。②参与病毒的感染过程。病毒引起感染首先需要病毒特异性地吸附于细胞表面，无包膜病毒由衣壳蛋白吸附细胞。③具有免疫原性。衣壳蛋白是病毒体的主要抗原成分，进入机体后，能诱发机体产生免疫应答。

3. 包膜

(1)化学组成：是包围在核衣壳外的膜状结构。包膜是病毒在成熟过程中以出芽的方式释放时穿过细胞膜或核膜时获得的，故含有宿主细胞膜或核膜的类脂和多糖成分，但包膜上的蛋白质是由病毒基因编码的。若包膜蛋白突起在包膜表面并具有一定的形状，称为刺突或包膜子粒，其化学成分是糖蛋白。

(2)功能：①维护病毒体结构的完整；②参与病毒的感染过程，有的病毒可通过包膜蛋白与易感细胞上的受体特异性结合而介导病毒进入宿主细胞；③刺突构成病毒体的表面抗原，与病毒的分型、致病性和免疫性有关。

> **考 证 要 点**
> 1. 病毒的大小与形态。
> 2. 病毒的结构。

（三）理化因素对病毒的影响

病毒受理化因素作用后可失去感染性，称为灭活。灭活的病毒仍能保留某些特性，如免疫原性、红细胞吸附、血凝和细胞融合等。理化因素灭活病毒的机制可以是破坏包膜或衣壳、致使病毒蛋白质变性及损伤病毒的核酸等。病毒对理化因素敏感性的强弱，因病毒的种类而异。了解理化因素对病毒的影响，在病毒的分离、疫苗研制以及预防病毒感染等方面均有意义。

1. 物理因素对病毒的影响

(1)温度：大多数病毒耐冷不耐热，在 0℃ 以下生长良好，特别是在干冰（温度 –70℃）或液氮（温度 –196℃）条件下，可长期保持其感染性。因此，需用低温保存病毒，但反复冻融可使病毒失活。病毒对热的敏感性差异颇大，大多数病毒于 50~60℃ 30 分钟或 100℃ 几秒即被灭活，但有少数病毒对热的抗性较强，如乙型肝炎病毒需 100℃ 10 分钟才能灭活。有包膜病毒耐热性更差，高温可使其感染性迅速消失。

(2)酸碱度：大多数病毒在 pH 5.0~9.0 范围内较稳定，强酸或强碱条件下可被灭活，但也因病毒种类不同而异。肠道病毒对酸的抵抗力较强，在 pH 3.0~5.0 的环境下稳定，而鼻病毒则迅速被灭活。因此，耐酸试验可鉴别这两种病毒。

(3)射线：X 射线、γ 射线、紫外线等均可使病毒灭活。射线可引起核苷酸链发生致死性断裂，而紫外线可使核苷酸形成双聚体（如胸腺核苷与尿核苷），抑制病毒核酸的复制。但有些病毒（如脊髓灰质炎病毒）经紫外线灭活后，在可见光照射下可发生复活，称为光复活。因此，不宜用紫外线制备灭活疫苗。

2. 化学因素对病毒的影响

(1)脂溶剂：乙醚、三氯甲烷、丙酮、去氧胆酸盐等脂溶剂能使有包膜病毒（如流感病毒、流行性乙型脑炎病毒等）的包膜脂质溶解而灭活病毒，但对无包膜的病毒（如微小 RNA 病毒）无作用。故常用乙醚灭活试验鉴别有包膜病毒和无包膜病毒。

(2)醛类：甲醛可灭活病毒但可保持其免疫原性，故甲醛是常用的灭活剂，同时常用甲醛制备灭活疫苗。

(3)酚类：酚及其衍生物为蛋白质变性剂，可作为病毒的消毒剂。

(4)氧化剂、卤素及其化合物：病毒对过氧化氢、漂白粉、高锰酸钾、碘及碘化物和其他卤素类化学物质都很敏感,可用作病毒灭活剂。肝炎病毒对过氧乙酸、次氯酸盐较敏感。

(5)盐类:有稳定病毒抵抗灭活的作用,可用于疫苗制备等技术中。$MgCl_2$、$MgSO_4$、Na_2SO_4 等盐类对小 RNA 病毒科、疱疹病毒和正黏病毒科等病毒有稳定作用。如脊髓灰质炎疫苗必须冷冻保存,但通过添加盐类,病毒活性可以在室温下保持数周。

(6)抗生素与中草药:抗生素对病毒无抑制作用,但可以抑制待检标本中的细菌,便于分离病毒。近年来的研究表明,有些中草药如板蓝根、大黄、大青叶、黄芪和七叶一枝花等对某些病毒有一定的抑制作用。

二、病毒的增殖与培养

(一) 病毒的增殖过程

病毒缺乏增殖所需的酶系统和细胞器,只能在活的易感细胞内以复制方式进行增殖。增殖是以病毒基因组为模板,在 DNA 聚合酶或 RNA 聚合酶以及其他必要因素的作用下,复制出子代病毒的基因组,病毒基因组再经过转录和翻译,合成出大量的子代病毒结构蛋白,再经过装配,然后释放出子代病毒的方式。从病毒进入宿主细胞开始,经基因组复制到释放出子代病毒的过程,称为一个复制周期。人和动物病毒的复制周期依次包括吸附、穿入、脱壳、生物合成及装配和释放 5 个阶段(图 4-5)。不同的病毒其复制周期长短不一,可在几分钟到几十分钟内完成。

1. **吸附** 病毒吸附于宿主细胞表面是感染的第一步,是病毒体表面的吸附蛋白与易感细胞膜上的受体特异性结合的过程。不同细胞表面有不同受体,它决定了病毒嗜组织的特异性和感染宿主的范围,如脊髓灰质炎病毒的衣壳蛋白可与灵长类动物神经细胞表面的蛋白受体结合,故脊髓灰质炎病毒主要侵犯的靶细胞是神经细胞;人类免疫缺陷病毒(human immunodeficiency virus,HIV)包膜糖蛋白 gp120 的受体是人 Th 细胞表面的 CD4 分子,故 HIV 选择性侵犯 $CD4^+T$ 淋巴细胞。依据病毒的吸附特点,可开发具有封闭或消除细胞表面病毒受体作用的或与病毒受体相似发挥竞争作用的抗病毒药物。

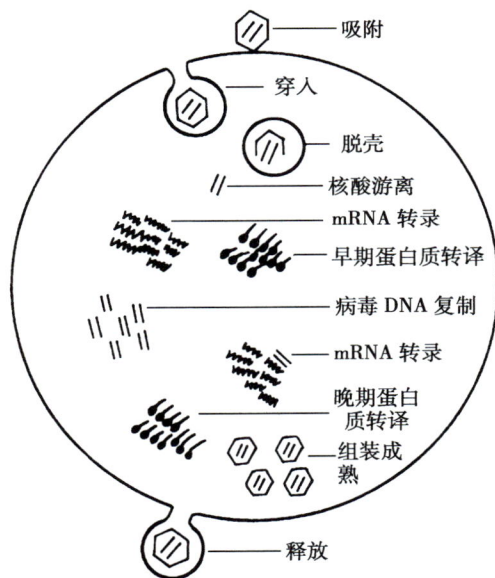

图 4-5 病毒的复制过程

2. **穿入** 病毒吸附在宿主细胞膜后,穿过细胞膜进入细胞内的过程称为穿入。主要有 3 种穿入方式。①吞饮:无包膜病毒多以吞饮的方式进入易感细胞,即病毒与细胞表面结合,细胞膜内陷将病毒包裹其中,形成类似吞噬泡,使病毒进入细胞质内;②融合:有包膜病毒通过包膜与细胞膜密切接触,在融合蛋白的作用下,病毒包膜与细胞膜融合,使病毒核衣壳进入细胞质内;③直接穿入：少数无包膜病毒，其病毒体表面位点与细胞受体结合后，由细胞表面的酶类协助病毒脱壳，使病毒核酸直接进入宿主细胞内，如噬菌体。

3. 脱壳　病毒体必须脱去蛋白质衣壳后，核酸才能发挥作用，故脱壳是病毒能否复制的关键。不同的病毒其脱壳方式不一样，多数病毒在穿入细胞时已在细胞的溶酶体酶的作用下脱壳释放出核酸。少数病毒的脱壳过程较复杂，如痘病毒进入宿主细胞后，先经溶酶体酶脱去外层衣壳，再通过脱壳酶脱去内层衣壳，才能释放出病毒核酸。

4. 生物合成　病毒基因一经脱壳释放，就能利用宿主细胞提供的低分子物质和能量合成大量的病毒核酸和蛋白质，此过程称为生物合成。在生物合成阶段，不能从细胞内检出完整的病毒体，故又称为隐蔽期。各种病毒的该期长短不一，如脊髓灰质炎病毒为3~4小时、披膜病毒为5~7小时、正黏病毒为7~8小时、副黏病毒为11~12小时、腺病毒为16~17小时。病毒在细胞内生物合成的部位因病毒种类而异。多数 DNA 病毒在细胞核内合成 DNA，在胞质内合成蛋白质；大多数 RNA 病毒其全部组分均在胞质内合成。

病毒的生物合成包括转录和翻译两个步骤。①早期转录：发生在病毒核酸复制之前，翻译出的蛋白质称为早期蛋白。早期蛋白是功能蛋白质，主要是病毒复制所需要的酶和抑制宿主细胞正常代谢的调节蛋白。②晚期转录：在病毒核酸复制后，以子代病毒核酸为模板所进行的转录，翻译出的蛋白质称为晚期蛋白。晚期蛋白是结构蛋白，主要构成病毒的衣壳。病毒生物合成方式因核酸类型不同而异。

（1）DNA 病毒：DNA 病毒的生物合成过程遵循遗传中心法则，即 DNA → RNA →蛋白质。首先以 DNA 为模板，在宿主细胞提供的依赖 DNA 的 RNA 聚合酶作用下，转录出早期 mRNA，在胞质的核糖体上翻译出早期蛋白，主要为合成病毒子代 DNA 所需的 DNA 聚合酶及脱氧胸腺嘧啶激酶。在酶作用下，以亲代 DNA 为模板复制出子代 DNA，最后以子代 DNA 分子为模板转录出晚期 mRNA，在胞质的核糖体上翻译出病毒晚期蛋白，即子代病毒的衣壳蛋白和包膜表面的结构蛋白等。

（2）RNA 病毒：大多数 RNA 病毒的核酸为单链 RNA（ssRNA），其中正链 RNA 具有 mRNA 功能，可以翻译出早期蛋白（主要是依赖 RNA 的 RNA 聚合酶），然后以病毒 RNA 为模板，依靠早期蛋白复制出子代病毒核酸；负链 RNA 不具有 mRNA 功能，必须借助 RNA 聚合酶的作用，以自身为模板转录出互补的正链 RNA 作为 mRNA，形成 RNA 复制中间型，再以其正链 RNA 为模板（起mRNA 作用），转录出与其互补的子代负链 RNA，同时翻译出病毒结构蛋白和酶。

（3）逆转录病毒：如人类免疫缺陷病毒（HIV）和人类嗜 T 细胞病毒（human T-cell lymphotropic virus，HTLV）。此类病毒含有两个相同的正链 RNA 和依赖 RNA 的 DNA 聚合酶（逆转录酶）。以病毒 RNA 为模板，在逆转录酶作用下，利用病毒亲代 RNA 为模板合成互补的 DNA 链，形成 RNA：DNA 杂交中间体，然后以 DNA 链为模板，经细胞的 DNA 聚合酶作用，合成互补的另一条 DNA链，组成双链 DNA 分子，并整合于宿主细胞的 DNA 中，再由其转录出子代 RNA 和 mRNA，mRNA在胞质核糖体上翻译出子代病毒的蛋白质。

（4）嗜肝 DNA 病毒：乙型肝炎病毒（hepatitis B virus，HBV）属于该类型病毒，其基因组为不完全闭合双链 DNA（double-stranded DNA，dsDNA），其复制有逆转录过程。逆转录过程发生在病毒转录后,在装配好的病毒衣壳中,以前病毒 DNA 转录的 RNA(前基因组)为模板进行逆转录,形成 RNA : DNA 中间体,RNA 水解后,以 –ssDNA 为模板,合成部分互补 +ssDNA,形成不完全双链的环状子代 DNA。

5. 装配和释放　病毒的装配是指将生物合成的核酸和结构蛋白等组装成子代核衣壳的过程。病毒的种类不同,其装配的部位和方式也不同。除痘病毒外,DNA 病毒多在细胞核内装配,RNA 病毒则多在细胞质内装配。装配一般经过核酸浓聚、壳粒集聚及包裹核酸等步骤。包膜病毒还需在核衣壳外加一层包膜。

病毒核衣壳装配完成后,经成熟发育,然后成熟的子代病毒从宿主细胞游离出来即释放。病毒释放的方式依病毒种类不同而异,主要有以下三种。①破胞释放:破坏宿主细胞而将胞内病毒一次性全部释放,裸病毒多为此种方式。②芽生释放:有包膜病毒在装配完成后,以出芽方式释放到胞外,这种方式一般不导致细胞立刻死亡。③其他方式:有的病毒通过细胞间桥或细胞融合在细胞间传播,而不释放到细胞外,如巨细胞病毒;有些病毒则将其基因整合到宿主细胞基因上,随宿主细胞分裂而传代。

(二) 病毒的异常增殖与干扰

1. 病毒的异常增殖　病毒进入宿主细胞后,由于病毒本身基因组的不完整、发生改变或易感细胞缺乏复制所需的条件,导致病毒不能完成其增殖过程,使之出现异常增殖。

(1)顿挫性感染:病毒进入宿主细胞后,细胞不能为病毒增殖提供所需要的酶、能量及必要的成分,病毒无法合成自身成分,或虽合成部分或合成全部病毒成分,但不能装配和释放出完整的子代病毒,称为顿挫性感染。不能为病毒复制提供必要条件的细胞称为非容纳细胞。非容纳细胞对另一种病毒可能为容纳细胞。病毒在非容纳细胞内呈顿挫性感染,而在另一些细胞内则可能增殖,造成感染。如人腺病毒若感染的是人胚肾细胞就能完成增殖,若感染猴肾细胞则发生顿挫性感染。

(2)缺陷病毒:是指因病毒基因组不完整或者因某一基因位点改变,不能进行正常增殖,复制不出完整的感染性病毒颗粒,该病毒称为缺陷病毒。当缺陷病毒与另一种病毒感染同一细胞时,若后者能为前者提供所缺乏的物质,则能使缺陷病毒完成正常的增殖过程,产生具有感染性的病毒。这种具有辅助缺陷病毒作用的病毒称为辅助病毒。丁型肝炎病毒是典型的缺陷病毒,其辅助病毒是乙型肝炎病毒或其他嗜肝 DNA 病毒,故丁型肝炎病毒常表现为和乙肝病毒重叠感染或先后感染。

2. 干扰 (interference)　两种病毒同时感染或先后感染同一宿主细胞时,可发生一种病毒抑制另一种病毒增殖的现象,称为干扰。干扰可发生在异种病毒之间,也可在同种、同型甚至同株病毒间发生。病毒发生干扰的原因有多种,可能是因为病毒诱导宿主细胞产生了干扰素,也可能是病毒的吸附受到竞争干扰或改变了宿主细胞的代谢途径阻止了另一种病毒的吸附和穿入等过程。在同一病毒株中混有缺陷病毒,当与完整病毒同时感染同一细胞时,完整病毒的增殖受到抑制的现象叫自身干扰,发挥干扰作用的缺陷病毒称为缺陷性干扰颗粒(defective interfering particle,DIP)。干扰不仅在活病毒间发生,灭活病毒也能干扰活病毒。

干扰构成机体非特异性免疫的一部分,能使病毒感染终止或阻止发病。干扰对病毒感染性疾病的防治也具有重要意义:接种病毒减毒活疫苗阻止病毒强毒株的感染;预防接种时,应避免同时使用有干扰作用的两种疫苗,或患病毒感染性疾病者应暂停接种,因病毒疫苗可被宿主体内存在的病毒所干扰。

(三)病毒的培养

病毒的培养是病毒实验研究以及制备病毒疫苗和特异性诊断制剂的前提条件。由于病毒具有严格的细胞内寄生性,故应根据病毒的种类选用相应组织细胞、鸡胚或敏感动物进行病毒的人工培养。

1. 细胞培养　病毒的细胞培养是目前培养病毒的最常用方法。用于病毒分离培养的细胞主要有原代细胞、二倍体细胞和传代细胞。①原代细胞:由新鲜组织(动物、鸡胚或人胚组织)制备的单层细胞,对多种病毒的敏感性高,但由于来源困难,已逐渐少用;②二倍体细胞:指原代细胞在体外分裂 50~100 代后仍能保持其 2 倍染色体数目的单层细胞,可用于多种病毒的分离和疫苗的制备;③传代细胞:目前最常用于培养病毒的细胞,是指能在体外无限分裂而持续传代的单细胞,能在体外培养条件下持续传代,使用和保存方便。目前用于病毒培养的传代细胞主要是肿瘤细胞和突变的二倍体细胞。此类细胞对病毒的敏感性稳定,易于传代,因而广泛应用于病毒培养。但不能用来源于肿瘤的传代细胞生产疫苗。

2. 鸡胚培养　鸡胚对多种病毒敏感。一般选用孵化 9~14 日龄的鸡胚,根据病毒种类不同,将病毒标本接种于鸡胚的不同部位。按接种部位分为以下几种。①绒毛尿囊膜接种:用于痘苗病毒、人类疱疹病毒的培养(图 4-6);②羊膜腔接种:用于流感病毒的初次分离培养(图 4-7);③尿囊腔接种:用于流感病毒及腮腺炎病毒的培养(图 4-8);④卵黄囊接种:用于某些嗜神经病毒的培养(图 4-9)。由于鸡胚培养是目前培养流感病毒的最敏感、最特异的方法,故目前除分离流感病毒还继续选用外,其他病毒的分离基本已被细胞培养所取代。

3. 动物接种　是最早的病毒分离方法,目前较少应用。应根据病毒亲嗜性选择敏感动物及适宜的接种部位,观察动物的发病情况,进行血清学检测等。常用的实验动物有小鼠、乳鼠、豚鼠、家兔、鸡和猴等。常用的接种途径包括皮下、皮内、腹腔、静脉、角膜、鼻腔及脑内接种等。该方法简便,实验结果易观察,可对某些尚无抗原敏感细胞的病毒进行培养,该方法仍在沿用。

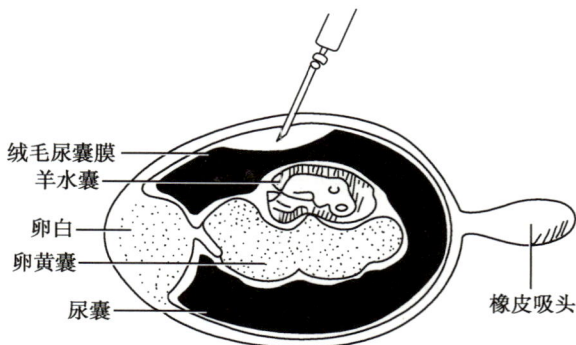

图 4-6　鸡胚绒毛尿囊膜接种示意图

绒毛尿囊膜
羊水囊
卵白
卵黄囊
尿囊
橡皮吸头

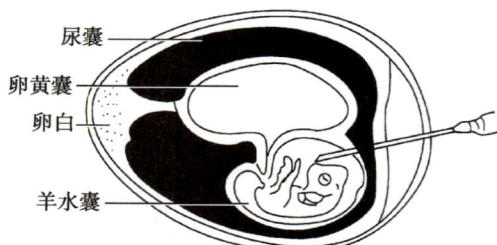

图 4-7　鸡胚羊膜腔接种示意图

尿囊
卵黄囊
卵白
羊水囊

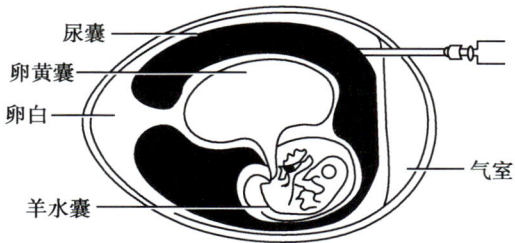

图 4-8 鸡胚尿囊腔接种示意图

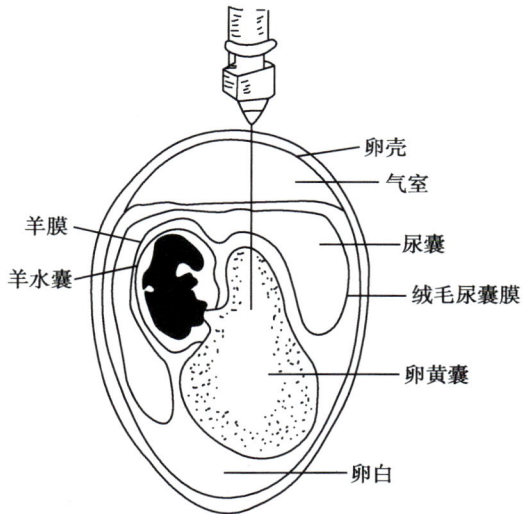

图 4-9 鸡胚卵黄囊接种示意图

三、病毒的遗传与变异

病毒与其他微生物一样,具有遗传性与变异性。由于病毒体结构简单,基因组单一,基因数仅有 3~10 个,增殖速度极快,故在自然条件下也容易发生变异,是较早用于遗传学研究的工具。病毒遗传与变异机制的明晰对于阐明某些病毒性疾病的发病机制、病毒疫苗的制备以及病毒性疾病的防治具有重要意义。

病毒的遗传是指病毒在复制过程中,其子代与亲代病毒性状的相对稳定性。病毒的变异是指病毒在复制过程中出现的性状改变。病毒变异分为遗传型与非遗传型变异,遗传型变异是由于其遗传物质——核酸发生改变而引起的性状改变,变异后的性状可遗传给子代病毒;非遗传型变异是指病毒发生性状改变,但基因没有改变,变异后的性状不能遗传。病毒的变异包括多个方面,如抗原性、毒力、耐药性、温度敏感性变异等。病毒遗传型变异的机制有基因突变和基因重组。

(一)基因突变

由于病毒基因组中的碱基序列置换、缺失或插入而发生的变异称为基因突变。基因突变可自发也可诱导发生,各种物理、化学诱变剂如温度、射线、氟尿嘧啶、亚硝酸盐等都可诱发突变。由基因突变产生的病毒表型性状改变的毒株称为突变株,突变株可呈多种表型,如病毒空斑或痘斑的大小、病毒颗粒形态、抗原性、宿主范围、营养要求、细胞病变以及致病性的改变等。常见的并有实际意义的突变株有条件致死性突变株、缺陷型干扰突变株、宿主范围突变株、耐药突变株。

(二)基因重组与重配

两种或两种以上病毒感染同一宿主细胞时,它们之间可发生多种形式的相互作用,如干扰、共同感染、基因转移与互换等,但常发生于有近缘关系的病毒或宿主敏感性相似的病毒间。两种病毒感染同一宿主细胞发生基因的交换,产生具有两个亲代特征的子代病毒,并能继续增殖,该变化称为基因重组,其子代病毒称为重组体。基因重组不仅能发生于两种活病毒之间,也可发生于一种活病毒与另一种灭活病毒之间,甚至可发生于两种灭活病毒之间。对于基因分节段的RNA病毒,如流感病毒、轮状病毒等,通过交换RNA节段而进行基因重组的被称为重配。流感病毒不同株之间基因片段的重新分配,也可引起宿主细胞染色体基因的改变,整合的结果容易导致细胞转化成为肿瘤等。

(三) 基因整合

指病毒基因组与宿主细胞基因组的整合。在病毒感染宿主细胞的过程中,有时病毒基因组中的DNA片段可插入到宿主染色体的DNA中,这种病毒基因组与细胞基因组的重组过程称为基因整合。多种DNA病毒、逆转录病毒等均有整合宿主细胞染色体的特性,整合既可引起病毒基因的变异,也可引起宿主细胞染色体基因的改变,导致细胞转化发生肿瘤等。

(四) 病毒变异在基因工程中的应用

基因工程是将携带遗传信息的DNA片段转移到生物体内,与原有生物体的DNA结合,实现遗传性状的转移和重新组合,从而使人们能够定向地控制、干预和改变生物体的变异和遗传。由于病毒基因组小、相对简单,容易成为分子遗传学的研究材料,被列入基因组计划中的模式生物进行研究。利用病毒专一性寄生和整合特性,对病毒基因组进行遗传学改造,可设计出基因工程病毒载体。目前广泛应用的有逆转录病毒载体、痘苗病毒载体、腺病毒及腺伴随病毒载体、疱疹病毒载体和脊髓灰质炎病毒载体等。利用病毒载体容量大和繁殖快等特点,把目的基因带入到靶细胞中,让其表达目的产物。

四、病毒的分类

(一) 病毒的分类方法

病毒的分类方法有多种。一般采用一种非系统的、多原则的、分等级的分类法。国际病毒分类委员会(International Committee on Taxonomy of Viruses,ICTV)根据病毒的生物学性状和理化特性进行分类,建立了由目、科、属、种构成的病毒分类系统。由于病毒只含一种核酸,1995年国际病毒分类委员会第一次将病毒分为三大类,即DNA病毒、RNA病毒、DNA和RNA逆转录病毒。然后根据病毒的其他特性如核酸结构、分子量、衣壳的对称性等,进一步分为不同的科、属。截至2023年8月底,ICTV在线资源共有11 273个病毒种,归属于6境,10界,17门,40纲,72目,264科,2 818属。随着病毒学研究的不断深入,尤其是病毒基因和基因组测序研究的推进,使病毒分类从单一基因水平发展到了全基因组水平。

病毒分类的依据有:①核酸的类型与结构(DNA或RNA、单链或双链、分子量、基因数和全基因组信息);②病毒体的形状和大小;③衣壳对称性和壳粒数目;④有无包膜;⑤对理化因素的敏感性;⑥抗原性;⑦生物学特性(繁殖方式、宿主范围、传播途径和致病性)(具体见表4-1、表4-2)。

(二) 亚病毒

病毒性质比较明确的称为典型病毒或寻常病毒。此外,还有一些病毒或因子其本质及在病毒学中的位置尚不明确或比较特殊,称为亚病毒(subvirus)。亚病毒是比病毒更小、结构更简单的传染因子,包括类病毒、卫星病毒、朊粒,是一些非寻常的病毒的致病因子。

表 4-1　DNA 病毒分科及重要病毒

病毒科名	分类的主要特点	主要成员
痘病毒科	dsDNA，有包膜	天花病毒，痘苗病毒，猴痘病毒，传染性软疣病毒
疱疹病毒科	dsDNA，有包膜	单纯疱疹病毒Ⅰ型和Ⅱ型，水痘 - 带状疱疹病毒，EB 病毒，巨细胞病毒，人疱疹病毒 6 型、7 型、8 型
腺病毒科	dsDNA，有包膜	腺病毒
嗜肝病毒科	dsDNA，复制过程有逆转录	乙型肝炎病毒
乳头瘤病毒科	dsDNA，环状，无包膜	乳头瘤病毒
小 DNA 病毒科	+ssDNA，无包膜	细小 B19 病毒，腺病毒伴随病毒

表 4-2　RNA 病毒分科及重要病毒

病毒科名	分类的主要特点	主要成员
副黏病毒科	−ssRNA，不分节，有包膜	副流感病毒，仙台病毒，麻疹病毒，腮腺炎病毒，呼吸道合胞病毒，偏肺病毒
正黏病毒科	−ssRNA，分节，有包膜	流感病毒甲（A）、乙（B）、丙（C）
逆转录病毒科	两条相同的 +ssRNA，不分节，有包膜	人类免疫缺陷病毒，人类嗜 T 细胞病毒
小 RNA 病毒科	+ssRNA，不分节，无包膜	脊髓灰质炎病毒，埃可病毒（enterocytopathogenic human orphan virus，ECHO virus），柯萨奇病毒
冠状病毒科	+ssRNA，不分节，有包膜	冠状病毒
沙粒病毒科	−ssRNA，分节，有包膜	拉沙热病毒，塔卡里伯病毒群（鸠宁和马秋波病毒），淋巴细胞性脉络丛脑膜炎病毒
弹状病毒科	−ssRNA，不分节，有包膜	狂犬病毒，水疱口炎病毒
丝状病毒科	−ssRNA，不分节，有包膜	埃博拉病毒，马堡病毒

1. 类病毒　1971 年美国的 Diener 等在研究马铃薯纺锤形块茎病时发现了比病毒更小的传染因子，仅由 360 个核苷酸构成单链杆状 RNA，有二级结构，无包膜或衣壳，没有蛋白质，故称为类病毒。类病毒主要引起植物致病。该病毒对核酸酶敏感，对热、有机溶剂有抵抗力。致病机制可能是由于 RNA 分子直接干扰宿主细胞的核酸代谢。类病毒与人类疾病的关系尚不清楚。

2. 卫星病毒　是在研究类病毒时发现的又一种亚病毒，多引起植物病变。卫星病毒分两大类：一类能自己编码衣壳蛋白，另一类是 RNA 分子（单股闭合环状的 RNA），曾被称为拟病毒，需辅助病毒为其提供衣壳蛋白。

3. 朊粒　美国的 Prusiner 在研究羊瘙痒病的病因时发现的，为传染性海绵状脑病的病原体，曾被称为朊病毒。其主要成分是蛋白酶抗性蛋白，对理化因素的抵抗力强。可引起中枢神经系统慢性感染，如人的库鲁病、动物的疯牛病等。

点滴积累

1. 病毒是非细胞型微生物。主要特征有个体微小，结构简单，无完整的细胞结构，一种病毒只含一种类型核酸，严格的寄生性，必须在易感的活细胞内进行增殖，对抗生素不敏感。

2. 病毒的基本结构为核心和衣壳构成的核衣壳。有些病毒在衣壳外还有包膜。核酸构成核心，蛋白质构成衣壳。
3. 病毒的增殖方式是复制，复制周期包括吸附、穿入、脱壳、生物合成、装配与释放5个阶段。两种病毒同时或先后感染同一宿主细胞，可发生一种病毒抑制另一种病毒增殖的现象，即干扰。预防接种时应注意避免发生干扰。
4. 病毒在无生命培养基上不能生长，实验室培养病毒常用细胞培养、鸡胚培养和动物接种。病毒耐冷不耐热。

第二节 病毒感染与免疫

病毒侵入机体并在易感细胞内复制增殖，导致机体组织细胞发生改变的过程称为病毒感染。病毒感染的结局取决于宿主、病毒和其他影响机体免疫应答的因素。宿主因素包括遗传背景、免疫状态、年龄以及个体的一般健康状况。病毒因素包括病毒的种类与毒力、感染量和感染途径等。因此，不同个体感染同一病毒体，其感染及抗感染的结局也不同。

一、病毒感染的传播方式与途径

病毒感染的传播方式是指病毒接触并侵入宿主机体的方式，是由病毒固有的生物学特性决定的。不同病毒通过不同的方式侵入机体，在适宜的靶器官或组织寄居、定植、生长和繁殖，并引起感染。通常每种病毒有相对固定的传播方式，这主要取决于病毒的生物学特性和侵入部位，有些病毒可以通过多种方式感染机体，如HIV。病毒感染的传播方式有水平传播和垂直传播两种。

1. **水平传播** 是指病毒在人群不同个体之间的传播，也包括动物和人之间的传播方式。大多数病毒是通过水平传播而致病的。该方式常见的传播途径有呼吸道、消化道、皮肤（机械性损伤、昆虫叮咬或动物咬伤）、黏膜（眼结膜、泌尿生殖道黏膜）、血液等途径。

2. **垂直传播** 是指病毒主要通过胎盘或产道由亲代传播给子代的传播方式，也可见其他方式，例如围产期哺乳和密切接触。可垂直传播是病毒感染的特点之一，目前已知有多种病毒可经垂直传播引起子代病毒感染，常见的有风疹病毒、巨细胞病毒、乙型肝炎病毒和HIV等。垂直传播方式产生的感染称垂直感染，垂直感染可引起死胎、流产、早产及先天畸形等。垂直感染的后果严重，如妊娠早期感染风疹病毒、巨细胞病毒可引起死胎、早产及先天畸形等。被感染的子代也可没有任何症状而成为病毒携带者，如乙型肝炎病毒。

常见病毒的感染途径与方式见表4-3。

表 4-3　常见病毒的感染途径与方式

传播方式	主要传播途径	病毒种类
水平传播	呼吸道	流感病毒、鼻病毒、麻疹病毒、腮腺炎病毒、腺病毒及部分 EB 病毒与肠病毒、水痘病毒等
	消化道	脊髓灰质炎病毒等肠道病毒、轮状病毒、甲型肝炎病毒、戊型肝炎病毒、部分腺病毒
	血液	HIV、乙型肝炎病毒、丙型肝炎病毒、巨细胞病毒等
	眼、泌尿生殖道	HIV、单纯疱疹病毒 Ⅰ 型和 Ⅱ 型，肠道病毒 70 型，腺病毒，人乳头瘤病毒
	皮肤破损或昆虫叮咬	乙型脑炎病毒、克里米亚 - 刚果出血热病毒、狂犬病毒、汉坦病毒
垂直传播	经胎盘、围产期	乙型肝炎病毒、HIV、巨细胞病毒、风疹病毒等

二、病毒感染的类型

病毒侵入机体后，因病毒的种类、毒力和机体免疫力不同，可表现出不同的感染类型。根据有无临床症状，分为显性感染和隐性感染；按病毒在机体内滞留的时间长短，可分为急性感染和持续性感染。持续性感染又可分为潜伏感染、慢性感染和慢发病毒感染。

1. 隐性感染　病毒侵入机体不引起临床症状的感染称为隐性感染或亚临床感染。其原因是病毒的毒力弱或机体的防御功能较强，限制了病毒的增殖，从而对组织细胞的损伤不明显，故不出现或出现不明显的临床症状。隐性感染时，侵入机体的病毒可刺激免疫系统发生免疫应答，建立特异性免疫力。如脊髓灰质炎病毒和流行性乙型脑炎病毒引起的隐性感染。人类病毒感染大多属此类型。部分隐性感染者不能产生有效免疫力，病毒不能被清除，并可在体内增殖并向外播散，这种隐性感染者也称病毒携带者。病毒携带者为重要的传染源，在流行病学上具有重要意义。

2. 显性感染　病毒感染后，出现临床症状和体征，称为显性感染或临床感染。有些病毒可造成多数感染者发病，如天花病毒、麻疹病毒；也有些病毒感染后只有极少数人发病，大多数感染者呈隐性感染，如脊髓灰质炎病毒、流行性乙型脑炎病毒。显性感染可以是局部感染，如腮腺炎、单纯疱疹；也可以是全身感染，如麻疹。根据潜伏期长短、发病缓急及病毒在体内滞留的时间，显性感染可分为急性感染和持续性感染两类。

（1）急性感染：也称病原消灭型感染。病毒侵入机体后，潜伏期短，起病急，病程较短（数日至数周），病愈后机体内无病毒存在，患者可获得特异性免疫。如甲型肝炎病毒、流行性感冒病毒等。

（2）持续性感染：病毒感染后在体内持续存在数月或数年，甚至数十年，可出现症状，也可不出现症状而长期携带病毒，成为重要的传染源，如 HIV、HBV 等。持续性感染分为 3 型。①慢性感染：显性感染或隐性感染后，机体内的病毒并未完全清除，病毒长期存在于机体中，病程可达数月至数年，并可不断排出体外，如乙型肝炎病毒引起的慢性乙型肝炎等。②潜伏感染：某些病毒在显性感染或隐性感染后，病毒潜伏于机体某些细胞内，不增殖，无症状，在一定条件下潜伏病毒被激活，增殖产生感染性病毒体，引起感染再次急性发作。不同的病毒，甚至同一病毒在不同的机体内其潜伏期不等，可以是数月、数年甚至数十年。在显性感染时，可查到病毒的存在，而在潜伏期时查不出病毒。疱疹病毒属的全部病毒（HSV、带状疱疹病毒、巨细胞病毒、EB病毒和人疱疹病毒6型）均可引起潜伏感染。凡使机体免疫力下降的因素均可激活这些潜伏的病毒使感染复发。如单纯疱疹病毒急性感染后，长期潜伏于感觉神经节细胞内，当机体抵抗力降低时可再次发作引起唇疱疹等。某些病毒在显性或隐性感染后，病毒基因存在细胞内，有的病毒潜伏于某些组织器官内而不复制。③慢发病毒感染：病毒感染后，有很长的潜伏期，可达数年甚至数十年，一旦出现症状，呈进行性加重，最后导致死亡。该感染为慢性发展进行性加重的病毒感染，较为少见但后果严重。如麻疹病毒引起亚急性硬化性全脑炎（subacute sclerosing panencephalitis, SSPE）、HIV引起的艾滋病及朊粒感染引起的疾病等。

三、病毒的致病机制

病毒侵入人体后，对机体的损伤主要表现在两个方面：一是病毒在细胞内寄生引起的宿主细胞损害，二是诱发机体的免疫应答而造成的免疫病理反应。

（一）病毒对宿主细胞的直接作用

1. **杀细胞效应** 病毒在感染细胞内增殖，引起细胞溶解死亡的作用称为杀细胞效应。主要见于无包膜、杀伤性强的病毒，如脊髓灰质炎病毒、腺病毒等。其机制是：①病毒在增殖过程中，抑制宿主细胞的核酸复制和蛋白质的合成，使细胞的新陈代谢功能紊乱，造成细胞病变与死亡；②病毒感染引起细胞的溶酶体膜通透性增加或破坏，释放其酶类导致细胞自溶；③病毒蛋白的毒性作用使细胞死亡。体外实验时，若显微镜观察到接种病毒的细胞培养一定时间后，出现细胞变圆、坏死或从瓶壁脱落等现象，称为致细胞病变作用（cytopathic effect, CPE）。具有溶细胞作用的病毒一般可引起急性感染。

2. **稳定状态感染** 有些病毒（多数是有包膜病毒）在易感细胞内缓慢增殖，以出芽方式释放病毒而不影响细胞的分裂和代谢，细胞只有轻微病变，暂时不会出现溶解和死亡，称为病毒的稳定状态感染。稳定状态感染对细胞的损伤主要表现在以下两个方面。①宿主细胞膜出现病毒基因编码的抗原：病毒基因编码的抗原可以表达在宿主细胞膜表面，这种新抗原诱发的机体免疫应答，导致细胞发生免疫病理损伤。②细胞融合：病毒感染细胞与邻近正常细胞发生细胞膜融合，形成多核巨细胞。病毒可借助细胞融合扩散到未感染的细胞，这也是病毒的一种扩散方式。

3. **包涵体形成** 有些病毒感染细胞后，在普通光学显微镜下可看到有与正常细胞结构差异和着色不同的圆形或椭圆形斑块，称为包涵体。有的包涵体位于细胞质内（痘病毒）、有的位于细胞核中（疱疹病毒）或两者都有（麻疹病毒），包涵体有嗜酸性的或嗜碱性的，因病毒种类而异。包涵体内含有病毒装配剩余的成分，也是病毒增殖留下的细胞反应痕迹。包涵体破坏了细胞的正常结构和功能，可引起细胞死亡。作为病毒增殖的痕迹，临床上可通过检测包涵体进行某些病毒感染性疾病的诊断。

4. **基因整合与细胞转化** 有些DNA病毒和逆转录病毒在感染中可将基因整合于宿主细胞基因组中，导致细胞转化，增殖变快，失去细胞间接触抑制。细胞转化也可由病毒蛋白诱导产生，基因整合或其他机制引起的细胞转化与肿瘤形成密切相关。目前为止,已知与人类肿瘤密切相关的病毒有人类反转录病毒、EB病毒、人乳头瘤病毒和嗜肝DNA病毒等。

5. 细胞凋亡 细胞凋亡是由宿主细胞凋亡基因表达导致的程序性细胞死亡。由感染的病毒体或病毒编码的蛋白诱导细胞凋亡的基因启动。逐步使细胞出现空泡、核浓缩、染色体被降解等变化。人类免疫缺陷病毒、腺病毒等感染细胞后,病毒可引起细胞凋亡。这一过程可促进病毒从细胞中释放,限制该细胞产生病毒体的数量。但有些病毒感染则可抑制宿主细胞的早期凋亡,提高细胞产生子代病毒体的数量。

知识链接

病毒与肿瘤

大量研究资料表明,许多病毒与人类肿瘤的发生有着密切的关系。一种关系是肿瘤由病毒感染所致,如人乳头瘤病毒引起的人疣,为良性;人类嗜T细胞病毒引起的人T细胞白血病,为恶性肿瘤。另一种关系是病毒与肿瘤的发生密切相关,如乙型肝炎病毒、丙型肝炎病毒与原发性肝癌的发生有关;人乳头瘤病毒、单纯疱疹病毒-2型与宫颈癌的发生有关等。有效预防上述病毒的感染,可降低相关肿瘤的发生。

(二) 病毒感染的免疫病理损伤

有些病毒感染可影响机体的正常免疫功能,包括直接侵犯免疫细胞或使感染细胞的抗原发生改变,引起宿主机体发生免疫病理反应而导致损伤引起疾病。

1. 抗体介导的免疫病理作用 病毒的包膜蛋白、衣壳蛋白均为良好的抗原,能刺激机体产生相应抗体,抗体与抗原结合可阻止病毒扩散导致病毒被清除。然而病毒抗原与相应抗体结合诱发Ⅱ型或Ⅲ型超敏反应,导致免疫损伤。

2. 细胞介导的免疫病理作用 特异性细胞免疫是宿主清除胞内病毒的重要机制。细胞毒性T细胞(cytotoxic T cell,CTL)对靶细胞病毒抗原识别后引起的杀伤,能终止细胞内病毒复制,对感染的恢复起关键作用。但细胞免疫在杀伤靶细胞终止病毒感染的同时,也损伤宿主细胞,造成功能紊乱,引起Ⅳ型超敏反应。

3. 致炎性细胞因子的病理作用 IFN-γ、TNF-α、IL-1等细胞因子的大量产生将导致代谢紊乱,并活化血管活化因子,引起休克、弥散性血管内凝血(disseminated intravascular coagulation,DIC)、恶病质等严重病理过程,甚至危及生命。

4. 免疫抑制作用 某些病毒感染可抑制机体免疫功能,如麻疹病毒、风疹病毒、巨细胞病毒。某些病毒感染可以使整个免疫系统功能低下,如HIV感染。病毒感染所致的免疫抑制,可激活体内潜伏的病毒或促进某些肿瘤的生长,使疾病复杂化,也可能成为病毒持续性感染的原因之一。

四、抗病毒免疫

有效的抗病毒免疫包括清除细胞外游离的病毒与细胞内的病毒,由固有免疫和适应性免疫两者协同完成。

(一) 固有免疫

固有免疫是机体防御病毒的第一道防线。干扰素、单核巨噬细胞系统、NK 细胞、补体、细胞因子、机体的屏障结构等均能参与抗病毒免疫,其中干扰素和 NK 细胞起主要作用。

1. 干扰素　干扰素(interferon,IFN)是病毒或其他干扰素诱生剂(内毒素、人工合成的 dsRNA 等)刺激人或动物细胞所产生的一种糖蛋白,具有抗病毒、抗肿瘤和免疫调节等多种生物学活性。巨噬细胞、淋巴细胞及体细胞均可产生干扰素。干扰素具有广谱抗病毒作用,但不能直接杀灭病毒,而是通过与细胞表面的干扰素受体结合,激活 IFN 下游信号通路,使细胞产生抗病毒效应蛋白或分子,从而发挥抗病毒作用。由人类细胞产生的干扰素,根据其免疫原性的不同分为 α、β 和 γ 三种。IFN-α 主要由白细胞产生,IFN-β 主要由成纤维细胞产生,二者均属于 I 型干扰素,抗病毒作用强于免疫调节作用。IFN-γ 由 T 细胞和 NK 细胞产生,也称为免疫干扰素,属于 II 型干扰素,是重要的细胞因子,其免疫调节作用强于抗病毒作用。

2. NK 细胞　能非特异杀伤受病毒感染的细胞,在感染早期,抗病毒特异性免疫应答尚未建立之前 NK 细胞发挥重要的作用。IFN-γ 可增强其活性,活化的 NK 细胞还可通过 TNF-α 或 IFN-γ 等细胞因子发挥抗病毒效应。

(二) 适应性免疫

病毒蛋白对人体而言具有良好的免疫原性,能诱导机体发生适应性免疫应答,包括体液免疫和细胞免疫。前者主要作用于胞外病毒,后者主要作用于胞内病毒,同时可有效防止病毒再次感染。

1. 体液免疫的抗病毒作用　病毒感染或接种疫苗后,可刺激机体产生特异性抗体,如中和抗体、补体结合抗体等,在抗病毒免疫中发挥特异性保护作用。①中和抗体的作用:能中和游离的病毒,阻碍病毒吸附、侵入易感细胞,使病毒失去感染力;②抗体协同补体的作用:抗体与病毒结合后,激活补体导致病毒裂解;③ADCC 效应:IgG 抗体与病毒结合后,NK 细胞可通过受体与 IgG 结合,触发对病毒的杀伤作用,即抗体依赖细胞介导的细胞毒作用(antibody-dependent cell-mediated cytotoxicity,ADCC),故体液免疫在清除细胞外游离病毒发挥主要作用,能有效地防止病毒通过血流扩散。

2. 细胞免疫的抗病毒作用　感染细胞内的病毒主要依赖于细胞免疫。特异性抗病毒免疫的效应细胞是 CD8$^+$ Tc 细胞和 CD4$^+$ Th1 细胞。Tc 细胞识别病毒感染的靶细胞,通过裂解与凋亡两种机制直接杀伤靶细胞,终止病毒复制,在抗体的配合下清除病毒。活化的 CD4$^+$ Th1 可释放 IFN-γ、TNF 多种细胞因子,通过激活巨噬细胞和 NK 细胞发挥抗病毒作用。

五、病毒感染的防治

目前,可有效治疗病毒感染的药物十分有限,故人工免疫对预防病毒感染性疾病具有重要意义。

1. 人工主动免疫　人为地给机体接种疫苗,使机体获得特异性免疫力,预防相应的病毒感染性疾病。目前常用的疫苗有减毒活疫苗(脊髓灰质炎疫苗、麻疹疫苗、流感疫苗和甲型肝炎疫苗等)、灭活疫苗（狂犬病疫苗、流行性乙型脑炎疫苗等）、亚单位疫苗（乙型肝炎亚单位疫苗）、基因工程疫苗等。

2. 人工被动免疫　直接将具有抗病毒作用的物质注入机体，对病毒感染性疾病进行治疗或紧急预防。常用的生物制剂有胎盘球蛋白、丙种球蛋白及含有特异性抗体的免疫血清等，可用于某些病毒性疾病的紧急预防。如胎盘球蛋白和丙种球蛋白用于麻疹、甲型肝炎、脊髓灰质炎的紧急预防；高滴度的特异性乙型肝炎免疫球蛋白（hepatitis B immunoglobulin，HBIg）用于预防乙型肝炎的母婴传播。

此外，避免接触传染源、切断传播途径依然是预防病毒性疾病的重要措施，特别是对目前尚无疫苗的病毒性疾病尤为重要。

3. 抗病毒药物　详见本章第四节"抗病毒药物"。

点滴积累

1. 病毒的传播方式有水平传播和垂直传播。垂直传播危害大，可造成死胎、流产、畸形和先天性感染等。
2. 病毒感染细胞后，可出现细胞溶解、稳定状态感染、包涵体形成、基因整合与细胞转化、细胞凋亡。
3. 干扰素、NK 细胞、T 淋巴细胞、体液免疫（抗体）在机体抗病毒免疫中发挥主要作用。
4. 病毒感染无特效药物治疗，故以预防为主，其中疫苗接种是主要预防措施。

第三节　常见的致病性病毒与噬菌体

一、流行性感冒病毒

流行性感冒病毒（influenza virus）简称流感病毒，属于正黏病毒科，是引起流行性感冒（简称流感）的病原体。流感是一种上呼吸道急性传染病，传染性强、传播快、潜伏期短、发病率高。曾多次引起世界性大流行，造成数以万计的人死亡，对人类的生命健康危害极大。

（一）生物学性状

1. 形态与结构　该病毒形态多为球形，直径约为 80~120nm，初次从患者体内分离的流感病毒呈多形态性，以丝状多见。流感病毒的结构由核衣壳和包膜组成（图 4-10）。

（1）核衣壳：是病毒颗粒的核心，呈螺旋对称排列。由病毒核酸、核蛋白（nucleoprotein，NP）及 RNA 聚合酶组成。病毒的核酸分为 7~8 个节段（甲型、乙型流感病毒有 8 个 RNA 节段，丙型流感病毒为 7 个 RNA 节段），每一节段各为一个基因，能编码相应的结构或功能蛋白。这一特点使病毒在复制时容易发生基因重组而形成新的病毒株。NP 是主要的结构蛋白，抗原结构稳定，很少发生变异，与内层基质蛋白（又称 M 蛋白，MP）共同决定病毒的型特异性，但不能诱导中和抗体产生。

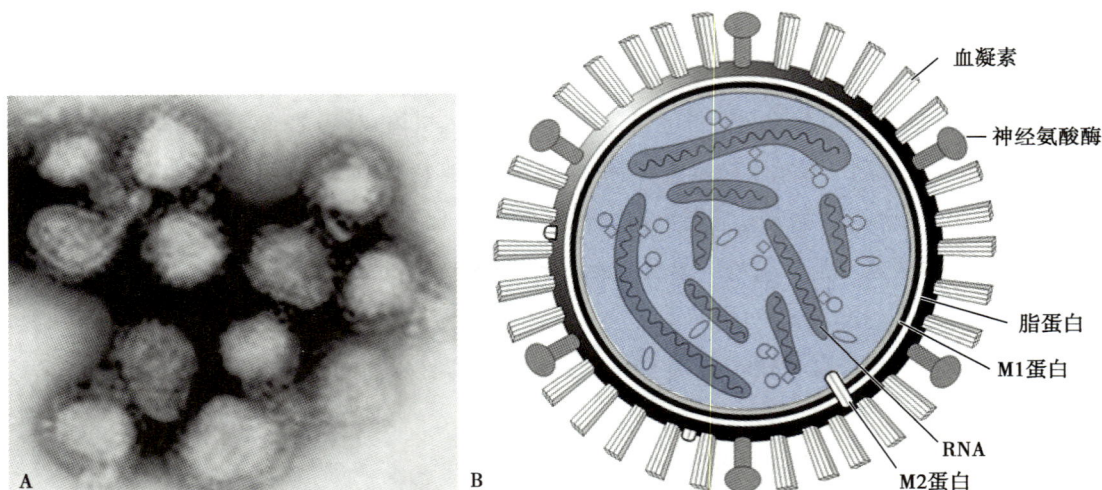

图 4-10　流感病毒的形态与结构

A. 病毒形态(负染, ×100 000, 透射电镜); B. 病毒结构由内向外分别是核衣壳和包膜

（2）包膜：由 M 蛋白和外层脂蛋白组成，具有维持病毒外形与完整性等作用。M 蛋白具有保护病毒核心和维持病毒形态的作用。外层为脂质双层膜，来源于宿主细胞膜。膜上有血凝素（hemagglutinin, HA）与神经氨酸酶（neuraminidase, NA）两种刺突，呈放射状，均为糖蛋白，具有抗原性。血凝素能与多种动物红细胞表面的糖蛋白受体结合，使红细胞凝集；神经氨酸酶能水解细胞表面糖蛋白末端的 N- 乙酰神经氨酸，有助于成熟病毒从细胞表面释放。HA 和 NA 是流感病毒的表面抗原，其抗原性极不稳定，常发生变异，是划分流感病毒亚型的重要依据。

2. 分型与变异

（1）分型：根据 NP 和 MP 抗原性的不同，流感病毒可分为甲、乙、丙三型，三型之间无交叉免疫。甲型流感病毒又根据 HA、NA 抗原性的不同，将其划分为若干亚型，迄今发现 HA 有 H_1~H_{16} 亚型；NA 有 N_1~N_9 亚型。目前，人类的甲型流感病毒亚型主要有 H_1、H_2、H_3 和 N_1、N_2 抗原构成的亚型，1997 年以来发现 H_5N_1、H_7N_2、H_7N_7、H_9N_2 等型禽流感病毒也可以感染人类。乙、丙型流感病毒不易发生抗原性变异，至今尚未发现亚型。

（2）变异：流感病毒易发生变异，尤以甲型变异频繁，其主要原因是 HA 与 NA 的抗原结构容易发生化学变化。抗原变异是流感病毒最突出的特性，也是流感防治中的困难所在。流感病毒的抗原变异有两种形式。①抗原漂移（antigenic drift）：由于病毒基因点突变，HA、NA 变异幅度小，属于量变，引起局部中、小规模的流行；②抗原转换（antigenic shift）：由于病毒基因重组，HA 或 NA 变异幅度大，属于质变，可导致新亚型出现，引起较大规模的流行。

甲型流感病毒的变异是一个连续不断的由量变到质变的过程，当其抗原发生质变以后，即形成一个新的亚型。每当一种新亚型出现，由于人群缺乏对它的免疫力，常引起大流行，甚至波及全球。

3. 培养特性
流感病毒能在鸡胚羊膜腔和尿囊腔中增殖。初次分离该病毒应先接种于鸡胚羊膜腔，传代适应后可移种至尿囊腔。病毒繁殖后不引起明显的病变，常取羊水或尿囊液进行血细胞凝集试验以检查病毒繁殖的情况。对流感病毒最敏感的动物是雪貂。此外，甲、乙型流感病毒在原代人胚肾、猴肾等组织细胞中也能生长。

4. 抵抗力　流感病毒的抵抗力较弱,耐冷不耐热,56℃ 30分钟即可灭活,室温下病毒会很快丧失传染性,0~4℃可存活数周,–70℃或冷冻干燥后可长期保存。对干燥、紫外线及常用的消毒剂(如酸类、醛类等)均敏感。

考 证 要 点
1. 流感病毒的形态结构。
2. 流感病毒的分型与变异。

(二)致病性与免疫性

1. **传染源与传播途径**　传染源主要是患者、隐性感染者及感染动物;主要传播途径是经飞沫、气溶胶通过呼吸道传播,也可通过公用毛巾间接接触而感染。

2. **致病机制与所致疾病**　流感病毒是引起流行性感冒的主要病毒,通常可引起呼吸道局部感染,不引起病毒血症;多呈季节性广泛流行,北方以冬季为主,南方四季都有发生,在夏季和冬季达到高峰。流感病毒的传染性强,人群普遍易感,潜伏期长短取决于侵入病毒量和机体的免疫状态,一般为1~4天。流感病毒进入人体后,在呼吸道上皮细胞内增殖,可引起细胞变性、坏死脱落,黏膜充血、水肿,腺体分泌增加,患者出现鼻塞、流涕、咽痛、咳嗽等上呼吸道感染症状。流感病毒很少入血,但可释放内毒素样物质入血,引起发热、头痛、畏寒、全身酸痛、乏力等全身症状。一般3~7天可自愈,但婴幼儿、年老体弱者易继发细菌感染,如合并肺炎等,病死率高。

3. **免疫性**　人体在感染流感病毒后可产生特异性的细胞免疫和体液免疫。体内可产生抗HA和NA的抗体,两者存在于血清和呼吸道黏膜分泌液中,对防止再感染有重要作用。抗HA为中和抗体,包括免疫球蛋白G(immunoglobulin G,IgG)、免疫球蛋白M(immunoglobulin M,IgM)和SIgA。特别是SIgA,可在局部阻止病毒感染中发挥重要作用。抗NA对病毒无中和作用,但与减轻病情和阻止病毒传播有关。抗HA中和抗体对同亚型病毒有免疫保护作用。

知识链接

禽流感

禽流感是禽流行性感冒的简称,是由禽流行性感冒病毒引起的一种人、禽类(包括家禽和野禽)共患的急性传染病。按病原体类型不同分为高致病性、低致病性和非致病性禽流感3类,其中高致病性禽流感由A型禽流感病毒引起,感染人的禽流感病毒亚型主要有H_5N_1、H_9N_2、H_7N_9等。人类可因病禽的分泌物、排泄物及受病毒污染的水等,经接触、消化道、呼吸道、皮肤等多途径感染。以冬季、春季多发,潜伏期短,感染后表现为高热、咳嗽、流涕、肌痛等,也可表现为较严重的全身性、出血性等症状,感染后死亡率高。

(三)微生物学检查

在流感流行期间,根据典型症状即可作出初步诊断,但确诊或流行监测必须结合实验室检查,主要包括病毒分离与鉴定、血清学诊断和快速诊断方法。

1. **病毒分离培养**　采集急性期患者的鼻咽漱液或鼻咽拭子,经抗生素处理后接种于9~11日龄鸡胚羊膜腔或尿囊腔,于33~35℃孵育3~4天后,收集羊水或尿囊液进行红细胞凝集试验,阳性标本再做血凝抑制试验(hemagglutination inhibition test,HIT),以确定病毒型别;如血凝试验为阴性,需在鸡胚中盲目传代 3 次,仍不出现血凝判断为阴性。

2. 血清学诊断 采集患者急性期(发病 5 日内)和恢复期(病程 2~4 周)双份血清,用 HIT 检测抗体效价,若恢复期血清的抗体效价较急性期血清效价高 4 倍及 4 倍以上,则具有诊断意义。补体结合试验(complement fixation test,CF)可以检测 NP、MP 抗体,这些抗体出现早、消失快,可作为新近感染的指标。

3. 快速诊断 主要采用间接或直接免疫荧光法,或 ELISA 法检测患者鼻黏膜或咽洗液及呼吸道脱落细胞中的病毒抗原。另外,用 PCR、核酸杂交或序列分析等方法检测病毒核酸及分型鉴定。

(四)防治原则

对流感应以预防为主。流行期间应尽量避免人群聚集。公共场所可用乳酸蒸气进行空气消毒。在流感流行季节之前对人群进行流感疫苗预防接种,可有效减少接种者感染流感的机会或减轻流感症状。目前使用的流感疫苗包括全病毒灭活疫苗、裂解疫苗和亚单位疫苗 3 种。疫苗经皮下接种可产生大量的 IgG 抗体,但产生局部 SIgA 抗体较少,需多次接种。但因流感病毒抗原易变异,及时掌握变异动态及选育毒株,使疫苗的抗原性与流行株相同或近似极为重要。

流感的治疗尚无特效疗法,以对症治疗和预防继发性细菌感染为主。盐酸金刚烷胺及其衍生物甲基金刚烷胺能抑制甲型流感病毒的穿入、脱壳过程。奥司他韦(oseltamivir)可以选择性抑制甲型流感病毒的 NA 活性。利巴韦林(ribavirin)、干扰素及中草药板蓝根、大青叶、金银花等对治疗流感有一定的疗效。

二、冠状病毒

冠状病毒(coronavirus)在分类上属于冠状病毒科、冠状病毒属。由于病毒包膜上有向四周伸出的突起,形如花冠而得名。冠状病毒可感染动物和人。目前已从人体分离的冠状病毒主要包括普通冠状病毒 229E、OC43、NL63、HKUI、SARS 冠状病毒(severe acute respiratory syndrome virus,SARS virus)和中东呼吸综合征冠状病毒(Middle East respiratory syndrome coronavinus,MERS-CoV)等八种冠状病毒。

(一)生物学性状

1. 形态与结构 病毒呈多形性花冠状突起,直径约为 80~160nm,核衣壳呈螺旋对称,包膜表面有 20nm 的长管状或纤维状刺突(图 4-11)。核酸为不分节段的单正链 RNA。冠状病毒是基因组最大的 RNA 病毒。裸露的 RNA 有感染性;分别编码核蛋白(N)、包含基质蛋白(matrix protein)的膜蛋白(M)、包膜蛋白(E)与包膜表面的刺突蛋白(spike protein,S),以及 RNA 聚合酶(polymerase)(图 4-12)。

2. 培养特性 冠状病毒可在人胚肾、肠、肺的原代细胞中生长,感染初期细胞病变不明显,连续传代后细胞病变明显增加。

3. 抵抗力 该病毒对乙醚、三氯甲烷、酯类、紫外线以及理化因子较敏感,37℃数小时便丧失感染性。

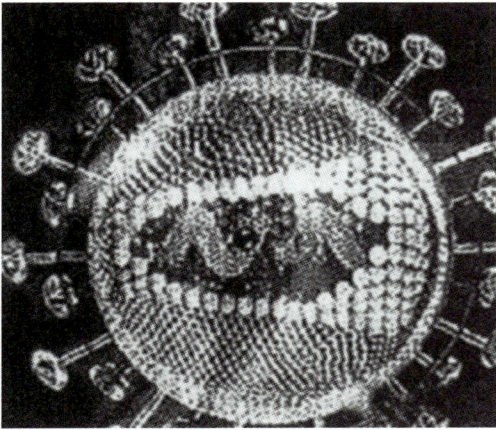

图 4-11　冠状病毒的电镜照片

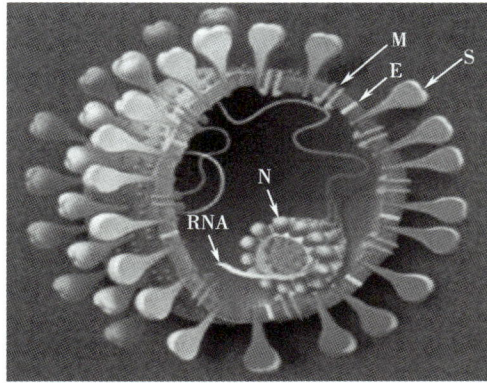

E. 包膜蛋白；M. 跨膜蛋白；N. 衣壳蛋白；S. 刺突蛋白。

图 4-12　冠状病毒的结构模式图

（二）致病性与免疫性

1. 传染源与传播途径　传染源主要是患者和隐性感染者,传播途径主要为近距离飞沫直接传播,也可经密切接触、气溶胶、粪—口途径传播。

2. 致病机制与所致疾病　常见的冠状病毒主要感染成人或较大儿童,引起普通感冒、咽喉炎或成人腹泻。主要在冬春两季流行,疾病的潜伏期短,平均为 3 日,病程一般为 7 日。冠状病毒的某些毒株还可引起严重急性呼吸综合征（severe acute respiratory syndrome, SARS）和中东呼吸综合征（Middle East respiratory syndrome, MERS）等。SARS 的主要症状有发热、咳嗽、头痛、肌肉痛及呼吸道感染症状,病死率约为 14%,尤以 40 岁以上或有潜在疾病者病死率高。其致病机制还不十分清楚。病毒先在上呼吸道黏膜上皮细胞内增殖,然后进入下呼吸道黏膜及肺泡上皮细胞内增殖,导致细胞坏死;诱导机体产生的免疫应答可能也参与对肺组织的损伤。

3. 免疫性　机体感染冠状病毒后,产生的特异性体液免疫和细胞免疫均有抗病毒作用。但免疫记忆不强,仍可发生再感染。

（三）微生物学检查

1. 病毒分离培养　结合临床症状及实验室检验可以辅助诊断。SARS 相关样品处理、病毒培养和动物实验需要在生物安全防护三级（biosafety level-3, BSL-3）实验室中进行。一般用细胞培养、器官培养等方法,对鼻分泌物、咽漱液等标本进行病毒分离。

2. 血清学检查　取患者双份血清做中和试验、ELISA 等进行血清学诊断。

3. 快速诊断　用免疫荧光技术、反转录 PCR（reverse transcription PCR, RT-PCR）技术和酶免疫技术检测病毒抗原或核酸等进行快速诊断。

（四）防治原则

SARS 的预防措施主要是隔离患者、切断传播途径和保护易感人群。在早期,可对患者主要进行氧疗及适量激素疗法等。给予抗病毒类药物和大剂量抗生素,可防止病情发展及并发症的发生。目前已研制出灭活疫苗、腺病毒载体疫苗、重组亚单位疫苗等。

其他呼吸道病毒及所致疾病见表 4-4。

表 4-4　常见呼吸道病毒及所致疾病

病毒	主要生物学特性	所致疾病
副流感病毒	RNA,球形,有包膜	普通感冒、支气管炎等
麻疹病毒	RNA,球形,有包膜	麻疹、亚急性硬化性全脑炎
腮腺炎病毒	RNA,球形,有包膜	流行性腮腺炎
风疹病毒	RNA,球形,有包膜	风疹、胎儿畸形或先天性风疹综合征
腺病毒	DNA,球形,无包膜	呼吸道、消化道、尿道和眼结膜感染

三、脊髓灰质炎病毒

脊髓灰质炎病毒(poliovirus)属于肠道病毒,是引起脊髓灰质炎的病原体。该病毒感染人体后,以隐性感染多见,少数感染者因病毒损害脊髓前角运动神经元细胞,导致肢体肌肉弛缓性麻痹,多见于儿童,故又称为小儿麻痹症。病情轻重不一,轻者无瘫痪出现,严重者累及生命中枢而死亡,大部分病例可治愈,仅小部分留下后遗症。由于有效的疫苗预防,脊髓灰质炎发生率已显著降低。

(一) 生物学性状

1. 形态与结构　病毒呈球形,直径为 24~30nm,核衣壳为二十面体立体对称,无包膜。病毒衣壳蛋白主要由 4 种蛋白组成,分别称为 VP1、VP2、VP3 和 VP4。其中 VP1、VP2 和 VP3 暴露在病毒衣壳表面,VP1 具有型特异性,是病毒与宿主细胞表面受体结合的部位,也是中和抗体的主要结合位点;VP4 位于衣壳内部与 RNA 相连,可维持病毒的空间构型。核心含有单正链 RNA,核酸不分节段。

2. 培养特性　脊髓灰质炎病毒仅在灵长类动物细胞内增殖,故常用人胚肾、人羊膜或猴肾细胞等进行培养。病毒在胞质内增殖后可出现典型的溶细胞性病变,导致细胞圆缩、坏死、脱落,最终以裂解细胞的方式释放。

3. 抗原性与型别　脊髓灰质炎病毒有 3 个血清型,分别为Ⅰ型、Ⅱ型和Ⅲ型,均可刺激机体产生中和抗体,但三型间无交叉免疫。

4. 抵抗力　脊髓灰质炎病毒对外界环境的抵抗力较强,在污水和粪便中可存活数月,在冰冻条件下可保存几年。在酸性环境中较稳定,能耐受胃肠道中胃酸的作用,不易被蛋白酶和胆汁灭活。耐乙醚、乙醇等。病毒对热、干燥、紫外线比较敏感,56℃ 30 分钟可被灭活。含氯消毒剂如次氯酸钠、二氧化氯等对脊髓灰质炎病毒有较好的灭活效果。对各种氧化剂如高锰酸钾、过氧化氢溶液、漂白粉等很敏感。

(二) 致病性与免疫性

1. 传染源与传播途径　患者、隐性感染者和无症状的带病毒者为传染源。病毒主要存在于粪便和鼻咽分泌物中,主要经粪—口途径传播。夏秋季是主要流行季节,易感者多是 5 岁以下的儿童。

2. 致病机制与所致疾病　脊髓灰质炎病毒经口侵入机体后，首先在局部黏膜和咽、扁桃体等淋巴组织和肠道集合淋巴结中增殖。此时，患者不出现症状或仅有轻微发热、咽痛、腹部不适等，90%感染者表现为隐性感染或轻症感染。在少数感染者体内，病毒在肠道局部淋巴结增殖后进入血液，引起第一次病毒血症。病毒随血液播散到全身淋巴组织或其他易感组织进一步增殖，再次入血引起第二次病毒血症，患者的全身症状加重。此时，若机体免疫力强，中枢神经系统可不受侵犯，临床上不出现麻痹症状。极少数患者病毒可侵入中枢神经系统，在脊髓前角运动神经元细胞中增殖并引起病变。轻者引起暂时性肌肉麻痹，以四肢多见，下肢尤甚；重者可造成永久性弛缓性肢体瘫痪，甚至发生延髓麻痹，导致呼吸衰竭或心力衰竭而死亡。

3. 免疫性　病后和隐性感染均可使机体获得对同型病毒的牢固免疫力。以体液免疫为主，主要以 SIgA 和血清中和抗体（IgG、IgM）发挥作用。SIgA 能清除咽喉部和肠道内病毒，防止其进入血液。血清中和抗体可阻止病毒进入中枢神经系统。中和抗体在体内的维持时间甚久，6 个月以内的婴儿可从母体获得被动免疫。

（三）微生物学检查

1. 病毒分离与鉴定　粪便标本加抗生素处理后，接种原代猴肾或人胚肾细胞，置 37 ℃培养 7~10 天，若出现典型细胞病变，用中和试验进一步鉴定其型别。

2. 血清学实验　取患者发病早期和恢复期双份血清进行中和试验，若恢复期血清特异性抗体效价有 4 倍或 4 倍以上增长，则有诊断意义。亦可检测血清中特异性 IgM，以作出近期感染的诊断。

3. 快速诊断　核酸杂交、PCR 等分子生物学方法可检测患者咽拭子、粪便等标本中的病毒基因组的存在，进行快速诊断。同时可根据毒株核苷酸组成或序列的差异，或酶切位点的不同等来区别脊髓灰质炎病毒的疫苗株与野毒株。

（四）防治原则

脊髓灰质炎可以通过人工主动免疫有效预防。脊髓灰质炎疫苗有脊髓灰质炎灭活疫苗（inactivated polio vaccine，IPV）和口服脊髓灰质炎减毒活疫苗（live oral polio vaccine，OPV）两种，IPV 和 OPV 都是三价混合疫苗。我国使用口服脊髓灰质炎三价减毒活疫苗，可获得抗 3 种血清型脊髓灰质炎病毒的免疫力。OPV 热稳定性差，保存、运输、使用要求高，有毒力回复的可能，特别是近年部分国家出现了疫苗相关麻痹型脊髓灰质炎。目前新的免疫程序建议首先使用 IPV 免疫 2 次后再口服 OPV 进行免疫。与患者有过密切接触的易感者可注射丙种球蛋白做紧急被动免疫，可阻止发病或减轻症状。

> **知识链接**
>
> #### 中国脊髓灰质炎疫苗之父顾方舟
>
> 顾方舟是我国著名医学家、病毒学家。1955 年，江苏省南通市暴发大规模的脊髓灰质炎疫情，随后疫情迅速蔓延。顾方舟临危受命，开始了脊髓灰质炎疫苗的研究工作。1960 年底，500 万人份疫苗在全国 11 个城市推广，流行高峰纷纷削减。为了便于在全国推广免疫，顾方舟和研究团队成功改进剂型，将需要冷藏的液体疫苗制成固体糖丸，这是中国消灭脊髓灰质炎之路的独特创举。1964 年，糖丸疫苗在全

国推广,脊髓灰质炎的年平均发病率从 1949 年的 4.06/10 万,下降到 1993 年的 0.046/10 万。自 1994 年发现最后一例患者后,至今未发现由本土野病毒引起的脊髓灰质炎病例。2000 年,经世界卫生组织西太区消灭"脊灰"证实委员会证实,我国成为无脊髓灰质炎国家。2019 年 1 月 2 日,"人民科学家"顾方舟在北京逝世,享年 92 岁。这位被称为"糖丸爷爷"的中国脊髓灰质炎疫苗之父,为实现我国全面消灭脊髓灰质炎并长期维持无脊灰状态而奉献一生,护佑了几代中国人的健康成长。

其他肠道病毒及所致疾病见表 4-5。

表 4-5 其他肠道病毒及所致疾病

种类和型别	所致疾病	主要传播途径
轮状病毒	婴幼儿腹泻	粪—口途径传播
柯萨奇病毒(A 组:1~24 型)	上呼吸道感染、疱疹性咽峡炎、手足口病等	粪—口途径传播
柯萨奇病毒(B 组:1~6 型)	上呼吸道感染、心肌炎、流行性胸痛等	粪—口途径传播、呼吸道传播
埃可病毒	无菌性脑膜炎、婴幼儿腹泻、儿童皮疹等	粪—口途径传播
新型肠道病毒	急性出血性结膜炎、手足口病等	接触、粪—口途径传播、昆虫媒介

知识链接

手足口病

　　手足口病是一种儿童传染病,主要由柯萨奇病毒 A16 型和肠道病毒 71 型引起。其特征是患者手足皮肤和口舌出现水疱型损伤,可伴有发热,因而称为手足口病。多发生于 5 岁以下的儿童,夏、秋季易流行。该病通过密切接触及空气飞沫传播,也可通过手、生活用品及餐具等间接传染。少数患儿可引起心肌炎、肺水肿、无菌性脑膜脑炎等并发症,重症患儿病情发展快,可导致死亡。

四、肝炎病毒

　　肝炎病毒(hepatitis virus)是一类主要侵犯肝脏,并引起病毒性肝炎的病原体。目前公认的人类肝炎病毒有 5 种类型,即甲型肝炎病毒(hepatitis A virus,HAV)、乙型肝炎病毒(hepatitis B virus,HBV)、丙型肝炎病毒(hepatitis C virus,HCV)、丁型肝炎病毒(hepatitis D virus,HDV)和戊型肝炎病毒(hepatitis E virus,HEV),在分类学上归属于不同的病毒科和属。其中甲型肝炎病毒和戊型肝炎病毒经消化道传播,而乙型、丙型、丁型肝炎病毒主要经血液传播。

案例分析

案例: 患者,男,39 岁,半个月前出差在外,曾进食海鲜。1 周来出现畏寒、发热、恶心、呕吐、乏力、食欲减退,近 2 天尿如浓茶色,前来医院就诊。检查:巩膜黄染,肝肋下 4cm,脾未触及,其余正常。化验:ALT 998U,总胆红素 113μmol/L,抗 -HAV IgM(+),抗 -HBs(+),其余均正常。

分析: 通过临床症状、查体及化验结果分析,该患者为急性甲型肝炎,系感染甲型肝炎病毒所致。甲型肝炎病毒主要经粪—口途径传播,一般可完全恢复,预后良好,不转为慢性肝炎。

(一) 甲型肝炎病毒

甲型肝炎病毒（hepatitis A virus，HAV）是甲型肝炎的病原体，为小 RNA 病毒科嗜肝病毒属。甲型肝炎呈世界性分布，HAV 可从感染者粪便排出，污染食物或水源而引起流行，主要感染儿童和青少年。一般为急性自限性疾病，预后良好，不发展成慢性肝炎和慢性病毒携带者。

1. 生物学性状

（1）形态与结构：HAV 颗粒呈球形，直径为 27~32nm，无包膜。衣壳呈二十面体立体对称，每个壳粒由 4 种（VP1~VP4）多肽组成。病毒基因组为单股正链 RNA，核酸具有感染性（图 4-13）。电镜下可见实心颗粒和空心颗粒两种，实心颗粒为完整成熟的病毒体，有感染性；空心颗粒不含核酸，有免疫原性而无感染性。HAV 只有一个血清型。

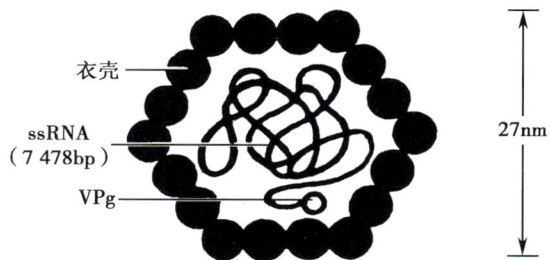

图 4-13　甲型肝炎病毒结构示意图

（2）动物模型与细胞培养：黑猩猩、绒猴、猕猴及短尾猴等对 HAV 易感，感染后可在粪便中检出 HAV，血清中可出现 HAV 的相应抗体。HAV 可在非洲绿猴肾细胞、人肝癌细胞株、人胚肺二倍体细胞等多种细胞中缓慢增殖，不引起明显的细胞病变。应用免疫荧光染色法，可检出培养细胞中的 HAV。

（3）抵抗力：HAV 对理化因素的抵抗力较强，比一般肠道病毒更耐酸、耐碱、耐乙醚、耐热，60℃下可存活 4 小时。在 pH 2~10 的环境中稳定，在淡水、海水、泥沙和毛蚶等水生贝类中可存活数天至数月，因此可通过粪便污染水源引起暴发流行。对紫外线、甲醛和氯等敏感。100℃ 5 分钟、70% 乙醇可使之灭活。

2. 致病性与免疫性

（1）传染源与传播途径：传染源为患者和隐性感染者。甲型肝炎的潜伏期为 15~50 天，平均为 30 天。潜伏期末、临床症状出现前，即有大量病毒从感染者粪便排出。发病 2 周后，随着肠道中抗 HAV IgA 及血清中抗 HAV IgM/IgG 的产生，粪便中不再排出病毒。HAV 主要经粪—口途径传播，传染性极强。HAV 随患者粪便排出体外，通过污染水源、食物、海产品（如毛蚶等）、食具等传播而造成散发性流行或大流行。1988 年，上海曾发生市民因食用被 HAV 污染的毛蚶而导致 30 万人甲型肝炎暴发流行，危害十分严重。

（2）感染类型与致病机制：人类对 HAV 普遍易感，约 70% 为隐性感染。显性感染多发生于儿童及青少年，成人体内多含抗 HAV 的抗体而不易感。HAV 在感染者血液中持续时间较短，通过输血或注射方式传播较为少见。HAV 经口侵入人体后首先在口咽部或唾液腺中初步增殖，然后到达肠黏膜及肠道局部淋巴结中大量增殖并侵入血流形成病毒血症，最终侵犯靶器官肝脏。HAV 在肝细胞内增殖非常缓慢，并不直接造成明显的肝细胞损害。当肝细胞内 HAV 复制高峰期过后，患者才出现明显的肝损伤。而黄疸出现时，血液和粪便中 HAV 量却明显减少，同时体内出现抗体，提示 HAV 引起的肝脏损伤与机体的免疫应答过程有关。甲型肝炎好发于儿童和青壮年，发病较急，临床表现有发热、疲乏、食欲缺乏、肝大、腹痛、肝功能损害或黄疸等。一般不转为慢性和携带者,预后大多良好。

(3)免疫性:对于显性感染和隐性感染,机体均可产生抗HAV的抗体。抗-HAV IgM在急性期早期即可产生,维持2个月左右逐渐下降;抗-HAV IgG在恢复期出现,可维持多年,对HAV的再感染具有免疫作用,是获得免疫力的标志。成人多因隐性感染获得免疫力,我国成人血清HAV抗体阳性率达70%~90%。

3. 微生物学检查　HAV一般不进行病原体的分离培养,微生物学诊断以血清学检查和病原学检查为主。血清学检查包括用ELISA检测患者血清中的抗-HAV IgM和抗-HAV IgG。抗-HAV IgM出现早,消失快,是甲型肝炎早期诊断可靠的血清学指标。抗-HAV IgG检测主要用于流行病学调查、了解既往感染史或HAV疫苗接种情况。病原学检查主要采用粪便标本,包括核酸分子杂交或RT-PCR检测HAV RNA、用ELISA法检测HAV抗原和用免疫电镜法检测病毒颗粒等。

4. 防治原则　HAV主要通过粪-口途径传播,故预防甲型肝炎主要是控制传染源,切断传播途径,加强卫生宣传,严格管理和改善饮食、饮水卫生,对患者的排泄物、食具和床单衣物等物品应进行消毒处理。甲肝疫苗包括减毒活疫苗和灭活疫苗两类,接种后能产生持久良好的免疫效果,可有效地预防甲肝流行。对密切接触患者的易感者,可给予人血或胎盘丙种球蛋白用于紧急预防。

> **考 证 要 点**
> 1. 甲型肝炎病毒的形态、结构。
> 2. 甲型肝炎病毒的致病性。

(二) 乙型肝炎病毒

乙型肝炎病毒(hepatitis B virus,HBV)是乙型肝炎的病原体,属于嗜肝DNA病毒科正嗜肝病毒属。HBV感染是全球性公共卫生问题,估计全世界有乙型肝炎病毒携带者2.5亿人,是常见传染病之一。目前我国HBV携带率逐年下降,5岁以下儿童携带率已低于0.4%,HBV感染后临床表现呈多样性,可表现为重症肝炎、急性肝炎、慢性肝炎或无症状携带者,其中部分慢性肝炎可发展成肝硬化或肝细胞癌。

1. 生物学性状

(1)形态与结构:乙型肝炎患者血清中用电镜观察可见3种形态的颗粒,即大球形颗粒、小球形颗粒和管型颗粒(图4-14)。

1)大球形颗粒:又称Dane颗粒,是1970年由Dane首先在乙型肝炎患者血清中发现的。Dane颗粒是具有感染性的完整的HBV颗粒,呈球形,直径为42nm,具有双层衣壳。其结构由外向内依次为①外衣壳:相当于一般病毒的包膜,由脂质双层和镶嵌蛋白质构成,镶嵌蛋白质即构成HBV表面抗原(hepatitis B surface antigen,HBsAg);②内衣壳:呈二十面体对称结构,相当

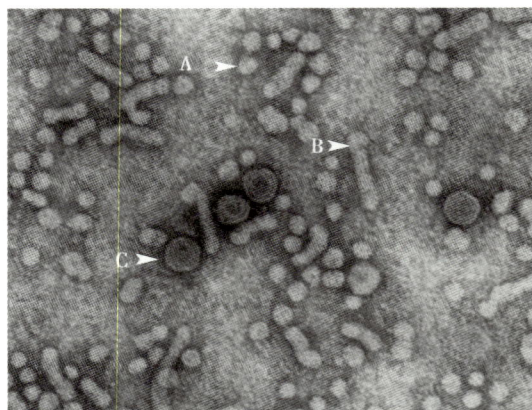

A. 小球形颗粒;B. 管型颗粒;C. 大球形颗粒。

图 4-14　HBV 电镜图

于一般病毒的衣壳，主要由 HBV 的核心抗原（hepatitis B core antigen，HBcAg）构成；③核心：含双链未闭合环状 DNA 和 DNA 聚合酶。

2）小球形颗粒：直径为 22nm，是由 HBV 在肝细胞内复制时产生的过剩的衣壳装配而成，主要成分为 HBsAg，不含病毒 DNA 及 DNA 聚合酶，无感染性，大量存在于感染者血液中。

3）管型颗粒：是由小球形颗粒聚合而成的，长达 100~500nm，亦存在于血液中。

（2）抗原组成：HBV 的抗原组成较复杂，有以下 3 种。

1）表面抗原（HBsAg）：为外衣壳成分，存在于上述 3 种颗粒中。HBsAg 具有免疫原性，是制备疫苗的主要成分，可刺激机体产生抗 -HBs，抗 -HBs 是具有特异性保护作用的中和抗体，可抵抗 HBV 的再感染。HBsAg 大量存在于感染者的血液中，是 HBV 感染的主要标志。HBsAg 有不同的亚型，各亚型之间有一个共同的抗原决定簇 a 和两组互相排斥的亚型决定簇 d/y 及 w/r，所以 HBsAg 可分为 adw、adr、ayw 和 ayr 四种亚型。preS1 和 preS2 的免疫原性较 HBsAg 更强，可刺激机体产生中和抗体，此类抗体能阻断 HBV 与肝细胞结合而起抗病毒作用。

2）核心抗原（HBcAg）：存在于 Dane 颗粒核心结构的表面，为内衣壳成分，其外被 HBsAg 所覆盖，故在外周血中很难检出。HBcAg 的免疫原性较强，可刺激机体产生抗 -HBc。抗 -HBc IgM 出现在感染早期，可作为早期诊断的重要指标，高效价的抗 -HBc IgM 提示 HBV 在体内复制增殖。抗 -HBc IgG 产生较晚，可在血清中存在多年，但对机体无保护作用，可作为已感染 HBV 或既往感染过 HBV 的标志。

3）e 抗原（HBeAg）：以可溶性蛋白的形式游离于血中。e 抗原仅见于 HBsAg 阳性的血清中，其在血液中的消长动态与病毒体及 DNA 聚合酶一致，提示 HBeAg 是 HBV 复制及具有较强传染性的指标。HBeAg 也可刺激机体产生抗 -HBe，对 HBV 感染有一定的保护作用，被认为是预后良好的象征。

（3）易感动物：黑猩猩对 HBV 易感，接种后可发生与人类相似的急、慢性感染，是研究 HBV 的最理想的动物模型。常用于 HBV 的致病机制研究和疫苗效果及安全性评价。HBV 的体外细胞分离培养尚未成功，目前主要采用人原代肝细胞或病毒 DNA 转染的肝癌细胞系培养 HBV，后者可长期稳定表达 HBV 抗原成分或产生 Dane 颗粒。

（4）抵抗力：HBV 对外界环境的抵抗力较强，对低温、干燥、紫外线和一般消毒剂均有耐受性。100℃煮沸 10 分钟或高压蒸汽灭菌可将其灭活。环氧乙烷、0.5% 过氧乙酸、5% 次氯酸钠和 2% 戊二醛等可消除其传染性，但须注意 HBV 不被 70% 乙醇灭活。

2. 致病性与免疫性

（1）传染源与传播途径：乙型肝炎的主要传染源是患者和无症状的 HBV 携带者。在感染者的血液、尿液、唾液、乳汁、阴道分泌物、精液等多种体液中均可检测到 HBV。乙型肝炎的潜伏期长达 30~160 天，在潜伏期、急性期及慢性期，患者的血液和体液都具有传染性。HBV 的主要传播途径有 3 条。①血液传播：由于 HBV 在感染者的血液中大量存在，而人群对其极易感，故极少量带病毒的血液进入人体即可导致感染。输血、输液、注射、手术、针刺、拔牙、妇科操作、纤维内镜检查等均可传播。此外，针刺（文身）、注射药瘾者及皮肤黏膜的微小损伤等亦可导致感染。②母婴传播：也称为垂直传播。传播方式包括宫内感染、围产期传播、哺乳或密切接触传播。其中围产期传播是母婴传播的主要传播途径。多发生于胎儿期和围产期,常发生在分娩时新生儿破损的皮肤黏膜与母体的血液接触而受感染。③性传播及密切接触传播:由于 HBV 存在于唾液、精液及阴道分泌物等体液中,因此,性滥交者、同性恋者及不安全性行为者是 HBV 感染的高危人群,HBV 感染者的配偶也比其他家庭成员更易受到感染。

(2)致病机制:HBV 的致病机制较复杂,除了对肝细胞的直接损害外,机体的免疫应答及其与病毒相互作用引起的免疫病理损伤则是造成肝脏损害的主要因素。HBV 的致病机制主要有以下几点。①细胞免疫介导的免疫损伤:HBV 感染后,在肝细胞内复制可使肝细胞表面表达 HBsAg、HBcAg 和 HBeAg,可激活 T 细胞攻击带有病毒抗原的肝细胞。在清除病毒的同时,也造成肝细胞损伤,其中 CTL 对靶细胞的直接杀伤是肝细胞受损的主要原因。②免疫复合物沉积引起的损伤:血清中游离的 HBsAg 和 HBeAg 与相应抗体结合,形成免疫复合物。免疫复合物随血液循环沉积于肾小球基底膜、关节滑膜等,激活补体,引发Ⅲ型超敏反应导致损伤。慢性肝炎常同时伴有肾小球肾炎、关节炎等肝外损害。免疫复合物若沉积于肝内,可导致急性重型肝炎。③病毒变异及对免疫功能的抑制:HBV 基因变异使病毒的免疫学性状改变,可逃避免疫系统的识别和攻击。另外,HBV 感染可抑制细胞产生 IFN 和 IL-2,并使细胞表面 HLA Ⅰ类分子的表达减少,CTL 的杀伤活性减弱。免疫逃逸和免疫抑制可造成 HBV 的持续性感染,迁延不愈。④自身免疫反应所引起的病理损害:HBV 感染肝细胞后,使肝细胞膜特异性脂蛋白(LSP)暴露,诱导机体产生自身免疫应答而损伤肝细胞。⑤病毒引起的肝细胞转化:HBV 基因组能与肝细胞染色体的 DNA 整合,可激活细胞内的原癌基因,引起肝细胞转化导致癌变。通过核酸杂交技术发现肝癌细胞中可检出 HBV 的 DNA,流行病学调查也证明 HBsAg 慢性携带者其原发性肝癌的发病率较高。

免疫应答的强弱与临床类型和转归有密切的关系:①若病毒感染所波及的肝细胞数量不多,免疫应答正常,可表现为急性肝炎,最终病毒被清除而痊愈;②若感染的肝细胞数量多而细胞免疫应答过强,可迅速引起大量肝细胞坏死,则表现为重症肝炎;③若机体免疫功能低下或病毒变异,不能有效地杀伤病毒感染细胞,使 HBV 不断释放并感染新的细胞,便形成慢性肝炎;④若机体对 HBV 形成免疫耐受(尤其在婴幼儿),则可表现为无症状的 HBV 携带者。

(3)免疫性:①体液免疫,有保护作用的中和抗体主要是抗 -HBs、抗 -preS1 和抗 -preS2,这些抗体可阻止 HBV 进入正常肝细胞,是清除细胞外游离 HBV 的重要因素。②细胞免疫,HBV 抗原激活的特异性 CTL 细胞对感染肝细胞的杀伤是机体清除细胞内 HBV 的最主要的因素。NK 细胞、巨噬细胞以及一些细胞因子等也参与对靶细胞的杀伤。HBV 所激发的免疫应答作用是双重的,一方面表现为免疫保护,如 CTL 对细胞内病毒的清除、抗 -HBs 对病毒的中和作用等;另一方面可造成肝细胞和肝外组织的免疫损伤。

3. 微生物学检查

(1)HBV 抗原抗体的检测及结果分析:检测血清中的 HBV 抗原抗体最常用的方法是酶联免疫吸附试验(enzyme-linked immunoadsordent assay,ELISA)。主要检测 HBsAg、抗 -HBs、HBeAg、抗 -HBe 及抗 -HBc,俗称 "两对半" 或 "乙肝五项"。对不同抗原抗体的检出,应结合几项指标进行分析才能作出诊断。HBV 抗原抗体检测结果的临床分析见表 4-6。

表 4-6　HBV 抗原、抗体检测结果及临床意义

HBsAg	HBeAg	抗 -HBs	抗 -HBe	抗 -HBc IgM	抗 -HBc IgG	结果分析
+	−	−	−	−	−	HBV 感染或无症状的携带者
+	+	−	−	+	−	急性或慢性乙型肝炎(传染性强,俗称"大三阳")
+	−	−	+	−	+	急性感染趋向恢复(俗称"小三阳")
+	+	−	−	+	+	急性或慢性乙型肝炎、无症状的携带者
−	−	+	+	−	+	既往感染
−	−	−	+	−	+	既往感染
−	−	+	−	−	−	既往感染或接种过疫苗

注:+ 表示阳性;− 表示阴性。

1)HBsAg:是 HBV 感染的特异性标志,也是机体感染 HBV 后最早出现的血清学指标。HBsAg 阳性见于 HBV 携带者、急性乙型肝炎的潜伏期或急性期、慢性乙型肝炎、与 HBV 有关的肝硬化及原发性肝癌患者。无症状的 HBV 携带者可长期 HBsAg 阳性。急性乙型肝炎恢复后,一般在 1~4 个月内 HBsAg 消失,若持续 6 个月以上则认为已向慢性肝炎转化。但值得注意的是,由于 S 基因的突变或低水平表达,HBsAg 阴性也不能完全排除 HBV 感染。HBsAg 是筛选献血员的必检指标,HBsAg 阳性者不能作为献血员。

2)抗 -HBs:是一种保护性抗体,表示曾感染过 HBV,并对 HBV 具有免疫力,见于乙型肝炎恢复期、既往 HBV 感染者或接种 HBV 疫苗后产生免疫效应。患者体内检测抗 -HBs 阳性,表示预后良好或已恢复。

3)抗 -HBc:抗 -HBc IgM 阳性表示病毒在体内复制,患者的血液具有很强的传染性。抗 -HBc IgM 于感染早期出现,其下降速度与病情有关,下降快表示预后良好;若 1 年内不能降至正常水平或高低反复,提示可能已经转为慢性乙型肝炎。抗 -HBc IgG 出现较晚,但在体内的维持时间长,见于慢性乙型肝炎。

4)HBeAg:HBeAg 与 HBV DNA 聚合酶的消长基本一致。HBeAg 阳性表示 HBV 复制及血液具有较强传染性。急性乙型肝炎患者 HBeAg 阳性呈暂时性,若持续阳性表示可能转为慢性乙型肝炎。慢性乙型肝炎患者转为阴性者,表示病毒在体内停止复制。

5)抗 -HBe:抗 -HBe 阳性表示病毒在体内复制减弱,机体已获得一定的免疫力,多见于急性肝炎的恢复期。但由于 HBV PreC 区突变株的出现,对抗 -HBe 阳性的患者也应检测其血中的病毒 DNA,以正确判断预后。

HBV 抗原抗体检测主要用于:①诊断乙型肝炎及判断预后;②筛选献血员;③乙型肝炎的流行病学调查;④判断疫苗的免疫效果;⑤对饮食、保育及饮水管理等行业人员定期进行健康检查。

(2)HBV 核酸的测定:通过核酸杂交法及 PCR 法检测血清 HBV 核酸,血清检出 HBV DNA 是

HBV 在体内复制和血清有传染性的直接标志。

4. 防治原则 乙型肝炎的预防应针对其传播途径采取综合性预防措施。

边 学 边 练
加深理解乙型肝炎病毒的抗原、抗体组成。请见"实训十 乙型肝炎病毒表面抗原的检测"。

（1）一般预防：严格筛选供血员，以降低输血后乙型肝炎的发生率。加强医疗器械的消毒管理，杜绝医源性传播。患者的血液、分泌物和排泄物、衣物及用具均需消毒处理。提倡使用一次性注射器。对高危人群应采取特异性预防措施。

（2）人工主动免疫：接种乙型肝炎疫苗是预防乙型肝炎最有效的方法，我国已将乙型肝炎疫苗接种纳入计划免疫，从而大大降低了我国 HBV 的携带率。全程免疫共接种 3 针，按 0、1、6 个月的方案接种，可获得良好的免疫保护作用。乙型肝炎疫苗有血源性疫苗和基因工程疫苗两种。①血源疫苗：为第一代乙型肝炎疫苗，是从无症状的携带者血清中提纯的 HBsAg 经甲醛灭活而成的，具有良好的免疫保护效果，曾被广泛应用，但由于来源及安全性问题，现已停止使用；②基因工程疫苗：为第二代乙型肝炎疫苗，即将编码 HBsAg 的基因克隆到酵母菌或哺乳动物细胞中使其高效表达，经纯化后获得大量 HBsAg 供制备疫苗。其优点是具有良好的安全性，可以大量制备且排除了血源性疫苗的潜在安全隐患。此外还有新型疫苗，如 HBsAg 多肽疫苗及重组乙肝疫苗等目前亦在研制中。

（3）人工被动免疫：目前常使用含有高效价抗 -HBs 的乙型肝炎免疫球蛋白（hepatitis B immunoglobulin，HBIG）对 HBV 接触者进行紧急预防。在紧急情况下，立刻注射抗 -HBs 人血清免疫球蛋白 0.08mg/kg，7 天内均有预防效果，1 个月后需再重复注射 1 次，可获得免疫保护。用 HBIg 和 HBsAg 疫苗对新生儿进行被动 - 主动免疫，可有效阻断母婴间的垂直传播。

考 证 要 点
1. 乙型肝炎病毒的形态、结构。
2. 乙型肝炎病毒的抗原、抗体组成。
3. 乙型肝炎病毒的致病性。

（4）治疗：乙型肝炎的治疗至今尚无特效方法，一般用广谱抗病毒药物、中草药及调节机体免疫功能的药物进行综合治疗，效果较好。

（三）丙型肝炎病毒

丙型肝炎病毒是丙型肝炎的病原体。HCV 感染呈全球性分布，主要经血液或血制品传播。HCV 感染的重要特征是易于慢性化，急性期后易于发展成慢性肝炎，部分患者可进一步发展为肝硬化或肝癌。

1. 生物学性状

（1）形态与结构：HCV 是有包膜的球形病毒，直径约为 50nm，核酸为线状单股正链 RNA。基因组的 5′ 端序列的保守性强，病毒株间的差异性小，可用于基因诊断。基因组中的包膜蛋白（E1、E2）基因易发生变异，使包膜蛋白的抗原性改变而逃避免疫识别与清除。HCV 有 7 个基因型，我国以 1型、2 型、3 型和 6 型流行为主。

（2）易感动物：HCV 的体外培养尚未找到敏感有效的细胞培养系统，近年来已在转染模型上获得 HCV 病毒颗粒。可感染黑猩猩并在体内连续传代，引起慢性肝炎。

（3）抵抗力：HCV对理化因素抵抗力较弱,对乙醚、三氯甲烷等有机溶剂敏感,加热100℃5分钟、紫外线照射、甲醛（1:6 000）、2%戊二醛等处理均可使之灭活。血液或血制品经60℃处理30小时可使HCV的传染性消失。

2. 致病性与免疫性 患者和病毒携带者是主要的传染源,其传播途径与HBV相似。主要经输血或血制品传播,也可通过非输血途径的隐性微小创伤、性接触、家庭密切接触及母婴传播。人群对HCV普遍易感,同性恋者、注射药瘾者及接受血液透析的患者为高危人群。医源性感染是一个重要的途径,如医务人员接触患者血液以及医疗操作意外受伤等。丙型肝炎曾有输血后肝炎之称,其潜伏期为2~17周,平均为10周。人类感染的临床过程轻重不一,可表现为急性肝炎、慢性肝炎或无症状携带者。临床特点为：①隐性感染者较HBV更多见。②更易发展为慢性,40%~50%的丙肝患者可转变成慢性肝炎。许多感染者发病时已呈慢性,其中约20%可发展为肝硬化,在此基础上又可发展成肝细胞癌。部分慢性感染者可发展为肝癌,我国肝癌患者血中约10%存在抗-HCV,肝癌组织中约有10%检测到HCV RNA。③丙型肝炎患者恢复后仅有低度免疫力,对再感染亦无保护力。

HCV的致病机制尚未完全明了。目前认为,HCV的致病机制与病毒的直接致病作用、细胞免疫介导的免疫病理反应及NK细胞的杀伤作用有关。

3. 微生物学检查 用ELISA和Western blot检测血清中特异性抗-HCV,是简便、快速、特异的检测手段,可用于丙型肝炎的诊断、筛选献血员和流行病学调查。抗-HCV为非保护性抗体,阳性表示被HCV感染,不可献血。抗-HCV IgM阳性常见于急性感染和慢性感染活动期;抗-HCV IgG阳性多见于慢性丙型肝炎或恢复期,检测血清HCV RNA也是诊断HCV感染的可靠方法。目前检测HCV RNA的常用方法有RT-PCR和实时荧光定量反转录聚合酶链反应（real time fluorescent quantitative reverse transcription polymerase chain reaction）,这些方法敏感性高,可检出患者血清中极微量的HCV-RNA,用于早期诊断及疗效评估。

4. 防治原则 丙型肝炎的预防措施主要是严格筛选献血员和加强血制品管理,以最大限度地降低输血后肝炎的发生。目前丙型肝炎疫苗仍处于研究阶段,至今尚无理想疫苗。对丙型肝炎的治疗目前尚缺乏特效药物,除了进行改善肝功能治疗外,IFN-α是临床常用于治疗丙型肝炎的制剂。我国丙型肝炎治疗的标准方案是采用聚乙二醇干扰素和利巴韦林（ribavirin）二联疗法,该疗法的有效率为50%~80%。

> **考证要点**
> 1. 丙型肝炎病毒的形态、结构。
> 2. 丙型肝炎病毒的致病性。

（四）丁型肝炎病毒

丁型肝炎病毒又称为δ因子或δ病毒,是一种缺陷病毒,必须在乙型肝炎病毒或其他嗜肝DNA病毒的辅助下才能复制。

1. 生物学性状 HDV呈球形,直径约为35~37nm,有包膜,包膜蛋白由HBV编码,是HBV的HBsAg,核心由单股负链RNA和与之结合的丁型肝炎病毒抗原（HDVAg）组成。敏感动物为黑猩猩、土拨鼠和北京鸭等。HDV的抵抗力、灭活方法与HBV相似。HDV只有1个血清型。

2. 致病性与免疫性 HDV的传播途径与HBV相同。临床上HDV感染有两种类型。①联合感染:从未感染过 HBV 的正常人同时感染 HDV 和 HBV;②重叠感染:已受 HBV 感染的乙型肝炎患者或无症状的 HBsAg 携带者再感染 HDV。重叠感染常导致原有的乙型肝炎病情加重或恶化,易于发展为重症肝炎,故在发现重症肝炎时,应注意是否存在 HBV 和 HDV 的重叠感染。

目前认为 HDV 的致病机制可能与病毒对肝细胞的直接损伤作用和机体的免疫病理反应有关。HDVAg 可刺激机体产生特异性 IgM 和 IgG 型抗体,但这些抗体不是中和抗体,不能清除病毒。

3. 微生物学检查 ①抗原抗体检测:丁型肝炎病程早期,患者血清中存在 HDVAg,因此检测 HDVAg 可作为 HDV 感染的早期诊断。但 HDVAg 在血清中存在时间短,平均 21 天左右,因此采集时间是决定检出率的主要因素。部分患者可有较长时间的抗原血症,但 HDVAg 滴度较低,故不易检出。用 RIA 或 ELISA 检测血清中 HDV 抗体是目前诊断 HDV 感染的常规方法,抗 -HD IgM 在感染后 2 周出现,4~5 周达高峰,随之迅速下降,因此,检出抗 -HD IgM 有早期诊断价值。抗 -HD IgG 产生较迟,在恢复期才出现。如 HDV 抗体持续高效价,可作为慢性 HDV 感染的指标。②HDV RNA 检测:肝细胞内 HDVAg 的检出是 HDV 感染的可靠证据,并且是 HDV 感染活动的指标,但活检标本不易获得,故不常用。此外,斑点杂交或 RT-PCR 等技术检测患者血清中或肝组织内的 HDV RNA 也是诊断 HDV 感染的可靠方法。

4. 防治原则 丁型肝炎的预防措施与乙型肝炎相同,主要是加强血液和血制品管理、严格筛选献血员、防止医源性感染及广泛接种乙肝疫苗等。目前尚无直接抗 HDV 的抗病毒药物问世,IFN-α 及聚乙二醇干扰素等对丁型肝炎有一定疗效。

(五)戊型肝炎病毒

戊型肝炎病毒是戊型肝炎的病原体。1978 年后曾被称为肠道传播的非甲非乙型肝炎,1989 年美国学者 Reyes 等成功克隆了戊型肝炎病毒基因组,并正式命名为戊型肝炎病毒。

1. 生物学性状 HEV 呈球形,直径为 32~34nm,核衣壳呈二十面体对称,无包膜,表面有锯齿状切迹和突起,形如杯状,核心为单股正链 RNA。目前尚不能在体外组织中培养,但黑猩猩、食蟹猴、猕猴、非洲绿猴等对 HEV 敏感,可用于分离病毒。HEV 对高盐、三氯甲烷、氯化铯敏感;在 -70~8℃ 条件下易裂解,但在液氮中保存稳定。

2. 致病性和免疫性 HEV 传染源为患者和隐性感染者。HEV 的致病性与 HAV 相似。通过粪—口途径传播,潜伏期为 10~60 天,病毒在消化道黏膜增殖,进入血液形成病毒血症,再随血流侵犯肝脏,在肝细胞内增殖,释放到血液和胆汁中,然后随粪便排出体外。患者在潜伏期末期至急性期早期粪便大量排毒,传染性强,病毒污染食物、水源引起散发或暴发流行。HEV 通过对肝细胞的直接损伤和免疫病理损伤作用导致肝细胞炎症、坏死。临床表现与甲型肝炎相似,多为急性感染,表现为急性黄疸型肝炎和急性无黄疸型肝炎,部分急性戊型肝炎可发展成胆汁淤积型肝炎或重症肝炎。戊型肝炎为自限性疾病,多数患者于发病后 6 周左右即好转并痊愈,不发展为慢性肝炎或病毒携带者。主要侵犯青壮年,儿童感染多表现为隐性感染,成人的病死率高于甲型肝炎,孕妇患戊型肝炎病情严重,尤其在怀孕 6~9 个月发生感染的病死率达 10%~20%。

HEV 感染后产生免疫保护作用,可防止 HEV 再感染。康复者血清中的抗 -HEV 持续存在数年。

3. 微生物学检查　目前临床上常用的检测方法是 ELISA 检查血清中的抗 -HEV IgM 或 IgG。此外，可用 RT-PCR 法检测粪便或胆汁中的 HEV RNA，也可用电镜或免疫电镜技术检测患者粪便的 HEV 颗粒。

4. 防治原则　HEV 主要经消化道传播，故本病的预防主要采取以切断传播途径为主的综合性预防措施，包括保证安全用水、防止水源被粪便污染、加强食品卫生管理和宣传教育，注意个人和环境卫生等，有效控制戊型肝炎的流行。接种疫苗是预防 HEV 感染的最直接最有效的手段。2012年，世界首支戊型肝炎疫苗在我国研制成功，标志着 HEV 的防控进入了新阶段。

5 种肝炎病毒的特性比较见表 4-7。

表 4-7　5 种肝炎病毒的特性比较

	HAV	HBV	HCV	HDV	HEV
分类	小 RNA 病毒	嗜肝 DNA 病毒	黄病毒	三角病毒	戊型肝炎病毒
形态结构	球形，有包膜	3 种形态，有包膜	球形	球形，无衣壳	球形，无包膜
基因组类型	+ssRNA	dsDNA	+ssRNA	ssRNA	+ssRNA
传播方式	粪—口传播	血源传播、垂直传播	血源传播、垂直传播	血源传播、垂直传播	粪—口传播
致病性	甲型肝炎、急性肝炎	乙型肝炎，急、慢性肝炎，重症肝炎	丙型肝炎、慢性肝炎、肝硬化、肾小球肾炎	丁型肝炎、重症肝炎	急性戊型肝炎、重症肝炎；孕妇感染常发生流产、死胎
预后	良好	较差，可形成慢性肝炎、肝硬化	较差，可形成慢性肝炎、肝硬化	较差，可形成慢性肝炎、肝硬化	较好
致癌性	无	有	有	不明确	无
特异性预防	甲肝疫苗	乙肝疫苗	无	乙肝疫苗	戊肝疫苗
微生物学检查	抗 -HAV IgM、抗 -HAV IgG	HBsAg、抗 -HBs、HBeAg、抗 -HBe 及抗 -HBc	抗 -HCV	抗 -HDV	抗 -HEV

五、人类免疫缺陷病毒

人类免疫缺陷病毒（human immunodeficiency virus，HIV）是引起获得性免疫缺陷综合征（acquired immunodeficiency syndrome，AIDS；简称艾滋病）的病原体。人类免疫缺陷病毒有 HIV-1 和 HIV-2 两型，其核苷酸序列相差超过 40%。HIV-1 是引起全球艾滋病流行的病原体；HIV-2 只在非洲西部呈地区性流行。艾滋病以潜伏期长、传播速度快、病情凶险和高度致死性为主要特征，有"超级癌症"之称，目前已成为全球最重要的公共卫生问题之一。

HIV 在分类上属于逆转录病毒科，此类病毒大多引起禽类、猿猴、鼠、猫的肿瘤。引起人类疾病的逆转录病毒主要有人类嗜 T 细胞病毒（human T-cell leukemia virus，HTLV）和 HIV。

(一) 生物学性状

1. 形态与结构 HIV 呈球形,直径为 100~120nm,电镜下可见一个致密的圆锥状核心,内含两条单股正链 RNA、核蛋白以及复制病毒所需的反转录酶、整合酶、蛋白酶等。核酸外包被双层衣壳,内层衣壳由 P24 蛋白构成,呈圆锥状,外层衣壳(又称内膜蛋白或基质蛋白)由 P17 构成。双层衣壳外层为脂质双层包膜,嵌有刺突糖蛋白 gp120 和跨膜蛋白 gp41(图 4-15)。gp120 是病毒体与宿主细胞相应受体 CD4 结合的位点,也是中和抗体阻止病毒和 T 细胞结合的位点。gp41 可介导病毒包膜与宿主细胞膜融合。gp120、gp41 均具有免疫原性,刺激机体产生抗体,但 gp120 易发生变异,给疫苗的研制工作带来了很大困难。

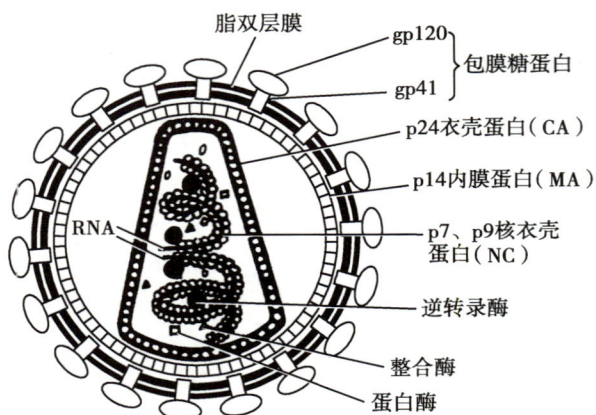

图 4-15 HIV 结构示意图

2. 基因组结构 HIV 基因组全长约有 9 700bp,含有 *gag*、*pol* 和 *env* 3 个结构基因和 6 个调节基因。其中,*gag* 基因编码病毒的双层衣壳蛋白;*pol* 基因编码反转录酶、蛋白酶和整合酶,与病毒的复制有关;*env* 基因编码包膜糖蛋白刺突 gp120 和跨膜蛋白 gp41。

3. 病毒的复制 CD4 分子是 HIV 的主要受体。病毒的 gp120 与靶细胞膜表面的 CD4 分子结合,在辅助受体的协同下,病毒包膜与细胞膜发生融合,核衣壳进入细胞并脱去衣壳,释放基因组 RNA。病毒 RNA 在反转录酶的作用下生成负链 DNA,再由负链 DNA 互补正链 DNA,从而组成双链 DNA。在整合酶的作用下,双链 DNA 与细胞染色体整合,形成前病毒 DNA 并长期潜伏。前病毒 DNA 可被激活转录形成 RNA,其中一部分作为子代 RNA,另一部分成为 mRNA,翻译成病毒蛋白白。最终装配为成熟的病毒颗粒,以出芽方式释放到细胞外。

4. 病毒培养特性 HIV 感染的宿主范围和细胞范围较窄。在体外仅感染表面有 CD4 受体的 T 细胞和巨噬细胞。实验室常用新鲜分离的正常人 T 细胞或用患者自身分离的 T 细胞培养病毒。黑猩猩和恒河猴可作为 HIV 感染的动物模型。

5. 变异性 HIV 的显著特点之一是具有高度变异性,能频繁地改变其抗原性。在宿主体内易发生基因突变和抗原变异。*env* 基因最易发生变异,导致其编码的包膜糖蛋白 gp120 抗原变异。gp120 表面抗原变异有利于病毒逃避免疫清除,也给 HIV 疫苗的研制带来困难。

6. 抵抗力 HIV 对理化因素的抵抗力较弱。56℃ 30 分钟可被灭活。病毒在室温下可保存活力达 7 天。高压灭菌 121℃ 20 分钟，或者煮沸 100℃ 20 分钟均可灭活病毒。在冷冻血制品中，须 68℃ 加热 72 小时才能保证灭活病毒。0.2% 次氯酸钠、0.1% 漂白粉、70% 乙醇、50% 乙醚、0.3% 过氧化氢或 0.5% 甲酚处理 10 分钟对病毒均有灭活作用。

（二）致病性与免疫性

1. 传染源与传播途径　艾滋病的传染源是 HIV 感染者和艾滋病患者。HIV 感染者是指血中 HIV 抗体或抗原阳性而无症状的感染者，是重要的传染源。HIV 主要存在于血液、精液、阴道分泌物、唾液、乳汁、脑脊液等。艾滋病的主要传播途径有以下几种。

（1）性传播：是 HIV 的主要传播途径，包括同性或异性间的性行为，直肠和肛门皮肤黏膜的破损更易感染。艾滋病是重要的性传播疾病之一。性活跃人群（包括异性恋和同性恋者）是高危人群。

（2）血液传播：输入带有 HIV 血液或血制品、移植 HIV 感染者或患者的组织器官和人工授精等以及使用受 HIV 污染的注射器与针头等均有可能感染 HIV。静脉药瘾者是高危人群。

（3）母婴传播：HIV 可经胎盘、产道或哺乳等方式传播。其中经胎盘感染胎儿最为常见。如不采取干扰措施，HIV 母婴传播的概率为 15%~45%。HIV 感染的母亲接受抗逆转录病毒治疗可显著降低母婴传播。

此外，医护人员及检测/研究人员接触 HIV 感染者或 AIDS 患者的血液和体液机会多，工作时应注意职业生物安全防护。HIV 不经日常生活接触或昆虫叮咬传播。

2. 致病机制　HIV 进入机体后，选择性地侵犯 CD4$^+$T 淋巴细胞、单核巨噬细胞、树突细胞等，引起机体免疫系统的进行性损伤。CD4$^+$T 淋巴细胞是 HIV 感染的主要细胞，HIV 包膜蛋白 gp120 与细胞膜上的 CD4 和趋化性细胞因子受体结合，gp41 介导使病毒穿入易感细胞内，通过病毒大量增殖、抑制细胞的正常生物合成、使受染细胞融合并诱导受染细胞凋亡等，引起严重的细胞免疫缺陷、体液免疫功能障碍和迟发型超敏反应减弱或消失。HIV 与宿主细胞基因组 DNA 整合或装配的新病毒在巨噬细胞胞质内的空泡中储存是导致机体潜伏感染的主要原因。

HIV 可感染单核巨噬细胞，在细胞中呈低度增殖而不引起病变，但可损害其免疫功能。这些细胞亦可将病毒播散到全身，导致病毒侵犯中枢神经系统，引起中枢神经系统疾病，如 HIV 脑病、脊髓病变、AIDS 痴呆综合征以及胃肠道和肺、心、肾、泌尿生殖器等器官疾病。

3. 临床表现　人体感染 HIV 后，可经历 3~5 年甚至更长的潜伏期才发病。临床上将 HIV 感染至发展为典型 AIDS，分为 4 个时期。

（1）急性感染期：HIV 感染机体后，在靶细胞内大量复制，形成病毒血症。此时期从血液、脑脊液和骨髓细胞中可分离到 HIV，从血清中可检查到 HIV 抗原。临床上可出现发热、头痛、乏力、咽炎、淋巴结肿大、皮疹等症状，持续 2~3 周后症状自行消退，进入无症状潜伏期。

（2）无症状潜伏期：此期持续时间较长，可达 10 年左右。临床一般无症状或症状轻微，有无痛性淋巴结肿大。病毒潜伏在淋巴结等组织细胞中，低水平复制，血液中检测不到病毒。血中的 HIV 载量降至较低水平，感染者血中 HIV 抗体检测显示阳性。

（3）AIDS 相关综合征期：当机体受到各种因素的影响时，潜伏的病毒被激活再次大量增殖，导致机体免疫系统进行性损伤,出现各种临床症状,即 AIDS 相关综合征期。患者出现持续发热、盗汗、全身倦怠、体重下降、皮疹及慢性腹泻、持续性全身淋巴结肿大、口腔感染、皮疹等症状和体征,合并各种机会性感染,最终发展为 AIDS。

(4)典型 AIDS 期:主要表现为严重免疫缺陷的合并感染和恶性肿瘤的发生。此期有 4 个基本特征。①严重的细胞免疫缺陷:特别是 $CD4^+T$ 细胞严重缺陷;②严重的机会性感染:由于免疫功能严重缺损,一些对正常无致病作用的生物,如病毒(如巨细胞病毒、疱疹病毒、腺病毒)、细菌(如结核分枝杆菌、李斯特菌)、真菌(如白念珠菌、卡氏肺孢子菌)等大量增殖,常可造成致死性感染;③恶性肿瘤:AIDS 患者后期常伴发卡波西肉瘤、恶性淋巴瘤、宫颈癌等;④严重的全身症状:患者的全身症状加重,并可出现神经系统症状,如头痛、癫痫、进行性痴呆等。感染 HIV 后,10 年内发展为 AIDS 的约占 50%,AIDS 患者于 5 年内的病死率约为 90%。未经治疗的患者,通常在临床症状出现后的 2 年内死亡。

4. 免疫性 HIV 感染可诱导机体产生细胞免疫和体液免疫应答,尤其是细胞毒性 T 细胞(CTL)对 HIV 感染细胞的杀伤和阻止病毒间的扩散有重要作用。由于 HIV 能逃避宿主免疫系统的清除作用,故不能彻底清除体内潜伏的病毒。因此,HIV 仍能在体内持续地复制,形成长期的慢性感染状态。

(三)微生物学检查

1. HIV 抗体检测 分为初筛试验和确认试验。①初筛试验:常用 ELISA 初步筛查检测 HIV 抗体,假阳性率高,抗体阳性者需进行确认试验;②确认试验:常采用特异性高的蛋白质印迹法(Western blotting)检测 HIV 衣壳蛋白(P24)抗体和糖蛋白(gp41、gp120/gp160)抗体等,以排除初筛试验的假阳性者。感染 6~12 周,多数人即可在血液中检出 HIV 抗体,6 个月后几乎所有感染者的抗体均呈阳性反应。

2. HIV 抗原检测 HIV P24 检测可用于 HIV-1 抗体不确定或窗口期的辅助诊断。常用 ELISA 双抗体夹心法、间接免疫荧光法检测。

3. HIV 核酸检测 常采用定量 RT-PCR 方法测定血浆中 HIV RNA 的拷贝数(病毒载量),用于判断新生儿感染、监测疾病进展和评价抗病毒治疗效果。PCR 方法可检测感染细胞中的 HIV 前病毒 DNA,用于诊断血清阳转前的急性感染。

4. 病毒分离培养 临床不常用。常采用共培养方法,即正常人体外周血单核细胞加 PHA 刺激后,与患者外周血单核细胞作混合培养,检测 HIV 增殖的指标(如融合细胞、逆转录酶活性、p24 抗原等)。HIV 培养应在生物安全三级实验室条件下进行。

> **知识链接**
>
> #### 人类免疫缺陷病毒感染的窗口期
>
> 从 HIV 感染人体到感染者血清中的 HIV 抗体、抗原或核酸等感染标志物能被检测出之前的时期称为窗口期。在窗口期用酶联免疫吸收分析法以及化学发光法虽检测不到人类免疫缺陷病毒抗体,但体内已有人类免疫缺陷病毒,可以通过检测 HIV 核酸进行病毒感染检测,因此处于窗口期的感染者具有传

染性。目前随着艾滋病检测技术的不断发展，艾滋病的窗口期可以缩短到14~21天。WHO明确表示艾滋病的窗口期为14~21天。但应注意的是，不同的个体对人类免疫缺陷病毒的免疫反应不一，抗体出现的时间也不一致，尤其对近期具有高危行为的人，一次实验结果阴性不能轻易排除感染，应隔2~3个月再检查1次。

（四）防治原则

1. 预防　目前，既无治愈AIDS的药物，也没有研制出可有效预防AIDS的特异性疫苗。HIV感染的预防以一般性预防为主，主要措施包括：①开展广泛宣传教育，普及预防知识，认识艾滋病的传染方式及其严重危害性，杜绝吸毒和性滥交；②控制传染源，建立HIV感染的监测系统，掌握该疾病的流行动态；③切断传播途径，对供血者进行HIV抗体检查，一切血制品均应通过严格检疫，确保输血和血液制品的安全性；④禁止共用注射器、注射针、牙刷和剃须刀等。暴露后24小时内选用2种及以上药物实施暴露后预防，有暴露风险人群可实施暴露前预防。

2. 治疗　目前治疗HIV感染的主要药物有30多种，主要包括4类：核苷类反转录酶抑制剂（如齐多夫定，AZT；拉夫米定，3TC）、非核苷类反转录酶抑制剂（如奈韦拉平）、蛋白酶抑制剂（PI）以及新近上市的以gp41为作用靶点的融合抑制剂（infusion inhibitor）。齐多夫定（zidovudine，AZT）、拉夫米定（3TC）等只能抑制HIV在体内复制，部分恢复机体的免疫功能，可在一定程度上延缓疾病进程和延长生存时间。融合抑制剂能够抑制病毒包膜和细胞膜的融合，阻止HIV侵入细胞。为了防止耐药性的产生，目前采用多药联用的鸡尾酒疗法，一般为1~2种HIV蛋白酶抑制剂或1种非核苷类反转录酶抑制剂与2种核苷类似药联合应用。

六、狂犬病毒

狂犬病毒（rabies virus）属于弹状病毒科、狂犬病毒属，是一种嗜神经性病毒，是引起狂犬病的病原体。病毒在野生动物（如狼、狐狸、浣熊、蝙蝠等）及家畜（如猫、犬等）中传播，人类可被病兽或携带病毒的动物咬伤而感染。

（一）生物学性状

1. 形态与结构　病毒形态似子弹状，一端钝圆，另一端扁平，长约130~300nm，直径为60~85nm，有包膜。病毒基因组为单负链RNA，病毒核心的核蛋白、聚合酶、基质蛋白呈螺旋对称排列。包膜表面有许多糖蛋白刺突，决定病毒的感染性、血凝性和毒力等（图4-16）。

2. 培养特性　狂犬病毒的动物宿主范围很广，可感染犬、猫、马、牛、羊、狼、狐狸、鼠等。在易感动物或人的中枢神经细胞（主要是大脑海马回锥体细胞）中增殖，在细胞质内形成嗜酸性、圆形或椭圆形、直径为20~30nm的包涵体，称为内氏小体（Negri body），具有诊断价值。

3. 抵抗力　狂犬病毒对热、紫外线、日光、干燥的抵抗力弱。易被强酸、强碱、脂溶剂、表面活性剂、肥皂水等灭活。56℃ 30~60分钟即可灭活。但在脑组织内的病毒，于室温或4℃条件下其传染性可保持1~2周，在中性甘油中置4℃可保存数月。

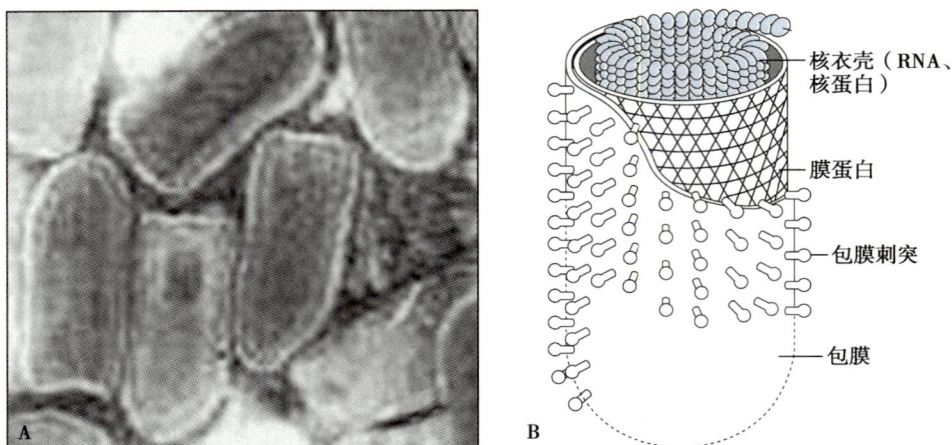

图 4-16　狂犬病毒的形态与结构
A. 病毒形态透射电镜图（负染，×200 000）；B. 病毒结构模式图

核衣壳（RNA、核蛋白）
膜蛋白
包膜刺突
包膜

（二）致病性与免疫性

1. 传染源与传播途径　病犬是主要传染源，其次是猫和狼，隐性感染的犬、猫等动物同样具有传染性。人感染狂犬病主要是被患病动物咬伤、抓伤或密切接触所致，患病动物唾液中含有大量病毒，发病前 5 天即有传染性。但亦可因破损的皮肤黏膜接触含病毒物质而感染。

2. 致病机制与所致疾病　人被咬伤后，病毒通过伤口进入体内。潜伏期一般为 1~3 个月，但亦有短至 1 周或长达数年才出现症状者，其长短取决于被咬伤部位距离头部的远近及伤口内感染的病毒量。病毒进入人体后，首先在感染局部的肌细胞中增殖，随后侵入末梢神经组织，并沿神经轴索上行至中枢神经细胞内继续增殖，引起脑和脊髓广泛性病理损伤，并出现以神经症状为主的临床表现，之后病毒再沿传出神经扩散至其他组织和器官，如眼、唾液腺、皮肤、肾、肺等。狂犬病的典型临床表现为神经兴奋性增强，吞咽或饮水时喉头肌肉痉挛，甚至闻水声或其他轻微刺激均可引起痉挛发作，故又称恐水病。这种典型症状经 3~5 天后，患者转入麻痹期，最后因昏迷、呼吸及循环衰竭而死亡。病死率几乎为 100%。

3. 免疫性　狂犬病毒感染机体后可引起细胞免疫和体液免疫应答。杀伤性 T 淋巴细胞可特异性地结合于病毒包膜表面糖蛋白 G 和核蛋白 N 而引起病毒溶解，单核细胞产生的 IFN 和 IL-2 具有抑制病毒复制和抵抗病毒攻击的作用。中和抗体、血凝抑制抗体以及抗体依赖细胞毒作用等均可发挥抗病毒作用。

（三）微生物学检查

人被犬和其他动物咬伤后，应检查动物是否患有狂犬病，对其采取预防措施极为重要。一般不宜将动物立即杀死，应将其捕获隔离观察，若经 7~10 日不发病，可认为该动物不是狂犬病或咬人时唾液中尚无狂犬病毒。若观察期间发病，即将其杀死，取脑海马回部位组织涂片，用免疫荧光抗体法检查病毒抗原，同时作组织切片检查内氏小体。对狂犬病患者的生前诊断可取唾液沉渣涂片、睑及颊皮肤活检。用免疫荧光抗体法检查病毒抗原。也可应用 RT-PCR 法检测标本中的狂犬病毒 RNA。

（四）防治原则

捕杀野犬,加强家犬管理,注射犬用疫苗,是预防狂犬病的主要措施。人被动物咬伤后,应采取下列预防措施。

1. 伤口处理 可用清水、3%~5% 肥皂水或 0.1% 苯扎溴铵充分冲洗伤口;对于严重咬伤者的较深的伤口,应该对伤口深部进行灌流清洗,再用复方聚维酮碘及 75% 乙醇涂擦。

2. 人工被动免疫 用高效价抗狂犬病毒血清于伤口周围与底部进行浸润注射及肌内注射。进行被动免疫时,需要预先进行皮肤过敏试验。

3. 人工主动免疫 狂犬病的潜伏期一般较长,及时接种狂犬病疫苗进行暴露后预防接种,可以有效控制狂犬病发病。一些有接触病毒危险的人员,如兽医、动物管理员和野外工作者等,亦应用疫苗预防感染。我国目前常用二倍体细胞培养制备的狂犬病毒灭活疫苗进行全程免疫,即分别于第 0、3、7、14、28 天进行肌内注射。对于高危人群,可以进行暴露前预防接种,即分别于第 0、7、21 或 28 天接种狂犬疫苗 3 次,并定期检查血清抗体水平,及时进行加强免疫;加强免疫通常是在第 0、3 天接种疫苗 2 次。对伤口严重者,应联合使用人抗狂犬病免疫球蛋白或马狂犬病免疫球蛋白,必要时再联合干扰素以增强保护效果,并加强注射疫苗 2~3 次。

七、噬菌体

噬菌体(bacteriophage,phage)是侵袭细菌、真菌、放线菌或螺旋体等微生物的病毒,因为噬菌体能引起宿主菌的裂解,故称为噬菌体。噬菌体具有病毒的基本特性:①个体微小,可以通过细菌滤器;②无细胞结构,主要由蛋白质构成的衣壳和包含于其中的核酸组成;③只能在活的微生物细胞内复制繁殖,是一种专性胞内寄生的微生物。

（一）噬菌体的生物学性状

1. 形态与结构 噬菌体在电子显微镜下有 3 种形态,即蝌蚪形、微球形和细杆形。大多数噬菌体呈蝌蚪形,由头部和尾部两部分组成(图 4-17)。噬菌体的头部呈六边形、立体对称,内含核酸,外裹一层蛋白质衣壳。尾部是一个管状结构,由一个中空的尾髓和外面包裹的尾鞘组成。尾髓具有收缩功能,可使头部核酸注入宿主菌内。在头、尾连接处有尾领、尾须结构,尾领与头部装配有关。尾部末端有尾板、尾刺和尾丝,尾板内含有裂解宿主菌细胞壁的溶菌酶;尾丝为噬菌体的吸附器官,能识别宿主菌体表面的特殊受体(图 4-18)。某些噬菌体的尾部很短或缺失。

2. 化学组成 噬菌体主要由核酸和蛋白质组成。蛋白质构成噬菌体头部的衣壳及尾部,具有保护核酸的作用,并决定噬菌体的外形和表面特征。

核酸是噬菌体的基因组,常见噬菌体的基因组大小为 2~200kb。噬菌体的核酸类型为 DNA 或 RNA,并由此将噬菌体分成 DNA 噬菌体和 RNA 噬菌体两大类。某些噬菌体的基因组含有异常碱基,如大肠埃希菌 T 偶数噬菌体无胞嘧啶,而代以 5- 羟甲基胞嘧啶与糖基化的 5- 羟甲基胞嘧啶;某些枯草杆菌噬菌体的 DNA 无胸腺嘧啶,而代以尿嘧啶、5- 羟甲基尿嘧啶等。因宿主菌细胞内没有这些碱基,可成为噬菌体 DNA 的天然标记。

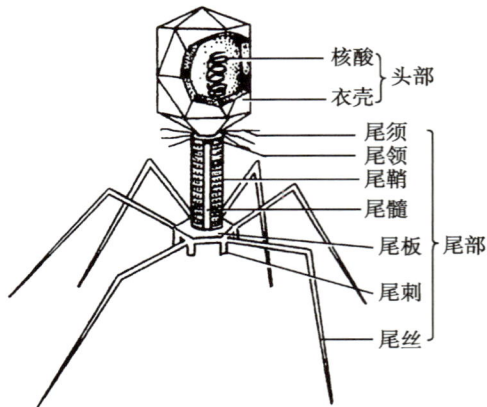

图 4-17 噬菌体结构模式图

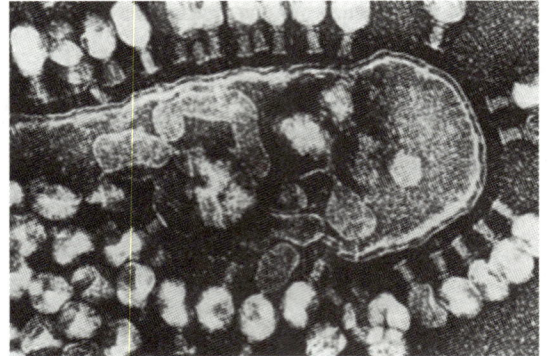

图中标注：核酸、衣壳〔头部〕；尾须、尾领、尾鞘、尾髓、尾板、尾刺、尾丝〔尾部〕

图 4-18 噬菌体吸附于大肠埃希菌（电镜下）

3. 抗原性 噬菌体具有免疫原性，能刺激机体产生特异性抗体。该抗体能抑制相应的噬菌体侵袭宿主菌，但对已吸附或已进入宿主的噬菌体不起作用，该噬菌体仍能复制增殖。

4. 抵抗力 噬菌体对理化因素的抵抗力比一般细菌的繁殖体强，加热 70℃ 30 分钟仍不失活，也能耐受低温和冷冻。大多数噬菌体能抵抗乙醚、三氯甲烷和乙醇，在 5g/L 苯酚中经 3~7 天不丧失活性。对紫外线和 X 射线敏感，一般经紫外线照射 10~15 分钟即失去活性。

（二）噬菌体与宿主的相互关系

根据噬菌体与宿主菌的相互关系，噬菌体可分成两种类型：一种是能在宿主菌细胞内复制增殖，产生许多子代噬菌体，并最终裂解细菌，称为烈性噬菌体（virulent phage）；另一种是噬菌体基因与宿主菌染色体整合，不产生子代噬菌体，也不引起细菌裂解，但噬菌体 DNA 能随细菌基因组复制而复制，并随细菌的分裂而传代，称为温和噬菌体（temperate phage）或溶原性噬菌体（lysogenic phage）。

1. 烈性噬菌体 烈性噬菌体在宿主菌内以复制方式进行增殖，增殖过程包括吸附、穿入、生物合成、成熟和释放几个阶段。从噬菌体吸附至宿主菌溶解释放出子代噬菌体，称为噬菌体的复制周期或溶菌周期。噬菌体的复制周期与病毒的复制周期相似，只是缺乏脱壳阶段，其衣壳仍保留在被感染的菌体细胞外。

在液体培养基中，噬菌现象可使混浊的菌液变为澄清。在固体培养基上，若用适量的噬菌体和宿主菌液混合后接种培养，培养基表面可出现透亮的溶菌空斑。一个空斑系由一个噬菌体复制增殖并裂解细菌后形成，称为噬斑（plaque），不同噬菌体噬斑的形态与大小不尽相同。若将噬菌体按一定倍数稀释，通过噬斑计数，可测知一定体积内的噬斑形成单位（plaque forming units，pfu）数目，即噬菌体的数量。

2. 温和噬菌体 温和噬菌体的基因组能与宿主菌基因组整合，并随细菌分裂传至子代细菌的基因组中，不引起细菌裂解。整合在细菌基因组中的噬菌体基因组称为原噬菌体（prophage），带有原噬菌体基因组的细菌称为溶原性细菌（lysogenic bactera）。原噬菌体可偶尔自发地或在某些理化和生物因素的诱导下脱离宿主菌基因组而进入溶菌周期，产生成熟的子代噬菌体，导致细菌裂解。温和噬菌体的这种产生成熟噬菌体颗粒和溶解宿主菌的潜在能力，称为溶原性（lysogeny）。由此可知,温和噬菌体可有 3 种存在状态:①游离的具有感染性的噬菌体颗粒;②宿主菌胞质内类似于质粒形式的噬菌体核酸;③原噬菌体。所以,温和噬菌体既有溶原性周期又有溶菌性周期,而烈性噬菌体只有溶菌性周期。

溶原性细菌具有抵抗同种或有亲缘关系噬菌体重复感染的能力,即使得宿主菌处在一种噬菌体免疫状态。

某些原噬菌体可导致细菌的基因型和性状发生改变,称为溶原性转换(lysogenic conversion)。例如白喉棒状杆菌产生白喉毒素,是因 β- 棒状杆菌噬菌体感染白喉棒状杆菌后,其原噬菌体带有毒素蛋白的结构基因,使无毒的白喉棒状杆菌获得了产生白喉毒素的能力;A 群链球菌受有关温和噬菌体感染发生溶原性转换,能产生致热外毒素;肉毒梭菌的毒素、金黄色葡萄球菌溶素的产生,以及沙门菌、志贺菌等的抗原结构和血清型别都与溶原性转换有关。

(三)噬菌体在医药学中的应用

1. 细菌的鉴定与分型 噬菌体有严格的宿主特异性,只寄居在易感宿主菌体内,故可利用噬菌体进行细菌的鉴定和分型。例如用伤寒沙门菌 Vi 噬菌体可将有 Vi 抗原的伤寒沙门菌分为 96 个噬菌体型。噬菌体分型法对追踪传染源及流行病学调查具有重要意义。

2. 分子生物学研究的重要工具 由于噬菌体结构简单、基因数少、繁殖速度较快又易于培养,常用于分子生物学与基因工程研究,成为研究 DNA、RNA 和蛋白质相互作用的良好模型系统。如利用噬菌体作为基因克隆的载体,许多生命科学的基本知识也都是从噬菌体研究中首先或受到启发而得来的。

3. 耐药性细菌感染的治疗 近年来,一些研究者对各种耐药性病原菌进行了噬菌体治疗试验,如铜绿假单胞菌、葡萄球菌、大肠埃希菌、克雷伯菌等病原体,感染类型包括创伤和手术后感染、胃肠炎、脓胸等,研究结果表明获得了肯定的治疗效果。但由于噬菌体的特异性过于专一,限制了噬菌体在临床上的广泛应用。

4. 遗传工程 在遗传工程中,可利用噬菌体作为载体将需要转移的基因带入细菌细胞,让细菌在增殖过程中表达该基因产物。

5. 其他 噬菌体在自然界中广泛分布,有菌就有噬菌体,故在发酵工业中应严防噬菌体对发酵菌种的污染,且在选育生产发酵菌种时应注意选育抗噬菌体的菌株。目前临床上还将噬菌体用于抗病毒药物的筛选和作为抗肿瘤抗生素的实验模型。

除以上介绍的常见的重要病毒外,其他人类致病性病毒的主要特征见表 4-8。

表 4-8 其他人类致病性病毒的主要特征

代表种(或型)	主要生物学特点	致病性	主要传播途径
流行性乙型脑炎病毒	RNA,球形,有包膜	流行性乙型脑炎(乙脑)	蚊叮咬
汉坦病毒	RNA,球形或多形性,有包膜	肾综合征出血热	呼吸道、消化道、直接接触
新疆出血热病毒	RNA,球形,有包膜	新疆出血热	蜱叮咬
单纯疱疹病毒	DNA,球形,有包膜	皮肤、黏膜疱疹	密切接触和性接触传播
水痘带状疱疹病毒	DNA,球形,有包膜	水痘、带状疱疹	飞沫或直接接触传播

代表种（或型）	主要生物学特点	致病性	主要传播途径
巨细胞病毒	DNA，球形，有包膜	先天性巨细胞包涵体病、单核细胞增多症等	接触传播、母婴传播、输血、器官移植、性传播
EB 病毒	DNA，球形，有包膜	上呼吸道感染、传染性单核细胞增多症、恶性淋巴瘤、鼻咽癌	唾液传播、性接触传播
人类嗜 T 细胞病毒	RNA，球形，有包膜	T 淋巴细胞白血病	输血、性接触传播、母婴传播
人乳头瘤病毒	DNA，球形，无包膜	尖锐湿疣、宫颈癌、寻常疣	直接接触或间接接触传播、母婴传播

点滴积累

1. 流感病毒和 SARS 冠状病毒均是呼吸道病毒，分别可引起流感和 SARS。其中甲型流感病毒的最主要的特点是 HA 和 NA 易变异，其抗原变异与流感流行的关系甚为密切，变异幅度大小直接影响流感的流行规模。

2. 脊髓灰质炎病毒是肠道病毒，通过粪—口传播，引起脊髓灰质炎，又称小儿麻痹。可用脊髓灰质炎减毒活疫苗进行预防。

3. 常见的肝炎病毒有 5 种，HAV 和 HEV 通过粪—口途径传播，HBV、HCV、HDV 主要通过血液、母婴和性传播。HBV 的形态有 3 种，其中大球形颗粒是完整的病毒颗粒，小球形和管型颗粒是合成过剩的衣壳。HBV 有 3 种抗原抗体系统，目前临床主要用血清学检测 HBsAg、抗 -HBs、HBeAg、抗 -HBe 及抗 -HBc，各有不同的临床意义。HDV 为缺陷病毒，必须依赖 HBV 才能复制。

4. HIV 是一种反转录病毒，是 AIDS 的病原体，传播途径有性传播、血液传播及垂直传播。HIV 选择性地侵犯表达 $CD4^+$ 分子的细胞，使 $CD4^+T$ 细胞溶解破坏，从而导致机体免疫功能缺陷。HIV 的实验室诊断主要检测抗 -HIV。

5. 狂犬病毒是一种嗜神经性病毒，是引起狂犬病的病原体。人感染狂犬病主要是被患病动物咬伤、抓伤或密切接触所致。

6. 噬菌体是寄生在细菌体内的病毒，多呈蝌蚪形。根据其对宿主菌的作用分为烈性噬菌体和温和噬菌体两种。

第四节　抗病毒药物

　　病毒为严格细胞内寄生的微生物，抗病毒药物必须进入细胞内才能作用于病毒，且必须对病毒有选择性抑制作用而对宿主细胞或机体无损伤，所以很难获得理想的抗病毒药物。

　　近年来，分子病毒学及生物信息学的深入研究，极大地提高了抗病毒药物的筛选和研制的效率，但仍不能满足临床病毒感染性疾病治疗的需要。并且，由于药物的靶位均是病毒复制周期中的某一环节,对不复制的潜伏病毒感染无效;某些复制突变率高的病毒易产生耐药毒株等,故抗病毒药物的应用也有较大的局限性。目前正在研发的抗病毒药物主要是针对人类免疫缺陷病毒、肝炎病毒等对人类健康危害严重的病毒。

一、抗病毒化学药物

1. 核苷类药物　核苷类药物是最早用于临床的抗病毒药物。大部分抗病毒药物都是核苷类似物,此类药物能与正常核酸前体竞争磷酸化酶和聚合酶,抑制核酸的生物合成。目前常用的核苷类药物包括以下几种。

(1)阿糖腺苷(adenine arabinoside,Ara-A):能抑制病毒 DNA 聚合酶,阻断病毒 DNA 合成,对多种 DNA 病毒引起的感染有较显著的抑制作用,如疱疹病毒和嗜肝 DNA 病毒等,常用于治疗疱疹性脑炎、新生儿疱疹病毒感染和带状疱疹。类似药物还有阿糖胞苷、5-碘脱氧尿嘧啶核苷等。

(2)阿昔洛韦(acyclovir,ACV):对疱疹病毒的选择性很强,是目前最有效的抗疱疹病毒药物之一。该药的细胞毒性很小,广泛用于疱疹病毒感染引起的单纯疱疹、生殖器疱疹及带状疱疹的治疗。

(3)齐多夫定(zidovudine,AZT):是最早用于治疗艾滋病的药物。齐多夫定为胸腺嘧啶核苷类药物,能抑制病毒反转录酶的活性,阻断前病毒 DNA 的合成,从而抑制 HIV 的复制。AZT 对病毒反转录酶的抑制作用比对细胞 DNA 聚合酶敏感 100 倍以上,可有效降低艾滋病的发病率和病死率,但因其对骨髓有抑制作用和易形成病毒的耐药性而面临被淘汰。

(4)拉米夫定(lamivudine):是一种脱氧胞嘧啶核苷类似物,临床上该药最早用于艾滋病的治疗。近年来发现其可迅速抑制慢性乙肝患者体内 HBV 的复制,使血清 HBV DNA 转阴,是目前治疗慢性乙型肝炎的最新和最有前途的药物之一。

(5)利巴韦林(ribavirin):对多种 RNA 和 DNA 病毒的复制都有抑制作用,但临床主要用于 RNA 病毒感染的治疗。目前临床主要用于流感病毒和呼吸道合胞病毒感染的治疗。

(6)索非布韦(sofosbuvir):是 2013 年 12 月 FDA 批准上市的丙型肝炎病毒(HCV)RNA 聚合酶 NS5B 的抑制剂。

2. 蛋白酶抑制剂　尽管病毒的复制依赖宿主的酶系统,但有些病毒如小 RNA 病毒或反转录病毒等含有自身复制酶、修饰酶及反转录酶,这些蛋白酶对病毒生物合成具有重要作用。蛋白酶抑制剂可与各种蛋白酶结合而抑制其活性,阻止病毒复制。

(1)沙奎那韦(saquinavir):可抑制 HIV 复制周期中、晚期的蛋白酶活性,影响病毒结构蛋白的合成。主要用于人类免疫缺陷病毒感染及艾滋病患者的联合抗病毒治疗。

(2)茚地那韦(indinavir)和利托那韦(ritonavir):是新一代病毒蛋白酶抑制剂,用于 HIV 感染的治疗。

3. 其他抗病毒药物　主要用于流感病毒和疱疹病毒感染的治疗。

（1）金刚烷胺（amantadine）和金刚乙胺（rimantadine）：金刚烷胺为合成胺类，甲基金刚烷胺是其衍生物，两者有相同的抗病毒谱和副作用，能特异性地抑制甲型流感病毒的脱壳，以抑制病毒的增殖。主要用于治疗甲型流感，但对乙、丙型流感病毒无效。

（2）膦甲酸（foscarnet）：选择性地抑制病毒 DNA 聚合酶和反转录酶，而对宿主细胞无影响。可抑制多种疱疹病毒，如单纯疱疹病毒、水痘带状疱疹病毒等。

二、干扰素和干扰素诱生剂

1. **干扰素（interferon, IFN）** IFN 是病毒或干扰素诱生剂诱导宿主细胞产生的一类具有高度活性和多种功能的糖蛋白。IFN 具有抗病毒、抗肿瘤和免疫调节等多种生物功能。

（1）干扰素的种类：人类细胞诱生的干扰素可分为 α、β、γ 三种类型。IFN-α 由人白细胞产生，IFN-β 由人成纤维细胞产生，IFN-γ 由人致敏 T 淋巴细胞产生，后者为免疫干扰素又称 Ⅱ 型干扰素，而 IFN-α 和 IFN-β 又称 Ⅰ 型干扰素。

（2）干扰素的抗病毒作用：IFN 并非直接灭活病毒，而是作用于细胞诱生一组抗病毒蛋白（antiviral protein, AVP），它能抑制病毒蛋白在细胞内的合成。细胞本身具有抗病毒蛋白的基因，正常情况下处于静止状态，当干扰素与细胞膜上的干扰素受体结合时，编码抗病毒蛋白的基因活化，继而合成抗病毒蛋白，使细胞处于抗病毒状态。抗病毒蛋白只影响病毒蛋白的合成，不影响宿主细胞蛋白质的合成。在生理条件下，若干扰素的浓度 ≥ 10U/ml，只需 5 分钟就能使细胞处于抗病毒状态（图 4-19）。细胞在感染的同时即产生干扰素，早于特异性抗体的出现，并使细胞迅速处于抗病毒状态。因此它既能终止受病毒感染细胞中的病毒复制，又能限制病毒的扩散。

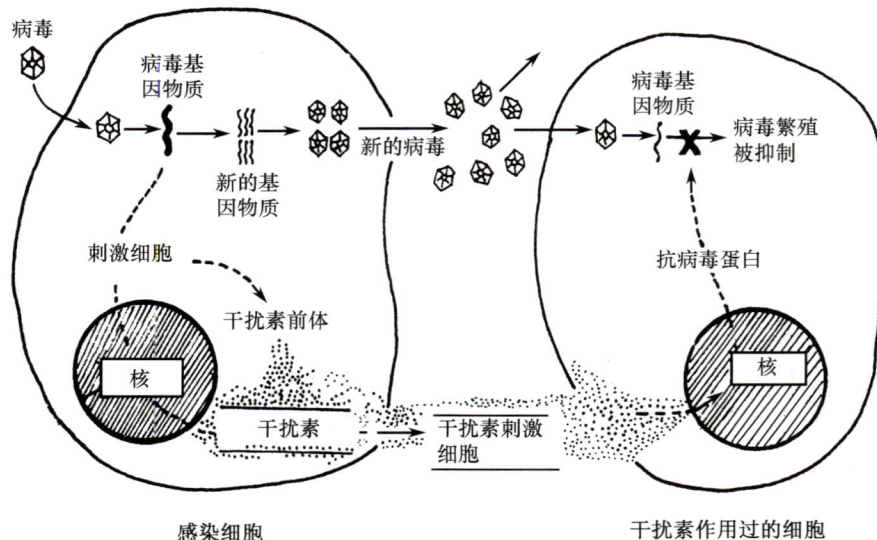

图 4-19 干扰素作用模式图

（3）干扰素的作用特点：①有种属特异性，即干扰素仅对产生干扰素的同系细胞发挥作用，对异种细胞无活性；②无病毒特异性，干扰素具有广谱抗病毒活性，一种干扰素可抑制多种病毒的增殖。

干扰素的分子量小，4℃可保持较长时间，-20℃可长期保存活性，56℃加热可被破坏。目前临床使用的干扰素多为人工重组干扰素，我国多用大肠埃希菌作为干扰素基因的载体生产干扰素，其生产流程见图 4-20。

2. 干扰素诱生剂（IFN inducer） 包括多肌胞苷酸、甘草酸、云芝多糖等。

（1）多肌胞苷酸（polyI：C）：为目前最有效的 IFN 诱生剂，具有诱导机体产生干扰素和免疫促进作用。但因对机体有一定的毒性，尚未达到普及阶段。临床主要用于治疗带状疱疹、疱疹性角膜炎等。

（2）甘草酸：具有诱生 IFN 和促进 NK 细胞活性的作用，可大剂量静脉滴注治疗肝炎。

（3）云芝多糖：是从杂色云芝担子菌菌丝中提取的葡聚糖，具有诱生 IFN、抗病毒、促进免疫功能和抗肿瘤等作用。

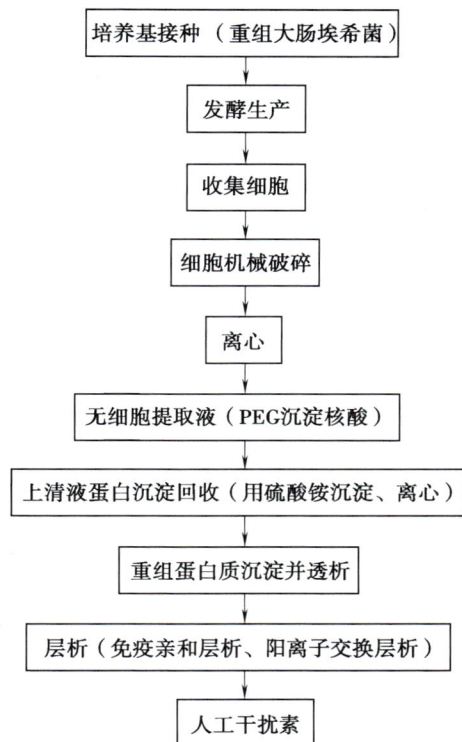

培养基接种（重组大肠埃希菌）
↓
发酵生产
↓
收集细胞
↓
细胞机械破碎
↓
离心
↓
无细胞提取液（PEG沉淀核酸）
↓
上清液蛋白沉淀回收（用硫酸铵沉淀、离心）
↓
重组蛋白质沉淀并透析
↓
层析（免疫亲和层析、阳离子交换层析）
↓
人工干扰素

图 4-20 重组人干扰素的生产流程图

三、抗病毒基因制剂

1. 反义寡核苷酸 反义寡核苷酸（antisense oligonucleotide）是根据病毒基因组的已知序列设计并合成的能与某段序列互补结合的寡核苷酸。将反义寡核苷酸导入感染的细胞内可抑制病毒复制，但成本较高且不够稳定，目前仅用于巨细胞病毒性脉络膜炎及视网膜炎的治疗。

2. 核酶 核酶是一类具有双重功能的 RNA 分子，既能识别特异性的靶 RNA 序列，并与之互补结合；又具有酶活性，能通过特异性位点切割降解病毒的靶 RNA，从而抑制病毒的复制。

3. 干扰小 RNA（short interfering RNA，siRNA） 用双链短小 RNA 抑制相同序列病毒基因的表达，降解同源 mRNA，通常双链 RNA 的长度要小于 29 个核苷酸。siRNA 所引起的基因沉默作用不仅在注射部位的细胞内发生，并可转移到其他部位的组织和细胞，而且可传代，因此这种干扰现象具有放大效应。

四、抗病毒中药

实验证明，多种中药具有抗病毒作用。如板蓝根、大青叶能抑制多种病毒增殖；苍术、艾叶在组织培养细胞中能抑制腺病毒、鼻病毒、疱疹病毒、流感病毒、副流感病毒等；紫草根能抑制麻疹病毒等；贯众、生南星可抑制疱疹病毒。有关中药的抗病毒作用机制多不明确，还有待于进一步研究。

五、抗病毒药物的作用机制

抗病毒感染的治疗应从抑制病毒的增殖入手，因此病毒复制周期中的任何一个环节均可作为抗病毒药物作用的靶位。

1. 抑制病毒侵入与脱壳 在不同的组织细胞表面有不同的病毒黏附受体，病毒可以通过细胞表面的受体与细胞接触，并侵入细胞引起细胞病变。例如 HIV 病毒体的 gp120 与 $CD4^+T$ 细胞表面的 CD4 分子结合，进入细胞后导致细胞进行生产性复制。

2. 抑制病毒核酸的合成 如治疗疱疹病毒感染的碘苷、阿苷洛韦、阿糖腺苷等。由于它们的化学结构类似于胸腺嘧啶核苷，能与胸腺嘧啶核苷竞争聚合酶，从而选择性地抑制病毒的复制。

3. 抑制病毒蛋白质的合成 反义寡核苷酸作为作用于病毒 mRNA 的药物，具有抵抗核酸酶的降解作用。反义寡核苷酸与新形成的病毒 RNA 结合成二聚体，从而阻止 mRNA 的形成或阻断 mRNA 由核内向细胞质内输送，抑制 mRNA 与核糖体的结合。

4. 抑制病毒装配及释放 某些病毒编码的聚合蛋白由病毒蛋白酶切割为小分子后作为结构蛋白参与组装。蛋白酶抑制剂能抑制病毒蛋白酶的活性，阻断病毒装配和释放。

点滴积累

1. 病毒对抗生素不敏感。
2. 抗病毒药物主要作用于病毒复制周期的不同环节，通过抑制病毒侵入与脱壳、抑制病毒核酸的合成、抑制病毒蛋白质的合成及抑制病毒装配与释放达到抗病毒作用。包括核苷类药物、蛋白酶抑制剂、干扰素和干扰素诱生剂、抗病毒基因制剂及中草药。
3. 干扰素是病毒或干扰素诱生剂诱导宿主细胞产生的一类具有高度活性和多种功能的糖蛋白，具有抗病毒、抗肿瘤和免疫调节等多种功能。

ER 4-2

第四章
病毒（习题）

ER 4-3

第四章
病毒
（思维导图）

目标检测

一、简答题

1. 试述病毒的结构、化学组成及其功能。

2. 病毒的复制周期包括哪些步骤？

3. 什么是病毒的干扰？对医学实践有何指导意义？

4. 流行性感冒病毒的变异形式包括哪些？

5. 简述乙型肝炎病毒的传染源和传播途径。

6. 人类免疫缺陷病毒的传染源、传播途径及预防原则包括哪些？

二、实例分析

1. 某患者为青年女性,有不洁性交史和吸毒史,近半年来出现体重下降、腹泻、发热、反复出现口腔真菌感染、浅表淋巴结肿大。该患者可能感染了何种病原体? 可能经哪些途径感染? 该患者处于何种状态? 可确诊该疾病的试验是什么?

2. 某患者血清的 HBV 抗原抗体检测结果为 HBsAg(+)、抗 -HBs(−)、HBeAg(+)、抗 -HBe(−)、抗 -HBc IgM(+)。该患者感染了何种病原体? 可能经哪些途径感染? 该患者处于何种状态? 血液有无传染性?

(徐丽丹)

第五章　微生物在药学中的应用

学习目标

1. **掌握** 微生物污染来源、药物变质后的表现及危害、污染防治措施、微生物制剂分类及常见的微生物检查法。
2. **熟悉** 基因工程载体常见类型及特点，受体细胞的选择原则、分类及特点。
3. **了解** 微生物与药品的关系。

导学情景

情景描述：

　　1928 年夏天，英国科学家弗莱明（Fleming）外出度假时，把实验室里正在培养皿中生长着的细菌给忘了，当他回到实验室时，发现一个与空气接触过的金黄色葡萄球菌培养皿中长出了一团青绿色霉菌，且霉菌周围的葡萄球菌菌落已被溶解，这提示霉菌的分泌物能抑制葡萄球菌的生长和繁殖。经鉴定培养皿中的霉菌为青霉菌，1929 年弗莱明发表其研究成果把这种青霉菌分泌的杀菌物质称为青霉素。后来澳大利亚病理学家弗洛里和德国生物化学家钱恩用冷冻干燥法提取了青霉素晶体。

学前导语：

　　自青霉素应用于临床以来，现在抗生素的种类已达上万种，除抗生素以外，目前已在临床实践中广泛应用的微生物药物还有哪些？如何控制微生物对药物的污染？微生物与基因工程药物有什么关系？药品中微生物如何检验？让我们带着这些问题一起走进本章的学习。

　　微生物是地球上分布最广、种类最为丰富的生物种群，具有体积小、繁殖快、易变异、代谢强等特点，与制药行业有密切联系。微生物在药物的生产中应用广泛，如抗生素、维生素、甾体激素、氨基酸、多糖、酶制剂等均是利用微生物发酵技术制备而成。

第一节　微生物引起的药物变质

　　微生物的体积小、易繁殖、代谢强等固有特点，导致不论是在自然环境中还是动物体内，都有微生物的存在。在药品的生产、贮藏过程中极易受到微生物污染，导致药品变质，影响药品质量，引发患者的不良反应，甚至危及生命。故应重点关注药品生产过程中微生物污染的控制。

一、药物中的微生物污染来源

(一) 环境

虽然空气中缺少营养成分,不是微生物生长繁殖的良好环境,但生物的生命活动、腐败等可使空气中有不同种类和数量的细菌、真菌等微生物存在,最常见的致病微生物有葡萄球菌、链球菌、曲霉菌、棒状杆菌、红酵母菌、青霉菌等。

药品生产环境中微生物的洁净程度就显得尤为重要。药品生产车间需要从多个方面进行控制或监测。

1. 洁净区温湿度 根据药物特点确定洁净区温湿度,并使车间持续保持在合格范围内,以降低微生物繁殖速度。

2. 洁净级别 洁净厂房依据洁净级别,共分为 A、B、C、D 四个等级,根据产品剂型要求确定洁净级别,如无菌制剂要求必须在 B 级背景下的 A 级环境下进行生产,空气洁净度级别标准见表 5-1。

表 5-1　医药洁净室空气洁净度级别

洁净度级别	悬浮粒子最大允许数 /(个 /m³)			
	静态		动态	
	≥0.5μm	≥5.0μm	≥0.5μm	≥5.0μm
A 级	3 520	20	3 520	20
B 级	3 520	29	352 000	2 900
C 级	352 000	2 900	3 520 000	29 000
D 级	3 520 000	29 000	不作规定	不作规定

3. 定期空间消毒 即便是生产活动中人员、物料都尽量减少微生物的传播和滋生,环境中依然无法保证处于无菌状态,故需要定期对环境消毒,常用消毒剂有 75% 乙醇、碱性苯酚、戊二醛、杀孢子剂等。

4. 环境监测 洁净区环境需要定期监测,以保证持续处于验证状态满足药品生产需求。监测项目有悬浮粒子、沉降菌、浮游菌、表面微生物,微生物监测动态标准见表 5-2。

表 5-2　医药洁净室环境微生物监测的动态标准

洁净度级别	浮游菌 /(cfu/m³)	沉降菌(φ90mm) /(cfu/4h)	表面微生物	
			接触(φ55mm) /(cfu/碟)	5 指手套 /(cfu/手套)
A 级	<1	<1	<1	<1
B 级	10	5	5	5
C 级	100	50	25	—
D 级	200	100	50	—

(二)原材料

天然的原材料因未经消毒或灭菌处理,常携带大量的微生物,如中药材、明胶、动物脏器等。高负载的微生物如处理不当,极易引入至药品中,故原料的贮存、运输、取样检验及使用过程中物料的转移均需要避免微生物污染。进入洁净区前需脱去外包装,使用前做好消毒处理,在专门的取样室内进行取样,控制仓库的温湿度等均可减少微生物污染。

(三)水

任何一种药品的生产过程中均离不开水,如洗涤和炮制中药材、配制溶液、管道和容器具的洗涤等,水中常见的微生物有假单胞菌、产碱杆菌、沙门菌及产色细菌等,如受粪便污染,则可能有大肠埃希菌、变形杆菌和其他肠道细菌。故用于制药的工艺用水都必须定期检验,保证水中微生物标准符合国标或《中国药典》(2025年版)要求。

(四)生产人员

人是药品生产中最大的污染源,这是因为人体内部及表面都存在着不同种类和数量的微生物,且人员活动贯穿于药品生产的整个环节。因此,为了保证药物制剂的质量,操作人员必须定期体检,无传染病,具有良好的卫生习惯,穿符合洁净度要求的专用工作服与洁净帽,佩戴一次性无菌手套,规范执行操作过程,按规定清洗手,按要求对身体部位消毒,减少人员流动,不做与生产无关的事情。

(五)厂房与设备

药品厂房包含了生产车间、库房及实验室。厂房的选址、设计、布局、建设、改造和维护必须符合药品生产要求,最大限度地减少微生物污染。建筑物表面应不透水,平坦均匀,无开裂。洁净区内表面(墙壁、地面、天棚)应当平整光滑、密封、接口严密、无颗粒物脱落、避免积尘,便于有效清洁,必要时定期进行消毒,排水设施应安装防倒灌装置。

药物生产所使用的容器具、备品备件等设备可能有微生物滞留或滋生,尤其是构造复杂、不易清洗的部位,药物若与之接触就容易被污染。因此,要求制药设备的设计、选型、安装等应符合生产要求,易于清洗、消毒和灭菌。

(六)包装材料

包装材料是直接接触药品的容器,包装材料被污染是药品微生物污染的又一重要来源。包装材料选择不当、包装完好性不好,在药物贮藏和运输过程中极易造成药物有新的污染。故药品包装材料在使用前应进行清洁或消毒处理,降低微生物负载,无菌包装材料则应进行灭菌和除致热原处理。

> **知识链接**
>
> **药品生产区对空气洁净室的温湿度及压差设计标准**
>
> 在洁净室中,合适的温湿度及压差范围可以保证产品的质量和稳定性,同时也可以保证工作人员的健康和舒适,故在设计时有以下几点要求。
>
> 1. 药品生产工艺及产品对温度和湿度有特殊要求时,应根据工艺及产品要求确定。

2. 药品生产工艺及产品对温度和湿度无特殊要求时，空气洁净度 A 级、B 级、C 级的医药洁净室温度应为 20~24℃，相对湿度应为 45%~60%；空气洁净度 D 级的医药洁净室温度应为 18~26℃，相对湿度应为 45%~65%。

3. 人员净化及生活用室的温度，冬季应为 16~20℃，夏季应为 26~30℃。

4. 不同空气洁净度级别的医药洁净室之间以及洁净室与非洁净室之间的空气静压差不应小于 10Pa，医药洁净室与室外大气的静压差不应小于 10Pa。

二、微生物导致的药物变质

药品中的抗生素、维生素、氨基酸、酶制剂、甾体激素等都是利用微生物发酵制成的，微生物是很重要的药物资源。但在药品的原辅料、生产过程、贮存、运输等环节中均存在被微生物污染的可能性，即使经过灭菌或无菌处理的注射剂也可能出现因细菌内毒素而引起热原反应。药品中污染的微生物类型有很多种，如细菌、霉菌、酵母菌、放线菌等。检出过的细菌、酵母菌、霉菌均有十几个菌属，其中大量是与致病菌或产毒菌有关的属，如沙门菌、大肠埃希菌、葡萄球菌、假单胞菌、变形杆菌、假丝酵母、青霉、曲霉等。已知具有强烈致癌作用的黄曲霉毒素，其产毒菌种黄曲霉也在中成药中检出过。因此在药品生产过程中应特别注意，采取必要的防护措施，保护药品不被微生物污染。

（一）微生物污染药物的判定依据

微生物污染后，不同药物制剂发生的变化不尽相同。通常出现下述现象，即可判断药物已经被微生物污染：①从无菌药物中检出微生物；②从非无菌药物中检出的微生物总数超过限度标准；③从药物中检出病原微生物或不应存在的特定种类微生物；④药物中无活的微生物，但微生物的毒性代谢产物超标，如细菌内毒素、真菌毒素等；⑤药物出现理化性状的改变。

（二）药物变质的外在表现

药物受微生物污染后可能发生理化性质、化学结构变化，变化情况与微生物的污染程度有关。一般需要很高的污染程度或微生物大量繁殖才出现明显的变质现象。变质后的药物主要表现为药物产生特殊的味道、难闻的气体、微生物色素、黏稠剂和悬浮剂的黏度下降、出现悬浮或沉淀物。在糖质的药品中可形成聚合性的黏稠丝；变质的乳剂有团块或沙粒感；累积的代谢物改变药物的 pH；代谢产生的气体引起塑料包装鼓胀或玻璃容器爆裂等现象。

（三）药物变质的影响因素

1. 污染药物的微生物数量

（1）无菌制剂：对于无菌制剂如注射剂、输液剂必须保证绝对不含任何微生物，并且不能含有致热原，否则注入机体内将会发生严重不良反应。

（2）非无菌制剂：只要控制微生物的数量在规定允许的范围内，并保证没有致病微生物存在，一般不会引起药物变质。若污染药物的微生物超过了规定的范围或有致病菌，虽然尚未生长繁殖，也能引起药物的分解,使药物变质失效。

2. 营养因素　药物配方中常含有微生物生长所需要的碳源、氮源和无机盐等营养物质,微生物污染药物后,能利用其营养持续生长繁殖,引起药物变质。

3. 药物的含水量　药物中的水分为微生物的生长提供了条件,药物应尽量减少含水量,保持干燥,或在药物中加入盐或糖造成一种生理上的干燥,减少微生物可利用的水量。

4. pH　制剂的 pH 影响制剂中微生物的生长繁殖。碱性条件下一般不利于细菌、霉菌和酵母菌的生长,酸性条件下不利于霉菌和酵母菌的生长。

5. 储藏温度　药物一般以在低温干燥的环境中储藏为宜。

(四) 药物变质的危害

微生物的污染引起的药物变质,其危害程度主要决定于被污染物本身变化情况,一般与化学结构、物理性质及微生物的污染水平有密切关系,结果大致可分为以下几种。

1. 变质的药品引起感染　无菌制剂不合格或使用时污染,可引起感染或败血症。如铜绿假单胞菌污染的滴眼剂可引起严重的眼部感染或使病情加重甚至失明,被污染的软膏和乳剂能引起皮肤病和烧伤患者的感染,消毒不彻底的冲洗液能引起尿路感染等。

2. 药物失效或增加不良反应　药物物理性状可因污染生物而改变,特别微生物在药物中大量繁殖,可破坏药物性状。微生物几乎具有降解所有有机物的能力,且具有多样性,故许多药物被微生物作用后会发生降解,疗效降低甚至丧失或毒副作用增加。如阿司匹林可被降解为有刺激性的水杨酸;青霉素、氯霉素可被产生钝化酶的微生物(抗药菌)降解为无活性的药物;青霉素被产酶细菌降解后,失去药理的同时大大增加致命性。

3. 产生有毒的代谢产物　表面活性剂、湿润剂、混悬剂、甜味剂、香味剂及有效的化疗药物等均是微生物容易作用的底物,被降解利用后会产生一些有毒的代谢产物如酸臭的脂肪酸、酮、鱼胺、硫化氢、氨等物质;药物被革兰氏阴性菌污染后产生细菌内毒素,引发患者出现热原反应,严重者导致休克、死亡;黄曲霉产生的黄曲霉毒素可以诱发肝癌。

案例分析

案例: 2008 年 7 月 1 日,某医院有 6 名患者使用完某制药厂生产的刺五加注射液之后出现严重不良反应,最终造成了神经、消化、泌尿等系统损害,其中 3 例死亡。

调查原因发现该部分药品曾被雨水浸泡,该药业公司云南销售人员张某从公司调来包装标签,更换后销售。相关监管部门在对被雨水浸泡后的药品进行抽样调查时检出多种细菌。

分析: 根据 GMP(1998 年版)第 47 条要求:标签发放、使用、销毁应有记录;标签要计数发放,使用数、残损数及剩余数之和应与领用数相符,印有批号的残损或剩余标签应由专人负责计数销毁。然而企业却没有严格执行该规范,且如果需要更换标签,应先对产品质量进行评估,确定无风险后方可按照规定程序重新更换标签,而该企业由销售人员直接更换,属于对质量的重视程度不足,质量管理体系存在严重问题,导致该药害事件的发生。

三、防止微生物污染药物的措施

为了确保药物的安全性、有效性及质量可控性,生产企业必须积极采取有效措施,防止微生物污染。

1. 加强药物的生产管理　我国自 1988 年颁布了第一部法定的《药品生产质量管理规范》(GMP),现已实施多年。虽经过历次修订,但始终强调要防止并有效控制药品受微生物污染。药品生产车间必须环境整洁;建筑结构、装饰和生产设备应便于清洗和消毒,尽量减少微生物污染的机会;降低原材料和生产用水的微生物负载,对其进行必要的消毒和灭菌;规范人员卫生及行为,按标准操作规程进行生产;按不同药物种类的要求进行包装和储存等。

2. 严格进行微生物学检查　在生产过程中,应按 GMP 的规定不断进行微生物学检查。对规定无菌制剂进行无菌检查;对规定非无菌制剂进行需氧菌、霉菌和酵母菌总数以及控制菌检查;对注射剂进行热原测定等。通过各项检查来评价药物是否被微生物污染以及受污染与破坏程度,确保药品质量。

3. 合理使用防腐剂　因非最终灭菌产品不是无菌状态,为抑制药品中微生物的生长繁殖,减少微生物对药物的破坏,可适当添加防腐剂。防腐剂的选择应该有良好抗菌活性的同时,不应产生毒性或刺激性,且稳定性好,不受处方或其他成分影响。常用防腐剂有山梨酸、季铵盐、尼泊金、茶甲酸、氯己定等。

点滴积累

1. 微生物污染的来源有环境、原材料、水、生产人员、厂房与设备、包装材料。
2. 药物变质的影响因素有微生物数量、营养因素、含水量、pH、储藏温度。
3. 防止微生物污染药物的措施有加强药物的生产管理、严格进行微生物学检查、合理使用防腐剂。

第二节　微生物药物

微生物药物是指来源于微生物本身或其代谢产物的一类药物,主要包括微生态制剂、疫苗、抗生素等微生物代谢产物。

一、微生态制剂

微生态制剂又称微生态调节剂或活菌制剂,是根据微生态学的原理,利用正常微生物群及其促生长物质,经特殊工艺制成的微生物制剂。微生态制剂可以调整机体微生态失调,保持微生态平衡,提高机体的健康水平,有其他药物不可替代的优点。目前,微生态制剂已经广泛地应用于医药保健、食品等领域。

(一)微生态制剂的类型

国际上将微生态制剂分成 3 种类型,即益生菌(probiotic)、益生元(prebiotics)和合生素(synbiotics)。

1. 益生菌　益生菌是指能通过改善微生态平衡,从而发挥改善健康状态,提高健康水平作用的微生物(活性菌或死菌体)及其代谢产物,可以是单一菌株制成,也可以是多种菌的复合制剂,主要有乳杆菌、双歧杆菌、粪肠球菌、粪链球菌、蜡样芽孢杆菌、枯草杆菌等。目前国内外应用最广的微生态制剂是双歧杆菌类活菌制剂,主要用于婴幼儿保健、调整肠道菌群失调、治疗肠功能紊乱及慢性腹泻、抗肿瘤、防衰老等。

2. 益生元　益生元是一类可被结肠内正常细菌分解和利用,能够选择性地促进益生菌增殖并激活其代谢功能的物质,可改善肠道功能,如低聚果糖、麦芽糖、半乳糖,纤维素、果胶、螺旋藻、节旋藻及一些蔬菜、中草药等。

3. 合生素　合生素是指益生菌与益生元合用的混合制剂,其既可以发挥益生菌的生理活性,又可以选择性地增加益生菌的数量,使之更显著、更持久地发挥作用。

(二)微生态制剂的作用

微生态制剂的有效成分是益生菌,包括活性菌、死菌体及其代谢产物,其主要作用有以下几点。①维持生态平衡:益生菌可以补充机体的有益菌群,调整微生态系统;②生物拮抗作用:益生菌进入人体后定植于肠壁,排斥有害菌的生存空间,且生长繁殖所产生的乳酸和乙酸等酸性物质可降低肠道的 pH 及 Eh(氧化还原电势),改善内环境;③营养作用:益生菌合成的氨基酸、B 族维生素及维生素 K 等营养物质,可保证酶及其他促生长因子等活性物质的正常供应;④提高免疫力:有些益生菌是非特异性免疫调节因子,可提高巨噬细胞的活性,刺激机体免疫系统产生干扰素、抗体,进而提高机体免疫力;⑤降解有毒物质:有些益生菌如乳杆菌等所产生的有机酸可以提高蛋白质利用率,减少氨与胺等的生成。

二、疫苗

疫苗(vaccine)是指将病原微生物(如细菌、立克次体、病毒等)及其代谢产物,经过人工减毒、灭活或利用基因工程等方法制成的用于预防传染性疾病的自动免疫制剂,包括蛋白质、多糖、核酸、活载体或感染因子。常用疫苗种类主要包括灭活疫苗、减毒活疫苗、类毒素等(具体内容见第十二章)。

疫苗是一种特殊的药品,具有其自身的特点,有别于其他一般药物,疫苗与其他药物的区别见表 5-3。

表 5-3　疫苗与一般药品的区别

项目	疫苗	一般药品
应用人群	健康人群	患病人群
应用目的	预防疾病	治疗疾病
应用范围	针对群体	针对个体
药物类型	均为生物制品	化学药物、天然药物、生物药品等

三、微生物代谢产物

在制药行业中,很多的药物制剂都是利用微生物发酵技术,由其代谢产物制成的,如抗生素、氨基酸、维生素、酶与酶的抑制剂等。

(一)抗生素

1. 抗生素的概念　抗生素是指微生物、植物和动物在其生命活动过程中所产生的(或由其他方式获得的),在低浓度下有选择地抑制或影响其他生物机能的有机物质。临床治疗中所用的抗生素主要是由微生物产生的对其他微生物或肿瘤细胞有选择性抑制作用的天然有机化合物。且随着医药科技的发展以及对抗生素研究工作的不断深入,人们逐渐发现,抗生素的作用不仅仅局限于抗菌,还有其他多种生理活性,如新霉素、两性霉素 B 等具有降低胆固醇的作用。

2. 抗生素的分类　抗生素种类繁多,性质复杂,用途多元。迄今为止已从自然界中发现和分离的抗生素已达 10 000 多种,实际用于生产和医疗上的抗生素有 100 多种,连同半合成的衍生物及盐类共 300 余种。对抗生素的分类,习惯上以生物来源、作用对象、化学结构、作用机制、作用对象等为依据进行分类。

(1)按抗生素的生物来源分类:微生物是抗生素生产的主要来源,其中放线菌最多,其次是真菌,再次是细菌,动植物的最少。①放线菌产生的抗生素,主要由链霉菌产生,如链霉素、氯霉素、四环素、红霉素等。②真菌产生的抗生素,如青霉菌、头孢菌素。③细菌产生的抗生素,如多黏菌素、短杆菌肽等。④植物和动物产生的抗生素,如地衣和藻类植物产生的地衣酸、被子植物喜树中提取的喜树碱、裸子植物红豆杉中提取的紫杉醇、非洲爪蟾皮肤分泌物抗菌肽等。

(2)按抗生素化学结构分类:① β- 内酰胺类抗生素,如青霉素、头孢菌素等。②氨基糖苷类抗生素,如链霉素、小诺霉素、庆大霉素等。③四环类抗生素,如四环素、土霉素、金霉素等。④大环内酯类抗生素,如红霉素、螺旋霉素、麦迪霉素等。⑤多肽类抗生素,如多黏菌素、万古霉素等。⑥多烯类抗生素,如制霉菌素、两性霉素 B、曲古霉素等。⑦蒽环类抗生素,如氯红霉素、阿霉素等。⑧喹诺酮类抗生素,如环丙沙星、诺氟沙星等。

(3)按抗生素的作用对象分类:①抗革兰氏阳性菌抗生素,如青霉素等。②抗革兰氏阴性菌抗生素,如链霉素等。③抗真菌类抗生素,如制霉菌素、灰黄霉素等。④抗病毒类抗生素,如艾霉素、四环素类抗生素等。⑤广谱抗菌类抗生素,如头孢菌素、四环素、红霉素等。⑥抗肿瘤类抗生素,如阿霉素、丝裂霉素等。⑦抗原虫类抗生素,如嘌呤霉素、巴龙霉素等。

（4）按抗生素的作用机制分类：①影响核酸合成的抗生素，如丝裂霉素 C 等。②影响细胞壁合成的抗生素，如青霉素、头孢霉素等。③影响细胞膜通透性的抗生素，如多烯类抗生素等。④影响病原菌蛋白质合成的抗生素，如四环素等。⑤抑制生物能作用的抗生素，如抗霉素等。

（5）按抗生素的生物合成途径分类：①氨基酸及肽类衍生物，如青霉素、头孢菌素等。②糖类衍生物，如链霉素等。③以乙酸、丙酸为单位的衍生物，如四环素、红霉素等。

（二）维生素

维生素主要以酶类的辅酶或辅基参与机体的各种生化反应，因此对机体的新陈代谢、生长、发育、健康有着极为重要的作用。如果长期缺乏某种维生素，就会引起机体生理功能障碍而发生某种营养代谢性疾病，即维生素缺乏症；但维生素供给过多也会引起营养代谢性疾病，称之为维生素过多症或维生素中毒。维生素是个庞大的家族，现所知的维生素就有几十种，大致可分为脂溶性维生素和水溶性维生素两大类，前者包括维生素 A、维生素 D、维生素 E、维生素 K，而后者则包括 B 族维生素和维生素 C，常见维生素缺乏种类及症状见表 5-4。

表 5-4 常见维生素缺乏种类及症状

维生素种类	缺乏症
维生素 A	夜盲症、眼干燥症、视神经萎缩等
维生素 B_1	脚气病、神经炎、感觉性失语症等
维生素 B_2	口腔炎、脂溢性皮炎等
维生素 B_3	口腔溃疡、失眠、烟酸缺乏症等
维生素 B_6	过敏性湿疹、肌肉痉挛等
维生素 B_9、维生素 B_{12}	恶性贫血
维生素 C	维生素 C 缺乏症
维生素 D	软骨病（佝偻病）
维生素 E、维生素 K	不育症、习惯性流产等，不易止血

（三）氨基酸

氨基酸是蛋白质的基本构成单位，是生物机体的重要组成部分，在生物有机体的营养、物质代谢调控、信息传递等方面发挥着重要作用。氨基酸的主要用途：一是制备复方氨基酸输液以维持术后或烧伤患者等危重患者的营养；二是合成多肽药物；三是作为治疗药物，治疗多种疾病。氨基酸的生产方法主要有以下几种。

1. 水解法　以毛发、废蚕丝、血粉等多种蛋白质为原料，通过酸、碱或酶水解成多种氨基酸的混合物，经分离纯化（结晶、精制）获得各种氨基酸。如 L- 胱氨酸、L- 亮氨酸、L- 异亮氨酸、L- 精氨酸、L- 组氨酸等。

2. 酶转化法　是利用完整的微生物或微生物产生的酶生产氨基酸。如赖氨酸、色氨酸、天冬氨酸、酪氨酸等。

3. 化学合成法　是用化学合成的方法生产氨基酸。如色氨酸、赖氨酸、天冬氨酸、丝氨酸、苯丙氨酸等。

4. 发酵技术 发酵技术分为直接发酵法和添加前体发酵法。直接发酵法是利用微生物的作用直接将粮食原料经过发酵生产氨基酸；而添加前体发酵法是指在发酵中添加氨基酸代谢途径上的中间产物，利用微生物将其转化为氨基酸的过程。发酵法可以生产构成蛋白质的大部分氨基酸，如赖氨酸、天冬氨酸以及丙氨酸等。

知识链接

氨基酸的分类

现已发现天然的氨基酸有 300 多种，其中人体所需氨基酸约有 22 种，分为非必需氨基酸和必需氨基酸。

非必需氨基酸指人（或其他脊椎动物）能由简单的前体合成，不需要从食物中获取的氨基酸，如甘氨酸、丙氨酸等。

必需氨基酸指人体（或其他脊椎动物）不能合成或合成速度低于机体需要，须从食物中获取的氨基酸，共有 8 种。①赖氨酸：促进大脑发育和脂肪代谢，是肝及胆的组成成分；②色氨酸：促进胃液及胰液产生；③苯丙氨酸：合成蛋白质，经肝脏苯丙氨酸羟化酶作用转变为酪氨酸；④甲硫氨酸：参与血红蛋白、组织与血清组成；⑤苏氨酸：有转变某些氨基酸达到平衡的功能；⑥亮氨酸：平衡异亮氨酸；⑦异亮氨酸：参与胸腺、脾脏及脑下腺调节及代谢；⑧缬氨酸：作用于黄体、乳腺及卵巢。

（四）酶制剂及酶抑制剂

酶是生物产生的具有催化能力的蛋白质，是生物进行新陈代谢活动必不可少的生物催化剂。随着现代生物技术的发展，酶及酶抑制剂的用途不断被开发，现已广泛应用于疾病的诊断、治疗和药物生产等医药领域。另外，一些工具酶在基因工程中也发挥着极为重要的作用。

1. 酶制剂 酶制剂是指按一定质量标准的要求，应用物理、化学方法将酶从动、植物细胞和微生物发酵液中提取出来的具有生物催化作用的活性物质，一切生物的代谢活动都是在酶的作用下进行的，绝大多数酶是蛋白质。来源有动物、植物和微生物三大类，其中微生物因种类繁多、酶源蕴藏丰富，而且在人工控制条件下，比较适合于大规模的工业化生产，成为酶制剂的主要来源。医药领域常用的微生物酶制剂与其来源及用途见表 5-5。

表 5-5　医药领域常用的微生物酶制剂

类型	来源	主要用途
链激酶	乙型溶血性链球菌	治疗血栓性静脉炎、脑血栓等
链道酶	乙型溶血性链球菌	治疗脓胸
透明质酸酶	产气荚膜梭菌等	治疗心肌梗死
青霉素酶	蜡样芽孢杆菌、巨大芽孢杆菌等	青霉素引起的过敏反应，β- 内酰胺类抗生素的无菌检测
天冬酰胺酶	大肠埃希菌等	治疗白血病及某些肿瘤

2. 酶抑制剂 主要是指一类由微生物产生的具有生理活性的小分子化合物，通过中和抑制或竞争抑制来特异性地抑制某些酶的活性，调节人体内的某些代谢过程，增强机体的免疫能力，达到

预防和治疗某些疾病的目的。

目前发现的微生物酶抑制剂种类已达上百种,主要来源于放线菌,且集中在链霉菌,也可由真菌和细菌等产生。医药领域常用的微生物酶抑制剂及其应用等见表 5-6。

表 5-6 疾病防治的常用微生物酶抑制剂

类型	所抑制的酶	主要用途
抑肽素	蛋白酶	治疗胃溃疡
泛涎菌素	淀粉酶	治疗肥胖症、糖尿病
克拉维酸或棒酸	β- 内酰胺酶	治疗青霉素耐药菌所致的感染
马来酸依那普利	血管紧张素转化酶	治疗高血压和充血性心力衰竭

点滴积累

1. 抗生素生产的主要来源是微生物,最多的是放线菌,其次是真菌,再次是细菌,动、植物最少。
2. 微生态制剂有益生菌、益生元和合生素。
3. 维生素可分为脂溶性维生素和水溶性维生素两大类。
4. 氨基酸是蛋白质的基本构成单位,生产方法有水解法、酶转化法、化学合成法、发酵技术。
5. 常用酶制剂有链激酶、链道酶、透明质酸酶、青霉素酶、天冬酰胺酶。

第三节 微生物与基因工程药物

1944 年,美国微生物家 Avery 等通过细菌转化研究,证明 DNA 是基因载体,1973 年 Cohen 等首次完成了重组质粒 DNA 对大肠埃希菌的转化,1980 年通过显微注射培育出第一个转基因动物——转基因小鼠,1982 年世界上第一个基因工程药物重组人胰岛素经 FDA 批准上市,随后基因工程药物不断问世,现已在糖尿病、心血管疾病、病毒感染性疾病、类风湿关节炎、创面修复和肿瘤等疾病的诊断和治疗上得以应用。

基因工程药物是将目的基因利用 DNA 重组技术连接在载体上,然后将载体导入受体细胞(微生物、哺乳动物细胞或人体组织细胞),使目的基因在受体细胞中得到表达,最后将表达的目的蛋白质提纯及制成药物制剂。基因工程药物类型广泛,包括重组蛋白质药物、人源化单克隆抗体、基因治疗药物、重组蛋白质疫苗、核酸药物等 10 多种类型。

生产基因工程药物的操作方法是将目的基因利用 DNA 重组技术连接在载体上,然后将载体导入受体细胞,使目的基因在受体细胞中得到表达,最后将表达的目的蛋白质提纯及制成药物制剂。故选择适宜的载体以及体外表达的受体细胞是生产基因工程药物的关键步骤。

一、微生物与基因工程载体

基因工程载体是指具有自我复制能力的 DNA 分子,在其 DNA 分子的核酸序列中可以插入分离后的不具备自我复制能力的目的基因 DNA 片段,再进入受体细胞中进行复制,伴随着载体 DNA 的复制,目的基因 DNA 也获得了扩增和表达。

载体是指来源于质粒或噬菌体的 DNA 分子,可供插入或克隆目的基因 DNA,并具有运载外源 DNA 导入宿主细胞能力的基因片段。来源包括质粒、病毒等,通常具备以下特点:①在受体细胞中能保持独立和稳定的 DNA 自主复制能力;②容易插入外来核酸片段,插入后不影响其进入宿主细胞和在细胞中的复制;③容易进入受体细胞;④容易从受体细胞中分离纯化出来,便于重组操作;⑤具有合适的筛选遗传标志。

1. 质粒(plasmid)　质粒是独立于原核微生物染色体以外的,有自主复制能力的遗传物质,为双链共价闭合环状 DNA 分子,与细菌或细胞共生的遗传物质。质粒有大、小两类,大质粒可含几百个基因,为染色体的 1%~10%;小质粒仅含 20~30 个基因,约为染色体的 0.5%。

(1)质粒的分类:质粒分类方法有多种,按编码的功能分为 R 质粒、F 质粒、Col 质粒等;按宿主范围分为窄宿主范围质粒和广宿主范围质粒;按复制的调控及其拷贝数分类:一类是严紧控制型质粒,又称为低拷贝数质粒,多为大质粒,每个细胞中只有 1~4 个拷贝,随细菌染色体的复制同步进行;另一类是松弛控制型质粒,又称为高拷贝数质粒,多为小质粒,每个细胞中有 10~100 个拷贝,具有多个复制周期,独立于细菌细胞而自主复制。

(2)质粒的复制:质粒的复制有 3 种形式,一是利用宿主的复制系统,多见于非常小的质粒,而且需要复制原点;二是携带特殊的基因,为其复制转录产生必需的成分,多见于大质粒;三是整合到宿主细胞的染色体上,随其复制而复制,称为附加体。

现在基因工程中使用的质粒载体都已不是原来细菌或细胞中天然存在的质粒,而是为满足不同的实验要求所设计的各种不同的具有特定用途的新型质粒,除最常用的大肠埃希菌克隆用质粒载体外,近年来发展了许多人工构建的其他质粒载体。

2. 噬菌体(phage)　是感染细菌、真菌的一类病毒,基因组有的较大,如双链噬菌体 λ 噬菌体等;有的则较小,如单链噬菌体 M13、f1、fd 噬菌体等。

DNA 重组技术中常用的噬菌体载体主要为经过许多人工改造的 λ 噬菌体。该载体常用于构建基因组文库和 cDNA 文库,分为插入型载体和置换型载体两类。插入型载体指载体中一个酶切点用于外源 DNA 的插入,置换型载体指外源 DNA 通过置换载体上非必需序列插入载体。λ 噬菌体与质粒载体相比较,筛选简便,可克隆的 DNA 片段大,最大可达到 23kb;体外包装反应效力高,克隆效率 100 倍于质粒载体。

二、微生物与基因工程受体细胞

基因工程受体细胞又称为宿主细胞,是指在转化和转导中接受外源基因,使重组 DNA 分子进行扩增和目的基因进行表达。人们所关心的是目的基因的表达产量、表达产物的稳定性、产物的生物学活性和表达产物的分离纯化,故受体细胞的选择尤为重要。

1. 受体细胞的选择原则　选择基因工程受体细胞应遵循的原则是:①容易获得较高浓度的细胞;②安全,不致病、不产生内毒素;③遗传背景清楚,容易进行 DNA 重组操作及遗传改造;④表达水平和稳定性高,产物的产量、产率高,生物活性高,容易提取纯化;⑤容易进行代谢调控;⑥易培养,培养成本低。

2. 受体细胞的分类与特点　基因工程中的受体细胞通常分为两类:一类是原核细胞,该表达系统较为简单,但后期产物分离麻烦,而且不能对蛋白质进行修饰,不适合生产真核生物基因编码的蛋白质,如大肠埃希菌、枯草杆菌、链霉菌等;另一类是真核细胞,该表达系统可以将产物分泌到细胞外,易于分离,而且能对蛋白质进行修饰,包括酵母菌、丝状真菌、哺乳动物细胞和昆虫细胞。

目前使用最广泛的宿主细胞仍然是大肠埃希菌和酿酒酵母菌。因为对它们的遗传背景研究比较清楚,建立了许多适合于它们的克隆载体和 DNA 导入方式,并且许多外源性基因在这两种宿主菌中得到表达。

知识链接

基因工程技术生产药品的优点

1. 基因工程技术可大量生产过去难以获得的生理活性蛋白和多肽(如胰岛素、细胞因子、干扰素等),为临床使用提供有效的保障。

2. 可以提供足够数量的生理活性物质,以便对其生理、生化和结构进行深入研究,从而扩大这些物质的应用范围。

3. 利用基因工程技术可以发现、挖掘更多的内源性生理活性物质。

4. 内源性生理活性物质作为药物使用时存在的不足之处,可以通过基因工程和蛋白质工程进行改造和去除。

5. 利用基因工程技术可得新型化合物,扩大药物筛选来源。

点滴积累

1. 基因工程载体有质粒和噬菌体。
2. 受体细胞分为原核细胞和真核细胞,使用最广泛的是大肠埃希菌和酿酒酵母菌。

第四节　药物的微生物检查

药物的微生物检查是药品质量控制的重要环节,通过检测和分析药物制剂中的微生物,可以确定其微生物污染的程度和类型,也是评价药品生产工艺、生产环境、质量管理及人员操作水平的依据,这种检查能有效预防和控制微生物污染对药物制剂的影响,保证药品的安全性和有效性。

一、无菌检查法

无菌检查法系用于检查无菌的药品、医疗器械、原料、辅料及其他品种是否无菌的一种方法。无菌检查需要在无菌条件下进行,试验环境必须达到无菌检查的要求,要求如下:①检验全过程应严格遵守无菌操作,防止微生物污染,且防止污染的措施不得影响供试品中微生物的检出;②单向流空气区域、工作台面及受控环境应定期按医药工业洁净室(区)悬浮粒子、浮游菌和沉降菌的测试方法的现行国家标准进行洁净度确认;③隔离系统应定期验证,保证内部环境的洁净度符合无菌检查要求;④无菌检查时需对环境进行监测。

(一) 无菌检查用培养基

培养基共有两种,即硫乙醇酸盐流体培养基和胰酪大豆胨液体培养基。其中硫乙醇酸盐流体培养基主要用于厌氧菌的培养,也可用于需氧菌的培养;胰酪大豆胨液体培养基可用于真菌和需氧菌的培养。

(二) 无菌检查法

无菌检查法分为两种,即薄膜过滤法和直接接种法。

1. 薄膜过滤法　薄膜过滤法采用封闭式薄膜过滤器,根据供试品及其溶剂的特性选择滤膜材质。一般情况下滤膜孔径应不大于 $0.45\mu m$,直径约为 50mm,且应保证滤膜在过滤前后的完整性。

(1)水溶性液体制剂:将规定量供试品直接过滤或加入不少于 100ml 稀释液的无菌容器中混匀后立即过滤。若供试品具有抑菌性,须用冲洗液冲洗滤膜,冲洗次数一般不少于 3 次。将其中一份滤器中加入硫乙醇酸盐流体培养基,另一份滤器中加入胰酪大豆胨液体培养基。所用培养基体积与方法适用性相同。

(2)水溶性固体和半固体制剂:取规定量,加适宜的稀释液溶解,然后照水溶性液体制剂的方法操作。

(3)非水溶性制剂:取规定量,直接过滤,或混合溶于适量含吐温 -80 或其他适宜乳化剂的稀释液中,充分混合,立即过滤。用含 0.1%~1%(g/ml)吐温 -80 的冲洗液冲洗滤膜至少 3 次,加入培养基,接种培养基同水溶性液体制剂。

(4)可溶于十四烷酸异丙酯的膏剂和黏性油剂制剂:取规定量,混合至适量的无菌十四烷酸异丙酯中,剧烈振摇,使供试品充分溶解,如果需要可适当加热,加热温度一般不超过 40℃,最高不得超过 44℃,趁热迅速过滤。对仍然无法过滤的供试品,于含有适量的无菌十四烷酸异丙酯中的供试液中加入不少于 100ml 的适宜稀释液,充分振摇萃取,静置,取下层水相作为供试液过滤。过滤后滤膜冲洗及接种培养基照水溶性制剂项下的方法操作。

(5)无菌气雾剂供试品:取规定量,采用专用设备将供试品转移至封闭式薄膜过滤器中。或将各容器置 -20℃或其他适宜温度冷冻约 1 小时,取出后迅速消毒供试品开启部位或阀门,正置容器,用无菌钢锥或针样设备以无菌操作迅速在与容器阀门结构相匹配的适宜位置钻一个小孔,不同容器钻孔大小和深度应保持基本一致,钻孔后应无明显抛射剂抛出,轻轻转动容器,使抛射剂缓缓释出,释放抛射剂后再无菌开启容器,并将供试液转移至无菌容器中混合,必要时用冲洗液冲洗容器内壁。然后照水溶性液体供试品或非水溶性供试品项下的方法操作。

(6)装有药物的注射器供试品:取规定量,将注射器中的内容物(若需要可用稀释液或标签所示的溶剂溶解)直接过滤,或混合至含适宜稀释液的无菌容器中,然后照水溶性液体或非水溶性供试品项下方法操作。同时应采用适宜的方法对包装中所配的针头等要求无菌的部件进行无菌检查。

(7)标示通路无菌的医疗器械(输血、输液袋等)供试品:取规定量,每个最小包装用适量的(通常 50~100ml)冲洗液分别冲洗内壁,收集冲洗液于无菌容器中,照水溶性液体供试品项下方法操作。同时应采用适宜的方法对包装中所配带的针头等要求无菌的部件进行无菌检查。

2. 直接接种法　无法用薄膜过滤法进行无菌检查的供试品,取规定量供试品分别等量接种至硫乙醇酸盐流体培养基和胰酪大豆胨液体培养基中。一般每个容器中供试品体积不大于培养基体积的 10%。

(1)非水溶性液体供试品:取规定量,等量接种至各管培养基中。

(2)固体供试品:取规定量,直接等量接种至各管培养基中,或加入适宜的溶剂溶解,取规定量等量接种至各管培养基中。

(3)敷料供试品:取规定数量,以无菌操作拆开每个包装,于不同部位剪取约 100mg 或 1cm×3cm 的供试品,等量接种于各管足以浸没供试品的适量培养基中。

(4)肠线、缝合线等供试品:肠线、缝合线及其他一次性使用的医用材料按规定量取最小包装,无菌拆开包装,等量接种于各管足以浸没供试品的适量培养基中。

(5)灭菌医用器械供试品:取规定量,必要时应将其拆散或切成小碎段,等量接种于各管足以浸没供试品的适量培养基中。

(6)放射性药品:取供试品 1 瓶(支),等量接种于装量为 7.5ml 的硫乙醇酸盐流体培养基和胰酪大豆胨液体培养基中,每管接种量为 0.2ml。

(三)阴性对照

阴性对照是取相应溶剂和稀释液、冲洗液参照供试品方法操作,作为阴性对照,培养时间同供试品。阳性对照根据实验室条件确定其必要性,试验方法同供试品,加菌量不大于 100cfu。阳性对照培养时间不超过 5 天,应生长良好。

(四)培养与观察

硫乙醇酸盐流体培养基置 30~35℃培养,胰酪大豆胨液体培养基置 20~25℃培养,培养时间不少于 14 天。培养期间应定期观察并记录是否有菌生长。如在加入供试品后或在培养过程中,培养基出现浑浊,培养 14 天后,不能从外观上判断有无微生物生长,可取该培养液不少于 1ml 转种至同种新鲜培养基中,将原始培养物和新接种的培养基继续培养不少于 4 天,观察接种的同种新鲜培养基是否再出现浑浊;或取培养液涂片,染色,镜检,判断是否有菌。

(五) 结果判定

阴性对照不得有菌生长,阳性对照长势良好。若供试品管均澄清,或虽显浑浊但经确证无菌生长,判供试品符合规定;若供试品管中任何一管显浑浊并确证有菌生长,判供试品不符合规定,除非能充分证明试验结果无效,即生长的微生物非供试品所含。只有符合下列至少一个条件时方可认为试验无效。

1. 无菌检查试验所用的设备及环境的微生物监控结果不符合无菌检查法的要求。

2. 回顾无菌试验过程,发现有可能引起微生物污染的因素。

3. 在阴性对照中观察到微生物生长。

4. 供试品管中生长的微生物经鉴定后,确证是因无菌试验中所使用的物品和 / 或无菌操作技术不当引起的。

试验若经评估确认无效后,应重试。重试时,重新取同量供试品,依法检查,若无菌生长,判供试品符合规定;若有菌生长,判供试品不符合规定。

二、非无菌产品的微生物限度检查

非无菌产品微生物限度检查法用于检查非无菌制剂及其原、辅料等物质,包含了微生物计数法和控制菌检查法两种。

(一) 微生物计数法

用于能在有氧条件下生长的嗜温细菌和真菌的计数。一般供试品的检验量为 10g 或 10ml,膜剂、贴剂和贴膏剂为 100cm²,大蜜丸不得少于 4 丸,膜剂、贴剂和贴膏剂不得少于 4 片,贵重药品、微量包装药品的检验量可以酌减。

微生物计数法用的培养基为胰酪大豆胨琼脂培养基和沙氏葡萄糖琼脂培养基,其中胰酪大豆胨琼脂培养基和胰酪大豆胨液体培养基用于测定需氧菌的总数;沙氏葡萄糖琼脂培养基主要用于测定霉菌和酵母菌总数。

试验过程仅需要做阴性对照试验,以稀释液代替供试液进行阴性对照,对照应无微生物生长。

1. 计数方法 药品检查时,应根据其理化性质和微生物限度标准等因素选择计数方法,计数方式包括了平皿法、薄膜过滤法和最可能计数法(Most-Probable-Number Method,MPN)。

(1)平皿法:平皿法包括倾注法和涂布法。取规定量供试品进行供试液制备和菌数测定,每稀释级每种培养基至少制备 2 个平板。胰酪大豆胨琼脂培养基平板在 30~35℃培养 3~5 天,沙氏葡萄糖琼脂培养基平板在 20~25℃培养 5~7 天,观察菌落生长情况。

培养结束后点计平板上生长的所有菌落数,菌落蔓延生长成片的平板不宜计数。同稀释级两个平板的菌落数平均值不小于 15 的,则 2 个平板的菌落数不能相差 1 倍或以上。如各稀释级的平板均无菌落生长,或仅最低稀释级的平板有菌落生长,但平均菌落数<1 时,以<1 乘以最低稀释倍数的值报告菌数。

(2)薄膜过滤法:一般按计数方法适用性试验确认的方法进行供试液制备。取相当于 1g、1ml、1 贴或 10cm² 供试品的菌落数报告菌数;若滤膜上无菌落生长,以<1 报告菌数,或以<1 乘以最低稀释倍数的值报告菌数。

(3)MPN 法:取规定量供试品制备和供试品接种,所有试验管在 30~35℃培养 3~5 天,如果需要确认是否有微生物生长,记录每一稀释级微生物生长的管数,每 1g、1ml 或 10cm² 供试品中需氧菌总数的最可能数。

2. 结果判定　需氧菌总数是指胰酪大豆胨琼脂培养基上生长的总菌落数(包括真菌菌落数);霉菌和酵母菌总数是指沙氏葡萄糖琼脂培养基上生长的总菌落数(包括细菌菌落数)。若因沙氏葡萄糖琼脂培养基上生长的细菌使霉菌和酵母菌的计数结果不符合微生物限度要求,可使用含抗生素(如氯霉素、庆大霉素)的沙氏葡萄糖琼脂培养基或其他选择性培养基(如玫瑰红钠琼脂培养基)进行霉菌和酵母菌总数测定。

微生物限度标准如下。10cfu:可接受的最大菌数 20;10²cfu:可接受的最大菌数为 200;10³cfu:可接受的最大菌数为 2 000,以此类推。

若供试品的需氧菌总数、霉菌和酵母菌总数的检查结果均符合该品种项下的规定,判供试品符合规定;若其中任何一项不符合该品种项下的规定,判供试品不符合规定。

(二)控制菌检查法

控制菌检查法系用于在规定的试验条件下,检查供试品中是否存在特定的微生物,常见的控制菌为大肠埃希菌、沙门菌、铜绿假单胞菌、金黄色葡萄球菌、梭菌、白念珠菌等。若检出控制菌或其他致病菌,按一次检出结果为准,不再复检。

该检查法需要有阴性对照和阳性对照,阴性对照为由稀释剂代替供试品按照控制菌检查法而制得的样品;阳性对照按照供试品检查法,加入对照菌。阴性对照不得长菌,阳性对照需有控制菌长出。

所用培养基、培养条件及结果判定根据控制菌类型选择。

点滴积累

1. 无菌检查用培养基有硫乙醇酸盐流体培养基和胰酪大豆胨液体培养基。
2. 无菌检查法有薄膜过滤法和直接接种法。
3. 无菌检查培养时间为 14 天。
4. 微生物计数法中胰酪大豆胨琼脂培养基和胰酪大豆胨液体培养基用于测定需氧菌的总数,沙氏葡萄糖琼脂培养基用于测定霉菌和酵母菌总数。
5. 药品中常见的控制菌有大肠埃希菌、沙门菌、铜绿假单胞菌、金黄色葡萄球菌、梭菌、白念珠菌等。

目标检测

ER 5-2

第五章
微生物在药
学中的应用
（习题）

ER 5-3

第五章
微生物在药
学中的应用
（思维导图）

简答题

1. 分析药物污染的微生物来源，并制定防止微生物污染的措施。

2. 简述无菌检查法的判定依据，及在哪种情况下可认为试验无效。

（张兰英）

第六章　免疫学基础概述

学习目标

1. **掌握**　免疫的概念、免疫的基本功能。
2. **熟悉**　免疫学研究的内容及免疫学在现代医学中的重要意义。
3. **了解**　免疫学的发展简史、免疫学的发展趋势。

导学情景

情景描述：

　　天花病毒是历史上最悠久、对人类杀伤力最大的病毒。早在 3 000 年前就有记载，仅在 18 世纪的欧洲，天花病毒就至少造成 1.5 亿人死亡。在人类历史上，天花病毒总是一波接一波，在天花疫苗还没有出现之前，人类几乎没有有效的方法预防该病。18 世纪后，随着预防天花病毒的牛痘疫苗广泛接种，1980 年世界卫生组织正式宣布，全球已经消灭了天花病毒感染。

学前导语：

　　牛痘疫苗在全世界消灭天花感染中发挥了巨大作用。为什么传染病可以通过疫苗预防？让我们一起进入下面内容的学习。

第一节　免疫的概念与功能

一、免疫的概念

　　现代免疫学认为，免疫（immune）是机体识别和清除抗原性异物，维持机体自身生理平衡与稳定的一种生理功能。免疫系统具有重要的生物学效应，对机体的影响具有双重性，正常情况下，免疫系统可维持机体内环境稳定，具有保护作用；免疫功能异常，可能会导致疾病的发生和发展。

> **考证要点**
>
> 免疫的概念及功能。

二、免疫的功能

根据机体免疫系统识别和排除抗原性异物的种类不同,其基本功能可以分为免疫防御、免疫稳定和免疫监视三个方面(见表 6-1)。

1. 免疫防御 指机体识别和清除外来病原体,抵抗病原体感染的功能。异常情况下,若应答能力过强或持续时间过长,在清除病原体的同时,可导致组织损伤或功能异常,引起超敏反应性疾病的发生;该应答能力过低或缺陷,会导致免疫缺陷病,易发生严重感染。

2. 免疫稳定 指机体识别和清除体内衰老、损伤及死亡的细胞。通过自身免疫耐受和免疫调节两种机制发挥作用,从而维持内环境的稳定。若该功能失调,则会损伤机体正常的组织细胞,导致自身免疫病。

3. 免疫监视 指机体识别和清除体内突变细胞或病毒感染细胞的功能。若该功能过低,突变细胞及病毒感染细胞不能被及时清除,机体将会发生肿瘤或病毒的持续性感染。

表 6-1 免疫的基本功能

主要功能	生理表现	病理表现
免疫防御	抵抗病原体的感染作用	过强:超敏反应性疾病 过低:免疫缺陷病
免疫稳定	清除体内衰老、损伤及死亡的细胞	紊乱:自身免疫病
免疫监视	清除体内突变细胞、病毒感染细胞	低下:肿瘤、病毒持续性感染

第二节 医学免疫学发展简史

一、医学免疫学的概念

医学免疫学(medical immunology)是研究人体免疫系统的组成和生理功能、免疫应答的规律与效应、免疫相关疾病的发生机制,以及用免疫学原理和技术诊断、防治疾病的一门新兴科学。免疫学在医学中有着重要的作用和地位,已成为当今现代医学的支撑学科之一。

> **课堂互动**
> 肿瘤的发生是哪种免疫功能出现了紊乱?

二、医学免疫学的发展简史

免疫学的发展与人类同传染病长期斗争息息相关,经历了经验免疫学时期、科学免疫学时期和现代免疫学时期三个发展阶段。

（一）经验免疫学时期

人类对免疫的认识首先是从与传染病作斗争开始的，人们通过观察发现，某些传染病患者在康复后，不会再患同样的疾病。我国古代医学家将此现象称为"以毒攻毒"，由此开始尝试通过人工轻度感染某种传染病以获得对该种传染病的抵抗力。例如，葛洪所著的《肘后备急方》（约公元303年）和孙思邈所著的《备急千金要方》（约公元648年）对于防治狂犬病就有"取狂犬脑敷之，后不复发"的文字记载，可以说，这是我国古代医学家在国际上第一次进行了"预防接种"的实践。天花曾是一种烈性传染病，由于其呼吸道传播的方式，传染性极强且死亡率极高，严重威胁人类的生存。例如，18世纪发生在欧洲的天花大流行，就造成了6 000万人死亡。我国古代医学家将天花患者康复后的皮肤痂皮磨碎成粉，吹入未患病儿童的鼻腔以预防天花，称之为种痘（图6-1A）。据考证，公元16世纪我国明朝隆庆年间就已有有关种痘的医书记载。这种种痘的方法当时不仅在国内广泛使用，还传到俄国、日本、朝鲜、土耳其和英国等国家。种人痘预防天花具有一定的危险性，但为日后牛痘苗的发现提供了宝贵的经验。

图 6-1　种痘
A：中国古代人种人痘苗；B：Edward Jenner 种牛痘苗。

公元18世纪后叶，英国医生 Edward Jenner 观察到挤牛奶女工接触患有牛痘的牛后，可被传染并在其手臂上长出类似牛痘的疱疹，这些得过牛痘的女工不会得天花。他意识到人工接种"牛痘"可能会预防天花，并在一名8岁的儿童身上进行了接种"牛痘"预防天花的试验，取得了成功（图6-1B）。人类经过将近180年的努力，1980年世界卫生组织庄严宣布，全球已经消灭了天花，这是一个具有划时代意义的伟大事件。

> **知识链接**
>
> #### 疫苗技术迭代
>
> 疫苗（vaccine）一词是"疫苗之父"巴斯德（Louis Pasteur）为纪念先驱者詹纳（Edward Jenner）发明牛

痘苗（vaccinia）而创造，指由减毒或灭活微生物制成，能够针对疾病产生免疫力的生物制品。

疫苗的发展和免疫学的发展息息相关，并且经历了三次改革迭代。第一次始于19世纪末，巴斯德和科赫作出了重大贡献，30多种病原体及相关疫苗被研发。第二次发生在20世纪80年代，其标志是以酵母制造乙肝疫苗。第三次改革发生在20世纪90年代，核酸疫苗的出现为其标志。

（二）科学免疫学时期

从18世纪末至20世纪中叶，随着微生物学的发展，人们对免疫功能的认识从人体现象的观察进入了科学实验时期。它的发展和微生物学的发展密切相关，并成为微生物学的一个分支。这一时期内的重要成就见表6-2。

表6-2　科学免疫学时期的重要成就

年份 / 年	研究者	主要成果
1880	Louis Pasteur	成功研制多种减毒活疫苗
1883	Elie Metchnikoff	发现吞噬作用，提出细胞免疫学说
1890	Von Berhring，Kitasato	抗毒素血清治疗方法的建立
1894	Jules Bordet	发现补体的溶菌作用
1900	Landsteiner	发现人类ABO血型抗原及抗体
1908	Ehrlich	提出抗体形成的侧链学说，体液免疫学说
1921	Calmette，Guerin	卡介苗预防接种
1938	Tielius，Kabat	证实抗体为球蛋白
1944	Medawar，Burnet	获得性免疫耐受性
1948	Snell	发现组织相容性抗原
1957	Burnet	提出克隆选择学说
1959	Porter，Edelman	阐明免疫球蛋白分子结构
1974	Jerne	提出独特型 - 抗独特型免疫网络学说
1975	Milstein，Kohler	建立杂交瘤细胞和单克隆抗体制备方法
1978	Tonegawa	阐明免疫球蛋白基因结构

（三）现代免疫学时期

20世纪60年代后，分子生物学的迅速兴起极大地推动了免疫学的发展，不仅大量的免疫分子的基因被克隆，新的免疫分子被表达，而且人们对免疫应答的研究也深入到分子水平和基因水平。免疫学以一种崭新的"基础研究—应用研究—高技术开发"的模式发展，将科学研究成果迅速转化为生产力，这是现代免疫学发展的一个重要特点。这一时期有许多重要的发现，如抗体多样性和特异性的遗传学基础、T细胞抗原受体的基因克隆、免疫遗传学和MHC限制性的发现等。

三、医学免疫学的发展趋势

目前，医学免疫学正以前所未有的蓬勃态势向前发展，体现在：①基础免疫学研究更加深入和广泛,免疫学理论体系更加完善,诞生了很多新的研究方向和热点;②临床免疫学几乎已经渗透到临床研究的每个方面,其技术和方法已广泛应用于疾病的预防、诊断和治疗;③基础免疫学与临床免疫学结合更加紧密,基础研究与应用研究并重且紧密结合,相辅相成;④免疫学与其他很多生命学科和医学交叉融合,极大地促进了免疫学和其他学科的共同发展。免疫学在推动生物高科技产业化中的技术支撑作用以及效益日益突出。此外,免疫学技术更是基础医学、临床医学各学科进行科学研究的重要方法和手段之一。

展望未来,免疫学的研究将更加重视体内免疫细胞在时间及空间的相互作用,因而体内免疫应答将是免疫学研究的重点。免疫应答的机制将得到更加深刻地阐明。对免疫系统认识的深入必将推动对免疫应答本质的了解,并将理论研究的成果应用于医学实践。细胞因子及其受体,以及信号转导的研究已经成为现代免疫学研究的重要领域。免疫诊断方法正向着微量、自动、快速的方向发展,新方法、新技术层出不穷。人类基因组计划的完成为人类功能基因组计划的开展奠定了基础,功能基因组计划、蛋白质组学计划将引领着 21 世纪生命科学的发展,也必将促进免疫学的进一步发展。

点滴积累

1. 免疫是机体识别和清除抗原性异物的一种功能。
2. 免疫的基本功能包括免疫防御、免疫稳定和免疫监视。

目标检测

ER 6-2

第六章
免疫学基础
概述(习题)

简答题

1. 现代免疫的概念是什么?
2. 如何理解免疫功能是把双刃剑?

(李国利)

ER 6-3

第六章
免疫学基础
概述(思维
导图)

第七章　抗原

学习目标

1. **掌握**　抗原的概念及基本特性；医学有关的抗原。
2. **熟悉**　抗原的种类；抗原的特异性；影响抗原免疫原性的因素。
3. **了解**　非特异性免疫刺激剂的种类。

导学情景

情景描述：

　　某患者，因出现张口困难、牙关紧闭、苦笑面容和角弓反张入院，询问患者 1 周前有生锈铁钉扎伤右足史。入院时患者体温 37.8℃，脉搏 88 次 /min，呼吸频率 20 次 /min，血压 130/80mmHg。患者意识清、瞳孔等大等圆、对光反射正常。

学前导语：

　　初步考虑患者是发生了破伤风。应使用动物免疫血清——破伤风抗毒素紧急治疗。但是，为什么在注射破伤风抗毒素前必须进行皮肤试验（简称皮试）？让我们一起进入下面内容的学习。

　　免疫是机体通过区别"自己"和"非己"，对非己物质进行识别、应答和予以清除的生物学效应的总和。这些"非己物质"就是抗原，理论上抗原可以是自然界所有的外源物质和自身物质，机体免疫细胞通常识别的抗原是蛋白质，也包括多糖、脂类和核酸等。

第一节　抗原的概念及基本特性

一、抗原的概念

　　抗原（antigen，Ag）是指一类能刺激机体免疫系统诱导免疫应答的物质，能与 T、B 淋巴细胞表面特异性抗原受体（TCR 或 BCR）识别及结合，从而激活 T、B 细胞增殖、分化、产生免疫应答效应产物，并能与效应产物发生特异性结合的物质。但并非所有的外源或自身物质都是抗原，具备免疫原性和免疫反应性两个重要特性的物质才是抗原。

二、抗原的基本特性

抗原具有两个重要特性，即免疫原性（immunogenicity）和免疫反应性（immunoreactivity）。

1. 免疫原性 指抗原能刺激 T、B 淋巴细胞活化、增殖、分化，诱导机体产生特异性抗体或者效应性 T 细胞的能力。

2. 免疫反应性 指抗原与其诱导的免疫应答效应物质（效应性 T 细胞或抗体）特异性结合的能力，又称抗原性。

既有免疫原性，又有免疫反应性的物质称为完全抗原（complete antigen），如大多数蛋白质、细菌、病毒等。只具有免疫反应性，无免疫原性的物质，称为不完全抗原（incomplete antigen）或半抗原。不完全抗原与载体结合后可产生免疫原性，大多数多糖、脂类、某些药物均属于不完全抗原。

课 堂 互 动

在临床治疗过程中，有些患者会发生青霉素过敏性休克。青霉素属于不完全抗原，本身无免疫原性。

1. 临床注射青霉素引起过敏性休克的机制是什么？
2. 如何预防青霉素过敏性疾病的发生？

点滴积累

1. 抗原是一类能诱导机体产生免疫应答，并能和免疫应答产物发生特异性结合的物质。
2. 抗原具有免疫原性和免疫反应性两个基本特性。
3. 蛋白质是完全抗原，大多数多糖、脂类是不完全抗原。

第二节　抗原的性质

一、抗原的特异性

特异性在免疫应答中是最重要的特点。抗原刺激机体产生特异性免疫应答及其与应答效应产物发生结合都显示其高度的专一性。抗原特异性（antigenic specificity）包括抗原免疫原性的特异性和免疫反应性的特异性，即特定抗原只能刺激机体产生特异性抗体和 / 或致敏淋巴细胞，且仅能与该特异性抗体或淋巴细胞结合并相互作用。抗原特异性是免疫学诊断与防治的理论依据。抗原的特异性既表现在免疫原性，也表现在免疫反应性。特定抗原与特异性 T 细胞或特异性抗体专一结合的特性，是目前免疫学检测、诊断及治疗技术的理论基础。如乙型肝炎病毒表面抗原（Hepatitis B surface antigen，HBsAg），进入机体能刺激机体产生 HBsAb，HBsAb 仅与特异性 HBsAg 结合，不会与乙型肝炎病毒的其他抗原（如核心抗原）或其他病毒抗原发生结合。在临床一般会采用双抗体夹心法检测血清 HBsAg，可判断机体是否感染了乙型肝炎病毒；采用双抗原夹心法检测血清 HBsAb，判断机体对乙肝病毒是否具有特异性免疫力。

二、抗原表位

1. 概念 抗原表位（epitope）也称为抗原决定簇，是决定抗原特异性的特殊化学基团。T、B 细胞可通过其表面的特异性抗原受体（TCR/BCR）高度特异性识别抗原，被抗原活化的 T 细胞和抗体在与抗原进行结合时也表现出高度特异性。上述抗原分子的特点由抗原分子所含的抗原表位决定，抗原表位是抗原分子中决定免疫应答特异性的特殊化学基团，也是与 T/B 细胞抗原受体（TCR/BCR）或抗体特异性结合的最小结构与功能单位。表位通常由 6~12 个氨基酸残基，多糖残基或核苷酸组成。一个抗原表位可刺激机体产生一种特异性抗体，一个抗原分子具有的抗原表位总数称为抗原结合价（antigenic valence）。通常天然蛋白大分子为多价抗原，含多个抗原表位，能刺激机体产生多种特异性抗体。

2. 抗原表位的类别

（1）顺序表位（sequential epitope）和构象表位（conformational epitope）：不同的抗原表位中氨基酸的空间结构不同，可将其分为顺序表位和构象表位（图 7-1）。顺序表位由连续线性排列的氨基酸组成，又称线性表位（linear epitope）；构象表位由不连续排列但在空间上能形成特定构象的若干氨基酸组成。

（2）T 细胞表位和 B 细胞表位：根据抗原特异性淋巴细胞所识别表位的不同，又可将抗原表位分为 T 细胞表位和 B 细胞表位。两者具有不同特点，T 细胞表位为线性表位，可存在于抗原分子任何部位，由抗原提呈细胞（antigen-presenting cells，APC）加工后，与 MHC 分子结合为复合物并提呈于 APC 表面的，才

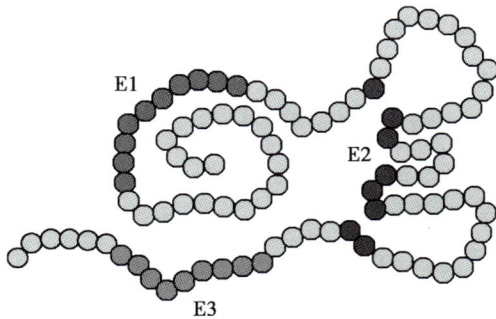

E2 为构象表位，E1、E3 为线性表位。

图 7-1　抗原表位的类别

能被 TCR 识别。T 细胞表位可分为两种：① CD4$^+$T 细胞识别的表位，由 13~20 个氨基酸的小分子多肽组成，较长；② CD8$^+$T 细胞识别的表位，由 8~10 个氨基酸组成，第 2、9 位氨基酸为锚定氨基酸（anchor residue）。供 BCR 或抗体识别的抗原决定簇，称为 B 细胞表位。B 细胞表位由 5~12 个氨基酸或多糖构成，多为构象表位，少数为线性表位，位于抗原分子表面。B 细胞表位一般在序列上相连或不相连，但在空间结构上互相临近，无须 APC 加工和处理，可以直接被 B 细胞所识别。T 细胞

表位和 B 细胞表位特性的比较见表 7-1。

表 7-1　T 细胞表位和 B 细胞表位特性的比较

项目	T 细胞表位	B 细胞表位
表位类型	线性表位	构象表位或线性表位
MHC 分子是否参与	必需	不需
细胞识别表位受体	TCR	BCR
是否需要 APC 加工	是	否
表位性质	蛋白多肽	蛋白多肽、多糖、脂多糖、核酸等
表位本质	8~10 个氨基酸（CD8$^+$T 细胞表位） 13~20 个氨基酸（CD4$^+$T 细胞表位）	5~12 个氨基酸
表位存在位置	抗原分子任意部位	一般位于抗原分子表面

（3）半抗原决定簇与载体决定簇：半抗原不具有免疫原性，不能诱导机体产生抗体。当将半抗原与载体蛋白结合后可刺激免疫系统产生半抗原抗体，同时也产生载体蛋白抗体。在人体免疫应答中，载体不仅能结合半抗原，也能产生载体特异性。在研究中发现，B 细胞可以识别半抗原，并把载体表位呈递给 T 细胞，T 细胞通过表面分子识别载体表位。故在此过程中载体能特异地连接 T 淋巴细胞和 B 淋巴细胞，T 细胞活化为 Th 细胞，继而激活 B 细胞分泌抗体。

三、共同抗原与交叉反应

虽然抗原反应具有特异性，但某些抗原刺激机体产生的特异性抗体或活化淋巴细胞，既可与自身抗原表位发生特异性结合，有时还能与其他抗原中相同或相似的表位发生反应，称为交叉反应（cross reaction）。在自然界中，有些不同物质抗原间可能含相同或相似的抗原表位，称为共同抗原。

天然抗原表面一般带有多种抗原决定簇，其抗原决定簇都可能会刺激机体产生多种特异性抗体。如机体感染一种细菌后可检测到其体内含有鞭毛抗体、菌体抗体、菌毛抗体等多种成分。根据抗原亲缘关系，共同抗原可分为类属抗原和异嗜性抗原。有亲缘关系生物间存在的共同抗原为类属抗原，而无种属关系生物间存在的为异嗜性抗原。假如甲、乙两菌间含有共同抗原，当甲菌的某一抗原决定簇刺激机体产生的抗体，遇到乙菌中这种相同的抗原决定簇时，乙菌的抗原决定簇就会与抗体发生结合产生交叉反应。当两种抗原决定簇在分子空间构型都非常相似的情况下，也可发生交叉反应。例如临床上感染链球菌导致风湿性心脏病的主要原因是机体感染链球菌后，刺激机体产生抗体与 T 淋巴细胞，因链球菌中含有与心肌抗原相同的抗原，抗体和特异性 T 淋巴细胞攻击心肌导致风湿性心脏病。在血清学诊断时应注意共同抗原和交叉反应的存在，避免假阳性结果产生，以免造成误诊。临床也可以利用共同抗原的存在，解决某些抗原不易制备成试剂的问题。

第三节　影响抗原免疫原性的因素

抗原物质本身的异物性、理化特性、结构以及进入机体的方式与频率、机体遗传因素等都会影响机体产生特异性免疫应答的类型及强度。

一、抗原分子的理化性质

1. 异物性　异物性是决定抗原免疫原性的核心条件。免疫学中的异物是指机体在胚胎发育过程中，免疫细胞从未接触过的物质。正常情况下，机体的免疫系统具有精确识别"自己"和"非己"物质的能力。生物之间种系关系越远，组织结构差异越大，免疫原性越强；反之，免疫原性越弱。根据亲缘关系，异物可包括以下三种。①异种物质：各种病原生物、动物血清、植物蛋白等。②同种异体物质：同种生物不同个体之间，由于遗传基因不同，其组织结构或细胞表面的化学结构也有差异，具有一定的异物性。如人类红细胞血型抗原、组织相容性抗原系统等。③自身物质：因外伤、感染、药物、辐射等使自身组织结构改变，或未与免疫活性细胞接触过的隐蔽成分（如精子、眼晶状体蛋白等）释放入血与免疫活性细胞接触，这些自身物质均可成为抗原，导致自身免疫病。

2. 化学性质　在天然抗原物质中，蛋白质的免疫原性强，多糖、脂多糖也有免疫原性。脂类和哺乳动物的 DNA、组蛋白等细胞核成分一般无免疫原性。肿瘤细胞或者免疫细胞因过度活化发生凋亡后，其释放的核酸和组蛋白成分因发生化学修饰或构象变化，可具备免疫原性，能诱导机体产生自身抗体，成为自身抗原。

3. 分子量　具有免疫原性的物质，一般抗原的分子量较大，含有抗原表位越多，结构越复杂，则其免疫原性越强。分子量大于 100kD 的抗原免疫原性强，为强抗原，小于 10kD 的抗原一般免疫原性较弱，小于 4kD 的抗原一般没有免疫原性，少数例外，如胰岛素。大分子物质免疫原性较强的原因包括：①分子量越大，表面的抗原决定簇越多，而淋巴细胞要求有一定数量的抗原决定簇才能活化。②大分子物质的化学结构稳定，在体内停留时间长，能使淋巴细胞得到持久刺激，有利于免疫应答的发生。

4. 分子结构　免疫原性除与异物性和分子量有关外，还与化学结构相关，抗原物质必须有复杂的分子结构。若抗原分子表面含有大量的芳香族氨基酸,则免疫原性强。例如明胶分子量为100kD,其分子结构由直链氨基酸组成,缺乏含苯环的氨基酸,在体内稳定性差,免疫原性弱。当明胶分子偶联2%的酪氨酸后可显著增强免疫原性。仅5.7kD分子量的胰岛素,因其结构中含复杂的芳香族氨基酸,则免疫原性较强。核酸的免疫原性一般较弱,但与蛋白质结合后其免疫原性增强。

5. 分子构象 抗原分子中一些特殊化学基团能与淋巴细胞的受体结合,启动免疫应答。抗原表位的空间构象能影响抗原的免疫原性。某些抗原分子在天然状态下可诱导产生特异性抗体,但变性后,构象表位发生改变,无法刺激机体产生抗体。抗原大分子中表位的性质、数目、位置也会影响抗原的免疫原性或免疫反应性。

6. 易接近性 指抗原表位的分子结构与淋巴细胞表面受体相互接触的难易程度。抗原与淋巴细胞表面受体的空间结合易接近性与抗原分子表位氨基酸残基所处侧链位置的不同有关,以此影响抗原的免疫原性与免疫反应性。如化学基团存在抗原分子表面,易与淋巴细胞抗原受体结合,免疫原性强;若存在于抗原分子的内部,不易与淋巴细胞表面的抗原受体接触,则没有免疫原性。

7. 物理性状 人和动物细胞、细菌和寄生虫抗原属于颗粒性抗原,而一般蛋白质、多糖、核酸等为可溶性抗原。一般聚合状态的蛋白质具有更强的免疫原性;颗粒性抗原的免疫原性较强,可溶性抗原的免疫原性较弱。将免疫原性弱的物质吸附在颗粒物质表面或组装为颗粒物质,可增强其免疫原性。

二、宿主的因素

1. 遗传因素 机体遗传基因会影响对抗原的应答能力。不同遗传背景的动物以及人群中的不同个体,与同一抗原表位的结合能力不同,引起淋巴细胞免疫应答的差异,呈现对同一抗原的应答能力不同。

2. 年龄、性别与健康状态 通常幼年和老年个体对抗原的免疫应答较弱,而青壮年个体免疫应答较强。新生动物或婴儿免疫系统发育不完全,易引起微生物感染。雌性动物产生抗体的能力比雄性动物强,但怀孕个体的应答能力会受到抑制,此外,由自身抗体介导的自身免疫病的发生概率在妊娠期也会增高。感染病原微生物或使用免疫抑制剂都能干扰和抑制机体对抗原的应答能力。如临床上在进行同种异体器官移植时会使用免疫抑制剂,免疫抑制剂能降低机体排斥反应的发生,但是也会增加机体感染微生物的风险。

三、抗原进入机体的方式

抗原对机体的免疫应答强度和类型还与抗原进入机体的量、途径、次数、频率及免疫佐剂的应用和佐剂类型等有关。过低和过高的抗原剂量易引起免疫耐受,适中的抗原剂量易诱导免疫应答。皮内注射和皮下注射途径容易诱导免疫应答,肌内注射次之,而静脉注射效果较差,口服免疫则易诱导耐受。接种抗原时,还需要适当间隔一定时间免疫(如1~2周),以产生较好的免疫应答效果,频繁多次过量的注射抗原同样可能会导致免疫耐受。此外,某些情况下,免疫佐剂的使用可显著改变免疫应答的强度和类型,例如明矾佐剂易诱导机体产生 IgE 类抗体,弗氏佐剂主要诱导机体产生 IgG 类抗体。

> **点滴积累**
>
> 1. 抗原本身的异物性、理化特性、分子结构等影响抗原的免疫原性。
> 2. 宿主的遗传因素、年龄、性别、健康状态等影响抗原的免疫原性。
> 3. 不同的抗原进入机体的方式影响抗原的免疫原性。

第四节　抗原的种类

一、根据抗体的产生是否需要 Th 细胞辅助进行分类

1. **胸腺依赖性抗原**　胸腺依赖性抗原(thymus dependent antigen,TD-Ag)是指必须依赖 T 细胞的辅助才能刺激 B 细胞产生抗体的抗原。绝大多数病原微生物、大分子化合物、血清蛋白等抗原均属于此类。因此,临床上先天性胸腺缺陷和后天性 T 细胞功能缺陷,虽然主要影响 T 细胞的生理功能,但仍可导致机体产生抗体的能力低下。

2. **非胸腺依赖性抗原**　非胸腺依赖性抗原(thymus independent antigen,TI-Ag)是指某些抗原刺激机体产生抗体时不需 T 细胞的辅助。TI-Ag 可介导体液免疫应答,TI-Ag 分为 TI-1 Ag 和 TI-2 Ag。TI-1 Ag 如细菌脂多糖(LPS)等,同时包含抗原表位和丝裂原性质,能特异性或非特异性刺激活化多克隆 B 细胞产生抗体;而 TI-2 Ag 如肺炎球菌荚膜多糖、聚合鞭毛素等,则含多个重复 B 细胞表位,通过与 BCR 结合激活成熟 B 细胞介导免疫应答。婴幼儿和动物幼崽因 B 细胞发育不成熟,对 TI-2 Ag 低应答或不发生应答。TD-Ag 与 TI-Ag 的区别见表 7-2。

表 7-2　TD-Ag 与 TI-Ag 的比较

项目	TD-Ag	TI-Ag
表位结构特点	多种表位,复杂	单一表位
种类	大多数蛋白质抗原	某些细菌脂多糖等
表位构成	B 细胞、T 细胞表位	重复 B 细胞表位
是否 T 细胞辅助	是	否
是否 MHC 限制性	有	无
激活 B 细胞种类	B2	B1
产生抗体类型	IgG、IgM、IgA 等	IgM
免疫记忆性	有	无
免疫应答反应类型	体液免疫、细胞免疫	体液免疫

二、根据抗原与机体的亲缘关系分类

（一）异种抗原

异种抗原（xenogeneic antigen）指来源于另一物种的抗原。病原微生物及其产物、植物蛋白、治疗用动物抗血清（抗体）及异种器官移植物等来自另一物种的抗原，对人而言均为异种抗原。通常异种抗原免疫原性比较强，容易引起较强的免疫应答。与医学有关的异种抗原主要有以下几类。

1. **病原微生物及其代谢产物** 如细菌、病毒、螺旋体等各种病原微生物对机体均有较强的免疫原性。微生物的结构较简单，但化学成分却相当复杂。各种微生物之间含有多种不同的蛋白质及与蛋白质结合的多糖、类脂等化学成分。因此，病原微生物是一个含有多种抗原决定簇的天然抗原复合物。如细菌具有表面抗原、鞭毛抗原、菌毛抗原、菌体抗原等多种抗原成分，可作为临床微生物鉴定、分型的依据，有利于临床诊断。

有些细菌还可产生内毒素、外毒素等各种代谢产物，这些物质也可成为强抗原。例如，细菌外毒素化学本质为蛋白质，具有很强的免疫原性，能刺激机体产生相应的抗体即抗毒素。类毒素是外毒素经 0.3%~0.4% 甲醛处理后，外毒素失去毒性而保留免疫原性所制成的。类毒素刺激机体后可产生相应的抗毒素以中和外毒素的毒性作用，可作为人工主动免疫制剂，例如白喉类毒素和破伤风类毒素等，在相应疾病中起重要预防作用。

2. **动物免疫血清** 动物免疫血清是将类毒素免疫动物（如马、羊等）后，在动物血清中获得针对类毒素的大量抗毒素。在临床上一般使用抗毒素对相应疾病进行紧急预防及特异性治疗。动物血清的抗毒素，如使用在人体身上，会对人体具有双重作用：一方面动物免疫血清中的特异性抗体（抗毒素），能中和人体内细菌产生的相应外毒素，起治疗的作用。另一方面，动物免疫血清对人而言属于动物来源异种蛋白质，具有免疫原性可刺激机体产生抗动物血清的抗体，可能会引起人体发生超敏反应。临床治疗用的马血清抗毒素，既含有特异性抗体中和毒素，又同时为异种抗原，可刺激人体产生抗马血清抗体，反复使用可导致超敏反应。

3. **异嗜性抗原** 存在于人、动物及微生物等不同生物种系之间的共同抗原称为异嗜性抗原（heterophilie antigen）。异嗜性抗原最初由 Forssman 发现，又称为 Forssman 抗原。后来又发现了多种异嗜性抗原，例如，人肾小球基底膜及心肌组织与溶血性链球菌的表面成分存在共同抗原，因此机体感染链球菌产生的抗体可与具有共同抗原的肾、心组织发生交叉反应，表现为肾小球肾炎或心肌炎；大肠杆菌 O14 血清型的某一种热稳定抗原与人结肠黏膜有共同抗原，可导致 IgG 抗体异常升高，与溃疡性结肠炎的发生有关。

某些异嗜性抗原的存在在临床免疫学可以协助疾病的诊断，例如引起斑疹伤寒的立克次体与某些变形杆菌存在异嗜性抗原，EB 病毒所致的传染性单核细胞增多症患者血清中出现的特异性抗体能结合绵羊红细胞发生凝集等，这些疾病均可用异嗜性抗原所致的交叉反应来协助诊断临床疾病。

> **考 证 要 点**
> 抗原的概念及种类。

（二）同种异型抗原

在同一种属不同个体间存在一些不同抗原,称为同种异型抗原(allogenic antigen)。人类的红细胞、白细胞、血小板等组织细胞上均含有同种异型抗原。常见的人类同种异型抗原有血型抗原和人主要组织相容性抗原即人类白细胞抗原(human leukocyte antigen,HLA)。血型系统是根据红细胞膜上同种异型抗原关系进行分类的组合,目前已发现40余种血型抗原系统,如ABO系统和Rh系统等。HLA是人群中多态性最高的同种异型抗原,是个体的独特遗传标志,是人体间器官移植引起排斥反应的主要原因。在法医学方面,还可以通过检测HLA来进行个人身份识别。

1. 红细胞血型抗原

(1)ABO血型系统:根据人类红细胞表面是否含有A、B抗原,可将血型划分为A型、B型、O型和AB型。红细胞上只有A抗原,其血清中有抗B抗体的为A型血;红细胞上只有B抗原,其血清中有抗A抗体的为B型血;红细胞上含有A、B两种抗原,其血清中无抗A抗体、抗B抗体的为AB型血;红细胞上无A、B两种抗原,其血清中抗A抗体、抗B抗体的为O型。红细胞血型抗原遇见相应血浆抗体在体外混合可出现凝集现象,异型血型输血易引起溶血反应,可危及患者生命导致死亡。因此,在临床输血前须进行交叉配血(供者红细胞加受者血清、受者红细胞加供者血清),以防止错误输血引起严重的输血反应。自体输血在预防传染病感染风险和预防溶血反应等方面有一定优势。

(2)Rh血型系统:1940年,Landsteiner和Wiener把恒河猴的红细胞免疫家兔后得到的抗体,能与多数人的红细胞发生凝集反应,因此推断人类红细胞上与恒河猴红细胞有一种相同的抗原,命名为Rh抗原。根据红细胞表面是否拥有Rh抗原,可将人类红细胞分为Rh阳性(Rh^+)和Rh阴性(Rh^-)。人类血清中没有抗Rh的天然抗体成分,当接受免疫的情况下才会出现抗Rh抗体。例如,若将Rh^+的血液输给Rh^-的受血者,体内会产生抗Rh抗体。Rh^-的母亲妊娠Rh^+胎儿后,输入Rh^+红细胞或再次妊娠Rh^+胎儿时,Rh抗原与抗Rh抗体发生结合激活免疫系统,可能发生输血反应或新生儿溶血症。

2. 人类白细胞抗原

人类白细胞抗原是指存在于白细胞、血小板和一切有核细胞表面的标记分子,尤以淋巴细胞密度最高。除同卵孪生者外,个体间的组织相容性抗原特异性一般都不相同。所以,在同种异体间进行皮肤及器官移植时,不易获得供体,还易引起移植排斥反应。

知识链接

血型的发现

1900年,奥地利维也纳大学病理研究所的卡尔·兰德施泰纳(Karl Landsteiner)发现健康人的血清对不同人类个体的红细胞有凝聚作用。因此发现了ABO血型系统。数年后,兰德施泰纳等人又发现了其他独立的血型系统,如MNS血型系统、Rh血型系统等。1930年,兰德施泰纳获得了诺贝尔生理学或医学奖。

血型的发现开创了免疫血液学、免疫遗传学等新兴学科,对临床输血工作具有非常重要的意义。因此,以卡尔·兰德施泰纳的生日6月14日作为世界献血者日。设立世界献血者日是为了感谢拯救他人生命的无偿献血爱心人士。无偿献血可以使许多患者解除病痛甚至解救他们的生命,是无私奉献、救死扶伤的崇高行为。

（三）自身抗原（autoantigen）

正常情况下，机体自身组织成分无免疫原性，即自身耐受。但是在发生感染、理化因素、某些药物等影响下，自身组织细胞成分可以发生改变和修饰，成为自身抗原，被机体免疫系统攻击造成自身损伤。若外伤导致免疫隔离的自身物质被释放，免疫系统亦会活化发生特异性自身免疫应答，引起自身免疫病。

在正常情况下，脑组织、精子、甲状腺球蛋白、眼晶状体蛋白等机体某些组织成分与免疫系统相对隔绝，不能激发免疫应答。但当相关部位感染微生物、发生外伤或手术暴露后，这些成分进入血液，刺激免疫系统，隐蔽自身物质被释放，可引起自身免疫应答，导致机体损伤。

（四）独特型抗原（idiotypic antigen）

外周血中 B 淋巴细胞数量约占淋巴细胞总数的 10%~20%。当某种抗原进入机体，刺激机体 B 淋巴细胞活化产生大量抗体。与抗原表位发生结合的是抗体的可变区，其内含有具备独特空间构型的氨基酸序列互补决定区。每种特异性抗体的 CDR 各不相同，此 CDR 区也可作为抗原引起 B 淋巴细胞活化产生特异性抗体。因此，不同抗体中独特的 CDR 氨基酸序列所组成的抗原表位称为独特型抗原，独特型抗原刺激免疫系统所产生的抗体（即抗抗体）称为抗独特型抗体。

（五）肿瘤抗原

细胞在发生癌变过程中产生的具有免疫原性的一些大分子物质，称为肿瘤抗原。对肿瘤抗原进行相关检测，对疾病发现、诊断、评估和复发预测具有重要意义。肿瘤抗原分为肿瘤特异性抗原和肿瘤相关抗原两大类。

肿瘤特异性抗原是指肿瘤细胞产生的特有的，在正常组织、细胞表面不存在的抗原。肿瘤相关抗原非肿瘤细胞特有，在人体正常细胞上也可存在，当细胞癌变时，其含量会发生变化，例如胚胎期抗原、糖类抗原、酶类抗原、蛋白质肿瘤抗原等。胚胎抗原系指在胚胎发育阶段由胚胎细胞产生的正常成分，在胚胎发育后期其含量逐渐降低，出生后逐渐消失或微量存在，而发生细胞癌变时此类抗原重新合成增加，与肿瘤的发生具有相关性。目前，胚胎抗原常检测的有两种：①甲胎蛋白（alpha-fetoprotein，AFP），是胎儿肝细胞合成的一种糖蛋白，由 590 个氨基酸组成的糖蛋白，可抑制母体的免疫排斥，妊娠期妇女体内 AFP 含量会升高。正常成人体内几乎检测不到，肝细胞癌变时血清中大量存在。②癌胚抗原（carcinoembryonic antigen，CEA），是由胎儿的胃肠道上皮细胞等合成的一种与细胞膜疏松结合的多糖蛋白复合物，多见于结肠癌等。筛查各项肿瘤标志物，有助于肿瘤性疾病的早期诊断。

三、根据抗原的来源分类

1. **内源性抗原（endogenous antigen）** 指在抗原提呈细胞（APC）内产生的新抗原，如病毒感染细胞合成的病毒蛋白、肿瘤细胞内合成的蛋白等。它们在胞质内被加工处理为抗原肽，与 MHC-Ⅰ类分子结合成复合物，表达于 APC 表面，提呈给 $CD8^+T$ 细胞。

2. **外源性抗原（exogenous antigen）** 指并非由抗原提呈细胞合成，来自细胞外的抗原。这类抗原其通过胞吞、胞饮和受体介导内吞等作用进入 APC,被溶酶体降解为抗原肽并与 MHC- Ⅱ 类分子结合为复合物,提呈于 APC 表面,被 CD4⁺T 细胞识别。主要包括微生物、细菌蛋白、人工合成抗原等。

四、其他分类

根据抗原物理性状不同,抗原可分为颗粒性抗原和可溶性抗原;根据抗原产生方式的不同,可分为天然抗原和人工抗原;根据抗原化学性质的不同,可分为蛋白质抗原、脂蛋白抗原、多糖抗原及核酸抗原等。

点滴积累

1. 类毒素是脱毒的外毒素。
2. 抗毒素具有两重性,既是抗原,也是抗体。
3. 异嗜性抗原是存在于不同物种间的共同抗原。
4. 自身抗原可引起自身免疫应答,导致机体损伤。
5. 甲胎蛋白和癌胚抗原是常用于检测的肿瘤抗原。

第五节　非特异性免疫刺激剂

非特异性免疫刺激剂是指某些物质可非特异性激活淋巴细胞应答,不需要通过 TCR/BCR 特异性激活淋巴细胞应答的抗原,包括超抗原、佐剂和丝裂原等。

一、超抗原

1989 年瑞典科学家 White 发现某些抗原物质,只需极低浓度(1~10ng/ml)即可非特异性激活人体总 T 细胞库中 2%~20% 的 T 细胞克隆产生极强的免疫应答,称为超抗原(superantigen,SAg),其实质为多克隆激活剂。而普通蛋白质抗原含有若干抗原表位,一般仅能特异性激活机体总 T 细胞库中百万分之一至万分之一的 T 细胞克隆。超抗原在疾病的防治中日益受到重视,其主要特征如表 7-3 所示。根据来源将超抗原分为外源性超抗原(细菌性)与内源性超抗原(病毒性)。金黄色葡萄球菌肠毒素 A~E(staphylococcus aureus enterotoxin A~E,SEA~SEE)为外源性超抗原,小鼠乳腺肿瘤病毒蛋白为内源性超抗原,可作为次要淋巴细胞刺激抗原,引起 T 细胞增殖。根据作用的细胞种类分类,超抗原又可分为 T 细胞超抗原与 B 细胞超抗原。

表 7-3　超抗原与普通抗原的比较

项目	普通抗原	超抗原
化学本质	普通蛋白质、多糖	细菌外毒素、逆转录病毒蛋白
与 MHC 结合部位	抗原结合槽内部（其氨基酸序列具高度多态性）	抗原结合槽外部
与 TCR 结合部位	Vα、Jα 及 Vβ、Dβ、Jβ	Vβ 链 CDR3 外侧区域
是否 MHC 限制性	有	无
免疫应答特点	APC 加工后激活特异性 T 细胞	直接激活大量 T 细胞
介导免疫细胞	T、B 细胞	CD4$^+$T 细胞
T 细胞反应频率	$1/10^6 \sim 1/10^4$	$1/50 \sim 1/5$
免疫应答反应	相对较弱	较强

在一般情况下，普通蛋白质抗原首先被 APC 降解为抗原肽，抗原肽与 APC 的 MHC 分子结合，提呈给 T 细胞的特异性 TCR 识别。而超抗原激活 T 细胞的方式是，先一端直接与 TCR 的 Vβ 链结合，另一端则与 APC 表面的 MHC Ⅱ 类分子 α 螺旋外侧结合，通过完整蛋白的形式激活大量的 T 细胞，此过程不受 MHC 分子的限制（图 7-2）。金黄色葡萄球菌蛋白 A（staphylococcus protein A，SPA）为超抗原，其不仅能大量激活 T 细胞，还能非特异性的激活 B 细胞，介导免疫应答。SAg 诱导的免疫效应可以杀灭超抗原本身，还可以通过非特异性激活免疫细胞，分泌大量炎症性细胞因子，引起过敏性炎症、中毒性休克、器官衰竭等临床变化。

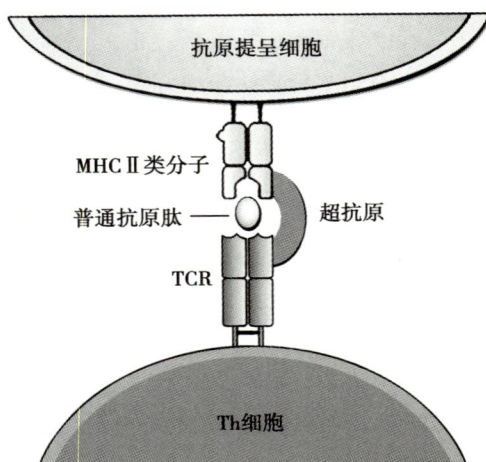

图 7-2　超抗原激活 T 细胞机制示意图

二、佐剂

为了促进抗体的产生，预先或与抗原同时注入体内，增强机体对抗原的免疫应答或改变免疫应答类型，这种非特异性免疫增强性物质称为佐剂（adjuvant）。佐剂本身可以有免疫原性，也可无免疫原性。常用的有免疫原性的佐剂有百日咳杆菌、革兰氏阴性杆菌的内毒素和抗酸杆菌等；不具备免疫原性的佐剂有氢氧化铝、磷酸钙、液状石蜡、羊毛脂、表面活性剂等。

佐剂有以下几种：①卡介苗、短小棒状杆菌、脂多糖和细胞因子等生物性佐剂；②氢氧化铝、磷酸钙等无机化合物；③多聚肌苷酸胞苷酸和低甲基化 CpG 寡核苷酸等人工合成物；④矿物油等有机物。目前动物免疫试验中最常用的是弗氏佐剂（Freund's adjuvant），分为弗氏完全佐剂（Freund's complete adjuvant，FCA）和弗氏不完全佐剂（Freund's incomplete adjuvant，FIA）。FCA 由灭活结核分枝杆菌和矿物油组成，能刺激机体产生体液免疫应答和细胞免疫应答，FIA 仅含矿物油，只能协助抗原刺激机体产生体液免疫应答。

佐剂的作用机制为：①刺激抗原提呈细胞，增强其对抗原的加工和提呈；②改变抗原物理性状，延缓抗原降解；③刺激淋巴细胞的增殖分化，增强和促进对抗原的免疫应答。

佐剂作为非特异性免疫增强剂，已被广泛应用于预防接种疫苗的成分配制。在疫苗中加入佐剂能增强免疫反应，从而产生更强和更持久的抗感染免疫应答。目前已被批准应用于人类疫苗的佐剂包括铝盐、水包油型乳剂、糖脂、病毒样颗粒、免疫增强的再造流感病毒小体和霍乱肠毒素等。佐剂可以减少每次接种所需的抗原量，从而生产更多剂量的疫苗并提供给更多的人。佐剂还可作为抗肿瘤与抗感染的辅助免疫治疗添加剂。

三、丝裂原

丝裂原（mitogen）能与淋巴细胞表面丝裂原受体结合，刺激静止淋巴细胞活化转化为淋巴母细胞并进行有丝分裂，亦称有丝分裂原，属于非特异性淋巴细胞多克隆激活剂。

T、B淋巴细胞表面可表达多种丝裂原受体（表 7-4），可对相应丝裂原刺激产生强烈增殖反应，因此被广泛应用于体外检测机体免疫功能状态。小鼠 B 细胞常用细菌脂多糖（LPS）为刺激物，人 B 细胞采用金黄色葡萄球菌 SPA 为刺激物。植物血凝素（PHA）、刀豆蛋白 A（ConA）、美洲商陆丝裂原（PWM）、破伤风类毒素、结核菌素等刺激物可用于体外刺激 T 淋巴细胞的转化。

表 7-4　人和鼠 T、B 淋巴细胞表面的丝裂原受体

项目	人		鼠	
	T 细胞	B 细胞	T 细胞	B 细胞
植物血凝素	+	−	+	−
美洲商陆丝裂原	+	+	+	−
刀豆蛋白 A	+	−	+	−
葡萄球菌 A 蛋白	−	+	−	−

点滴积累

1. 超抗原是只需极低浓度就能诱发极强免疫应答的物质。
2. 佐剂是一类非特异性免疫增强物质。
3. 丝裂原是非特异性淋巴细胞多克隆激活剂。

目标检测

简答题

1. 简述同种异型抗原的种类。

2. 试比较 TD-Ag 和 TI-Ag 的特点。

3. 试述佐剂的作用机制。

（李国利）

第八章　免疫器官与免疫细胞

ER 8-1

第八章
免疫器官与
免疫细胞
（课件）

学习目标

1. **掌握**　中枢免疫器官、外周免疫器官的种类及作用；T淋巴细胞和B淋巴细胞的功能。
2. **熟悉**　抗原提呈细胞、其他固有免疫细胞的功能。
3. **了解**　淋巴细胞再循环的意义。

导学情景

情景描述：

　　生活中有些人经常生病，且不易恢复；而有些人却很少生病，即使是生病了恢复也很快。人们的免疫力为什么会有如此之差别呢？

学前导语：

　　机体的免疫系统决定抵抗疾病能力的高低，它可保护机体免受外来细菌或病毒的侵袭，还可帮助伤口愈合，是我们身体的护卫军。同学们通过学习免疫系统的重要组成部分——免疫器官与免疫细胞，可以知道免疫器官与免疫细胞的作用与相互联系，能够更好地理解免疫与机体健康的关系。

　　免疫系统（immune system）是机体执行免疫功能的组织系统，也是机体对抗原刺激进行免疫应答、发挥免疫效应的物质基础，由免疫器官、免疫细胞和免疫分子组成。

第一节　免疫器官

　　免疫器官（immune organ）是指产生免疫细胞、执行免疫功能的器官或组织。根据免疫器官的功能，可分为中枢免疫器官和外周免疫器官，二者通过血液循环及淋巴循环互相联系执行机体的免疫功能。

知识链接

免疫细胞 - 机体的卫士

　　免疫系统中的每一个免疫器官、免疫细胞和免疫分子，在体内"兢兢业业"地行使功能，相互协助，抵御细菌、病毒等病原生物的侵袭，构成了人体强大的"国防系统"。当代大学生是维护国家安全的重要组成部分，是国家的安全卫士，平时要加强国防教育的学习，增强责任心和使命感，提高国家安全观，保护国防安全。

一、中枢免疫器官

中枢免疫器官（central immune organ）是免疫细胞发生、分化、发育成熟的场所，并对外周免疫器官的发育和全身免疫功能发挥调节作用。人类的中枢免疫器官包括骨髓和胸腺。

（一）骨髓

骨髓（bone marrow）是人类和哺乳动物的造血器官，是各种血细胞和免疫细胞发生与分化的场所。骨髓中的造血干细胞在骨髓微环境中，首先分化成髓样干细胞和淋巴样干细胞（图 8-1），前者进一步分化为红细胞系（红细胞）、巨核细胞（血小板）和髓细胞系（粒细胞、单核细胞和部分树突细胞）。后者则分化为淋巴细胞系，其中一部分在骨髓微环境作用下继续分化成 B 淋巴细胞或自然杀伤细胞，另一部分经血流进入胸腺发育成熟为 T 淋巴细胞。

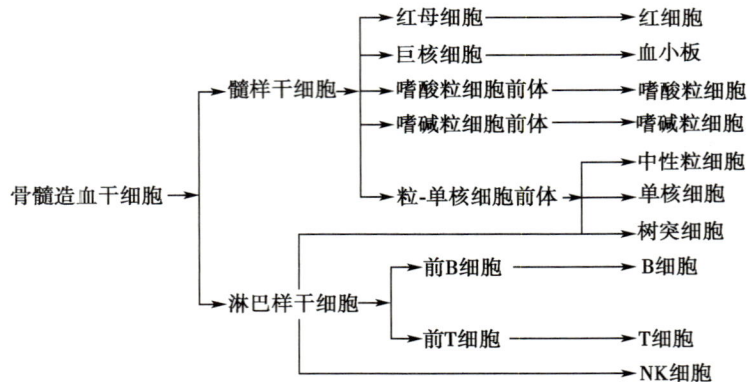

图 8-1 免疫细胞的分化与发育

（二）胸腺

胸腺（thymus）的大小会随年龄增长而变化。新生期胸腺重量约为 15~20g，以后逐渐增大，青春期可达 30~40g，以后随年龄增长而逐渐萎缩退化。胸腺是 T 细胞分化、发育和成熟的场所，来源于骨髓的淋巴样细胞在胸腺基质细胞和其产生的胸腺激素和细胞因子的作用下，经历复杂的分化发育过程，仅有约 5% 的细胞分化为功能性 T 细胞（即 $CD4^+T$ 淋巴细胞和 $CD8^+T$ 淋巴细胞），移行至外周免疫器官和血液循环中，发挥细胞免疫作用。

老年期胸腺萎缩，功能衰退，导致细胞免疫功能下降，容易发生感染和肿瘤。先天性胸腺发育不全的儿童，其 T 细胞发育障碍，可导致细胞免疫功能缺陷及体液免疫功能低下。

二、外周免疫器官

外周免疫器官（peripheral immune organ）是成熟 T 淋巴细胞、B 淋巴细胞等免疫细胞定居、增殖和发生免疫应答的场所，包括淋巴结、脾脏和黏膜相关淋巴组织等。

1. **淋巴结（lymph node）** 人体内约有 500~600 个淋巴结，广泛分布于全身非黏膜部位的淋巴通道上,通过淋巴管引流机体体表和深层各个部位的淋巴液。淋巴结主要位于凹陷隐蔽处,如颈窝、腋窝、腹股沟等处;内脏的淋巴结多位于器官门附近,沿血管排列,如肺门淋巴结。

淋巴结的功能主要有:①T、B 淋巴细胞定居及其受抗原刺激、发生免疫应答的场所;②过滤淋巴液,进入淋巴液的病原微生物、毒素等抗原被淋巴结中的吞噬细胞、B 淋巴细胞清除,净化了淋巴液;③参与淋巴细胞再循环,为淋巴细胞捕获更多的抗原提供了机会。

2. 脾脏(spleen) 脾脏是人体最大的外周免疫器官,具有造血、储血、过滤衰老的红细胞和清除病原体的作用,也是各类免疫细胞定居、发生免疫应答的部位。脾实质由红髓和白髓组成,白髓由动脉周围淋巴鞘和鞘内淋巴滤泡(脾小结)组成,主要含 T 细胞、树突状细胞和少量巨噬细胞,为胸腺依赖区。淋巴滤泡主要由 B 细胞和少量巨噬细胞组成,为胸腺非依赖区。红髓包括脾索和脾窦,脾索中富含 B 淋巴细胞、浆细胞、巨噬细胞和其他血细胞;脾窦内充满血液,血窦壁上附着大量巨噬细胞,能清除病原体、免疫复合物和衰老损伤的细胞等抗原。

3. 黏膜相关淋巴组织 是存在于呼吸道、消化道、泌尿生殖道黏膜及黏膜下聚集的无包膜的淋巴组织,包括扁桃体、肠系膜淋巴结、肠集合淋巴结、阑尾及黏膜下的分散淋巴小结和弥散淋巴组织等,是进行局部免疫的主要场所。淋巴小结内含增殖分化的 T 细胞和 B 细胞,黏膜下 B 细胞可产生分泌型 IgA 类抗体,对于黏膜表面抗感染发挥着重要作用。

三、淋巴细胞再循环

淋巴细胞在血液、淋巴液、淋巴器官或组织间反复循环的过程称为淋巴细胞再循环(lymphocyte recirculation)。淋巴细胞再循环有两条路径,一条是人体外周免疫器官的淋巴细胞,从人体输出淋巴管到淋巴干再到胸导管或右淋巴导管然后再进入血液循环的反复循环过程。另一条是人体外周免疫器官的淋巴细胞经血液循环到达外周免疫器官后,再穿过高内皮细胞小静脉重新分布于人体全身淋巴器官和人体组织的反复循环过程。

淋巴细胞再循环具有重要的生理意义:①使淋巴循环和血液循环互相沟通,增加淋巴细胞与抗原和抗原提呈细胞接触的机会;②淋巴组织不断从循环池中补充新的淋巴细胞,以保证淋巴细胞在淋巴器官和组织中合理分布,有助于增强整个机体的免疫功能;③有利于动员淋巴细胞及时到达病原微生物入侵部位,将抗原信息带回淋巴器官从而产生特异性免疫应答;④定居于外周免疫器官的记忆性细胞也参与再循环,可在全身各组织器官接触相应抗原,然后进入淋巴组织并迅速发生活化、增殖和分化,产生再次免疫应答。

> **点滴积累**
>
> 1. 免疫系统由免疫器官、免疫细胞和免疫分子组成,免疫器官包括中枢免疫器官和外周免疫器官。人体中枢免疫器官包括骨髓和胸腺,外周免疫器官主要包括脾脏、淋巴结和黏膜相关淋巴组织。

2. 中枢免疫器官是免疫细胞发生、分化和成熟的场所,外周免疫器官是淋巴细胞定居、增殖以及产生免疫应答的场所。

3. 骨髓中含有造血干细胞,是重要的造血器官,也是人和哺乳动物 B 细胞分化成熟的场所。脾脏是人体最大的免疫器官。淋巴细胞可以在血液、淋巴液、免疫器官以及相关淋巴组织之间反复循环构成淋巴细胞外周再循环系统,是维持机体免疫应答并发挥免疫功能的重要组成部分。

第二节 免疫细胞

免疫细胞(immunocyte)指所有参与免疫应答或与免疫应答有关的细胞和前体细胞。免疫细胞主要包括造血干细胞、淋巴细胞、单核吞噬细胞、树突状细胞、粒细胞、肥大细胞、红细胞、血小板、血管内皮细胞等。

课 堂 活 动

1. 什么是免疫细胞? 主要包括哪几类?
2. T、B 淋巴细胞分别有哪些主要功能?
3. 单核巨噬细胞有哪些生物学功能?

一、淋巴细胞

淋巴细胞(lymphocyte)是机体免疫系统的主要细胞群体,占外周血白细胞总数的 20%~45%,在免疫应答中发挥重要作用。淋巴细胞根据表型与功能不同,可分为不同的群体,如 T 淋巴细胞、B 淋巴细胞、NK 细胞等。T 淋巴细胞和 B 淋巴细胞又可分为若干亚群。

(一) T 淋巴细胞

T 淋巴细胞来源于骨髓中的造血干细胞,在胸腺微环境作用下分化发育为成熟的 T 淋巴细胞,故又称为胸腺依赖性淋巴细胞(thymus dependent lymphocyte),简称 T 淋巴细胞。T 淋巴细胞在外周血中占淋巴细胞总数的 65%~80%,成熟的 T 淋巴细胞经血液循环到达并定居在外周免疫器官的胸腺依赖区,通过血液和淋巴参与淋巴细胞再循环,发挥细胞免疫及免疫调节等功能。

1. T 淋巴细胞的表面分子　T 淋巴细胞的表面有多种膜表面分子,主要包括表面抗原、表面受体和黏附分子(图 8-2)。这些分子是 T 淋巴细胞识别抗原、并与其他免疫细胞相互作用以及接受信号刺激产生免疫应答的物质基础,也是鉴别和分离 T 淋巴细胞的重要依据。

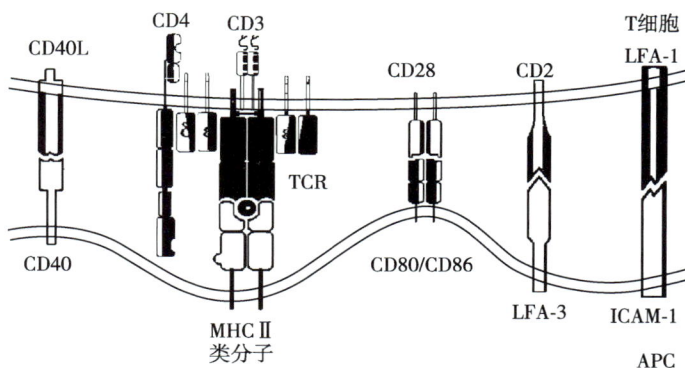

图 8-2　T 细胞与 APC 表面的膜分子作用示意图

（1）TCR-CD3 复合物：所有 T 细胞表面均具有的，能特异性识别抗原的膜分子称为 T 细胞抗原受体（T cell antigen receptor，TCR）。TCR 大多由 α 和 β 两条肽链所组成，少部分为 γ、δ 两条肽链组成，与免疫球蛋白轻链和重链的结构类似。TCR 不能直接识别游离抗原的抗原表位，只能特异性地识别抗原提呈细胞或靶细胞表面的抗原肽 -MHC 分子复合物。这也是 T 细胞识别抗原具有自身 MHC 限制性的原因。

CD3 分子表达在人全部的 T 细胞上，CD3 分子是由 γ、δ、ε 和 η 等肽链组成。TCR 能与 CD3 分子组成 TCR-CD3 复合受体分子。TCR 在抗原识别过程中要与 CD3 分子结合，CD3 分子具有信号转导能力，可将抗原信号转导传入 T 细胞。

（2）CD4 和 CD8 分子：CD4 主要分布在辅助 T（Th）细胞表面，识别 MHC-II 类分子。CD8 分子主要分布在杀伤性 T（CTL 或 Tc）细胞表面，识别 MHC-I 类分子。CD4 和 CD8 分子是 TCR 的辅助受体，二者辅助 T 细胞识别抗原，并参与信号转导。

CD4 分子在胞膜外有 4 个结构域，其中第一结构域是人类免疫缺陷病毒包膜蛋白的 g120 受体，g120 与 CD4 分子结合是 HIV 感染 CD4$^+$T 细胞的机制之一。

（3）CD28 与 CD2：T 细胞的完全活化需要两种活化信号的协同作用。第一信号由 TCR 识别抗原产生，并由 CD3 分子将信号传至细胞内部。第二信号（或称协同刺激信号）则由 T 细胞的 CD28 与抗原提呈细胞或靶细胞表面的相应配体 B7（CD80/CD86）结合而产生。在协同信号的作用下，已活化的 T 细胞发生克隆增殖，并分化为效应 T 细胞。

CD2 又称为淋巴细胞功能相关抗原 -2（lymphocyte function associate antigen-2，LFA-2）或绵羊红细胞受体，表达于人 T 细胞以及 NK 细胞表面。

（4）丝裂原受体：丝裂原（mitogen）是指能非特异性刺激细胞发生有丝分裂的物质，在免疫学中，主要是指刺激多克隆淋巴细胞增殖的物质。常用的诱导 T 细胞发生增殖的丝分裂原有刀豆蛋白 A（ConA）、植物血凝素（PHA）和美洲商陆丝裂原（PWM）等。T 细胞受丝裂原刺激后，可出现有丝分裂转化为淋巴母细胞。临床上常用 PHA 刺激人外周血 T 细胞，观察 T 细胞转变为淋巴母细胞的增殖程度，称为淋巴细胞转化试验，作为体外检测细胞免疫功能的指标。

（5）其他膜分子：T 细胞表面还存在细胞因子受体（CKR）、激素受体、MHC 分子等。多种细胞因子可作用于 T 细胞，这是由于 T 细胞表面表达有多种细胞因子的受体，如白细胞介素 -1 受体

（IL-1R）、IL-2R、IL-3R、IL-4R、IL-6R、IL-7R、IL-8R、IL-9R、IL-12R、IL-αR、G-CSFR 和 TGF-βR 等。

2. T细胞亚群及其功能 根据其表面标志和功能不同,T 细胞可划分为不同的亚群。根据 TCR 种类,T 细胞分为 TCRαβ$^+$T 细胞和 TCRγδ$^+$T 细胞。根据是否表达 CD4 和 CD8 分子,T 细胞可分为 CD4$^+$T 细胞和 CD8$^+$T 细胞。

（1）TCRαβ$^+$T 细胞和 TCRγδ$^+$T 细胞:TCR 由 α、β 肽链组成的称为 αβT 细胞,占外周血中 T 细胞的 90%~95%,参与特异性免疫应答,通常所说的 T 细胞即指 αβT 细胞;TCR 由 γ、δ 肽链组成的称为 γδT 细胞,主要分布于黏膜与上皮组织,如肠道、子宫和舌上皮中,参与固有免疫应答。

（2）CD4$^+$T 细胞和 CD8$^+$T 细胞:CD4$^+$T 细胞即为辅助性 T 细胞(Th),约占 CD3$^+$T 细胞的 2/3,因其细胞表面的 CD4 识别 MHC-II 类分子,所以 Th 细胞仅识别 MHC-II 类分子复合物。Th 根据其产生细胞因子的种类及介导的免疫效应不同,又可分为 Th1 和 Th2 两个亚群。Th1 细胞主要分泌 IL-2、IFN-γ、TNF-β 等,参与细胞免疫和迟发型超敏反应炎症的形成,故称为炎症性 T 细胞或迟发型超敏反应 T 细胞。Th2 细胞主要分泌 IL-4、IL-5、IL-6 和 IL-10,能促进 B 细胞的增殖和分化,促进抗体的产生和类型转换。

CD8$^+$T 细胞约占成熟的 CD3$^+$T 细胞的 1/3,因其细胞表面的 CD8 识别 MHC-I 类分子,故 CD8$^+$T 细胞仅识别 MHC-I 类分子复合物。CD8$^+$T 细胞根据功能又可分为以下两种。①细胞毒性 T 细胞(Tc 或 CTL):能识别并特异性杀伤靶细胞,具有抗肿瘤和抗病毒感染的作用;②抑制性 T 细胞(Ts):能够抑制细胞免疫应答和体液免疫应答,进行免疫调控。

（二）B 淋巴细胞

B 淋巴细胞是在人的骨髓内分化成熟的细胞,故又称为骨髓依赖淋巴细胞(bone marrow-dependent lymphocyte),简称 B 细胞,约占外周血中淋巴细胞总数的 10%~15%。成熟的 B 细胞经血液循环到达并定居在外周免疫器官,受抗原刺激后,活化、增殖分化为浆细胞,产生抗体,发挥体液免疫的作用。

1. B 细胞的表面分子

（1）B 细胞抗原受体(B cell antigen receptor,BCR)和 BCR 复合物:BCR 是镶嵌于细胞膜表面的膜免疫球蛋白(surface membrane Ig,SmIg),是 B 细胞的特征性表面标志,能特异性地识别抗原。SmIg 的类别随 B 细胞的发育阶段而异,未成熟的 B 细胞仅表达 SmIgM,成熟的 B 细胞同时表达 SmIgM 和 SmIgD。BCR 与 CD79a(Igα)和 CD79b(Igβ)以非共价方式结合为复合体,有利于抗原信号传递,活化 B 细胞。

（2）协同刺激分子:CD40 可与活化的 CD4$^+$Th 细胞表面 CD40L(CD154)互补结合,产生共刺激信号,即 B 细胞活化第二信号。此外,还有 CD80/CD86(B7)、CD58(LFA-3)等,可分别与 CD4$^+$Th 表面的 CD28、CD2 结合,诱导产生 T 细胞活化第二信号,若缺乏此信号 T 细胞则被诱导为无能或凋亡。

（3）IgGFc 受体:IgGFc 受体与免疫复合物中的 IgGFc 段结合,对膜表面 Ig 介导的信号转导有抑制作用,对 B 细胞介导的免疫应答有调节作用。该受体也表达其他免疫细胞如中性粒细胞、NK

细胞和巨噬细胞表面。

(4)丝裂原受体：B 细胞表面有脂多糖受体(LPS-R)、葡萄球菌 A 蛋白受体(SPA-R)和美洲商陆丝裂原受体(PWM-R)等丝裂原受体，通过与 B 细胞表面的相应配体结合，促使 B 细胞活化，发生有丝分裂。

(5)细胞因子受体：B 细胞表达多种细胞因子受体，如 IL-1R、IL-2R、IL-4R、IL-5R 等，通过与 B 细胞表面的相应配体结合可以促进 B 细胞活化、增殖和分化等。

2. B 细胞亚群及功能 根据是否表达 CD5 分子，B 细胞可分为 B1(CD5$^+$)和 B2(CD5$^-$)细胞。B1 细胞主要识别多糖类抗原，产生低亲和力的 IgM 类抗体，无免疫记忆，主要针对 TI- 抗原发生免疫应答。B2 细胞即通常所称的 B 细胞，是参与体液免疫的细胞。此外活化的 B2 细胞还有抗原提呈和免疫调节的作用。

(三)自然杀伤细胞

自然杀伤细胞(natural killer cell,NK 细胞)来源于骨髓淋巴样干细胞，主要分布于脾脏和外周血中，在外周血中，NK 细胞占淋巴细胞总数的 5%~10%。NK 细胞表面没有特异性抗原受体，杀伤靶细胞不需抗原预先致敏，也不受 MHC 限制，可直接杀伤肿瘤细胞、病毒或细菌感染的细胞以及机体某些正常细胞，故称为自然杀伤细胞。在机体免疫监视和早期抗感染免疫过程中起重要作用。

活化的 NK 细胞可产生 IL-1、IFN-γ 和 TNF 等细胞因子，这些细胞因子能对免疫功能进行调节，所以 NK 细胞也是重要的免疫调节细胞。此外，NK 细胞还参与移植排斥反应、自身免疫病和超敏反应的发生。

NK 细胞杀伤靶细胞的主要机制为释放穿孔素和颗粒酶，使靶细胞直接溶解或发生凋亡。还可以通过其表面的 IgGFc 受体，识别杀伤与 IgG 抗体结合的靶细胞，即抗体依赖细胞介导的细胞毒作用(antibody-dependent cell-mediated cytotoxicity,ADCC)(图 8-3)。

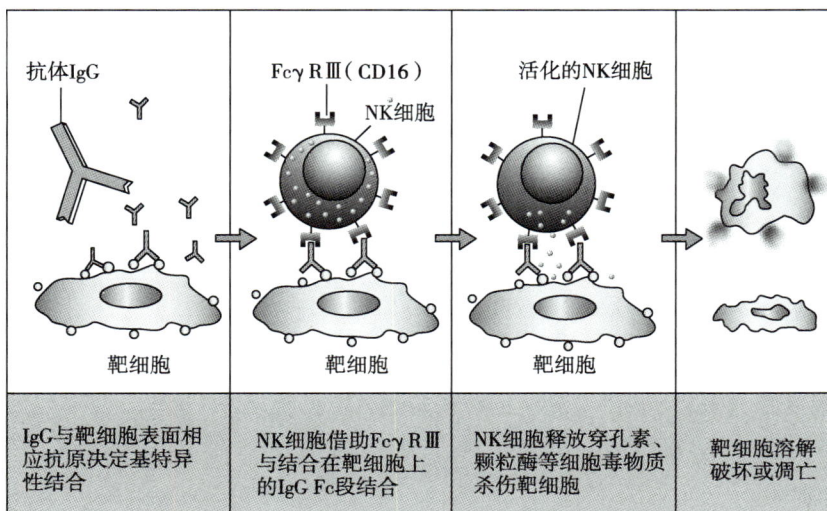

图 8-3 抗体依赖细胞介导的细胞毒作用(ADCC)示意图

二、抗原提呈细胞

抗原提呈细胞（antigen-presenting cell，APC）是一类能捕捉、加工、处理抗原，并将抗原信息提呈给 T 细胞的免疫细胞。

（一）单核巨噬细胞

单核巨噬细胞是指外周血液中的单核细胞（monocyte，Mc）和组织中的巨噬细胞（macrophage，M）。两者共同构成单核巨噬细胞系统（mononuclear phagocyte system，MPS）。

单核细胞是白细胞的一种，来源于骨髓中的造血干细胞，是血液中体积最大的白细胞。单核细胞在骨髓中发育并释放到外周血中，是人体防御系统的重要组成部分，有变形能力，能吞噬和清除受伤或老化的细胞及其碎片。单核细胞还具有识别和杀伤肿瘤细胞的能力。

巨噬细胞由单核细胞衍生而来。单核细胞在血液中停留数小时后穿过毛细血管移行至全身各组织器官中发育为巨噬细胞。巨噬细胞在不同的组织中有不同的形态和名称，在肝脏中称肝巨噬细胞、在脑组织中称小胶质细胞、在骨中称破骨细胞、在胸腺中称胸腺巨噬细胞。巨噬细胞不仅参与非特异性免疫，还参与特异性免疫。

单核巨噬细胞的免疫功能如下。

（1）吞噬杀伤作用：单核巨噬细胞能直接吞噬和杀伤病原微生物。

（2）摄取、加工和提呈抗原：单核巨噬细胞是专职的抗原提呈细胞，可以摄取、加工、处理抗原后，提呈给 T 细胞识别，启动特异性免疫应答。

（3）调节免疫应答：单核巨噬细胞能分泌多种细胞因子，对多种免疫细胞如 T 细胞、B 细胞、NK 细胞发挥免疫调节作用。

（4）抗肿瘤：巨噬细胞可在某些细胞因子的作用下杀伤肿瘤细胞，或分泌 TNF-α 及溶菌酶等杀伤或抑制肿瘤细胞的生长，或利用 ADCC 效应杀伤肿瘤细胞，或提呈肿瘤抗原激活 T 细胞，协同杀伤肿瘤细胞。

（5）参与和促进炎症反应：单核巨噬细胞在发挥吞噬杀伤作用的同时通过分泌胞外酶及细胞因子参与和促进炎症反应，增强机体的抗感染作用，但某些情况下也可导致机体组织发生损伤。

案例分析

案例：你不小心被一铁钉扎中手指，而那个铁钉上正好有许多细菌，几小时内，手指被扎中的部位开始红肿了……

分析：这表明你的免疫系统已经开始工作了，作为身体"哨兵"的单核细胞发现了入侵的细菌后，便开始游向细菌并消灭细菌，另外还释放一些化学物质，导致组织肿胀、发红。

（二）树突状细胞

树突状细胞（dendritic cell，DC）因其细胞膜向外伸展出许多树状突起而得名，其数量较少，但分布很广,几乎分布于机体所有的组织和器官中。树突状细胞可通过胞饮作用摄取抗原性异物,或通过其树突捕获和滞留抗原性异物,发挥抗原提呈作用。DC可分泌IL-12、TNF、INF等多种细胞因子和趋化因子参与炎症反应和组织修复,调节其他免疫细胞的功能,参与固有免疫和适应性免疫应答。

(三)B淋巴细胞

B细胞表面具有MHC-Ⅱ类分子和参与T细胞活化的协同刺激分子,既是免疫应答产生抗体的效应细胞又是专职的APC。它通过其表面的抗原受体(BCR)摄取抗原并将其加工成抗原肽,抗原肽与MHC-Ⅱ类分子结合形成复合物表达于B细胞表面,提呈给$CD4^+T$细胞。

知识链接

B淋巴细胞之父——Max Dale Cooper

1960年前后,科学家们发现了胸腺对免疫系统发育的意义。但由于当时T、B淋巴细胞体系还未建立,因此科学家们认为胸腺是浆细胞成熟化的重要器官。即经过胸腺的培养,浆细胞由未成熟变为成熟状态,最终成为可以分泌抗体的细胞。但是以上学说解释不了当时的很多实验结果。

在前人的工作基础上,Cooper所在的科研团队对此进行了系统性研究,最终鉴定出了T、B两种不同的免疫细胞类型,并于1965年在 *Science* 杂志发表论文,提出淋巴细胞能分为T淋巴细胞和B淋巴细胞两类,其中B淋巴细胞与分泌抗体有关。

这一研究启动了现代免疫学革命,开始了如免疫缺陷、肿瘤免疫的相关研究,出现了单克隆抗体技术等。

三、其他固有免疫细胞

1. 中性粒细胞 中性粒细胞数量占外周血液中白细胞总数的50%~60%,寿命短但更新速度快,胞内含有丰富的溶酶体、过氧化物酶、酸性磷酸酶等。一旦有病原菌入侵,中性粒细胞便迅速反应,最先到达炎症部位,参与抗原的消化处理,是重要的一类吞噬细胞。

2. 嗜碱性粒细胞和肥大细胞 这两类细胞内均含有嗜碱性颗粒(如肝素、组胺以及各种酶),是Ⅰ型超敏反应的重要效应细胞。

3. 嗜酸性粒细胞 其细胞内含有嗜酸性颗粒(如过氧化物酶、溶酶体及组胺酶),对肥大细胞释放的活性介质有灭活作用,与Ⅰ型超敏反应的负反馈调节有关。

点滴积累

1. 免疫细胞指与免疫应答有关的所有细胞,包括淋巴细胞、抗原提呈细胞及中性粒细胞、嗜酸性粒细胞、肥大细胞等。
2. 淋巴细胞可分为T淋巴细胞、B淋巴细胞及NK细胞等。B淋巴细胞在人的骨髓内分化成熟,又称为骨髓依赖淋巴细胞,受抗原刺激后,活化、增殖分化为浆细胞产生抗体,发挥体液免疫的作用；T 淋巴细胞在胸腺微环境作用下分化成熟，故称为胸腺依赖性淋巴细胞，受抗原刺激后活化、增殖、分化为效应 T 细胞，发挥细胞免疫效应。

3. 抗原提呈细胞是指能捕捉、加工、处理抗原，并将抗原信息提呈给 T 细胞的一类免疫细胞，包括树突状细胞、单核巨噬细胞、B 细胞等。

目标检测

简答题

1. 人的中枢免疫器官和外周免疫器官分别由哪些部分组成？

2. 淋巴细胞包括哪几类？分别介绍其有何功能？

（张　丽）

第八章
免疫器官与
免疫细胞
（习题）

ER 8-3

第八章
免疫器官与
免疫细胞
（思维导图）

第九章　免疫分子

学习目标

1. **掌握**　免疫分子概念及其生物学功能。
2. **熟悉**　免疫分子种类、分布及结构。
3. **了解**　免疫分子与临床疾病相关性。

导学情景

情景描述：

　　乙型肝炎病毒等抗原入侵机体后，机体内的抗体、补体、主要组织相容性抗原、细胞因子等免疫分子相互协调，提呈加工抗原，识别凝集沉淀抗原、溶解抗原，从而为人类健康保驾护航。

学前导语：

　　人类从胚胎时期，体内细胞就不断主动或被动合成抗体、补体、主要组织相容性抗原、细胞因子等免疫分子，促使机体免疫系统发育成熟，为机体一次次抵御病原细菌、病毒、真菌、寄生虫等病原生物的入侵。学习这章内容，能够帮助我们理解各种免疫分子在免疫应答中的作用及相互联系。

第一节　免疫球蛋白与抗体

　　抗体（antibody，Ab）是 B 淋巴细胞或记忆 B 细胞接受抗原刺激，增殖分化为浆细胞，浆细胞合成并分泌的能与相应抗原发生特异性结合、激活补体或介导免疫细胞等作用的免疫球蛋白。抗体主要分布于血液、淋巴液、组织液、外分泌液及某些细胞表面，是介导正常和非正常体液免疫应答的重要效应分子。

　　研究发现，在某些疾病状态下（如多发性骨髓瘤、巨球蛋白血症等）患者体内会出现大量与抗体结构相似，但不一定具有抗体活性（与抗原特异性结合）的球蛋白。1968 年世界卫生组织和 1972 年国际免疫学会联合会的专门委员会先后决定，将具有抗体活性或化学结构与抗体相似的球蛋白统称为免疫球蛋白（immunoglobulin，Ig）。免疫球蛋白有分泌型免疫球蛋白（secreted immunoglobulin，sIg）和膜免疫球蛋白（membrane immunoglobulin，mIg）两种类型：sIg 主要存在于血液和组织液中，如血清中的抗体（丙种球蛋白），mIg 存在于某些细胞表面，如 BCR 存在于 B 细胞膜上。

一、免疫球蛋白的结构

（一）免疫球蛋白的基本结构

1. **四肽链结构** Ig 的基本结构又称为 Ig 的单体,是由两条相同的分子量较大的重链(heavy chain,H 链)和两条相同的分子量较小的轻链(light chain,L 链)构成的"Y"字形对称结构(图 9-1)。H 链由 450~550 个氨基酸残基组成,相对分子质量约为 50~75kD。根据 H 链的结构及抗原性的差异,将其分为 μ、γ、α、δ 和 ε 链,由它们对应构成的 Ig 分别称为 IgM、IgG、IgA、IgD 和 IgE。L 链由 214 个氨基酸残基构成,相对分子质量约为 25kD。根据 L 链的结构及抗原性的差异,将其分为 κ(Kappa)链与 λ(Lambda)链,据此将 Ig 分为 κ 型和 λ 型。不同物种体内 κ 链与 λ 链的比例不同,正常人血清免疫球蛋白的 κ:λ 约为 2:1,小鼠血清中约为 1:2。两者比例异常可能反映免疫系统异常,例如当人类 Ig 的 λ 链过多时,提示可能有产生 λ 链的 B 细胞肿瘤。

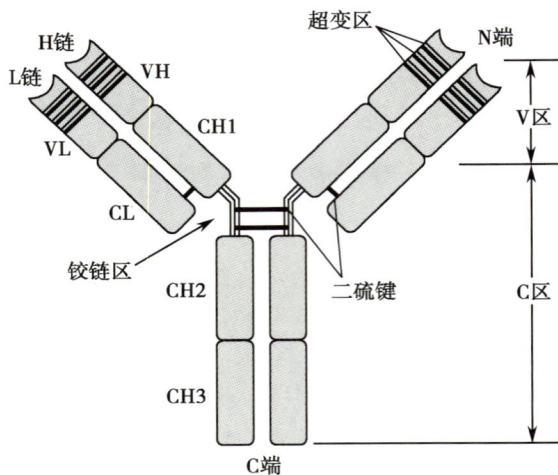

图 9-1 Ig 的基本结构和功能区示意图

2. **可变区与恒定区** 在 Ig 近 N 端轻链的 1/2 和重链的 1/4(γ、α、δ)或 1/5(μ、ε)区域内,氨基酸组成及顺序变化较大,故称可变区(variable region,V 区)。在 Ig 近 C 端轻链的 1/2 及重链的 3/4(或 4/5)区域内,氨基酸组成及顺序在同一物种的同一类 Ig 中相对稳定,故称为恒定区(constant region,C 区)。

(1)可变区:重链的可变区和轻链的可变区分别称为 V_H 和 V_L。V_H 和 V_L 各有某些氨基酸残基的组成和排列顺序比可变区的其他区域变化更大,称为高变区(hypervariable region,HVR)。HVR 负责特异性识别与结合抗原,直接与抗原决定簇结合,由于其空间结构与抗原决定簇互补,故又称为互补决定区(complementarity determining region,CDR)(图 9-2)。每个单体有两个抗原结合部位,可结合两个抗原决定簇,故抗体单体是二价分子。在可变区中 HVR 以外的其他区域氨基酸组成和排列顺序相对稳定,称为框架区(framework region,FR)。骨架区对维持 HVR 的空间构型起着重要作用。

(2)恒定区:重链的恒定区和轻链的恒定区分别称为 C_H 和 C_L。同一种属的个体,针对不同抗原的同一类抗体其 V 区不同,但 C 区是相同的;针对相同抗原的不同类型的 Ig 其 C 区不同,但 V 区相同。

3. **Ig 的其他结构**

(1)铰链区:位于 C_H1 和 C_H2 之间,此区域的氨基酸含有大量脯氨酸,赋予 Ig 具有一定的伸缩性,更易于与不同距离的抗原决定簇结合,也利于补体结合位点暴露并启动补体的活化。

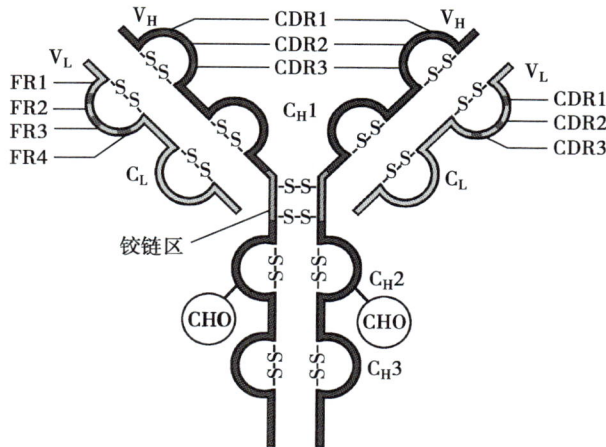

图 9-2　Ig 的高变区与抗原决定簇结合示意图

（2）连接链（joining chain，J 链）：是由浆细胞合成的，含丰富的半胱氨酸的多肽链。主要功能是将单体 Ig 分子连接成多聚体并起稳定多聚体的作用。2 个 IgA 单体由 J 链连接形成二聚体，5 个 IgM 单体通过二硫键和 J 链连接形成五聚体（图 9-3）。

（3）分泌片（secretory piece，SP）：是黏膜上皮细胞合成并分泌的含糖肽链。在浆细胞内，单体 IgA 与 J 链合成并连接成二聚体 IgA，在通过黏膜上皮细胞的过程中，黏膜细胞所合成的分泌片与二聚体 IgA 结合，形成分泌型 IgA（SIgA）（图 9-4）。分泌片的作用是保护 SIgA 的铰链区免受蛋白水解酶降解的作用，并介导 SIgA 从黏膜下通过黏膜等细胞转运到黏膜表面。

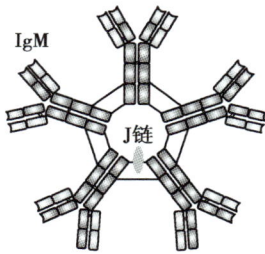

图 9-3　IgM 分子结构示意图

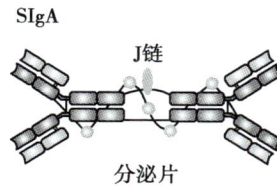

图 9-4　SIgA 分子结构示意图

（二）免疫球蛋白的功能区

免疫球蛋白的 H 链与 L 链由链内二硫键连接，折叠形成数个能行使特定功能的球形结构，称为免疫球蛋白的功能区。

各功能区及生物学功能如下。

1. V_H、V_L 功能区　Ig 特异性识别和结合抗原的部位。

2. C_H1、C_L 功能区　具有 Ig 同种异型的遗传标记。同种异体间的 Ig 在该区域存在着个别氨基酸排列的差异。

3. IgG 的 C_H2 和 IgM 的 C_H3 功能区　具有补体的结合点，与补体 C1q 结合后启动补体激活的经典途径。母体中 IgG 的 C_H2 介导 IgG 主动通过胎盘传递到胎儿体内，发挥天然被动免疫作用。

4. IgG 的 C_H3 和 IgE 的 C_H2、C_H3 功能区 具有与巨噬细胞、NK 细胞、肥大细胞及嗜碱性粒细胞表面等细胞表面 Fc 受体(FcR)结合的功能,从而介导多种免疫效应。

(三) 免疫球蛋白的水解片段

在一定条件下,Ig 分子经蛋白酶水解后可得到不同的裂解片段,由此可研究 Ig 的结构与功能。常有的蛋白酶有木瓜蛋白酶和胃蛋白酶。

1. 木瓜蛋白酶的水解片段 用木瓜蛋白酶水解 IgG 分子,将 IgG 从铰链区重链间二硫键的近 N 端侧切断,从而 Ig 裂解为 3 个片段(图 9-5),即 2 个相同的抗原结合片段(fragment antigen binding,Fab fragment)和 1 个可结晶片段(fragment crystallizable,Fc fragment)。每个 Fab 段可结合抗原是单价的,即只能结合 1 个抗原决定簇,不能形成凝集或沉淀反应。Fc 段在低温下可形成结晶,故称为可结晶片段。Fc 段含 C_H2 和 C_H3 两个功能区,具有活化补体、亲细胞、通过胎盘和与细菌蛋白结合等生物学活性。

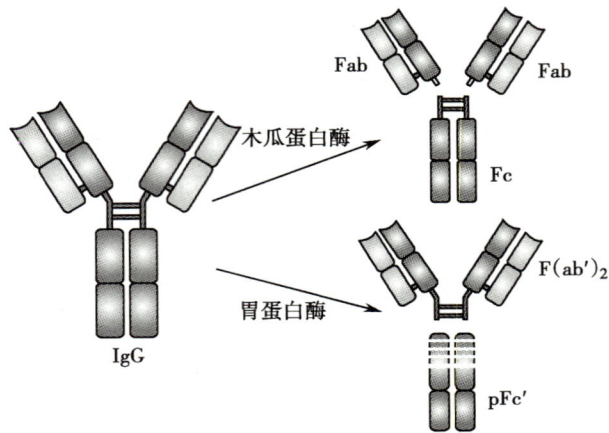

图 9-5 免疫球蛋白(IgG)酶解片段示意图

2. 胃蛋白酶的水解片段 用胃蛋白酶水解 IgG 分子,可将 IgG 从铰链区重链间的二硫键近 C 端侧切断,将其裂解为一个具有与抗原双价结合的 F(ab')$_2$ 段和无任何生物活性的小分子多肽碎片(pFc')。F(ab')$_2$ 结合抗原为双价,可结合两个抗原决定簇,与抗原结合后可形成凝集或沉淀反应。由于 F(ab')$_2$ 保持了结合相应抗原的生物学活性,又减少或避免了因 Fc 段免疫原性可能引起的副作用,因而在生物制品的制备中有实际应用价值。如用胃蛋白酶水解抗毒素免疫血清,产生的 F(ab')$_2$ 段既具有中和外毒素的作用,又有降低抗毒素的免疫原性,可有效防止超敏反应发生的作用。

二、抗体的生物学活性

(一) 识别并特异性结合抗原

识别并特异性结合抗原是抗体的主要生物学功能。Ig 的 Fab 段上的可变区与外毒素、细菌、病毒等抗原结合后,可以中和毒素的毒性、阻断细菌或病毒等病原体入侵。另外依据抗体识别并特异性结合抗原活性,可以在体外用已知抗原检测未知抗体,或用已知抗体检测未知抗原,协助临床疾病的诊断,如早早孕检测等。

（二）激活补体系统

抗原-抗体复合物是经典途径激活补体的激活物。当 IgM、IgG1、IgG2 和 IgG3 与抗原结合后,由于抗体的构象发生改变,使 IgG 的 C_H2 区或 IgM 的 C_H3 区补体结合点暴露,结合补体,通过经典途径激活补体系统,产生多效应功能。IgA1、IgG4、IgE 不能通过经典途径激活补体,但凝聚的 IgA1、IgG4、IgE 等可以通过替代途径激活补体。

（三）结合细胞

抗体可以通过 Fc 片段与多种细胞(如巨噬细胞、中性粒细胞、NK 细胞、肥大细胞等)表面的 Fc 受体(FcR)结合。不同类别的抗体可与不同的细胞结合,产生不同的效应。如 IgG 的 C_H3 与巨噬细胞、NK 细胞表面 IgG 的 Fc 受体(FcγR)结合,具有调节巨噬细胞的吞噬作用及 NK 细胞的 ADCC 作用;IgE 的 C_H2、C_H3 与肥大细胞、嗜碱性粒细胞表面 Fc 受体结合能介导 I 型超敏反应。

（四）穿过胎盘和黏膜

母体与胎儿之间存在着胎盘屏障,可以阻止母体内的病原体及其有害产物、大分子物质进入胎儿体内。人类 IgG 能借助 Fc 段选择性地与胎盘屏障母体一侧的滋养层细胞结合,从而转移到滋养层细胞内,并主动穿过胎盘进入胎儿血液循环。

此外,SIgA 可经呼吸道、消化道黏膜上皮细胞到达黏膜表面,是发挥黏膜局部免疫的最主要的因素。

知识链接

抗体药物

近年来,全球各地猴痘、流感等疫情频发,新增各类肿瘤患者数量呈不断上升趋势,传统药物对新发突发传染病、肿瘤、自身免疫病等的作用有限,鼠源抗体、人鼠嵌合抗体、人源化抗体、全人源抗体药物的研发可为多种疾病的治疗提供方向,目前 FDA 已批准上市的抗体偶联药物和双特异性抗体药物有 160 余种,如 CD30 靶点抗体治疗霍奇金淋巴瘤或间变性大细胞淋巴瘤,CD22 靶点抗体治疗成人复发或难治性急性淋巴细胞白血病,HER2 靶点抗体治疗转移性乳腺癌或不可切除或转移性非小细胞肺,GPRC5D 和 CD3 靶点抗体治疗成人复发或难治性多发性骨髓瘤,VEGF-A 和 Ang-2 靶点抗体治疗新生血管性(湿性)老年性黄斑变性或糖尿病性黄斑水肿。

抗体药物研发是生物药领域至关重要的研究领域,未来随着疾病分子机制的进一步阐明,抗体研发将拓展更多新的靶标服务更多的临床疾病,为更多患者带来福音。

三、五类免疫球蛋白的主要特性

（一）IgG

IgG 主要由脾、淋巴结中的浆细胞合成和分泌,人类在出生后 3 个月开始合成,3~5 岁接近成人水平,40 岁后逐渐下降,以单体形式存在。人体中 IgG 的含量最高,其含量占成人血清 Ig 总量的 75%~80%。IgG 分布广,且较其他 Ig 容易透过毛细血管壁弥散到组织间隙,几乎分布于全身各组织和体液(包括脑脊液)中,是人类血清中的主要抗体。IgG 的半衰期为 20~23 天,为再次免疫应答的主要抗体,通常为高亲和力抗体。IgG 是唯一能通过胎盘的抗体,在新生儿抗感染中发挥着重要作用。IgG 是抗感染的主要抗体,大多数抗菌、抗病毒抗体和抗毒素都属于 IgG 类。根据 IgG 铰链区的氨基酸组成和重链二硫键的数目、位置不同,IgG 可分为 4 个亚型,即 IgG1、IgG2、IgG3 和 IgG4。IgG1、IgG2 和 IgG3 可通过经典途径活化补体,发挥溶菌、溶细胞等作用;另外,可以与巨噬细胞、中性粒细胞、NK 细胞等表面的 Fc 受体结合,发挥调理作用、ADCC 等。IgG1、IgG2 和 IgG4 可通过 Fc 段结合金黄色葡萄球菌蛋白 A(SPA),用于免疫诊断。

另外,某些自身抗体如系统性红斑狼疮(systemic lupus erythematosus,SLE)患者的抗核抗体,甲状腺毒症患者的促甲状腺激素(thyroid-stimulating hormone,TSH)受体的自身抗体,引起 Ⅱ、Ⅲ 型超敏反应的抗体也多属于 IgG 类。

(二) IgM

IgM 主要由脾、淋巴结中的浆细胞合成和分泌,IgM 一般不易通过血管壁,所以主要分布在血液中。其含量占成人血清 Ig 总量的 5%~10%。IgM 是各类 Ig 中相对分子质量最大的,它由 5 个 Ig 单体通过 J 链的链接形成五聚体,故称为巨球蛋白。由于 IgM 有较多的抗原结合价,所以具有强大的抗感染作用,它激活补体、凝集的作用明显比 IgG 强。单体 IgM 以膜结合型(mIgM)表达于 B 细胞表面,作为 B 细胞识别抗原的特异性受体。

IgM 是在个体发育中最早合成的 Ig,在胚胎晚期已经可以合成。如果在新生儿脐带血中检出 IgM 升高,提示胎儿发生了宫内感染。机体感染病原体引起的免疫应答过程中,最早产生的抗体也是 IgM,且半衰期短,为 5~10 天。因此,IgM 在感染早期发挥重要的抗感染作用,对于防止菌血症、败血症发挥重要作用。人体如果缺乏 IgM 可导致致死性败血症。在血清中检出特异性 IgM 类抗体,提示近期可能发生感染,可作为感染的早期诊断。人体天然血型抗体也是 IgM 类,是造成血型不符引起输血反应的重要因素。IgM 还参与了某些自身免疫病,以及 Ⅱ、Ⅲ 型超敏反应的病理损伤过程。

(三) IgA

IgA 在出生后 4~6 个月才能合成。IgA 分为两型:血清型 IgA 和分泌型 IgA(SIgA)。

血清型 IgA 为单体,主要由肠系膜淋巴组织中的浆细胞产生,主要存在于血清中,占血清 Ig 总量的 10%~15%。血清型 IgA 具有中和毒素、调理吞噬等生物学作用。

分泌型 IgA(SIgA)主要由呼吸道、消化道、泌尿生殖道等黏膜固有层中的浆细胞合成产生,广泛分布于呼吸道、消化道、泌尿生殖道等黏膜表面以及眼泪、唾液、初乳等外分泌液中。在黏膜局部抗感染中,SIgA 通过与细菌、病毒等病原微生物结合,阻止病原微生物黏附到黏膜上皮细胞表面,具有抗菌、抗病毒、中和毒素等作用,在局部抗感染中发挥重要作用。SIgA 合成功能低下的幼儿易患呼吸道、消化道感染。老年性支气管炎也可能与呼吸道的 SIgA 合成功能低下有关。产妇初乳中的 SIgA 含量很高,母乳喂养可以使新生儿获得母体的 SIgA,对婴儿呼吸道和消化道的抗感染具有重要作用。

(四) IgD

IgD 在正常人血清中的含量很低,占血清总 Ig 的 0.2%,半衰期为 3 天。IgD 为单体结构,主要由扁桃体、脾脏等处的浆细胞合成和分泌。

血清中 IgD 的生物学功能尚不清楚。表达于 B 细胞表面的 IgD 称为膜结合型 IgD（mIgD），是 B 细胞识别抗原的特异性受体（BCR）。

（五）IgE

正常人血清中的 IgE 含量极低，仅占 Ig 总量的 0.002%，含量较稳定，但在某些过敏性疾病和某些寄生虫感染患者的血清中 IgE 的含量明显升高。IgE 的半衰期也较短，仅为 2~3 天。IgE 也是单体结构，在个体发育中合成较晚，主要由呼吸道（鼻咽部、扁桃体、支气管）和胃肠道等黏膜固有层中的浆细胞产生。这些部位常是变应原入侵和超敏反应发生的场所。IgE 可以结合肥大细胞引起 I 型超敏反应，故又称为亲细胞抗体。在超敏反应性疾病患者的血清中 IgE 水平波动很大。在鼻液、支气管分泌液、乳汁及尿液中可检出 IgE，其水平与血清 IgE 相似。

点滴积累

1. Ab 是生物学和功能上概念，Ig 是结构和化学本质的名称，Ab 都是 Ig，但 Ig 不一定都具有 Ab 的活性。
2. Ig 是由双硫键连接的四肽链结构（一对重链与一对轻链），重链分为 γ、α、μ、ε 和 δ 链，与此对应 IgG、IgA、IgM、IgE 和 IgD 五类。
3. IgG 是血清中含量最多最重要的抗体，是机体再次应答病毒、细菌、毒素等抗原的主要抗体，是唯一可通过胎盘的抗体；IgA 擅长的则是防御能穿透其黏膜屏障的入侵者；IgM 是分子量最大、个体发育最早合成和分泌的抗体，是机体初次应答抗原的主要抗体；IgE 是正常人血清中含量最少、个体发育过程最晚合成的抗体，与 I 型超敏反应、寄生虫感染紧密相关。

第二节　补体系统

一、概述

（一）补体的概念

补体（complement，C）是存在于人和动物血清、组织液和细胞膜表面的一组经激活后具有酶活性的蛋白质。补体未被激活不具有生物学功能，其激活过程及其激活的产物可引起溶解细胞、清除免疫复合物、介导炎症等一系列的生物学效应，参与或调节机体的固有性和适应性免疫应答。补体缺陷、功能障碍或过度活化都与多种疾病的发生与发展密切相关。

（二）补体系统的命名

补体酶原形式是按其被发现的先后顺序分别命名为 C1~C9，补体系统的其他成分以大写英文字母表示，如 B 因子、D 因子、P 因子、H 因子等；片段形式是补体活化后的裂解片段，大小片段在该补体成分的符号后面分则加小写英文字母 a、b，如 C3a、C3b、Ba、Bb 等；补体**酶形式**是补体激活过程中，补体亚基或不同补体大小片段相互结合具有酶活性，如 $C\overline{1s}$、$C\overline{4b2a}$ 等；**灭活形式**是补体片段以在其符号前加英文字母 i 表示，如 iC3b；补体调节蛋白多以其功能命名，如 C1 抑制物、C4 结合蛋白等。

（三）补体的组成

补体系统由 30 余种可溶性蛋白和膜蛋白组成，包括以下成分。

1. 补体固有成分　指存在于体液中，参与补体级联酶促反应的补体成分，包括 C1~C9 以及 MBL、B 因子、D 因子和 P 因子等，其中 C1 含 C1q、C1r 和 C1s 三个亚单位。

2. 补体调节蛋白　指通过调节补体激活途径中的关键酶而控制补体活化强度和范围的蛋白分子，包括 C1 抑制物、I 因子、H 因子、C4 结合蛋白等。

3. 补体受体　补体受体（complement receptor，CR）指表达于不同的细胞表面，通过与补体活性片段结合而介导多种生物学效应的受体分子，包括 CR1~CR5、C3aR、C4aR、C5aR 等。

（四）补体的生物合成与理化性质

补体主要由肝细胞合成，少数由单核/巨噬细胞、T 细胞、B 细胞、胰岛 β 细胞、肠黏膜上皮细胞和内皮细胞等合成。补体固有成分均为球蛋白，补体各组分含量差异较大，其中 C3 含量最高，它是 3 条补体激活途径的共同成分。补体性质不稳定，56℃加热 30 分钟可灭活，另外机械振荡、紫外线照射、酸、碱、乙醇等理化因素均可破坏补体。

课 堂 活 动

一、补体发现实验

实验 1：霍乱弧菌 + 免疫血清（霍乱弧菌抗体）

实验 2：霍乱弧菌 + 56℃处理免疫血清（霍乱弧菌抗体）

二、实验现象

实验现象 1：霍乱弧菌溶解。

实验现象 2：霍乱弧菌凝集，但不溶解。

三、实验提问

免疫血清凝集霍乱弧菌、溶解霍乱弧菌的物质是什么？

二、补体系统的激活

在生理情况下，补体固有成分以酶原形式存在于体液中，在某些活化物的作用下或在特定的反应物表面，通过级联酶促反应而被激活，产生一系列的生物学活性。补体系统激活有经典途径、旁路途径和 MBL 途径，三条途径的激活过程均可分为识别、活化和膜攻击 3 个阶段。它们有 C5~C9 参与的共同的终末反应过程。

(一) 经典途径

该途径依赖于抗体,参与体液免疫应答,是以抗原与 IgM 或 IgG1~IgG3 结合形成的免疫复合物(immune complex, IC)为经典途径的主要"激活物",与 C1q 结合后,使补体固有成分以 C1r、C1s、C4、C2、C3、C5~C9 的顺序发生级联酶促反应(图 9-6)。

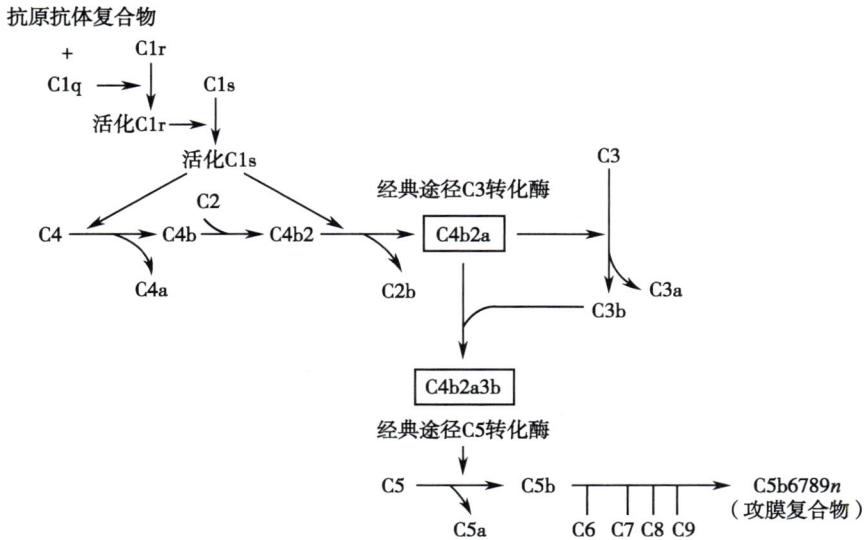

图 9-6 补体经典激活途径示意图

1. 识别阶段 抗原和抗体结合后,抗体发生构象改变,使 Fc 段的补体结合部位暴露,补体 C1q 与之结合后构象发生改变,导致与之结合的 C1r 和 C1s 相继活化,活化的 C1s 具有丝氨酸蛋白酶活性(用 $\overline{C1s}$ 表示)。

2. 活化阶段 在 Mg^{2+} 存在下,C1s 首先裂解 C4 生成 $\overline{C4a}$ 和 C4b,C4b 与紧邻 IC 的细胞或颗粒表面结合。在 Mg^{2+} 存在下,C2 可与 C4b 结合,被 C1s 裂解,所产生的 C2a 与 C4b 形成 $\overline{C4b2a}$ 复合物,即为 C3 转化酶。$\overline{C4b2a}$ 裂解 C3 生成 C3a 和 C3b,新生成的 C3b 与 C3 转化酶结合,形成 C4b2a3b 复合物,即为 C5 转化酶,进入补体激活的膜攻击阶段(图 9-7)。C3a 游离于液相,是重要的介质。

3. 膜攻击阶段 是补体激活过程的最后一个反应阶段,即形成攻膜复合物(membrane attack complex, MAC)使某些病原体和细胞裂解破坏。三条补体激活途径在此阶段的反应过程完全相同。其主要机制是 C5 转化酶裂解 C5 产生出 C5a 和 C5b。C5a 游离于液相中,具有过敏毒素作用和趋化作用。C5b 依次与 C6、C7 结合形成具有高度亲脂性的 C5b67,C5b67 与附近的细胞膜非特异性结合,进而与 C8 结合,所形成的 C5b678 可促进 C9 聚合,形成膜攻击复合物 C5b6789n($12 \leq n \leq 15$)(图 9-7)。MAC 可在细胞膜上形成一个亲水性贯穿细胞膜的

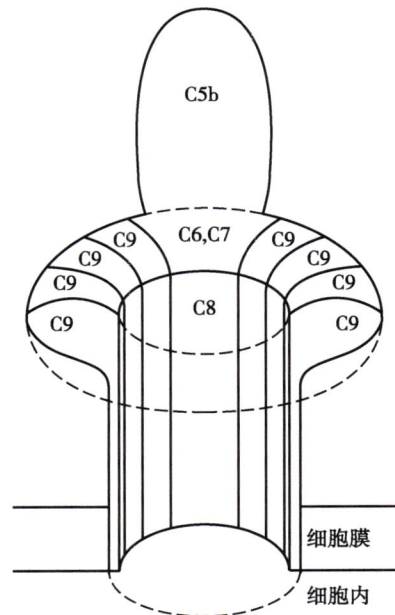

图 9-7 MAC 结构示意图

孔道,使水和电解质通过,最终因胞内渗透压改变,使细胞溶解破裂。

(二)旁路途径

又称替代激活途径,该途径不依赖于抗体,参与非特异性免疫应答,是以某些细菌内毒素、酵母多糖、葡聚糖、凝聚的 IgA 和 IgG4 等作为主要"激活物",直接活化 C3,在 B 因子、D 因子和备解素参与下,使补体固有成分以 C3、C5~C9 的顺序发生级联酶促反应过程。其"激活物"的作用实际上是为补体激活提供保护性环境和接触表面。旁路途径在细菌感染早期,尚未产生特异性抗体时即可发挥重要的抗感染作用。

在正常生理情况下,血清中的 C3 受蛋白酶等作用可发生缓慢而持久的水解,产生低水平的 C3b。自发产生的 C3b 与 B 因子、D 因子等相互作用,产生 $\overline{C3bBb}$(旁路途径的 C3 转化酶),$\overline{C3bBb}$ 易被血清中 H 因子和 I 因子灭活,但在其灭活前所具有的酶活性仍足以激活 C3 分子生成一定量的 C3b。绝大多数液相 C3b 迅速被水解失活,只有少量 C3b 存在于血浆中。

当 C3b 结合于"激活物"表面时不被灭活,且与 B 因子结合,在 Mg^{2+} 存在下,结合的 B 因子被 D 因子裂解为 Ba 和 Bb,Bb 与 C3b 结合生成 $\overline{C3bBb}$。旁路途径中,备解素(P 因子)与 C3b 和 Bb 分子结合可稳定 C3 转化酶,防止其被降解。结合于激活物表面的 $\overline{C3bBb}$ 可裂解更多 C3 分子,部分新生的 C3b 又可与 Bb 结合为新的 $\overline{C3bBb}$,形成旁路激活的正反馈放大效应。部分 C3b 与 $\overline{C3bBb}$ 结合为 $\overline{C3bBb3b}$,即旁路激活途径 C5 转化酶。其后的终末过程与经典途径完全相同(图 9-8)。

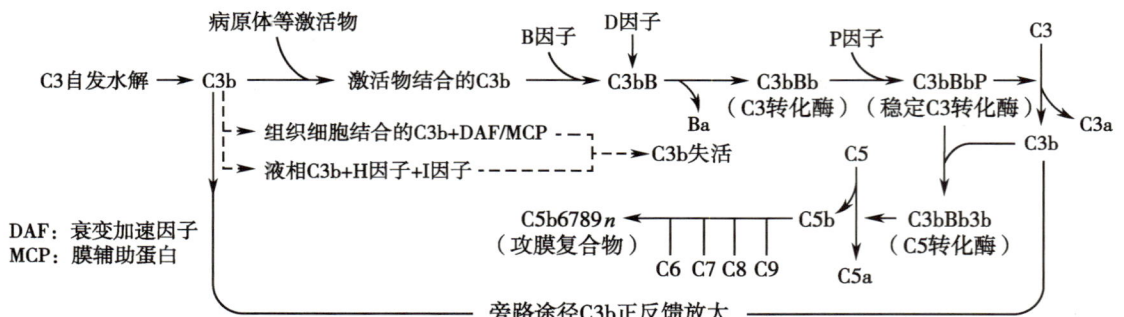

图 9-8 补体旁路激活途径示意图

(三)凝集素途径

凝集素途径又称 MBL 途径,该途径不依赖抗体,参与非特异性免疫应答,是由血浆中的甘露糖结合凝集素(mannose-binding lectin, MBL)直接与多种病原微生物表面的 N- 氨基半乳糖残基或甘露糖结合,进而使补体固有成分以 MASP、C4、C2、C3、C5~C9 的顺序发生活化,形成与经典激活途径中相同的 C3 转化酶和 C5 转化酶的级联酶促反应过程。

MBL 是在感染早期由患者肝细胞合成分泌的一种急性期蛋白,结构与 C1q 分子类似。该途径的识别阶段是 MBL 与病原微生物表面甘露糖残基结合后,其构型发生改变,导致与之结合的丝氨酸蛋白酶(MASP1 和 MASP2)活化。活化阶段与经典途径类似:活化的 MASP2 能以类似于 C1s 的方式裂解 C4 和 C2,生成经典途径相同的 C3 转化酶,进而激活后续补体成分;活化的 MASP1 则裂解 C3 生成 C3b,其与 C3 转化酶结合,形成 C5 转化酶;同时 C3b 参与并加强旁路激活途径正反馈环路,MBL 途径对补体经典途径和旁路途径活化具有交叉促进作用。膜攻击阶段形成相同的膜攻击复合物 C5b6789n。

（四）三条补体激活途径的比较

三条途径起点各异,但存在相互交叉,并具有共同的终末过程。旁路激活途径和 MBL 激活途径在感染早期发挥作用,对机体抵抗原发性感染具有重要意义;经典激活途径有赖于特异性抗体的产生,因此在感染的中、晚期或在感染持续过程中发挥作用。补体三条激活途径的比较见图 9-9。

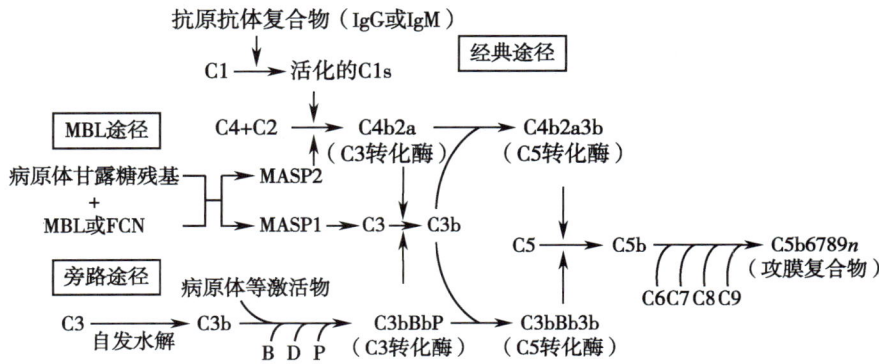

图 9-9　补体三条激活途径的比较

三、补体系统的主要生物学活性

补体的生物学活性的发挥通过激活后形成的 MAC 介导细胞溶解效应和活化过程中生成的多种裂解片段,与细胞膜表面相应受体结合而介导多种生物功能。

（一）溶解细菌和细胞的细胞毒作用

补体系统被激活后,可在靶细胞表面形成 MAC,形成穿膜的亲水性通道,破坏局部磷脂双层,从而导致靶细胞溶解。MAC 的生物学效应包括了溶解红细胞、血小板、有核细胞以及参与机体抵抗微生物感染的防御机制。

（二）调理作用

补体激活过程中所产生的 C3b、C4b 和 iC3b 可附着于细菌或其他颗粒表面,又可与中性粒细胞或巨噬细胞表面的相应受体结合,进而促进吞噬细胞吞噬及杀伤微生物的作用。这种依赖 C3b、C4b 和 iC3b 的吞噬作用称为补体调理作用。

（三）清除免疫复合物

体内中等分子量的免疫复合物(IC)可沉积于血管壁,通过激活补体而造成周围组织损伤。补体具有清除循环 IC 的功能,其机制是循环 IC 可激活补体产生 C3b,C3b 与 IC 结合,IC 借助 C3b 与表达相应受体的血细胞结合,并通过血流运送至肝、脾而被巨噬细胞清除。

（四）炎症反应作用

1. 过敏毒素作用　补体裂解片段 C3a 和 C5a 又被称为过敏毒素,可使肥大细胞或嗜碱性粒细胞释放组胺,引起血管扩张,增加毛细血管通透性以及使平滑肌收缩等。

2. 趋化作用 C5a是一种有效的趋化因子,对中性粒细胞具有很强的趋化作用,可诱导中性粒细胞表达黏附分子,并使之活化,增强吞噬杀伤力。这对机体早期的抗感染免疫具有重要意义。

3. 激肽样作用 C2a具有激肽样作用,能增加血管通透性,引起炎症性出血和水肿。

(五)参与适应性免疫应答

补体活化产物可以通过不同的作用机制参与适应性免疫应答。如C3b介导的调理作用可以促进APC对抗原的摄取与提呈,启动适应性免疫应答;C3b与B细胞表面的CR结合可促进B细胞增殖分化为浆细胞;补体还参与免疫记忆,记忆细胞的存活需要抗原的持续刺激,滤泡树突状细胞(follicular dendritic cell,FDC)表面的CR可将免疫复合物滞留于生发中心,以免疫复合物形式存在的抗原得以持续刺激生发中心的记忆B细胞,从而诱导和维持记忆B细胞的存活。

知识链接

补体系统与临床疾病

补体系统是细胞内重要的免疫防御系统,补体与多种疾病的发生发展、预防及治疗紧密相关:C1、C3、C4、C5、MBL、MAC等补体参与肾小球肾炎、急性肾损伤、肾移植物排斥反应等急性病变过程,也参与糖尿病肾病、肾病综合征、慢性肾纤维化等慢性病理过程;补体多数固有成分与调节成分参与复发性流产、胎儿生长受限、早产、子痫前期等妊娠相关疾病;补体异常还与多种肿瘤、阿尔茨海默病、脊髓损伤、心血管疾病等疾病相关。补体系统与相关疾病的关系将使胞内补体及其受体有望成为多种疾病的治疗靶点,并为补体相关疾病的防治提供方向。

点滴积累

1. 补体系统在发挥作用前必须激活,激活途径有经典途径(依赖抗体)、旁路途径(自发)及MBL途径(只针对病原体),三条途径既独立又交叉。
2. 补体系统是一种多功能的系统,它可以通过形成MAC消灭入侵者,通过激活巨噬细胞上的补体受体而加强其作用,并且还能发出信号将免疫系统的其他成员招引到战场来参与战斗,而这一切都能快速地完成。

第三节 主要组织相容性抗原

一、概述

在同一种属的不同个体间进行组织或器官移植时会发生排斥反应,这种同种异体间排斥反应现象的本质是免疫应答,是由细胞表面的同种异型抗原所诱导的。这种代表个体特异性的引起移植排斥反应的同种异型抗原称为组织相容性抗原（histocompatibility antigen）或移植抗原（transplantation antigen）。组织相容性抗原是复杂的抗原系统，其中引起强烈而迅速地排斥反应的抗原称为主要组织相容性抗原系统，它在移植排斥反应中起主要作用；引起较弱和缓慢的排斥反应的抗原则称为次要组织相容性抗原系统。

不同种属的哺乳动物的主要组织相容性抗原系统有不同的命名，人的主要组织相容性抗原因首先在外周血白细胞表面发现，故称为人类白细胞抗原（human leucocytic antigen，HLA）。编码主要组织相容性抗原的基因是位于同一染色体上的一组紧密连锁的基因群，称为主要组织相容性复合体（major histocompatibility complex，MHC）。MHC 的结构十分复杂，显示多基因性和多态性，不仅可控制同种异体间的移植排斥反应，而且具有控制免疫应答和参与某些病理反应等功能。

二、HLA 复合体的结构及遗传特征

（一）HLA 复合体的基因结构

编码 HLA 的主要组织相容性复合体称为 HLA 复合体，位于第 6 号染色体短臂上，全长 3 600kb，共有 224 个基因座，其中 128 个基因座为功能性基因，其余的基因座有些是假基因，有些是功能不明的基因。按各基因位点及其编码产物的结构与功能可将 HLA 复合体分为 3 个基因区，即 HLA Ⅰ类基因区、HLA Ⅱ类基因区、HLA Ⅲ类基因区（图 9-10）。

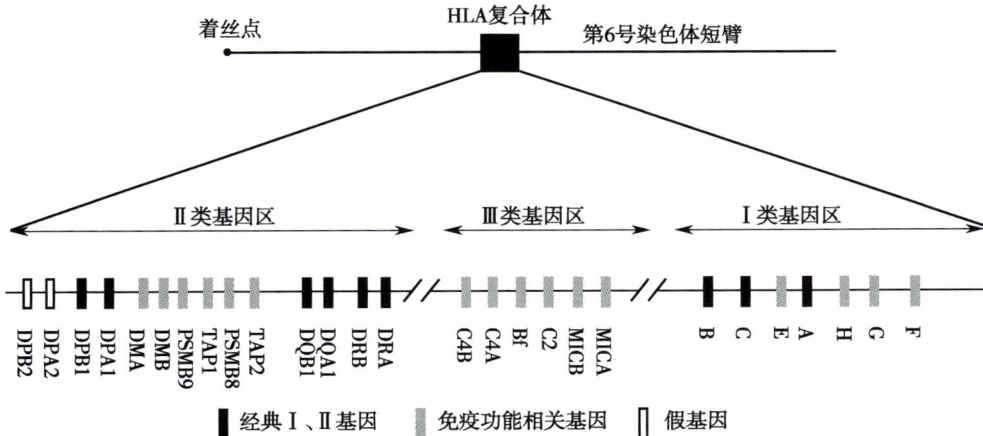

图 9-10　HLA 基因示意图

1. HLA Ⅰ类基因及其编码产物　Ⅰ类基因区内含经典的 HLA-A、B、C 三个基因座，每个基因座上存在多个等位基因，具有高度多态性。其编码 HLA Ⅰ类分子的重链即 α 链。HLA Ⅰ类分子由 1 条 α 链与第 15 号染色体编码的 β_2 微球蛋白组成，其主要功能是结合、提呈内源性抗原肽。

2. HLA Ⅱ类基因及其编码产物　HLA Ⅱ类基因区包括经典的 HLA-DP、DQ、DR，每个亚区又包括两个或两个以上的功能基因座，分别编码分子结构相似但抗原特异性不同的 α 和 β 两条肽链。

由上述 α 链和 β 链组成 HLA Ⅱ类分子,其主要功能是结合、提呈外源性抗原。

3. **HLA Ⅲ类基因及其编码产物** HLA Ⅲ类基因位于Ⅱ类和Ⅰ类基因之间,含有多个免疫功能相关基因:C2、C4A、C4B、Bf 基因编码相应的补体成分;肿瘤坏死因子(TNF-α 和 TNF-β)基因编码的产物主要参与炎症反应,具有抗病毒和抗肿瘤作用;热休克蛋白 70(heat shock protein 70,HSP70)基因编码产物主要参与炎症反应。

(二) HLA 复合体的遗传特征

1. **单体型遗传** HLA 基因在同一条染色体上的基因组合称为单体型(haplotype)。HLA 复合体是一组紧密连锁的基因群,这些连锁在一条染色体上的等位基因很少发生同源染色体间的交换,在遗传过程中,HLA 单体型作为一个完整的遗传单位由亲代传给子代,即为单体型遗传。二倍体生物的每一细胞均有两个同源染色体组,分别来自父母双方。因此,子女的 HLA 基因型中,HLA 单体型一个来自父方,另一个来自母方。在子代同胞之间,两个单体型完全相同或完全不同的概率各占 25%,有一个单体型相同的概率占 50%。至于亲代与子代之间则必然有一个单体型相同(图 9-11)。这一遗传特点可用于器官移植供者的选择以及法医的亲子鉴定。

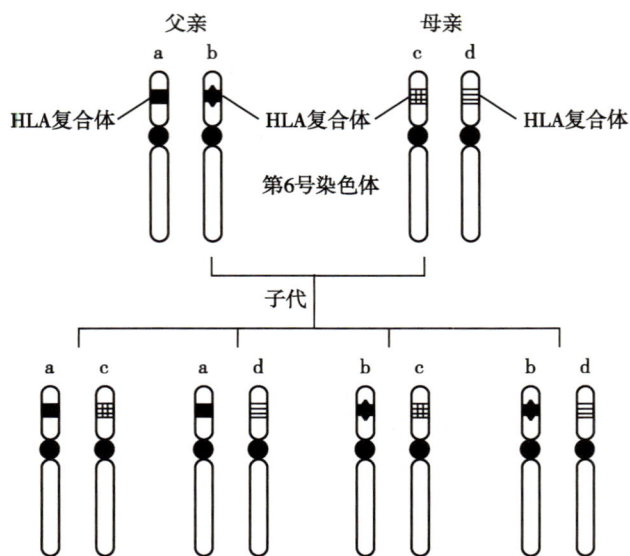

图 9-11 HLA 单体型遗传示意图

2. **高度多态性** 多态性(polymorphism)是指在一个随机婚配的群体中,染色体的同一基因座有两种以上的等位基因,即可能编码两种以上的基因产物。HLA 复合体是迄今已知人体最复杂的基因复合体,有高度多态性。HLA 的多态性主要由下列原因所致。

(1)复等位基因(multiple allele):位于一对同源染色体上对应位置的一对基因称为等位基因(allele)。于群体中出现突变,同一基因座可能出现的基因系列称为复等位基因,HLA 复合体的每一基因座均存在为数众多的复等位基因,这是 HLA 高度多态性的主要原因。

(2)共显性(codominance):一对等位基因同为显性表达称为共显性。即在杂合状态下,HLA 复合体中的每一个等位基因均为共显性,从而大大增加了人群中 HLA 表型的多态性。

3. 连锁不平衡 连锁不平衡（linkage disequilibrium）是指某一群体中，不同的基因座上两个等位基因出现在同一条单体型上的频率与预期值之间存在明显差异的现象。HLA 复合体单体型中各基因并非随机分布，某些基因经常出现在一起，而另一些基因又较少出现。产生连锁不平衡的机制尚不清楚。

三、HLA 的蛋白分子结构、分布与功能

（一）HLA 的分子结构

HLA 的蛋白分子主要包括 HLA Ⅰ 和 HLA Ⅱ类分子，其结构均是由两条多肽链组成，HLA Ⅰ类分子结构是非对称结构，HLA Ⅱ类分子是对称结构；其结构均由抗原肽结合区、Ig 样区、跨膜区、胞质区构成（图 9-12）。

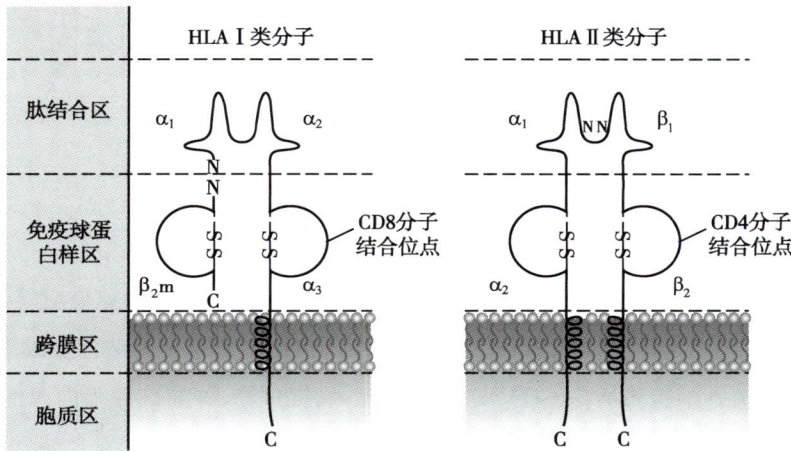

图 9-12　HLA 分子结构示意图

1. HLA Ⅰ 类分子的结构 HLA Ⅰ 类分子是由重链（α 链，45kD）和轻链（β_2m，12kD）组成的异二聚体糖蛋白分子。α 链为跨膜结构，由胞外区、跨膜区和胞内区组成。其胞外段有 α_1、α_2 和 α_3 三个结构域。HLA Ⅰ 类分子可分为 4 个区（图 9-12）。

（1）抗原肽结合区：是 HLA Ⅰ 类分子与内源性抗原肽结合的部位。由 α_1、α_2 结构域组成的抗原多肽结合部位呈凹槽结构。该区域属多态性区域，即同种异型抗原表位存在的部位。

（2）Ig 样区：主要包括 α_3 与 β_2m。α_3 是与 CTL 表面 CD8 分子结合的部位，属非多态性区域。β_2m 与 α_3 结合有助于 HLA Ⅰ 类分子的表达和结构的稳定性。

（3）跨膜区：固定 HLA Ⅰ 类分子于膜上。

（4）胞质区：参与将细胞外信息向细胞内传递。

2. HLA Ⅱ 类分子的结构 由 HLA Ⅱ类基因编码的 α 链（34kD）和 β 链（29kD）组成的异二聚体糖蛋白。α 链和 β 链为跨膜蛋白，均由胞外区、跨膜区和胞内区组成。胞外段分为 α_1、α_2 结构域和 β_1、β_2 结构域。HLA Ⅱ 类分子可分为 4 个区（图 9-12）。

（1）抗原肽结合区：是 HLA Ⅱ类分子与外源性抗原肽结合的部位。由 α_1、β_1 结构域组成的抗原

多肽结合部位呈凹槽结构。该区域属多态性区域,即同种异型抗原表位存在的部位。

(2)Ig样区:由 α_2、β_2 结构域组成,具有 Ig 恒定区样结构。HLA Ⅱ类分子的 β_2 结构域是与 Th 细胞表面 CD4 分子结合的部位,属非多态性区域。

(3)跨膜区:固定 HLA Ⅱ类分子于膜上。

(4)胞质区:参与将细胞外信息向细胞内传递。

(二) HLA 的分布

经典 HLA Ⅰ类分子广泛分布于人体的各种有核细胞表面,包括血小板和网织红细胞。成熟的红细胞、神经细胞和成熟的滋养层细胞一般不表达 HLA Ⅰ类分子。不同的组织细胞表达Ⅰ类抗原的密度也各不相同,T 细胞、B 细胞、巨噬细胞Ⅰ类抗原的密度相对较高,多数肿瘤细胞Ⅰ类抗原的密度相对较低。HLA Ⅱ类分子主要表达在 B 细胞、巨噬细胞、树突状细胞、胸腺上皮细胞和活化的 T 细胞等细胞表面,在血管内皮细胞和精子细胞表面也可检出 HLA Ⅱ类分子。HLA Ⅰ类和 HLA Ⅱ类分子也可以可溶性形式存在于血清、尿液、唾液、精液和乳汁中,称为分泌型或可溶型 HLA Ⅰ类和 HLA Ⅱ类分子。

四、HLA 的主要生物学功能

(一) 参与抗原处理与提呈

HLA 的最主要的功能之一是作为抗原处理与提呈分子,参与适应性免疫应答。细菌、蛋白质等外源性抗原被 APC 摄入并降解成抗原肽后,与胞内的 HLA Ⅱ类分子结合形成抗原肽 -HLA Ⅱ类分子复合体,运送到细胞表面供 CD4$^+$T 细胞识别。病毒抗原、肿瘤抗原等内源性抗原在细胞质内降解成抗原肽与新合成的 HLA Ⅰ类分子结合成抗原肽 -HLA Ⅰ类分子复合体,经高尔基复合体转运到细胞表面,供 CD8$^+$T 细胞识别。

(二) 控制免疫细胞间的相互作用——MHC 限制性

在适应性免疫应答中,CD8$^+$T 细胞表面的 TCR 必须同时识别靶细胞表面的抗原肽和 MHC Ⅰ类分子,CD4$^+$T 细胞表面的 TCR 必须同时识别 APC 表面的抗原肽和 MHC Ⅱ类分子,只有当两个细胞间的 MHC 分子相同时才能有效地相互作用,这一现象称为 MHC 限制性。即 CD8$^+$T 与靶细胞间的相互作用受 MHC Ⅰ类抗原限制,APC 与 CD4$^+$T 细胞间的相互作用受 MHC Ⅱ类分子限制。

(三) 诱导胸腺内 T 细胞的分化

胸腺深皮质区 CD4$^+$CD8$^+$ 双阳性前 T 细胞与胸腺上皮细胞表达的 MHC Ⅰ/Ⅱ类抗原结合后分化发育为 CD8$^+$ 或 CD4$^+$ 单阳性未成熟 T 细胞。单阳性未成熟 T 细胞与胸腺内巨噬细胞和树突状细胞表达的自身抗原肽 -MHC Ⅰ/Ⅱ类分子复合物结合可发生凋亡,即对自身抗原形成免疫耐受;反之则可以进一步分化为具有免疫功能的成熟 T 细胞。

(四) 参与对免疫应答的遗传控制

机体对某种抗原是否发生免疫应答以及免疫应答的强弱是受遗传控制的。控制免疫应答的基因称为 Ir 基因,一般认为人的 Ir 基因位于 HLA Ⅱ类基因区内。MHC 具有高度多态性,群体中不同个体所携带的 MHC 等位基因型别不同,所编码的 MHC 分子抗原结合凹槽的结构和凹槽与抗原肽结合的亲和力不同,这就决定了 APC 对抗原提呈能力以及免疫应答的强弱。如某个体的 MHC 分子与抗原肽的结合具有高度亲和力,则该个体对此抗原的免疫刺激呈高应答;反之则呈低应答。

(五) 引起移植排斥反应

在同种异体基因组织器官移植时,HLA 作为同种异型抗原,刺激受者机体发生特异性免疫应答,产生特异性效应 T 细胞($CD8^+CTL$ 或 $CD4^+Th1$)和相应抗体,从而导致供体组织细胞破坏,引起移植排斥反应。

五、HLA 与临床医学

(一) HLA 与器官移植的关系

器官移植的成功与否,很大程度上取决于供者和受者之间 HLA 型别的匹配程度。为了提高器官移植的成功率,应选择 HLA 抗原尽可能相近的供者。根据 HLA 复合体单体型遗传的特征,在子代同胞之间,两个单体型完全相同的概率各占 25%,因此在器官移植时可首先在兄弟姐妹中寻找相同配型的供者。通常器官移植的存活率由高到低的顺序是同卵双生 > 同胞 > 亲属 > 无亲缘关系。

(二) HLA 与输血反应的关系

临床发现多次接受输血的患者会发生非溶血性输血反应,主要表现为发热、白细胞减少和荨麻疹等。这种非溶血性输血反应的发生主要与患者血液中存在的抗白细胞 HLA 和抗血小板 HLA 的抗体有关。若供者血液中含高效价的此类抗体,也可发生输血反应。因此,对需要多次接受输血的患者应避免反复输入同一供血者的血液。

(三) HLA 与疾病的相关性

研究发现,某些疾病的发生与一种或几种 HLA 抗原相关。例如在强直性脊柱炎患者中,58%~97% 以上具有 HLA-B27 抗原,而正常人的 HLA-B27 抗原出现的概率只有 1%~8%;另外,胰岛素依赖型糖尿病与 DR3/4 抗原、乳糜泻与 DR3 抗原、类风湿关节炎与 DR4 抗原都密切相关。在与 HLA 相关的疾病中,大多数发病机制不明并伴有免疫功能异常和遗传倾向。同一个 HLA 基因座上的等位基因在结构上可能仅有几个核苷酸之差,却可造成对疾病易感或抵抗等完全不同的结果。对基因的构效关系进行分析,有助于阐明该疾病发生的分子免疫学基础,也可能有助于对某些疾病的诊断、预防、分类和预后判断。

(四) HLA 异常表达与疾病的关系

所有有核细胞表面都表达 HLA Ⅰ类分子,但许多肿瘤细胞的 HLA Ⅰ类分子的表达往往减弱甚至缺如,不能有效地激活特异性 $CD8^+CTL$ 发挥抗肿瘤免疫,造成肿瘤免疫逃逸。此外,在正常情况下不表达 HLA Ⅱ类抗原的细胞受感染等因素的影响,可异常表达 HLA Ⅱ类抗原,如胰岛素依赖型糖尿病患者的胰岛 β 细胞、Graves 病患者的甲状腺上皮细胞 HLA Ⅱ类抗原异常表达,因此将细胞的特异性自身抗原以抗原肽-HLA Ⅱ类分子的形式表达在细胞表面,从而刺激了相应的自身反应性 T 细胞活化,重者可引起自身免疫病。

(五) HLA 与亲子鉴定和法医学

HLA 系统具有显著的多基因性和多态性,因此在无亲缘关系的人群中,HLA 表型完全相同的概率极其罕见。在遗传过程中,HLA 单体型作为一个完整的遗传单位由亲代传给子代,因此子女的 HLA 基因型中,HLA 单体型一个来自父方,另一个来自母方。亲代与子代之间必然有一个单体型相同,而每个人的 HLA 等位基因型别一般是终身不变。因此,HLA 基因型已被广泛地用于亲子鉴定和法医学。

点滴积累

1. 编码人的主要组织相容性抗原的基因群称为 HLA 复合体,位于第 6 号染色体短臂上,分为 3 个区域,即 Ⅰ 类基因区、Ⅱ 类基因区、Ⅲ 类基因区。
2. HLA Ⅰ 类分子广泛分布于人体的各种有核细胞表面,包括血小板和网织红细胞。HLA Ⅱ 类分子主要表达在 B 细胞、巨噬细胞、树突状细胞、胸腺上皮细胞和活化的 T 细胞等细胞表面。
3. HLA 分子与器官移植、输血反应、亲子鉴定、强直性脊柱炎、肿瘤等相关。

第四节 细胞因子

细胞因子(cytokine,CK)是由各种细胞(免疫及非免疫细胞)分泌产生的在细胞间发挥相互作用的一类小分子可溶性多肽蛋白,可通过与自身受体相互作用调节细胞增殖、分化及凋亡,诱导免疫应答,参与刺激造血、参与炎症反应等功能。

一、细胞因子的分类

根据细胞因子的结构和功能,其可分为白细胞介素、干扰素、肿瘤坏死因子、集落刺激因子、趋化性细胞因子和生长因子等。

1. **白细胞介素** 白细胞介素(interleukin,IL)是指主要由淋巴细胞、单核吞噬细胞产生的,具有免疫调节、刺激骨髓造血以及参与炎症反应等作用的细胞因子。

2. **干扰素** 干扰素(interferon,IFN)是最早发现的细胞因子,因其具有干扰病毒感染和复制的功能,因此而得名。根据来源和理化性质的不同,干扰素可分为 Ⅰ 型和 Ⅱ 型。

Ⅰ 型干扰素(IFN-α、IFN-β)主要由白细胞、成纤维细胞和病毒感染细胞产生,具有抗病毒、抗肿瘤,参与免疫调节,促进 MHC 分子表达等作用。

Ⅱ 型干扰素(IFN-γ)由活化的 Th1 细胞、CTL 细胞和 NK 细胞产生,具有激活巨噬细胞、抗病毒、促进 MHC 分子表达和诱导 Th1 分化等作用。

3. 肿瘤坏死因子　肿瘤坏死因子（tumor necrosis factor，TNF）是一种能使肿瘤发生出血、坏死的细胞因子。TNF 分为 TNF-α 和 TNF-β 两类。TNF-α 由单核巨噬细胞产生；TNF-β 又称淋巴毒素 α，主要由活化的 T 细胞产生。它们具有调节适应性免疫应答、杀伤靶细胞和诱导细胞凋亡的作用。

4. 集落刺激因子　集落刺激因子（colony stimulating factor，CSF）是指能够刺激多能造血干细胞和不同分化发育阶段的造血祖细胞增殖、分化的生长因子。目前发现的 CSF 有粒细胞 - 巨噬细胞集落刺激因子（granulocyte-macrophage colony-stimulating factor，GM-CSF）、粒细胞集落刺激因子（granulocyte colony-stimulating factor，G-CSF）、巨噬细胞集落刺激因子（macrophage colony-stimulating factor，M-CSF）等。

5. 趋化性细胞因子　趋化性细胞因子（chemokine）是一类对不同的靶细胞具有趋化效应的细胞因子家族，具有招募血液中的单核细胞、中性粒细胞、淋巴细胞等进入炎症部位的功能。

6. 生长因子　生长因子（growth factor，GF）是一类以刺激细胞生长和分化为主要功能的细胞因子，包括表皮生长因子（epidermal growth factor，EGF）、血小板源生长因子（platelet-derived growth factor，PDGF）、成纤维细胞生长因子（fibroblast growth factor，FGF）、神经生长因子（nerve growth factor，NGF）、血管内皮细胞生长因子（vascular endothelial growth factor，VEGF）、转化生长因子 -β（transforming growth factor-β，TGF-β）等。其中有些生长因子具有抑制免疫应答的功能，如 TGF-β 对 T 细胞和单核吞噬细胞活性具有显著的抑制作用。

二、细胞因子的共同特性

1. 理化特性　多数细胞因子为小分子量（8~30kD）的多肽或糖蛋白，以单体形式存在，少数可以形成双体或以三聚体形式存在。

2. 存在方式与产生特点　细胞因子常以游离形式存在于体液中，有些以膜结合形式表达于细胞表面。细胞因子的产生具有多源性、多样性和自限性的特点。

3. 作用特点　细胞因子以自分泌、旁分泌或内分泌形式发挥作用。大多数细胞因子以自分泌形式作用于产生细胞因子的细胞本身或以旁分泌形式作用于邻近的细胞，少数细胞因子可通过内分泌形式作用于远处的靶细胞。细胞因子通过结合细胞表面的高亲和力受体发挥生物学效应，具有多效性、重叠性、协同性、拮抗性等特点。在体内，众多细胞因子相互促进、相互抑制，形成复杂的细胞因子调节网络。

三、细胞因子的主要生物学作用

细胞因子在免疫调节、免疫应答、炎症反应、促进造血和促进损伤组织的修复等方面发挥着重要作用。

(一) 参与免疫应答与免疫调节

1. 调节免疫识别 例如 IFN-γ 通过上调 MHC Ⅰ类和 MHC Ⅱ类分子的表达,促进单核巨噬细胞的抗原提呈作用。IL-10 和 IL-4 可抑制巨噬细胞的功能,产生负调节作用。

2. 参与免疫细胞的增殖 例如 IL-4、IL-5、IL-6、IL-13 等细胞因子可促进 B 细胞活化、增殖和分化为抗体产生细胞,而 IL-2、IL-7、IL-18 等细胞因子可以活化 T 细胞并促进其增殖。TGF-β 则发挥负调节作用。

3. 参与免疫效应 例如 CD8$^+$ 效应 T 细胞释放的 IFN-γ 可以抑制细胞内的病毒复制。Th1 细胞产生的 TNF-α、IFN-γ、GM-CSF 等可促进巨噬细胞的活化并增强其吞噬、杀伤能力。

(二) 促进造血

造血主要在骨髓和胸腺中进行。骨髓和胸腺中产生的细胞因子尤其是集落刺激因子对刺激造血细胞的增殖和分化起着关键作用,它们通过促进造血,参与机体的生理和病理过程。例如 IL-3 可促进造血干细胞和祖细胞的增殖和分化;GM-CSF、G-CSF、M-CSF 可促进粒细胞和巨噬细胞的增殖和分化;红细胞生成素(erythropoietin,EPO)可促进红细胞的生成。

(三) 促进凋亡,直接杀伤靶细胞

在肿瘤坏死因子超家族(tumor necrosis factor superfamily,TNFSF)中,有部分细胞因子可直接杀伤靶细胞或诱导细胞凋亡。例如 TNF-α 和 TNF-β 可直接杀伤肿瘤细胞或病毒感染细胞。活化 T 细胞表达的 FasL 可通过膜型或可溶型与靶细胞上的 Fas 结合,诱导其凋亡。

(四) 促进损伤组织的修复

多种细胞因子具有促进损伤组织修复的功能,例如 TGF-β 可通过刺激成纤维细胞和成骨细胞促进损伤组织的修复,VEGF 可促进血管和淋巴管的生成。

四、细胞因子与疾病的发生及其在疾病防治中的应用

(一) 细胞因子与疾病的作用

细胞因子在免疫应答、免疫调节、刺激造血等方面发挥着重要作用,但在一定条件下也可参与多种疾病的发生。例如大量革兰氏阴性菌感染时释放的内毒素可刺激单核巨噬细胞或中性粒细胞过度表达 IL-1、TNF-α 等细胞因子,导致中毒性休克甚至 DIC 的发生;某些肿瘤细胞可分泌大量的 TGF-β 和 IL-10,抑制巨噬细胞、NK 细胞和 CTL 细胞对肿瘤细胞的杀伤作用,有助于肿瘤细胞的生长;在类风湿关节炎、强直性脊柱炎和银屑病患者体内均可检测到高水平的 TNF-α。因此,拮抗 TNF-α 的生物制剂有治疗上述疾病的作用;多种趋化因子可促进类风湿关节炎、肺炎、哮喘和过敏性鼻炎等疾病的发展。

> **知识链接**
>
> **细胞因子风暴**
>
> 细胞因子风暴即炎症风暴,又称细胞因子瀑布级联、高细胞因子血症、脓毒症(sepsis)等,是由于人

体受到创伤、感染或者某些药物引发的免疫系统过度激活,导致体液中肿瘤坏死因子-α、白细胞介素、干扰素等多种细胞因子在短时间内大量产生,从而引起的全身炎症反应综合征,可诱发脓毒性休克及多器官功能障碍综合征,最终导致患者死亡。如被某病毒感染的患者体内主要有 IL-6、IL-10、IL-1β、IL-1、IL-7、IL-8、IL-9、粒细胞集落刺激因子、IFN-γ、粒细胞-巨噬细胞集落刺激因子等细胞因子显著增高,引发患者发热及低血压等问题,并在某些情况下导致组织损伤,甚至器官衰竭和死亡。

(二) 细胞因子及其相关生物制品

采用蛋白质工程技术、药物设计技术等现代生物工程技术研制开发的重组细胞因子、细胞因子抗体和细胞因子拮抗剂已获得了广泛的临床应用(表 9-1),细胞因子及其相关生物制品研发将进一步激发基于细胞因子的免疫疗法的发展,从而为难治性疾病的治疗开发新方法和新途径。

表 9-1　重组细胞因子在疾病治疗中的应用

细胞因子	适应证
IFN-α	毛细胞白血病、肝炎、卡波西肉瘤、慢性粒细胞白血病等
IFN-γ	慢性肉芽肿、生殖器疣、类风湿关节炎等
G-CSF	自身骨髓移植、化疗导致的血细胞减少症、与化学药物联合治疗某些实体肿瘤等
GM-CSF	自身骨髓移植、化疗导致的血细胞减少症等
EPO	慢性肾衰竭导致的贫血、癌症或化疗导致的贫血等
IFN-β	多发性硬化症
IL-2	癌症、免疫缺陷病
IL-11	化疗引起的血小板减少症
SCF	与 G-CSF 联合治疗外周血干细胞移植
EGF	治疗烧伤、溃疡
TPO	化疗引起的血小板减少症

点滴积累

1. 细胞因子包括白细胞介素(IL)、干扰素(IFN)、肿瘤坏死因子(TNF)、集落刺激因子(CSF)等类型,具有多效性、重叠性、协同性、拮抗性等特点。
2. 细胞因子具有免疫调节、免疫应答、炎症反应、促进造血和促进损伤组织的修复等作用,与各类临床疾病的治疗、检测以及发生发展紧密相关。

第五节　白细胞分化抗原与黏附分子

免疫应答过程中免疫细胞间的相互作用包括细胞间的直接接触和通过分泌细胞因子或其他生物活性分子介导的作用。免疫细胞之间相互识别的分子基础是表达于细胞表面的功能分子,通常称为细胞表面标记物(cell surface marker),包括细胞表面的多种抗原、受体和黏附分子等。

一、白细胞分化抗原

白细胞分化抗原(leukocyte differentiation antigen,LDA)主要是指不同谱系的白细胞在正常分化成熟的不同阶段中,出现或消失的细胞表面分子。白细胞分化抗原种类繁多、分布广泛,除分布在白细胞表面外,还分布在红系和巨核细胞/血小板谱系以及许多非造血细胞如血管内皮细胞、成纤维细胞、上皮细胞、神经内分泌细胞等细胞表面。将来自不同实验室的单克隆抗体所识别的同一种分化抗原归为同一个分化群,也称为分化决定簇(cluster of differentiation,CD)。人类的CD序号已从CD1命名至CD371(研究持续更新中)。

CD分子按其执行的功能,主要可分为受体、共刺激(或抑制)分子以及黏附分子等,其中受体包括特异性识别抗原受体及其辅助受体、模式识别受体、细胞因子受体、NK细胞受体、补体受体以及IgFc受体等,它们广泛直接或间接参与免疫细胞间的相互作用、介导可溶性生物活性介质与相应受体结合,与肿瘤、糖尿病、脓毒症、肺结核等多种疾病相关,随着对CD在不同疾病中分子机制的深入研究,应用靶向CD有可能会成为未来治疗多种疾病的重要方法之一。

二、黏附分子

黏附分子(adhesion molecule,AM)是指介导细胞间或细胞与外基质间相互接触和结合的分子。黏附分子以受体-配体结合的形式发挥作用,使细胞与细胞间、细胞与基质间发生黏附,参与细胞的识别、信号转导、细胞的增殖分化与移动等,是免疫应答、炎症反应、凝血、创伤愈合、肿瘤转移等一系列重要生理和病理过程的分子基础。

> **点滴积累**
>
> 1. 来自不同实验室的单克隆抗体所识别的同一种分化抗原归为同一个分化群,简称CD,其参与免疫细胞的识别、信号转导及活化与效应过程。
> 2. 黏附分子则是介导细胞间或细胞与外基质间相互接触和结合的分子,参与细胞的识别、信号转导、细胞的增殖分化与移动等。

目标检测

ER 9-2

第九章
免疫分子
（习题）

简答题

1. 详述 IgG、IgM 和 IgA 的主要生物学功能。

2. 补体系统的旁路激活途径和凝集素激活途径的根本区别是什么？

3. MHC 分子有哪些生物学作用？ MHC Ⅱ 类分子介导的抗原提呈具有什么重要意义？

4. 细胞因子的特性有哪些？ 各类细胞因子有哪些生物学功能？

（余水红）

ER 9-3

第九章
免疫分子
（思维导图）

第十章　免疫应答

> **学习目标**
>
> 1. **掌握**　免疫应答的参与组分及免疫应答的过程。
> 2. **熟悉**　免疫应答的概念、类型、特点；免疫耐受和免疫调节的概念和现象。
> 3. **了解**　免疫耐受及免疫调节的发生机制。

> **导学情景**
>
> **情景描述：**
>
> 　　患者男，夜间宿舍起火，致患者面颈部、躯干、四肢烧伤，急诊就诊于市人民医院，患者表现创面出现分泌物、血压下降、呼吸困难等症状，给予扩容、抗低血压药效果欠佳。患者诊断为感染性休克。
>
> **学前导语：**
>
> 　　烧伤的患者容易发生感染，根本原因是烧伤后机体的免疫防御力降低。烧伤后皮肤破损，微生物极易入侵，烧伤后早期机体内的各类免疫球蛋白含量会降低，淋巴细胞总数会下降，这些变化都会降低自身的免疫力，导致感染频发。那么机体免疫力和什么因素有关呢？免疫系统是如何保护我们的身体呢？让我们一起进入下面的学习内容。

　　免疫应答（immune response）又称免疫反应，是机体接受抗原刺激后，免疫细胞对抗原产生的一系列免疫反应的总称，即机体免疫系统识别和清除抗原性异物的反应。免疫应答既可以清除体内的抗原性异物，维持机体内环境的相对稳定，也可以造成机体的病理性损伤。

　　根据免疫应答启动的时相、参与的组织细胞、识别的特点、激活的方式以及效应机制，免疫应答可分为固有免疫应答和适应性免疫应答。固有免疫又称先天性免疫或非特异性免疫，适应性免疫又称获得性免疫或特异性免疫。

第一节　固有免疫应答

　　固有免疫应答也称为非特异性免疫应答，是生物体在长期进化过程中形成的、与生俱有的天然防御功能。其特点是：①人生而有之，可遗传；②作用无特异性，可防御多种病原体；③起效快，接触抗原即发挥防御作用；④没有记忆性，再次接触抗原无放大作用；⑤有种属特异性而无个体差异性。如人对鸡霍乱弧菌天然不感染。

固有免疫应答是机体抗病原体感染的第一道防线,对适应性免疫应答的启动、调节和效应也发挥重要作用。参与固有免疫应答的组分主要包括生理屏障、细胞防护、免疫效应分子(补体、细胞因子)等。

一、生理屏障

(一)皮肤黏膜及其附属成分的屏障作用

1. 物理屏障 由致密上皮细胞组成的皮肤和黏膜具有机械屏障作用,在正常情况下可有效阻挡病原体侵入体内。黏膜的物理屏障作用相对较弱,但黏膜上皮细胞的迅速更新、呼吸道黏膜上皮细胞纤毛的定向摆动及黏膜表面分泌液的冲洗作用均有助于清除黏膜表面的病原体。

2. 化学屏障 由皮肤和黏膜分泌物中含有的多种杀菌、抑菌物质组成,主要包括皮脂腺分泌的不饱和脂肪酸、汗腺分泌的乳酸、黏液中的溶菌酶等。

3. 微生物屏障 正常菌群可通过与病原体竞争结合上皮细胞、争夺营养物质的方式或通过分泌某些杀菌、抑菌物质对病原体产生抵抗作用。

(二)血脑屏障

由软脑膜、脉络丛的毛细血管壁和包在壁外的星形胶质细胞形成的胶质膜组成。此种组织结构致密,能阻挡血液中的病原体和其他大分子物质进入脑组织及脑室,从而对中枢神经系统产生保护作用。婴幼儿的血脑屏障尚未发育完善,故易发生中枢神经系统感染,如脑膜炎、脑炎。

(三)胎盘屏障

由母体子宫内膜的蜕膜和胎儿的绒毛膜滋养层细胞共同构成,可防止母体内的病原体和大分子物质进入胎儿体内,从而保护胎儿免遭感染,使之正常发育。妊娠早期(3个月内)胎盘屏障发育尚未完善,此时孕妇感染风疹病毒、巨细胞病毒等,可能会导致胎儿畸形或流产。

二、细胞防护

1. 吞噬细胞 包括中性粒细胞和单核巨噬细胞。中性粒细胞具有吞噬杀菌作用。单核巨噬细胞主要指血液中的单核细胞和组织中的巨噬细胞,具有吞噬杀菌、抗原提呈、杀伤肿瘤细胞等作用。

2. 自然杀伤细胞(NK细胞) ①执行机体免疫监视作用;②直接杀伤某些肿瘤细胞、感染病毒或有胞内寄生菌的靶细胞;③参与免疫调节。

三、固有免疫效应分子及其主要作用

1. 补体系统 可通过旁路途径和甘露糖结合凝集素(mannose binding lectin,MBL)途径迅速激活补体系统,并由此产生溶菌或溶解病毒等炎症作用。

2. 细胞因子 病原体感染机体后,可刺激免疫细胞和感染的组织细胞产生多种具有参与及调节免疫应答、介导炎症反应等功能的小分子多肽或糖蛋白，称为细胞因子。如白细胞介素 -1、肿瘤坏死因子 α、干扰素等具有免疫调节、抗肿瘤、抗病毒等作用，同时还可引起机体发热、局部血管渗出增加、疼痛等炎症反应。

3. 溶菌酶和乙型溶素　作用于革兰氏阳性菌细胞壁、细胞膜而起到抗菌作用。

> **点滴积累**
>
> 1. 固有免疫应答也称为非特异性免疫应答，是生物体在长期进化过程中形成的、与生俱来的天然防御功能。
> 2. 参与固有免疫应答的组分主要包括生理屏障、细胞防护、效应分子(补体、细胞因子)。
> 3. 发挥生理屏障作用的结构主要包括皮肤黏膜及其附属成分、血脑屏障、胎盘屏障；发挥细胞防护作用的主要有吞噬细胞(中性粒细胞和单核巨噬细胞)和自然杀伤细胞(NK 细胞)；身体中固有免疫效应分子包括补体系统、细胞因子、溶菌酶和乙型溶素等。

第二节　适应性免疫应答

一、概述

(一) 适应性免疫应答的概念

适应性免疫应答又称为特异性免疫应答，是指体内的 T/B 淋巴细胞接受抗原刺激后，发生活化、增殖、分化，转化为效应细胞，进而产生一系列生物学效应的过程。

(二) 适应性免疫应答的特点

1. 获得性　出生后受抗原物质刺激产生，属后天获得性免疫。

2. 排异性　抗原特异性 T、B 淋巴细胞通常可对自身正常组织细胞产生天然免疫耐受，对非己抗原性异物产生免疫排斥反应。

3. 特异性　免疫应答具有针对性，只能对刺激机体免疫系统发生免疫应答的该抗原性物质产生免疫活性物质，发挥免疫效应，该免疫活性物质对其他抗原不产生免疫效应。

4. 记忆性　免疫系统对抗原的特点具有记忆性，当同一抗原性异物再次进入机体时，机体免疫系统的记忆细胞可迅速产生更强而且持久的免疫应答。

(三) 适应性免疫应答的类型

根据参与的免疫活性细胞及效应，可分为 B 细胞介导的体液免疫和 T 细胞介导的细胞免疫。

根据免疫应答发生时与抗原接触的次数，分为初次免疫应答和再次免疫应答。

根据发生免疫反应的结果，分为正免疫应答和负免疫应答(免疫耐受)。

根据免疫反应对机体是否造成损伤,分为正常免疫应答和异常免疫应答(如超敏反应及自身免疫病)。

(四)适应性免疫应答的基本过程

抗原进入机体后,经抗原提呈细胞加工处理后提呈给相应的免疫细胞识别,免疫活性细胞被抗原激活后,活化、增殖、分化为效应细胞,进而产生免疫效应。整个过程可分为以下 3 个阶段。

1. **感应阶段** 即抗原提呈与识别阶段。指抗原提呈细胞捕获、加工、处理、提呈抗原信息,以及免疫活性细胞(T 细胞、B 细胞)识别抗原的阶段。

2. **反应阶段** 即活化、增殖与分化阶段。指 T 细胞、B 细胞接受抗原刺激后,在细胞因子参与下,活化、增殖、分化为效应 T 淋巴细胞和浆细胞的阶段。在此阶段产生免疫记忆细胞。

3. **效应阶段** 指免疫应答的产物(抗体及效应 T 淋巴细胞)与抗原结合发挥免疫效应的阶段。其中浆细胞分泌的抗体发挥体液免疫作用,效应 T 淋巴细胞直接杀伤及释放细胞因子发挥细胞免疫作用。

二、B 细胞介导的体液免疫应答

B 细胞主要通过抗体发挥免疫作用,因刺激 B 细胞产生免疫应答的抗原有 TD-Ag 和 TI-Ag,故激发机体产生免疫应答的机制不同。

(一)TD-Ag 诱导的体液免疫应答

基本过程包括抗原提呈与识别阶段,活化、增殖与分化阶段和效应阶段。外源性 TD-Ag 进入机体后,由 APC 摄取、加工,转变为抗原肽,再与 APC 的 MHC Ⅱ类分子结合,形成稳定的抗原肽 -MHC Ⅱ类分子,转运至 APC 细胞表面,供 Th 细胞识别、活化(图 10-1),为后续活化 B 细胞做准备。B 细胞需要接受双信号刺激活化、增殖、分化,第一信号是 B 细胞的 BCR 识别并结合抗原肽,第二信号(协同刺激信号)是活化 T 细胞(Th2 细胞)表面的 CD40L 与 B 细胞表面的 CD40 结合产生(图 10-2)。在 Th2 细胞及细胞因子的辅助下,B 细胞增殖、分化为浆细胞并产生抗体发挥免疫效应。B 细胞在分化过程中,部分转化为记忆 B 细胞(Bm)。

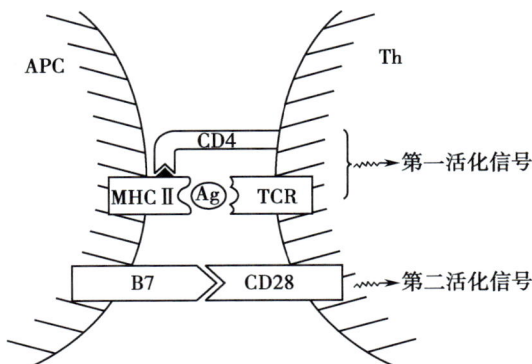

图 10-1 Th 细胞活化示意图

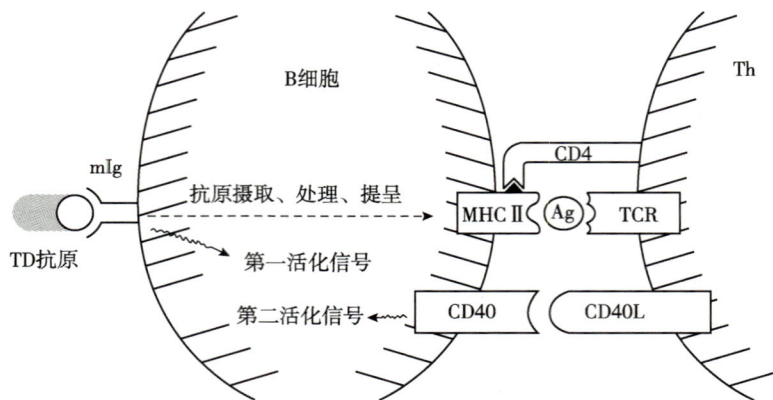

图 10-2　B 细胞与 Th 细胞间的相互作用及其活化信号产生示意图

(二) TI-Ag 诱导的体液免疫应答

TI-Ag 可以直接与 B 细胞膜表面的 BCR 结合,较强的刺激信号导致 B 细胞活化、增殖、分化为浆细胞,从而产生抗体发挥免疫效应。此过程无记忆 B 细胞产生,故 TI-Ag 激发的体液免疫应答没有再次应答。

(三) 抗体产生的一般规律

B 细胞对 TD-Ag 的应答分为初次应答和再次应答。抗原初次进入机体引发的免疫应答称为初次应答。初次应答一段时间后,当相同抗原再次进入机体,则潜伏期明显缩短,产生的抗体量大幅增加,这称为再次应答。两次应答中抗体的性质和浓度有不同的变化(图 10-3)。

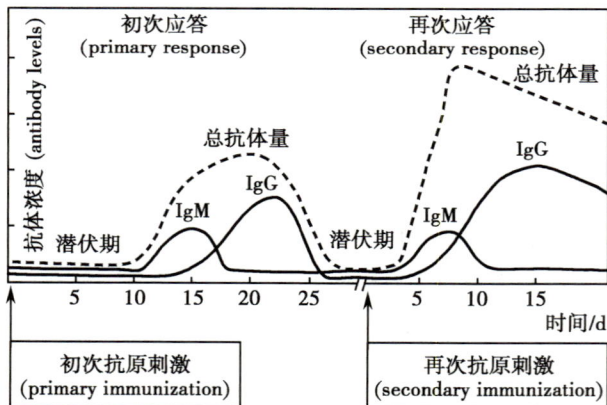

图 10-3　初次与再次免疫应答抗体产生规律示意图

1. **初次应答**　TD-Ag 首次进入机体,需经过一定的潜伏期,一般为 1~2 周,才在血液中出现特异性抗体,2~3 周达到高峰,潜伏期长短与抗原性质有关。初次应答的特点有:①潜伏期较长,为 1~2 周;②产生的总抗体浓度低;③抗体在体内持续的时间短;④抗体与抗原的亲和力低,抗体以 IgM 为主,IgM 在初次应答中出现的最早。

2. **再次应答**　相同的抗原再次进入机体后,免疫系统可迅速、高效地产生特异性应答。再次应答是因为初次应答时形成了记忆 B 细胞。再次应答的特点有:①潜伏期短,一般为 1~3 天;②产生的总抗体浓度高；③抗体在体内持续的时间长；④抗体与抗原的亲和力高,抗体以 IgG 为主。初次应答和再次应答产生抗体的不同见表 10-1。

表 10-1　初次应答和再次应答的抗体产生规律

	初次应答	再次应答
潜伏期	长(1~2 周)	短(1~3 天)
抗体效价	低	高
抗体主要类型	IgM	IgG
抗体维持时间	短	长
抗体亲和力	低	高

掌握抗体产生的一般规律在医学实践中具有重要的指导作用。①疫苗接种或制备免疫血清应采用再次或多次加强免疫,以产生高浓度、高亲和力的抗体,获得良好的免疫效果;②在免疫应答中,IgM 产生早、消失快,因此临床上以检测特异性 IgM 作为病原微生物早期感染的诊断指标;③将特异性抗体的量作为某种病原微生物感染的辅助诊断时,要在疾病的早期和恢复期抽取患者的双份血液标本进行抗体检查,一般抗体效价增加达 4 倍以上才有诊断意义。

> **知识链接**
>
> **乙肝疫苗接种**
>
> 我国计划免疫中乙肝疫苗初次接种需要 3 针,免疫程序为 0、1、6,每次注射 1 支。第 1 针疫苗接种 1 个月后接种第 2 针疫苗,6 个月时接种第 3 针疫苗。第 1 次接种乙肝疫苗属于初次应答,机体出现相应抗体,以 IgM 为主,维持时间短、亲和力低。第 2 次接种机体出现再次应答,迅速产生了高浓度、高亲和力、维持时间较长的抗体 IgG。第 3 次接种又是一次再次应答。经过 3 次接种,抗体在体内可维持 5 年左右。接种乙肝疫苗 3~5 年后可进行乙肝五项指标检测,若抗 -HBs 转阴时应再次加强免疫接种。

(四) 体液免疫的生物学效应

1. **中和作用**　通过抗体与病毒或外毒素结合,发挥重要的免疫作用。

2. **调理作用**　通过抗体的调理作用加强吞噬细胞的吞噬效应。

3. **溶解作用**　通过激活补体发挥溶菌、溶细胞等效应。

4. **ADCC 作用**　又称为抗体依赖性细胞介导的细胞毒作用,通过 NK 细胞的 ADCC,杀伤肿瘤细胞或被病毒感染的靶细胞。

5. **免疫病理损伤**　在特定情况下,抗体可参与Ⅰ、Ⅱ、Ⅲ型超敏反应,引起机体病理性损伤。

> **案例分析**
>
> 案例:白喉由白喉棒状杆菌引发,通过呼吸道传播,其可在咽部产生一种白色的膜性渗出物,这种假膜一旦脱落,会导致儿童气管急性堵塞而死亡。白喉还会引起心肌脂肪变性及外周神经损伤。德国著名的微生物学家贝林一直在思考怎样才能征服这些病原菌。他结识了一位学者,该学者精通中医,非常崇拜华佗、李时珍等中国古代医学家。该学者讲道:"中国古代医书有一条医理,叫作'以毒攻毒',例如用砒

霜这种剧毒药品治疗人体寄生虫。"贝林受到了启发,经过 300 多次试验,贝林终于证明:将感染过白喉杆菌或破伤风杆菌而存活下来的动物血清,注射给刚感染白喉杆菌或破伤风杆菌的动物,可以预防白喉或破伤风的发作,这在医学上称为"抗毒素的被动免疫"。由于贝林在抗毒素血清治疗方面的开创性研究,特别是运用血清疗法防治白喉和破伤风等疾病方面的功绩,1901 年,瑞典卡罗琳斯卡医学院为他颁发了首届诺贝尔生理学或医学奖。

分析:贝林从中医"以毒攻毒"思想中获得启发,进而开展研究并取得重大成果,这体现出不同文化间的交流互鉴能催生创新火花。在人类文明发展进程里,各文化都有独特价值与智慧,相互学习、借鉴是推动科技进步和文化发展的重要动力。我们应秉持开放包容的心态,积极促进不同文化的交流融合,从中汲取养分,为解决现实问题、推动人类共同发展贡献力量。

课 堂 活 动
为什么输血前要进行交叉配血?

三、T 细胞介导的细胞免疫应答

T 细胞接受抗原刺激后,活化、增殖并分化为效应 T 细胞,进而完成对抗原的清除和对免疫应答的调节。在此过程中,留下记忆 T 细胞。T 细胞介导的适应性免疫应答也称细胞免疫应答,通常由 TD-Ag 刺激引起,需多种免疫细胞协同完成,主要效应细胞为 Th 细胞和 Tc 细胞。

(一)感应阶段

为 APC 摄取、加工处理抗原,并将所产生的抗原肽片段与自身的 MHC 分子结合形成的复合物转运至细胞表面,供 T 细胞上的 TCR 识别的过程。

加工处理的抗原根据来源不同,可分为内源性和外源性抗原两类。外源性抗原是指被 APC 从细胞外摄入胞内的抗原,如病原微生物、异种蛋白等。内源性抗原系指在细胞内产生的抗原,如细胞被病毒感染后,细胞合成的病毒抗原和肿瘤细胞自身合成的蛋白质抗原。APC 将外源性抗原加工处理产生的抗原肽与 MHC Ⅱ类分子结合形成抗原肽 -MHC Ⅱ类分子复合物,提呈到细胞表面供 CD4[+]T 细胞识别。APC 将内源性抗原加工处理产生的抗原肽与 MHC Ⅰ类分子结合形成抗原肽 -MHC Ⅰ类分子复合物,提呈到细胞表面供 CD8[+]T 细胞识别。

只有在 MHC Ⅱ类分子与 CD4[+] 分子、MHC Ⅰ类分子与 CD8[+] 分子相匹配的情况下,APC 提呈抗原才能完成,此为 MHC 限制性。

(二)反应阶段

T 细胞的完全活化有赖于双信号和细胞因子的作用,T 细胞活化是 T 细胞继续增殖和分化的基础。

1. T 细胞活化的第一信号 CD4[+] 和 CD8[+]T 淋巴细胞表面的 TCR 特异性识别结合在 APC 表面 MHC 分子槽中的抗原肽,使得细胞初步活化,这是 T 细胞活化的第一信号(即抗原刺激信号)。

2. T 细胞活化的第二信号 T 细胞与 APC 表面多对共刺激分子如 B7/CD28 等相互作用产生 T 细胞活化的第二信号(共刺激信号),导致 T 细胞完全活化。若无足够的共刺激分子的信号传入,T 细胞不能活化即形成免疫耐受。

3. 细胞因子促进 T 细胞的增殖和分化 在双信号和细胞因子的作用下,活化的 T 细胞发生增殖,其中 IL-2 是最重要的促增殖因子。通过有丝分裂而发生克隆扩增的 T 细胞,在不同细胞因子的作用下进一步分化成为效应 T 细胞(Th1、Th2 和 Tc),然后发挥辅助功能或随血液循环到达特异性抗原部位发挥效应功能,部分细胞转变成记忆 T 细胞。

(三)效应阶段

1. CD4⁺ 效应 Th1 细胞介导的免疫效应　Th1 细胞主要通过释放的细胞因子募集和活化单核巨噬细胞和淋巴细胞,发挥细胞免疫效应。

2. CD8⁺ 效应 Tc 细胞(CTL 细胞)介导的免疫效应　CTL 细胞能高效、特异性地杀伤细胞内病原体(病毒或某些细胞内寄生菌)感染的细胞、肿瘤细胞等靶细胞,而不损害正常细胞。其杀伤靶细胞的主要途径是:① CTL 细胞分泌穿孔素,插入靶细胞膜形成通道,使水、电解质等小分子物质进入细胞内,导致靶细胞崩解;② CTL 细胞释放颗粒酶进入靶细胞,激活靶细胞内的凋亡程序,诱导靶细胞凋亡;③ CTL 细胞通过膜分子 FasL 与靶细胞表面的 Fas 分子结合,传入凋亡信号,导致细胞凋亡(图 10-4)。

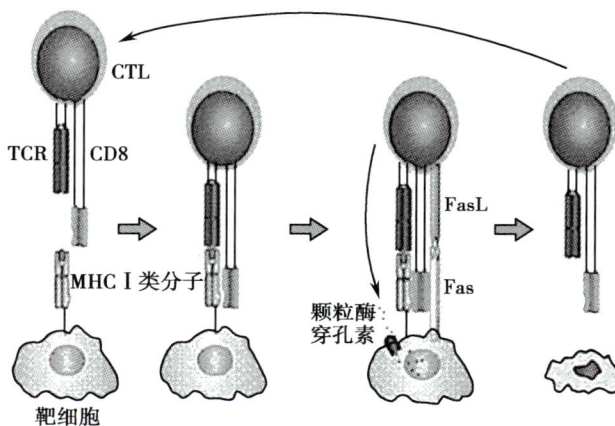

图 10-4　Tc 细胞杀伤靶细胞机制示意图

(四)细胞免疫的生物学效应

1. 抗感染作用　细胞免疫主要针对细胞内寄生的病原体,如某些细菌(结核分枝杆菌、沙门菌、布鲁菌等)、病毒、真菌及寄生虫等感染发挥作用。

2. 抗肿瘤作用　CTL 细胞可直接杀伤带有相应抗原信息的肿瘤细胞,细胞免疫过程中产生的某些细胞因子(如 TNF、IFN)在抗肿瘤免疫中也具有一定的作用。

3. 免疫损伤　细胞免疫亦可导致迟发型超敏反应、移植排斥反应及某些自身免疫病等。

> **考 证 要 点**
> 1. 免疫应答及特异性免疫应答的基本过程。
> 2. 抗体产生的基本规律。

案例分析

案例: 艾滋病(AIDS)源于非洲,后由移民带入美国,是一种危害性极大的传染病,由感染艾滋病病毒(HIV)引起。1985 年,一位到中国旅游的外籍人士患病入住某医院后很快死亡,后被证实死于艾滋病,这是中国第一次发现艾滋病病例。HIV感染者要经过数年、甚至长达10年或更长的潜伏期后才会发展成艾滋病患者,因机体抵抗力极度下降会出现多种感染,如带状疱疹、口腔霉菌感染、肺结核、特殊微生物引起的肺炎或脑炎、念珠菌或肺孢子虫等多种病原体引起的严重感染等,后期常常发生恶性肿瘤,并发生长期消耗,以至全身衰竭而死亡。

分析:艾滋病病毒(HIV)进入人体后主要破坏人体内的CD4$^+$T淋巴细胞,该细胞被大量破坏会使人体免疫功能下降,以至于身体无法完全清除体内的病原微生物,无法及时清除体内的肿瘤细胞,患者更容易被病原微生物感染,发生恶性肿瘤的概率也增大,最终患者病死率会大大增加。

点滴积累

1. 适应性免疫应答是指体内的抗原特异性T/B淋巴细胞接受抗原刺激后,发生活化、增殖、分化为效应细胞,产生一系列生物学效应的全过程,可分为3个阶段:感应阶段、反应阶段和效应阶段。
2. B细胞介导的体液免疫应答、T细胞介导的细胞免疫应答分别发挥不同的效应。
3. 在初次应答和再次应答时抗体的性质和浓度有不同的变化,掌握抗体产生的一般规律,在医学实践中具有重要的指导作用。

第三节　免疫耐受与免疫调节

一、免疫耐受

免疫耐受是指机体的免疫系统针对某种抗原产生的特异性无应答状态,该抗原称为耐受原,有记忆性和特异性。

(一)免疫耐受现象

1. 天然免疫耐受现象　如异卵双生的小牛因胚胎期血液融合,出生后不发生排斥的现象。

2. 获得性免疫耐受现象　如在胚胎期将黑鼠的淋巴细胞人为地注入白鼠体内,出生后也不发生排斥的现象。

(二)诱导免疫耐受的条件

诱导免疫耐受的条件包括抗原因素和机体因素两个方面。

1. 抗原因素　异源性越近、分子量越小越容易诱导免疫耐受,不同的抗原注射剂量及注射途径(通常静脉注射>口服>腹腔注射>皮下注射、肌内注射)其诱导的免疫耐受是不同的。

2. 机体因素　与机体免疫系统的发育成熟程度(如胚胎期更易形成免疫耐受)、免疫功能状态(如使用免疫抑制剂更易形成免疫耐受)、遗传背景(如大鼠更易诱导产生耐受)等有关。

（三）免疫耐受形成机制

1. 中枢耐受 是指发生在胚胎期和 T 细胞、B 细胞发育过程中,胚胎期、免疫细胞发育期因克隆禁忌学说中的自我识别与消除,对自己的细胞形成了耐受。

2. 外周耐受 是指发生在成熟的 T 细胞、B 细胞中,因缺乏免疫细胞活化信号,抑制细胞发挥作用,某些组织与免疫系统隔绝而出现了耐受。

（四）研究免疫耐受的意义

1. 解释机体天然耐受的原因。

2. 通过控制免疫耐受防止病原微生物感染和肿瘤的发生。

3. 通过诱导免疫耐受防止器官移植的排斥反应和超敏反应的发生。

二、免疫调节

免疫系统具有感知自身应答的强度并实施调节的能力,这是免疫系统在识别抗原、启动应答和产生记忆之外的另一项重要功能。机体免疫系统在抗原性物质侵入机体后,启动固有免疫,如果不能清除该抗原,则启动适应性免疫。

（一）免疫基因的调控

主要有两类:①编码 T 细胞、B 细胞抗原受体和免疫球蛋白的基因;②编码控制免疫应答分子的基因。

（二）分子水平的调节

1. 抗原的多少、分子量、进入途径等对免疫应答都有重要影响。

2. 抗体消灭抗原、与 B 细胞的 Fc 受体结合抑制了免疫应答。

3. 细胞因子之间的相互作用形成了调节网络。

4. 神经系统、内分泌系统与免疫系统相互影响构成了复杂的神经 - 内分泌 - 免疫调节网络。

（三）细胞水平的免疫调节

1. T 细胞的免疫调节是 Th1 和 Th2 分泌的细胞因子相互间的作用。

2. 独特型网络的调节是同一个体的不同 B 细胞抗原受体独特型的相互识别构成的动态平衡。

点滴积累

1. 免疫耐受可分为天然耐受和获得性耐受,诱导免疫耐受的条件包括抗原因素和机体因素。

2. 免疫系统具有感知自身应答的强度并实施调节的能力,这是免疫系统在识别抗原、启动应答和产生记忆之外的另一项重要功能。

目标检测

一、简答题

1. 简述非特异性免疫的特点。

2. 简述适应性免疫应答的基本过程。

3. 简述抗体产生的一般规律及意义。

二、实例分析

患者李某，女，20 岁，未婚。自述 2 周前开始乏力，厌油食，恶心，呕吐，3 天前出现眼黄、尿黄入院。患者脸色黄，巩膜轻度黄染，肝肋下 2cm 有触及痛。甲型肝炎病毒（HAV）相关指标检查结果 HAV IgM（+），HAV IgG（−）。诊断为甲型肝炎。经用葡醛内酯、维生素类保肝和中药对症治疗后好转，于 1 个月后出院。患者出院后 2 个月复查 HAV IgM（−），HAV IgG（+）。针对这个实例，请问：

（1）该患者发病初期 HAV IgM 阳性有何意义？

（2）请解释患者出院后复查 HAV IgM 阴性，但 HAV IgG 阳性结果的原因。

（牛四坤）

第十一章　超敏反应

学习目标

1. **掌握**　Ⅰ型超敏反应的特点、发生机制、常见疾病及防治原则。
2. **熟悉**　Ⅱ型、Ⅲ型、Ⅳ型超敏反应的发生机制及常见疾病。
3. **了解**　四种类型超敏反应之间的联系。

导学情景

情景描述：

　　患者，女，45岁。因咳嗽、咯痰1周，以肺部感染入院。青霉素皮试阴性，应用注射用阿莫西林钠进行治疗。以往有反复使用阿莫西林史，但此次患者用药约6分钟时，突然出现胸闷气急、呼吸困难、颜面发绀、头晕、眼前发黑的表现。

学前导语：

　　初步考虑患者是发生了药物过敏性休克。过敏性休克是最严重的Ⅰ型超敏反应，处理不及时会引起患者死亡。那么超敏反应是如何发生的？应该怎样进行防治？让我们一起进入下面内容的学习。

　　超敏反应（hypersensitivity reaction）又称为变态反应（allergic reaction），是指机体受到某些抗原刺激时，出现生理功能紊乱或组织细胞损伤的异常适应性免疫应答。根据超敏反应的发生机制和临床特点，将其分为四型：Ⅰ型，即速发型；Ⅱ型，即细胞毒型或细胞溶解型；Ⅲ型，即免疫复合物型或血管炎型；Ⅳ型，即迟发型。

第一节　Ⅰ型超敏反应

　　Ⅰ型超敏反应又称为过敏反应，是临床最常见的一种超敏反应，全球约10%~20%人口可受到Ⅰ型超敏反应影响。其特点是：①发生快，消失也快，所以称为速发型；②由IgE介导，嗜碱性粒细胞、肥大细胞、嗜酸性粒细胞等释放生物活性介质引起的局部或全身反应；③常引起生理功能紊乱，一般不发生严重的组织细胞损伤；④具有明显的个体差异和遗传倾向。可引起Ⅰ型超敏反应的抗原称为变应原。

一、参与Ⅰ型超敏反应的主要成分

（一）变应原

变应原（allergen）是指能诱导机体产生 IgE，引起Ⅰ型超敏反应的抗原性物质。临床常见的变应原主要有以下几种。

1. 吸入性变应原 如花粉颗粒、螨虫排泄物、真菌菌丝及孢子、动物皮毛等。

2. 食入性变应原 如牛奶、鸡蛋、鱼、虾、蟹贝、花生米等食物蛋白或肽类物质。

3. 药物性变应原 如抗毒素血清、青霉素、普鲁卡因、有机碘等。

4. 某些酶类物质 如尘螨中的半胱氨酸蛋白可引起呼吸道过敏反应，细菌酶类物质可引起支气管哮喘。

（二）IgE 及其受体

1. IgE 机体产生针对某种变应原的特异性 IgE 是引起Ⅰ型超敏反应的主要因素。IgE 主要由鼻咽、扁桃体、气管及胃肠道黏膜等处固有层淋巴组织中的浆细胞产生，这些部位也是变应原易于侵入并引发Ⅰ型超敏反应的部位。IgE 为亲细胞抗体，可以在不结合抗原的情况下，通过其 Fc 段与肥大细胞、嗜碱性粒细胞表面的高亲和力 IgE Fc 受体结合，使机体处于致敏状态。

2. IgE 受体 与 IgE Fc 段结合的受体有两种：FcεRⅠ和 FcεRⅡ。FcεRⅠ为高亲和力受体，在肥大细胞和嗜碱性粒细胞呈高水平表达；而 FcεRⅡ为低亲和力受体，分布比较广泛。

（三）效应细胞

参与Ⅰ型超敏反应的效应细胞主要是肥大细胞和嗜碱性粒细胞。肥大细胞主要分布于呼吸道、胃肠道和泌尿生殖道的黏膜下层及皮下的结缔组织内靠近血管处。嗜碱性粒细胞主要分布于外周血中，数量较少。肥大细胞和嗜碱性粒细胞的胞质中有大量的嗜碱颗粒，内含多种参与过敏反应的生物活性介质。嗜酸性粒细胞也参与Ⅰ型超敏反应。

二、发生机制

（一）致敏阶段

变应原进入某些机体后，诱导变应原特异性 B 细胞产生 IgE 类抗体应答。IgE 以其 Fc 段与肥大细胞或嗜碱性粒细胞表面的 FcεRⅠ结合，形成致敏的肥大细胞或嗜碱性粒细胞，使机体处于对该变应原的致敏状态。此过程称为致敏阶段，维持数月到数年。如长期无相同的变应原再次进入此机体，则致敏状态逐渐消失。

（二）发敏阶段

相同的变应原再次进入该机体时，变应原与致敏的肥大细胞或嗜碱性粒细胞表面的 IgE 特异性结合。只有变应原同时与致敏细胞表面的 2 个以上相邻的 IgE 结合，使多个 FcεRⅠ交联形成复合物，才能启动活化信号。活化信号经多种信号分子转导启动细胞活化，导致细胞脱颗粒，释放两类生物活性介质。

一类是预先合成的、储存在胞质颗粒内的介质,称为预存介质,包括组胺(histamine)、激肽原酶(kininogenase)等。另一类是在细胞活化后新合成的介质,包括白三烯(leukotriene,LT)、前列腺素 D_2(prostaglandin D_2,PGD_2)、血小板活化因子(platele activating factor,PAF)和细胞因子 IL-4 等。

(三)效应阶段

活化的肥大细胞和嗜碱性粒细胞释放的生物活性介质可作用于效应组织和器官,引起局部或全身性的过敏反应。根据反应发生的快慢和持续时间的长短,分为速发相反应(immediate reaction)和迟发相反应(late-phase reaction)两种类型。

速发相反应通常在接触变应原后的数秒内发生,可持续数小时,主要由组胺、前列腺素等引起,表现为毛细血管扩张、通透性增强、平滑肌收缩、腺体分泌增加。

迟发相反应发生在变应原刺激后的 4~6 小时,可持续数天以上,表现为局部以嗜酸性粒细胞、中性粒细胞、巨噬细胞、Th2 细胞和嗜碱性粒细胞浸润为主的炎症反应。Ⅰ型超敏反应发生机制如图 11-1 所示。

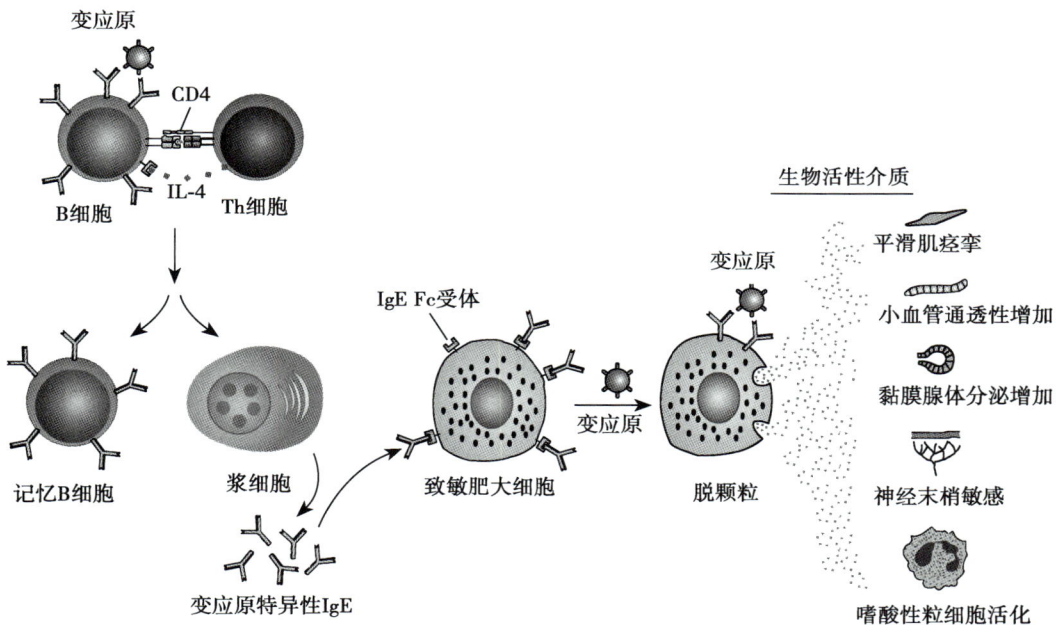

图 11-1　Ⅰ型超敏反应发生机制示意图

三、临床常见疾病

(一)过敏性休克

这是一种最危险的Ⅰ型超敏反应性疾病。致敏患者通常在接触变应原后的数分钟内即出现胸闷、呼吸困难、脉搏细速、血压下降、面色苍白、四肢湿冷等症状,抢救不及时可导致死亡。

1. 药物过敏性休克　引起过敏性休克的常见药物有青霉素、头孢菌素、链霉素、普鲁卡因等，以青霉素过敏最为常见。青霉素没有免疫原性，但其降解产物青霉噻唑酸或青霉烯酸与组织蛋白结合后可获得免疫原性，刺激机体产生特异性 IgE 抗体，使机体致敏。当再次接触青霉素时，可发生过敏反应。因此青霉素应现用现配制，放置 2 小时后禁用。

2. 血清过敏性休克　临床应用动物免疫血清如破伤风抗毒素、白喉抗毒素进行治疗或紧急预防时，有些患者可因曾经注射过相同血清制剂已被致敏而发生过敏性休克，所以应用前必须做皮试。

（二）局部过敏反应

1. 呼吸道过敏反应　变应原为空气中的花粉、真菌、尘螨和毛屑等，临床常见过敏性哮喘和过敏性鼻炎。

2. 消化道过敏反应　又称过敏性胃肠炎。常见的变应原为鸡蛋、牛奶、鱼、虾、蟹、坚果、果仁等。进食后的数分钟至 1 小时会出现症状，有口周红斑、唇肿、恶心、呕吐、腹痛、腹泻等，严重者也可以发生过敏性休克。

3. 皮肤过敏反应　主要包括荨麻疹、湿疹和血管神经性水肿，可由药物、食物、昆虫毒液、肠道寄生虫或冷热刺激等引起。

边 学 边 练
加深理解 Ⅰ 型超敏反应发生机制，深刻认识过敏性休克的严重性。请见"实训十三　动物 Ⅰ 型超敏反应"。

四、防治原则

（一）查明变应原，避免接触

查明变应原，避免与此变应原再次接触是预防 Ⅰ 型超敏反应的最有效方法。临床主要通过询问病史和皮肤试验查明变应原。青霉素使用前必须做皮肤试验，阳性者改用其他药物。有些变应原虽可检出，但难以避免再次接触。

（二）脱敏注射

1. 异种免疫血清脱敏疗法　异种免疫血清如破伤风抗毒素，皮试阳性但又必须使用者，则可采用小剂量、短间隔、多次注射的方法进行脱敏治疗。其机制可能是小剂量变应原进入体内与少数致敏肥大细胞或嗜碱性粒细胞上的 IgE 结合后，释放的活性介质较少，不足以引起明显的临床症状，并能及时被体内的某些物质灭活，经过短时间内反复多次注射，可使体内致敏的肥大细胞或嗜碱性粒细胞分期分批脱敏，以致最终全部解除致敏状态。当再次注入治疗剂量的异种免疫血清，就不会发生过敏反应。但此种脱敏是暂时的，经一定时间后机体又可重新被致敏。

2. 特异性变应原脱敏疗法　对已查明但难以避免接触的变应原如花粉、尘螨等，可采用小剂量、间隔较长时间、反复多次皮下注射的方法进行脱敏治疗。其作用机制是：①通过改变抗原进入途径，诱导机体产生大量特异性 IgG 或 IgA 类抗体，降低 IgE 抗体应答；② IgG 类抗体与相应变应原结合，阻断变应原与致敏靶细胞上的 IgE 结合，因此这种 IgG 抗体又称封闭抗体；③诱导特异性 Treg 细胞（调节性 T 细胞）产生免疫耐受；④诱导 Th2 型应答转向 Th1 型应答，减少 IgE 类抗体的产生。

（三）药物防治

对已发病者需要及时用药物治疗,下述药物分别作用于Ⅰ型超敏反应的各个环节。

1. 抑制生物活性介质合成和释放的药物 阿司匹林为环氧合酶抑制剂,可抑制 PGD_2 等介质生成;色甘酸钠可稳定肥大细胞膜,防止脱颗粒,阻止介质释放。

2. 拮抗活性介质作用的药物 苯海拉明、氯苯那敏、异丙嗪等抗组胺药物可通过与组胺竞争结合效应器官细胞膜上的组胺受体而发挥抗组胺作用。

3. 改善效应器官反应性的药物 肾上腺素不仅可解除支气管平滑肌痉挛和减少腺体分泌,还可使外周毛细血管收缩,升高血压,因此在抢救过敏性休克时具有重要作用。葡萄糖酸钙、氯化钙、维生素 C 等除可解痉外,还能降低毛细血管通透性和减轻皮肤与黏膜反应。

知识链接

免疫生物疗法

根据 IgE 介导Ⅰ型超敏反应和细胞因子调控 IgE 产生的机制,近年来提出了一些治疗Ⅰ型超敏反应的免疫生物方法,包括:①应用抗 IL-5 抗体抑制 IL-5 的活性,临床用于治疗高嗜酸性粒细胞综合征,也用于治疗哮喘;②用人源化抗 IgE 单克隆抗体,抑制肥大细胞和嗜碱性粒细胞释放介质,治疗持续性哮喘;③将 IL-12 等 Th1 型细胞因子与变应原共同使用,可使 Th2 型免疫应答向 Th1 型转换,减少 IgE 的产生;④将编码变应原的基因和 DNA 载体重组制成 DNA 疫苗进行接种,有助于诱导 Th1 型应答。

点滴积累

1. 诱导Ⅰ型超敏反应的变应原有食物、花粉、药物、螨虫等。
2. 介导Ⅰ型超敏反应的抗体为 IgE。
3. 常见疾病有过敏性休克、过敏性哮喘、过敏性胃肠炎、荨麻疹等。
4. 查明变应原,避免接触是预防Ⅰ型超敏反应的最有效方法。

第二节 Ⅱ型超敏反应

Ⅱ型超敏反应又称为细胞毒型或细胞溶解型超敏反应,是由 IgG 或 IgM 类抗体与靶细胞表面的相应抗原结合后,在补体、吞噬细胞及 NK 细胞参与下,引起的以细胞溶解或组织损伤为主的病理性免疫反应。

一、发生机制

（一）诱导 Ⅱ 型超敏反应的抗原

1. **同种异型抗原**　如 ABO 血型抗原、Rh 抗原、HLA 抗原。

2. **异嗜性抗原**　如链球菌细胞壁的成分与心脏瓣膜、关节组织之间的共同抗原。

3. **修饰改变的自身抗原**　如微生物感染、电离辐射、药物等因素导致改变的自身组织细胞抗原。

4. **吸附于细胞表面的外来抗原或半抗原**　如某些药物作为半抗原吸附于血细胞表面。这些抗原刺激机体产生 IgG 或 IgM。

（二）参与 Ⅱ 型超敏反应的抗体

参与 Ⅱ 型超敏反应的抗体主要是 IgG 和 IgM。

（三）发生过程

抗体与细胞膜上的相应抗原结合后，可经补体激活后的溶细胞作用、吞噬细胞的调理吞噬、NK 细胞的 ADCC 作用杀伤靶细胞（图 11-2）。

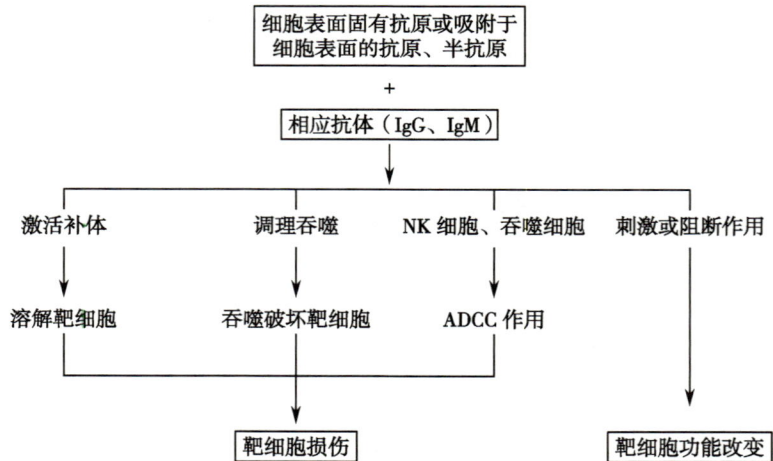

图 11-2　Ⅱ 型超敏反应发生机制示意图

二、临床常见疾病

（一）输血反应

一般发生于 ABO 血型不合的输血。供血者红细胞表面的血型抗原与受血者血清中的抗体结合后，激活补体，导致红细胞溶解，发生输血反应。因为血型抗体属于 IgM，天然存在于人的血清中，所以第一次血型不合的输血就能发生输血反应。反复输血可诱导机体产生抗白细胞或抗血小板抗体，引起非溶血性输血反应。

案例：李某某，男，28 岁。因外伤失血过多，需输血治疗。当时查验患者的血型为 A 型，随后输入 A 型血 200ml。几分钟后，患者突然头痛、恶心、呕吐、呼吸困难、血压急剧下降，脉搏 110 次 /min。主治医师考虑患者可能为错误输血，立即停止输血，并进行抗休克、输液、利尿、碱化尿液、纠正水和电解质平衡等治疗，患者逐渐恢复。经复查，患者的血型为 B 型，出现错误的原因是值班护士送错了标本。患者输入 A 型血后发生了什么疾病？这种疾病的发生机制是什么？

分析：患者血型为 B 型，却输入了 A 型血，引起了输血反应，此为 Ⅱ 型超敏反应性疾病。在临床上，患者无小事，责任大过天。要增强医护人员责任心，严格遵守操作规程，以杜绝此类事情的发生。

（二）新生儿溶血症

由母子之间 ABO 血型不符引发的新生儿溶血症较多见，但症状往往较轻。由母子间 Rh 血型不合引发的新生儿溶血症较少见，但症状往往较严重。血型为 Rh^- 的母亲由于输血、流产或分娩等原因，受到 Rh^+ 红细胞的刺激而产生 IgG 类 Rh 抗体，当她妊娠或再次妊娠，且胎儿的血型为 Rh^+ 时，母体内的 Rh 抗体可通过胎盘进入胎儿体内，与其红细胞结合导致细胞溶解，引起流产、死胎或发生新生儿溶血症。

（三）药物过敏性血细胞减少症

临床上，不少药物如青霉素、磺胺、奎尼丁等作为半抗原与血细胞膜蛋白结合，成为完全抗原，从而刺激机体产生针对药物的特异性抗体。这种抗体与结合药物的红细胞、粒细胞和血小板作用，引起药物性溶血性贫血、粒细胞减少症或血小板减少性紫癜。

> **课堂活动**
> 你知道如何预防新生儿溶血症吗？

（四）自身免疫性溶血性贫血

服用甲基多巴类药物，或某些病毒如流感病毒、EB 病毒感染机体后，可使红细胞膜表面的成分发生改变，从而刺激机体产生相应的抗体。这种抗体与改变的红细胞表面成分特异性结合，激活补体，溶解红细胞，引起自身免疫性溶血性贫血。

（五）肺出血 - 肾炎综合征（pulmonary-renal syndrome）

患者可产生针对肺泡和肾小球基底膜的 IgG 类抗体，该自身抗体与肺泡基底膜和肾小球基底膜结合，通过激活补体或调理吞噬作用，导致肺出血和肾炎。其机制可能是病毒、药物、有机溶剂等损伤肺泡基底膜，诱导产生自身抗体。

（六）其他

某些抗细胞表面受体的自身抗体与受体结合后并不引起细胞溶解，而是导致受体相关的细胞功能紊乱。例如抗促甲状腺激素（TSH）受体的 IgG 类自身抗体能高亲和力结合 TSH 受体，刺激甲状腺细胞持续分泌大量甲状腺素，引起毒性弥漫性甲状腺肿（Graves 病）。抗乙酰胆碱受体的自身抗体与该受体结合，干扰乙酰胆碱的作用，减少受体的数量，从而导致重症肌无力。

> **点滴积累**
>
> 1. 诱导Ⅱ型超敏反应的抗原是细胞性抗原。
> 2. 介导Ⅱ型超敏反应的抗体主要为 IgG 或 IgM。
> 3. Ⅱ型超敏反应本质上是抗体介导的，引起以细胞溶解或组织损伤为主的病理性免疫反应，发作较快。
> 4. 常见的Ⅱ型超敏反应性疾病有输血反应、新生儿溶血症、毒性弥漫性甲状腺肿等。

第三节　Ⅲ型超敏反应

Ⅲ型超敏反应又称为免疫复合物型或血管炎型超敏反应，是由抗原与抗体结合形成中等大小的可溶性免疫复合物沉积于局部或全身多处毛细血管基底膜后，激活补体，并在中性粒细胞、血小板、嗜碱性粒细胞等效应细胞的参与下，引起以充血水肿、局部坏死和中性粒细胞浸润为主要特征的炎症反应和组织损伤。

一、发生机制

（一）中等大小可溶性免疫复合物的形成

抗原抗体结合形成的复合物又称为免疫复合物，当可溶性抗原持续在体内存在时（如持续链球菌感染、自身抗原），刺激机体产生抗体 IgG、IgM 或 IgA。当抗原量略多于抗体量时，抗原与相应抗体特异性结合，形成中等大小的可溶性免疫复合物（约 1 000kD），其既不易被吞噬细胞吞噬清除，也不易通过肾小球滤过排出，则长期存在于血液循环中。

（二）中等大小可溶性免疫复合物的沉积

当免疫复合物随血流经过一些毛细血管迂回曲折、血流缓慢、血管内高压的部位如肾小球、关节滑膜时，在一定条件下沉积在毛细血管基底膜上。

（三）免疫复合物沉积引起的组织损伤

免疫复合物沉积在血管基底膜即可激活补体，产生补体裂解片段 C3a、C5a 等，吸引中性粒细胞到达免疫复合物所在部位，吞噬免疫复合物，释放溶酶体酶，使组织损伤。这是病变的主要机制。C3a、C5a 与肥大细胞、嗜碱性粒细胞上的 C3a 和 C5a 受体结合，使其脱颗粒，释放组胺等活性介质，致使毛细血管扩张，血管通透性增加，组织水肿。活化的肥大细胞、嗜碱性粒细胞释放的血小板活化因子可损伤组织，使局部血小板聚集、激活，形成微血栓，导致局部组织出血、坏死，加重组织损伤。血小板活化释放的血管活性胺类物质可以进一步加重水肿（图 11-3）。

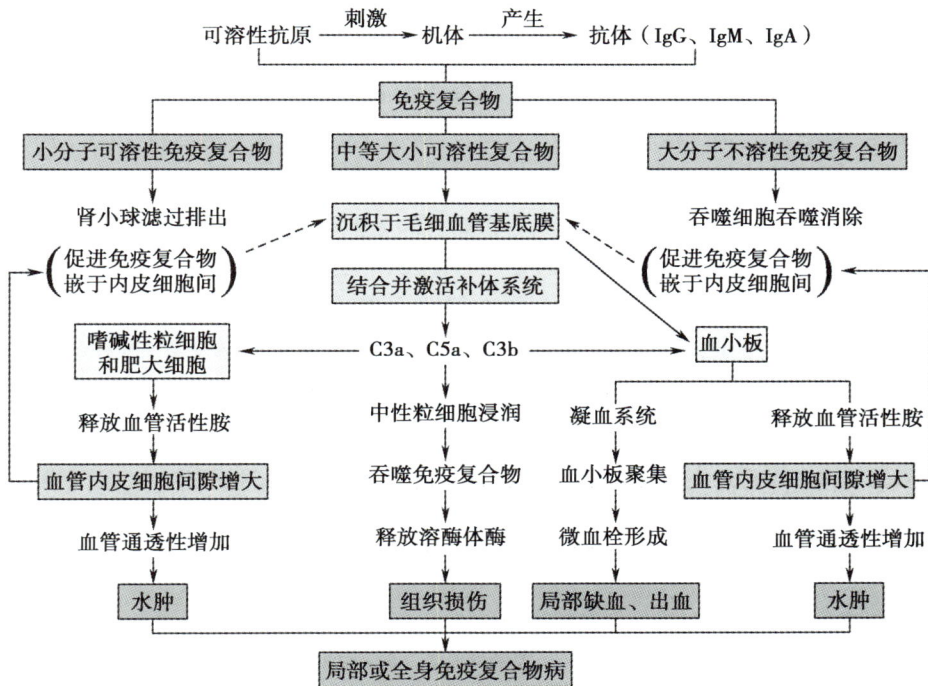

图 11-3 Ⅲ型超敏反应发生机制示意图

二、临床常见疾病

(一) 局部免疫复合物病

1. Arthus 反应 是实验性局部Ⅲ型超敏反应。用马血清经皮下免疫家兔数周后,再次重复注射同样血清后会在注射局部出现红肿、出血和坏死等剧烈炎症反应。其机制是马血清反复免疫可诱导机体产生大量抗体,再次注射马血清后,血中的抗体与局部抗原在血管壁相遇,结合形成免疫复合物并沉积,引起局部血管炎。

2. 类 Arthus 反应 胰岛素依赖型糖尿病患者局部反复注射胰岛素后可刺激机体产生抗胰岛素的 IgG 类抗体,若再次注射胰岛素,在注射局部出现红肿、出血和坏死等类似于 Arthus 反应的炎症反应。长期吸入抗原性粉尘、真菌孢子等,再次吸入相同抗原后也能在肺泡间形成免疫复合物,引起过敏性肺泡炎。

(二) 全身免疫复合物病

1. 血清病 机体初次注射大量异种动物血清(如含破伤风抗毒素的马血清)1~2 周后,可出现发热、淋巴结肿大、关节肿痛、皮疹和一过性蛋白尿等症状,称为血清病。这是患者体内新产生的针对抗毒素的抗体与大量未排出的抗毒素结合形成大量中等大小的免疫复合物所致。血清病具有自限性,停止注射抗毒素后症状可自行消退。长期应用大剂量青霉素、磺胺等药物也可出现类似症状。

案例：患者，女，48岁，因痰中带血约14天入院。自述入院前曾行支气管镜及细针穿刺活检术，术后出现发热，最高达38℃，自行服用抗生素治疗。入院后，检查发现白细胞为$14.52×10^9$/L，中性粒细胞为$10.86×10^9$/L，体温38℃，青霉素皮试阳性，遂给予莫西沙星抗炎治疗。用药3天后，患者仍持续发热，最高达39.2℃，自诉咽喉部肿痛，查体示扁桃体Ⅱ°肿大，后改用亚胺培南/西司他丁，用药6天后体温逐渐降至正常，咽部疼痛好转，复查血常规：白细胞为$11×10^9$/L，中性粒细胞为$5.64×10^9$/L。应用亚胺培南/西司他丁第8天，患者再次出现发热，最高达39℃，复查血常规：白细胞为$7.84×10^9$/L，中性粒细胞为$3.16×10^9$/L，继续用药2天，患者体温始终波动在39℃左右。给予停用亚胺培南/西司他丁，2天后体温恢复正常。该患者患了什么疾病？这种疾病的发生机制是什么？

分析：梳理患者发热后使用亚胺培南/西司他丁治疗的过程：应用6天后体温降至正常，到第8天时患者再次发热，这时血常规已经恢复正常，应用到第10天还是发热，而停用亚胺培南/西司他丁后2天体温恢复正常。发现感染控制后，患者反而再次发热，而停用药物后，体温反而恢复正常。因此，考虑患者可能是发生了应用药物后引起的血清病样反应。这种疾病的发生机制主要是Ⅲ型超敏反应。

2. 链球菌感染后的肾小球肾炎　少数患者感染乙型溶血性链球菌后的2~3周可出现急性肾小球肾炎的症状，这是由于乙型溶血性链球菌的可溶性抗原与由其诱导产生的抗体结合形成中等大小的免疫复合物，沉积在肾小球基底膜所致。免疫复合物型肾小球肾炎也可在其他病原微生物如葡萄球菌、肺炎球菌、乙型肝炎病毒或疟原虫感染后发生。

3. 系统性红斑狼疮　系统性红斑狼疮（systemic lupus erythematosus，SLE）患者体内会出现多种自身抗体，其与体内的自身成分结合形成中等大小的可溶性免疫复合物，反复沉积于肾小球、关节、皮肤和其他多种器官的毛细血管壁基底膜，导致组织损伤，表现为全身多器官病变。

点滴积累

1. 诱导Ⅲ型超敏反应的抗原为可溶性抗原。
2. 介导Ⅲ型超敏反应的抗体主要为IgG或IgM。
3. Ⅲ型超敏反应的发生机制为中等大小的可溶性免疫复合物沉积在局部或全身多处毛细血管基底膜后激活补体，在中性粒细胞等效应细胞的参与下，发生炎症反应和组织损伤。
4. 常见的Ⅲ型超敏反应性疾病有Arthus反应、血清病、链球菌感染后的肾小球肾炎等。

第四节　Ⅳ型超敏反应

Ⅳ型超敏反应又称迟发型超敏反应（delayed type hypersensitivity，DTH），是T细胞介导的病理性免疫应答，没有抗体和补体的参与。效应T细胞与特异性抗原结合后，引起以单个核细胞浸润和组织损伤为主要特征的炎症反应。DTH 发生较慢,通常在再次接触抗原后的 24~72 小时出现。

一、发生机制

(一)效应 T 细胞的形成

引起Ⅳ型超敏反应的抗原主要有胞内寄生菌如结核分枝杆菌、伤寒沙门菌及病毒、寄生虫和化学物质等。这些物质经抗原提呈细胞(APC)摄取加工处理成抗原肽,形成抗原肽 -MHC Ⅱ/Ⅰ类分子复合物,表达于 APC 表面,分别将抗原肽提呈给 CD4[+] 和 CD8[+]T 细胞,使之活化、增殖、分化为效应 CD4[+]Th1 细胞和 CD8[+]CTL 细胞(图 11-4)。

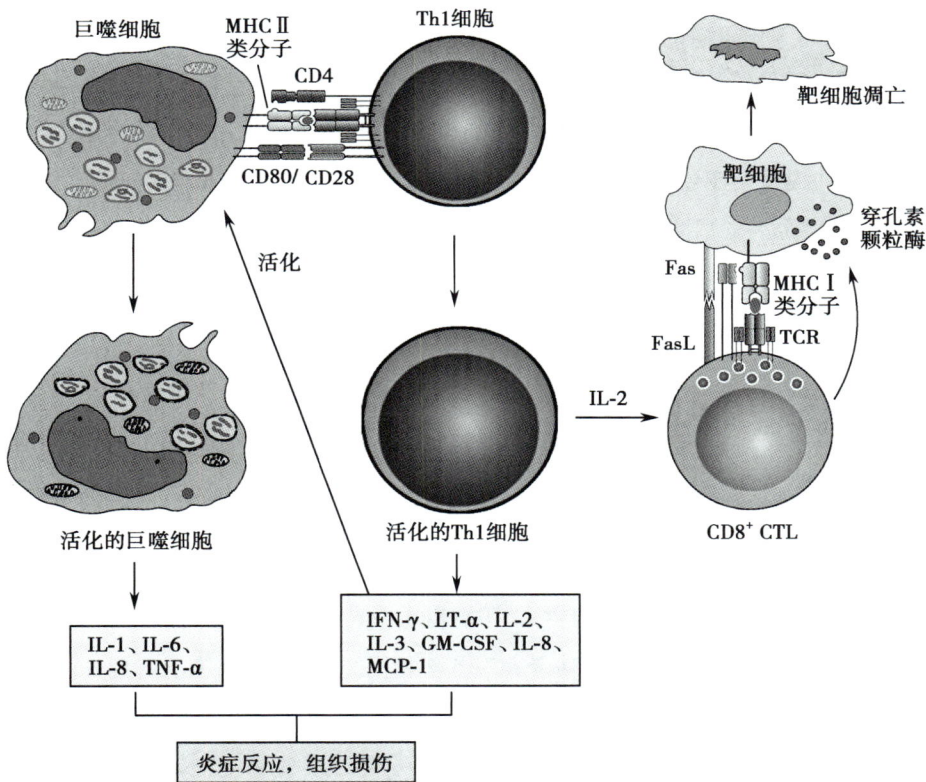

图 11-4　Ⅳ型超敏反应发生机制示意图

(二)效应 T 细胞引起的炎症反应和细胞毒作用

1. CD4[+]Th1 细胞介导的炎症反应和组织损伤　CD4[+]Th1 细胞再次与抗原提呈细胞表面抗原作用后,可通过释放多种细胞因子,如 IFN-γ、TNF-α、趋化因子 MCP-1 等,产生以单核细胞和淋巴细胞浸润为主的免疫损伤反应。TNF-α、MCP-1 可以吸引单个核细胞(淋巴细胞、单核细胞和巨噬细胞)聚集在抗原部位,引起组织损伤;IFN-γ 和 TNF-α 可使巨噬细胞活化,进一步释放促炎症细胞因子 IL-1 和 IL-6 等加重炎症反应。抗原激活的 Th17 细胞产生的 IL-17 可募集单核细胞和中性粒细胞到达抗原部位参与组织损伤。

2. CTL 介导的细胞毒作用 效应 CTL 与靶细胞相互作用后被活化,通过释放穿孔素和颗粒酶(丝氨酸蛋白酶)等使靶细胞溶解或凋亡;或通过其表面的 FasL 与靶细胞表面的 Fas 结合,导致靶细胞凋亡。

二、临床常见疾病

1. 感染性迟发型超敏反应 多发生于胞内寄生病原体引起的感染,如结核分枝杆菌和某些原虫感染等。胞内感染结核分枝杆菌的巨噬细胞在 Th1 细胞释放的 IFN-γ 作用下被活化,可将胞内结核分枝杆菌杀死。如果结核分枝杆菌抵抗活化巨噬细胞的杀伤效应,则可发展为慢性感染,形成肉芽肿。肉芽肿的中央是由巨噬细胞融合所形成的巨细胞,外围包绕大量 T 细胞和成纤维细胞,在缺氧和巨噬细胞及 T 细胞的细胞毒作用下,可导致干酪样坏死。

2. 接触性皮炎 是较为常见的Ⅳ型超敏反应。一些小分子的化学物质,如化妆品、油漆、染料、农药和某些药物(磺胺和青霉素)等首次与皮肤接触后,可与表皮内的角蛋白结合成完全抗原,经朗格汉斯细胞摄取并提呈给 T 细胞,使之活化、分化为效应性和记忆性 Th1 和 Th17。如果机体再次接触相应抗原,就会激活记忆性 T 细胞,诱发Ⅳ型超敏反应,引起皮肤局部红肿、皮疹和水疱等皮炎症状,严重者可发生皮肤剥脱。某些植物毒素也会引起同样的症状。

此外,器官移植排斥反应与迟发型超敏反应也有关。

三、防治原则

1. 明确变应原,避免接触 明确变应原后杜绝接触是最有效的预防方法。目前常用斑贴试验、皮内试验或皮肤划痕试验确定变应原。

2. 治疗原则 治疗以免疫抑制剂为主,常用糖皮质激素、他克莫司等。

超敏反应性疾病的发生机制复杂,临床表现各不相同。因此,在临床上遇到具体病例时,应结合具体情况进行分析判断。同一变应原在不同条件下可诱发不同类型的超敏反应。例如,青霉素所致的超敏反应通常以过敏性休克、荨麻疹、哮喘等Ⅰ型超敏反应为主;长期大剂量静脉注射青霉素还可引起溶血性贫血等Ⅱ型超敏反应;与血清蛋白结合可能出现Ⅲ型超敏反应;若反复多次局部涂抹,则可引起Ⅳ型超敏反应。同一种疾病可由不同类型超敏反应引起,如链球菌感染后的肾小球肾炎可通过Ⅱ型或Ⅲ型超敏反应引起。Ⅰ、Ⅱ、Ⅲ和Ⅳ型四种类型超敏反应的比较见表 11-1。

表 11-1 四种类型超敏反应的比较

项目	Ⅰ型	Ⅱ型	Ⅲ型	Ⅳ型
别名	速发型	细胞溶解型、细胞毒型	免疫复合物型、血管炎型	迟发型
特点	发生快,消失也快,个体差异明显	抗原在细胞膜上	中等大小免疫复合物沉积	发生迟,消失也慢

项目	Ⅰ型	Ⅱ型	Ⅲ型	Ⅳ型
抗原	可溶性抗原	细胞性抗原	可溶性抗原	可溶性抗原或细胞性抗原
抗体或效应T细胞	IgE	IgG、IgM	IgG、IgM	Th1、Th17、CTL
有无补体参与	无	有	有	无
效应机制	变应原与结合在肥大细胞或嗜碱性粒细胞上的IgE结合并交联,使细胞释放活性介质,引起平滑肌收缩、血管扩张通透性增强、黏膜腺体分泌增加	抗体与细胞表面抗原结合,通过激活补体、调理吞噬和ADCC破坏细胞	抗原抗体复合物沉积组织中,通过活化补体、中性粒细胞积聚和活化血小板导致血管炎症性组织损伤	Th1细胞释放细胞因子活化CTL和巨噬细胞,导致局部组织损伤;CTL也可直接识别和杀伤靶细胞
临床常见疾病	过敏性休克、过敏性哮喘、过敏性鼻炎、过敏性胃肠炎、荨麻疹等	输血反应、新生儿溶血症、药物过敏性血细胞减少症、自身免疫性溶血性贫血等	Arthus反应、血清病、链球菌感染后的肾小球肾炎等	感染性迟发型超敏反应、接触性皮炎等

点滴积累

1. 诱导Ⅳ型超敏反应的抗原主要为细胞内寄生的细菌、病毒、寄生虫等。
2. Ⅳ型超敏反应是T细胞介导的免疫应答,无抗体和补体参加。
3. Ⅳ型超敏反应组织损伤的特征是单个核细胞浸润为主的炎症反应。
4. 临床常见疾病有感染性迟发型超敏反应和接触性皮炎等。

目标检测

简答题

1. 青霉素引起的过敏性休克属于哪一型超敏反应?其发生机制如何?
2. 简述药物过敏性血细胞减少症的发生机制。
3. 在Ⅱ型和Ⅲ型超敏反应发生过程中,其参与成分有何异同?

(张佳伦)

ER 11-2

第十一章
超敏反应
(习题)

ER 11-3

第十一章
超敏反应
(思维导图)

第十二章　免疫学应用

学习目标

1. **掌握**　疫苗的概念、常用疫苗、人工自动免疫和人工被动免疫特点。
2. **熟悉**　免疫治疗的方法。
3. **了解**　免疫学检测的方法及原理。

导学情景

情景描述：

　　预防接种工作是卫生事业成效最为显著、影响最为广泛的工作之一，也是各国预防控制传染病最主要的手段。通过预防接种，全球已经成功消灭了天花；大多数国家和地区已经实现无脊髓灰质炎病毒传播；全球因白喉、百日咳、破伤风和麻疹导致的发病率、致残率与死亡率也显著下降。

　　我国自 1978 年开始实施免疫规划以来，通过普及儿童免疫，减少了麻疹、百日咳、白喉、脊髓灰质炎、结核、破伤风等疾病的发病和患者死亡。2000 年我国实现了无脊髓灰质炎的目标。实施乙肝疫苗接种后，<5 岁儿童的乙肝病毒表面抗原携带率已降至 0.3% 左右，因接种疫苗显著减少了乙肝病毒慢性感染者数量。乙脑、流脑等发病人数降至历史最低水平。

学前导语：

　　免疫学理论和技术在疾病的诊断和防治方面已得到广泛应用，取得了卓著的成效。新型疫苗、免疫治疗新技术、免疫诊断新试剂的研究方兴未艾，有着广阔的应用前景。本章主要介绍常见的免疫学防治方法和常见的免疫学检测技术。

　　应用免疫学理论和技术对疾病进行预防和治疗具有悠久的历史，并取得了卓越的成效。新型疫苗和新的免疫学治疗方法的研究有着广阔的应用前景。

第一节　免疫预防

　　免疫预防（immunoprophylaxis）是采用人工的方法将抗原或抗体制备成各种制剂，接种于人体使其产生特异性免疫功能，达到预防疾病的目的。特异性免疫的获得方式如图 12-1 所示。人工免疫是人为地使机体获得特异性免疫，是免疫预防的重要手段，包括人工主动免疫（artificial active immunization）和人工被动免疫（artificial passive immunization）。人工主动免疫和人工被动免疫特点见表 12-1。

```
                        ┌─ 被动免疫：通过胎盘和母乳获得。
               ┌─ 自然免疫┤
               │         └─ 主动免疫：病原体感染后建立的免疫。
特异性免疫 ┤
               │         ┌─ 人工被动免疫：注射特异性抗体。
               └─ 人工免疫┤
                        └─ 人工主动免疫：接种疫苗或类毒素等抗原。
```

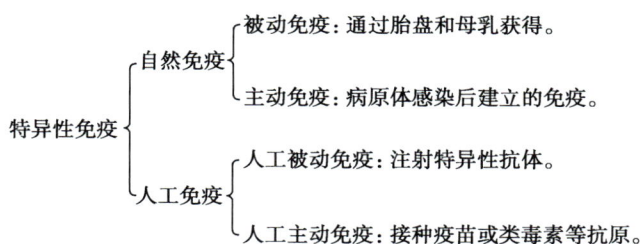

图 12-1　特异性免疫的获得方式

表 12-1　人工主动免疫和人工被动免疫的特点

项目	人工主动免疫	人工被动免疫
接种物质	抗原	抗体
接种次数	1~3 次	1 次
生效时间	2~3 周	立即
维持时间	数月~数年	2~3 周
主要用途	预防	治疗和紧急预防

一、人工主动免疫

人工主动免疫是指用人工的方法给机体输入疫苗、类毒素等抗原物质,刺激机体产生特异性免疫应答以获得免疫力的方法,也称预防接种。其特点是免疫力出现较慢,但免疫力维持时间较长,故临床上多用于传染病的特异性预防。

(一) 疫苗

免疫预防的主要措施是接种疫苗。疫苗(vaccine)是接种后能使机体对特定疾病产生免疫力的生物制剂的统称。

1. 疫苗的基本要求

(1)安全:疫苗常规应用于健康人群,特别是儿童的免疫接种,直接关系到人类的健康和生命安全,因此其设计和制备均应保证安全性;各种疫苗应减少接种后的副作用,优选口服接种或尽量减少注射次数。

(2)有效:疫苗应具有很强的免疫原性,接种后能引起保护性免疫,使群体的抗感染能力增强。在疫苗设计中须考虑两个问题:一是保护性免疫是以体液免疫为主还是细胞免疫为主,或两者兼备;二是应能引起显著的免疫记忆,使保护性免疫长期维持。模拟自然感染途径接种,除引起体液免疫和细胞免疫外,还可引起黏膜免疫,抵抗经黏膜入侵的病原体。细胞因子等新型佐剂与疫苗共同使用,可以调节免疫应答的类型,增强免疫效果。

(3)实用:疫苗的可接受性十分重要,否则难以达到接种人群的覆盖率。在保证免疫效果的前提下尽量简化接种程序,如口服疫苗、多价疫苗和联合疫苗。同时要求疫苗易于保存运输,价格低廉。

2. 疫苗的种类

(1)灭活疫苗(inactivated vaccine):又称死疫苗,是选用免疫原性强的病原微生物经人工大量培养后,用物理或化学方法将其灭活而制成的。灭活疫苗稳定、易保存,不会回复突变,但其在体内不能繁殖,且为维持抗体水平,常需多次接种,用量大,注射局部或全身反应较重。常用的灭活疫苗有百日咳、伤寒、乙型脑炎疫苗等。

(2)减毒活疫苗:是用减毒或无毒的活病原微生物制成的。传统的制备方法是将病原微生物在培养基或动物细胞中反复传代,使其失去或明显降低毒力,但保留免疫原性,如卡介苗。减毒活疫苗接种后相当于隐性感染或轻症感染,病原微生物在体内有一定的繁殖能力,一般只需接种 1 次,免疫效果良好。但减毒活疫苗的稳定性差,不易保存,且在体内存在回复突变的危险。免疫缺陷者和孕妇一般不宜接种减毒活疫苗。常用的减毒活疫苗有麻疹疫苗、风疹疫苗、脊髓灰质炎疫苗、卡介苗等。死疫苗与减毒活疫苗的比较见表 12-2。

表 12-2　死疫苗与减毒活疫苗的比较

比较项目	死疫苗	减毒活疫苗
制剂特点	死的病原微生物	弱毒或无毒的病原微生物
接种剂量及次数	量较大,2~3 次	量小,一般 1 次
保存及有效期	易保存,较稳定,有效期约 1 年	不易保存,4℃可保存数周
免疫效果	较差,维持数月至 1 年	较好,维持 1~5 年

(3)类毒素:是用细菌的外毒素经 0.3%~0.4% 甲醛处理制成的。因类毒素已失去外毒素的毒性,但保留了免疫原性,接种后可诱导机体产生抗毒素。常用的类毒素有白喉类毒素和破伤风类毒素,这两种类毒素和百日咳死疫苗混合后制成百白破三联疫苗。

(4)亚单位疫苗:是去除病原体中与激发保护性免疫无关的成分,保留有效免疫成分而制成的疫苗。如提取百日咳杆菌的丝状血凝素等保护性抗原成分,制成无细胞百日咳疫苗,因该疫苗内的毒素含量仅为全菌体疫苗的 1/2 000,故副作用明显减少而保护效果相同,可见亚单位疫苗的毒性显著低于全菌疫苗。又因其不含核酸,从而避免了某些病毒核酸致癌的风险。

(5)合成肽疫苗:根据有效免疫原的氨基酸序列,设计合成的免疫原性多肽,将其结合到载体上,再加入佐剂制成的制剂,称为合成肽疫苗。合成肽疫苗可制成多价疫苗,也可同时诱导体液免疫和细胞免疫,有良好的免疫效果。目前,研究较多的主要是抗病毒感染和抗肿瘤的合成肽疫苗。

(6)结合疫苗:是将细菌荚膜多糖成分化学连接于白喉类毒素,为细菌荚膜多糖提供了蛋白质载体,使其成为胸腺依赖性抗原。细菌荚膜多糖疫苗虽早已应用,但因属于胸腺非依赖性抗原,只能刺激机体产生 IgM 类抗体,且不产生记忆细胞,免疫效果较差,而结合疫苗则能引起 T 细胞、B 细胞的联合识别,产生 IgG 抗体,明显提高免疫效果。目前已获准使用的结合疫苗有 B 型流感嗜血杆菌疫苗、脑膜炎球菌疫苗和肺炎球菌疫苗等。

（7）DNA疫苗：是用编码病原体的有效免疫原基因与细菌质粒构建的重组体，直接注入机体，通过宿主细胞的翻译系统表达目的抗原，从而诱导机体产生适应性免疫。除感染性疾病外，肿瘤的DNA疫苗也在研制中。DNA疫苗在体内可持续表达，免疫效果好，维持时间长，是疫苗发展的方向之一。

（8）转基因植物疫苗：用转基因方法将编码有效免疫原的基因导入可食用植物细胞的基因组中，免疫原即可在植物的可食用部分稳定的表达和积累，人和动物通过摄食达到免疫接种的目的。常用的植物有番茄、马铃薯、香蕉等。此类疫苗尚在初期研制阶段，具有可口服、易被儿童接受和价廉等优点。

（9）mRNA疫苗：是具有免疫性、安全性及灵活性的基因疫苗，相比传统疫苗、mRNA疫苗能够刺激免疫系统产生平衡、长效的保护，从而达到预防流行病及抗肿瘤等作用。部分mRNA疫苗本身具有疫苗佐剂的特性，通过产生多种细胞因子等不同方式刺激免疫系统，增强免疫机体反应能力，缩短免疫应答时间，加大抗体合成释放能力，在新型疫苗制备具有极大的应用价值。

3. 佐剂　作为非特异性免疫增强剂，佐剂可显著增强疫苗接种后的免疫效应或改变免疫应答的类型。新型疫苗的发展，不仅依赖于新型疫苗种类和设计策略，还依赖于佐剂的发展和创新。传统的减毒活疫苗和灭活疫苗由于具有很好的免疫原性而无须佐剂辅助。而亚单位疫苗、DNA疫苗、合成肽疫苗等新型疫苗免疫原性有限，需要辅以佐剂才能发挥长期有效的保护作用。佐剂可以增强并延长疫苗诱导的免疫应答，减少疫苗中抗原用量和接种次数，提高疫苗在新生儿、老年人以及其他免疫功能低下人群中的免疫效能。

（二）疫苗的应用

随着科学技术的进步，疫苗的应用领域在不断扩大，已从传染病预防发展到许多非传染病治疗领域。疫苗既可以预防疾病，也可以通过调整机体的免疫功能达到治疗疾病的目的。

1. 抗感染和国家免疫规划　国家免疫规划是指按照国家确定的疫苗品种、免疫程序或者接种方案，在人群中有计划地进行疫苗预防接种，以预防和控制特定传染病的发生和流行。我国从1978年开始实施国家免疫规划以来，通过普及儿童免疫，减少了麻疹、结核、百日咳、白喉、破伤风等疾病的发病和死亡。2000年，我国实现了无脊髓灰质炎目标。实施乙肝疫苗接种后，<5岁儿童的乙肝病毒表面抗原携带率降至2024年的0.3%左右。除了国家免疫规划疫苗，还有儿童或成人自愿自费接种的抗感染疫苗，如流感疫苗、轮状病毒疫苗、肠道病毒71型灭活疫苗等，分别用来预防流行性感冒、轮状病毒感染、手足口病等疾病。

不同疫苗的接种途径、接种剂量和接种对象年龄都有所不同，严格按照免疫程序接种，才能有效控制传染病。我国儿童免疫规划的疫苗种类有卡介苗、百白破、三价脊髓灰质炎疫苗、麻疹疫苗和乙肝疫苗等（表12-3）。

表 12-3　国家免疫规划疫苗儿童免疫程序表(2021 年版)

疫苗种类	英文缩写	接种年龄														
		出生时	1月	2月	3月	4月	5月	6月	8月	9月	18月	2岁	3岁	4岁	5岁	6岁
乙肝疫苗	HepB	1	2					3								
卡介苗	BCG	1														
脊灰灭活疫苗	IPV			1	2											
脊灰减毒活疫苗	bOPV					3								4		
百白破疫苗	DTaP				1	2	3				4					5
麻腮风疫苗	MMR								1		2					
乙脑减毒活疫苗	JE-L								1			2				
乙脑灭活疫苗	JE-I								1、2			3				4
A群流脑多糖疫苗	MPSV-A							1		2						
A群C群流脑多糖疫苗	MPSV-AC												3			4
甲肝减毒活疫苗	HepA-L										1					
甲肝灭活疫苗	HepA-I										1	2				

　　注：1. 选择乙脑减毒活疫苗接种时，采用两剂次接种程序。选择乙脑灭活疫苗接种时，采用四剂次接种程序。乙脑灭活疫苗第 1、2 剂间隔 7~10 天。

　　2. 选择甲肝减毒活疫苗接种时，采用一剂次接种程序。选择甲肝灭活疫苗接种时，采用两剂次接种程序。

疫苗接种注意事项有以下几点。①接种对象：凡免疫功能低下、与病原体接触机会多、疾病危害大、流行地区的易感者均应接种。②接种剂量、次数与间隔：死疫苗接种量大，接种 2~3 次，每次间隔 7~10 天。活疫苗一般只接种 1 次。类毒素接种 2 次，每次间隔需 4~6 周。③接种途径：灭活疫苗多皮下注射，活疫苗可皮内注射、皮上划痕和自然途径接种，脊髓灰质炎疫苗以口服为佳。④接种后反应：常于接种后 24 小时发生，表现为局部红肿、疼痛、淋巴结肿大。全身可出现短时间发热、头痛、恶心等。一般症状较轻，1~2 天后即恢复正常，个别反应较剧烈，甚至出现过敏性休克、接种后脑炎等，应予注意。⑤禁忌证：凡高热、严重心血管疾病、急性传染病、恶性肿瘤、甲亢、活动性肺结核、糖尿病和免疫缺陷病等患者，均不宜接种疫苗，以免病情恶化。为防止流产或早产，孕妇应暂缓接种。

2. 抗肿瘤　一些病原微生物的感染与肿瘤的发生密切相关，这些微生物的疫苗可被视作是肿瘤疫苗。如 EB 病毒疫苗可预防鼻咽癌，人乳头瘤病毒疫苗可预防宫颈癌。治疗性疫苗是根据肿瘤免疫学理论，以增强机体的抗肿瘤免疫应答或直接杀伤肿瘤细胞达到治疗目的的疫苗，包括肿瘤抗原疫苗和肿瘤抗原荷载的树突状细胞疫苗等。

3. 避孕疫苗　免疫避孕疫苗的发展在计划生育及控制人口方面具有重要意义。人绒毛膜促性腺激素（human chorionic gonadotropin，HCG）是由胎盘滋养层细胞分泌的糖蛋白，是维持早期妊娠的激素。用 HCG 免疫人体，产生抗 HCG 抗体，可以切断黄体营养而终止妊娠。卵透明带（zona pellucida，ZP）的 ZP3 是卵子表面的一种糖蛋白，是精卵结合的位点。在受精过程中，如果 ZP3 上的精子结合位点被抗 ZP3 抗体封闭，精子就不能与之结合，从而达到避孕的目的。

4. 自身免疫病的治疗性疫苗　自身免疫病（autoimmune disease，AID）的发生与体内自身反应性 T/B 细胞的异常活化有关。此外，AID 发病机制还涉及细胞因子的过量表达，其在 AID 诱导、调节和加重过程中起着重要作用。以细胞因子为靶点的单克隆抗体已开始应用于 AID 的临床治疗。阻断 TNF-α 的作用对改善类风湿关节炎的显著效果已通过抗 TNF-α 单克隆抗体的被动免疫疗法得到证实。基于与胰岛素依赖型糖尿病（insulin-dependent diabetes mellitus，IDDM）自身抗原相似性设计的特异多肽疫苗用于免疫小鼠，能显著地诱导针对胰岛的特异 T 细胞产生 Th2 型细胞因子，并增加 Treg 细胞的数量和活性，以逆转 IDDM 达到治疗目的。

知识链接

疫苗可预防癌症

1. 乙肝疫苗　原发性肝细胞癌是一种发病率较高的恶性肿瘤，恶性度高，5 年存活率很低，主要病因是乙型肝炎病毒持续性感染。从临床上看，绝大多数肝癌患者的疾病过程是感染乙型肝炎病毒后，先是慢性肝炎，然后逐渐肝纤维化，再发展为肝硬化，最后发生肝癌。接种乙肝疫苗可以安全有效地预防乙型肝炎病毒感染。预防了乙型肝炎，也就预防了由乙型肝炎病毒感染导致的肝硬化和肝癌。

我国当前 20 岁以下的青少年由于在刚出生时普遍接种了乙肝疫苗，能有效预防乙肝病毒感染，他们中年以后，患慢性乙型肝炎、肝硬化、肝癌的概率就会微乎其微。从这个意义上说，乙肝疫苗也是肝癌疫苗。

2. 宫颈癌疫苗　我国于 2016 年 7 月批准了宫颈癌疫苗上市使用。早有科学研究证实，绝大部分宫颈癌是由人乳头瘤病毒长期感染所致。虽然这种病毒感染本身并不直接引起人体的严重损伤,但其中的几种亚型病毒持续性感染会诱发癌症发生。

接种疫苗获得免疫保护的女性,可避免所针对的几种主要亚型病毒的持续性感染,基本可以免除患宫颈癌之忧,也不必频繁地进行宫颈癌筛查。虽说这种疫苗是特异性地针对病毒的,而不是针对人体癌变细胞的,但是鉴于接种的最终效果是预防宫颈癌,所以人们将这种疫苗称为肿瘤疫苗。

二、人工被动免疫

用人工的方法给机体输入含有特异性抗体的免疫血清等,可使机体获得特异性免疫力。其特点是免疫力出现快,可立即发挥效应,但维持时间较短,约 2~3 周,临床多用于治疗或紧急预防。

1. 抗毒素　是用类毒素免疫马,取其免疫血清后分离纯化而成,免疫血清中含有多克隆抗体,具有中和外毒素毒性的作用。抗毒素主要用于治疗或紧急预防外毒素所致疾病。常用的有破伤风抗毒素、白喉抗毒素等。由于抗毒素是异种动物血清,注射前应进行皮肤过敏试验,以防止出现过敏反应。

2. 抗淋巴细胞抗体　是用人外周血淋巴细胞作为抗原免疫动物后获得的针对人淋巴细胞表面抗原的多克隆抗体。将其注入人体后,在补体和吞噬细胞参与下可使淋巴细胞溶解破坏。主要用于抑制移植排斥反应,延长移植物存活时间,也可用来治疗某些自身免疫病,如肾小球肾炎等。

3. 人免疫球蛋白　从正常人血浆或健康产妇胎盘血中分离制成的免疫球蛋白浓缩剂,分别称为人血浆丙种球蛋白和胎盘丙种球蛋白。由于多数成人既往感染过脊髓灰质炎、麻疹、甲型肝炎等,血清中含有一定量的相应抗体,因此从这些人血清中提取的人免疫球蛋白可用于脊髓灰质炎、麻疹、甲型肝炎等的治疗或紧急预防,也可用于丙种球蛋白缺乏症患者。

4. 人特异性免疫球蛋白　恢复期患者或接受类毒素和疫苗免疫者的血浆中含有高效价特异性抗体,常用于治疗过敏体质及丙种球蛋白疗效不佳的疾病。

> **点滴积累**
>
> 1. 人工主动免疫是指用人工的方法给机体输入疫苗、类毒素等抗原物质,刺激机体产生特异性免疫应答,以获得免疫力的方法。临床上多用于传染病的特异性预防。传统疫苗包括灭活疫苗、减毒活疫苗和类毒素。近年来发展的疫苗有亚单位疫苗、合成肽疫苗、DNA 基因工程疫苗及重组载体疫苗等。
> 2. 人工被动免疫是用人工的方法给机体输入含有特异性抗体的免疫血清等,使机体获得特异性免疫力。临床多用于治疗或紧急预防。常用的制剂有抗毒素、人免疫球蛋白、人特异性免疫球蛋白等。

第二节　免疫治疗

免疫治疗(immunotherapy)是指利用免疫学原理,针对疾病的发生机制,人为地干预或调整机体的免疫功能,达到治疗疾病目的所采取的措施。传统的免疫治疗按免疫增强或抑制疗法,主动或被动免疫治疗,特异或非特异免疫治疗分类,各类之间互相交叉。随着近年来生物技术的发展,已能制备多种重组细胞因子或免疫细胞用于临床治疗,这些进展更新了免疫治疗的概念。免疫治疗的基本策略是从分子、细胞和整体水平干预或调整机体的免疫功能。

一、分子治疗

分子治疗是指给机体输入分子制剂,以调节机体的免疫应答,如使用抗体、细胞因子或微生物制剂等。

(一) 分子疫苗

治疗性疫苗包括肿瘤抗原疫苗和微生物抗原疫苗。人工合成的肿瘤相关抗原多肽能激活特异性 T 细胞,诱导特异性 CTL 的抗肿瘤效应;乙型肝炎多肽疫苗同样可诱导抗病毒感染的免疫效应。

(二) 抗体

1. 多克隆抗体　是用传统方法将抗原免疫动物制备的血清制剂。包括以下两类。

(1)抗感染的免疫血清:抗毒素血清主要用于治疗和紧急预防细菌外毒素所致的疾病;人免疫球蛋白制剂主要用于治疗丙种球蛋白缺乏症和预防麻疹、传染性肝炎等。

(2)抗淋巴细胞丙种球蛋白:用人 T 细胞免疫动物制备免疫血清,再从免疫血清中分离纯化免疫球蛋白,将其注入人体,在补体的参与下使 T 细胞溶解破坏。该制剂主要用于器官移植受者,阻止移植排斥反应的发生,延长移植物的存活时间,也用于治疗某些自身免疫病。

2. 单克隆抗体(单抗)　目前 FDA 已批准了多个治疗性抗体,用于治疗肿瘤、自身免疫病、感染性疾病、心血管疾病和抗移植排斥等。

(1)抗细胞表面分子的单抗:这类抗体能识别表达该分子的免疫细胞,在补体的参与下使细胞溶解。如抗 CD20 单抗可选择性地破坏 B 细胞,已用于治疗 B 细胞淋巴瘤。

(2)抗细胞因子的单抗:TNF-α 是重要的炎症介质。抗 TNF-α 单抗可特异性地阻断 TNF-α 与其受体的结合,减轻炎症反应,已成功用于治疗类风湿关节炎等慢性炎症性疾病。

(3)抗体靶向治疗:用肿瘤特异性单抗为载体,将放射性核素、化疗剂以及毒素等细胞毒性物质靶向携带至肿瘤灶局部,可特异性地杀伤肿瘤细胞,而对正常细胞的损伤较轻。

(三) 细胞因子

1. 细胞因子治疗　重组细胞因子已用于肿瘤、感染、造血障碍等疾病的治疗。例如 IFN-α 对毛细胞白血病的疗效显著;G-CSF 和 GM-CSF 用于治疗各种粒细胞低下症等。

2. 细胞因子及其受体的拮抗疗法　通过抑制细胞因子的产生、阻止细胞因子与相应受体结合或阻断结合后的信号转导,拮抗细胞因子发挥生物学效应。例如重组 I 型可溶性 TNF 受体可减轻类风湿关节炎的炎症损伤,也可缓解感染性休克。

二、细胞治疗

细胞治疗是给机体输入细胞制剂,激活或增强机体的适应性免疫应答。

(一)细胞疫苗

1. 肿瘤细胞疫苗　灭活瘤苗是用自体或同种肿瘤细胞经射线、抗代谢药物等理化方法处理,抑制其生长能力,保留其免疫原性。异构瘤苗则将肿瘤细胞用过碘乙酸盐或神经氨酸酶处理,以增强瘤细胞的免疫原性。

2. 基因修饰的瘤苗　将肿瘤细胞用基因修饰方法改变其遗传性状,降低致瘤性,增强免疫原性。例如将编码 HLA 分子、共刺激分子(CD80/CD86)、细胞因子(如 IL-2、IFN-γ、GM-CSF)的基因转染肿瘤细胞,注入体内的肿瘤细胞将表达这些免疫分子,从而增强抗肿瘤效应。

3. 树突状细胞疫苗　使用肿瘤提取物抗原或肿瘤抗原多肽等体外刺激树突状细胞,或用携带肿瘤相关抗原基因的病毒载体转染树突状细胞,再输给患者,可有效激活适应性抗肿瘤的免疫应答。

(二)过继免疫细胞治疗

过继免疫细胞治疗是指自体淋巴细胞经体外激活、增殖后回输患者,直接杀伤肿瘤或激发机体的抗肿瘤免疫效应。例如肿瘤浸润淋巴细胞(tumor infiltrating lymphocyte,TIL)是从实体肿瘤组织中分离,再经体外 IL-2 诱导培养后的淋巴细胞,这些细胞能直接杀伤肿瘤细胞,与 IL-2 联合治疗某些晚期肿瘤有一定疗效。

(三)干细胞移植

干细胞是具有多种分化潜能,自我更新能力很强的细胞,在适当条件下可诱导分化为多种细胞组织。干细胞移植已经成为癌症、造血系统疾病、自身免疫病等的重要治疗手段。移植所用的干细胞来自 HLA 型别相同的供者,可采集骨髓、外周血或脐血,分离 $CD34^+$ 干细胞。也可进行自体干细胞移植。

三、生物应答调节剂与免疫抑制剂

(一)生物应答调节剂

生物应答调节剂(biological response modifier,BRM)是指能促进免疫功能的制剂,通常对免疫功能正常者无影响,而对免疫功能异常特别是免疫功能低下者有促进作用。此类制剂包括治疗性疫苗、单克隆抗体、细胞因子、微生物及其产物、人工合成分子等(表 12-4)。

表 12-4　主要生物应答调节剂

种类	举例	主要作用
细菌产物	卡介苗、短小棒状杆菌、胞壁酰二肽、二霉菌酸酯海藻糖	活化巨噬细胞、NK 细胞
合成性分子	吡喃共聚物、马来酐二乙烯醚、嘧啶、聚肌胞苷酸	诱导产生 IFN
细胞因子	IFN-α、IFN-β、IFN-γ、IL-2	活化巨噬细胞、NK 细胞
激素	胸腺素、胸腺生成素	增强胸腺功能

（二）免疫抑制剂

免疫抑制剂能抑制机体的免疫功能,常用于防止移植排斥反应的发生和自身免疫病的治疗。

1. 化学合成药物

(1)糖皮质激素:具有明显的抗炎和免疫抑制作用,对单核巨噬细胞、T 细胞、B 细胞都有较强的抑制作用。常用于治疗炎症、超敏反应性疾病和移植排斥反应。

(2)环磷酰胺:主要作用是抑制 DNA 复制和蛋白质合成,阻止细胞分裂。主要用于治疗自身免疫病、移植排斥反应和肿瘤。

(3)硫唑嘌呤:主要通过抑制 DNA、蛋白质的合成,阻止细胞分裂,对细胞免疫、体液免疫均有抑制作用。常用于防治移植排斥反应。

2. 微生物制剂

(1)环孢素:是真菌代谢产物的提取物,目前已能化学合成。主要通过阻断 T 细胞内的 IL-2 基因转录,抑制 IL-2 依赖的 T 细胞活化,是防治移植排斥反应的首选药物。

(2)他克莫司:为真菌产物。其作用机制与环孢素相近,但作用比环孢素强 10~100 倍,而且对肾脏的毒性较小,用于抗移植排斥反应有良效。

(3)吗替麦考酚酯:是一种强效、新型的免疫抑制剂,用于移植排斥反应和自身免疫病的治疗。

(4)西罗莫司:属抗生素类免疫抑制剂,可能通过阻断 IL-2 诱导的 T 细胞增殖而选择性地抑制 T 细胞,用于抗移植排斥反应。

点滴积累

1. 免疫治疗是指利用免疫学原理,针对疾病的发生机制,人为地干预或调整机体的免疫功能,达到治疗疾病目的所采取的措施。
2. 免疫治疗的方法包括分子治疗、细胞治疗及生物应答调节剂和免疫抑制剂。

第三节　免疫学检测

免疫学检测是融合了免疫学、细胞生物学和分子生物学的理论和技术,可对抗原、抗体、免疫细胞及其相关免疫分子等进行定性或定量检测,从而为病原体检测和免疫功能判定提供了重要的方法和手段。

一、抗原抗体的检测

抗原和相应的抗体在体外可发生特异性结合,因此可以用已知的抗原(抗体)检测未知的抗体(抗原),进而达到诊断疾病或实验研究等目的。由于抗原物理性状的差异或参加反应的其他辅助成分的不同,可出现不同类型的反应,如凝集反应、沉淀反应和免疫标记技术等。

(一)凝集反应

凝集反应是颗粒性抗原(细菌、螺旋体和红细胞等)与相应的抗体发生特异性结合,或可溶性抗原(或抗体)致敏载体颗粒(如红细胞、聚苯乙烯胶乳颗粒、炭粒等)形成的颗粒状物质与相应抗体(或抗原)发生特异性结合,在适宜的电解质中出现肉眼可见的凝集现象,称为凝集反应(agglutination reaction)。凝集反应灵敏度高、操作简便,在临床检验中被广泛应用,技术也在不断更新。凝集反应包括直接凝集反应、间接凝集反应、抗球蛋白试验。

1. 直接凝集反应 直接凝集反应是颗粒性抗原(细菌、螺旋体、红细胞、白细胞和血小板等)直接与相应抗体发生特异性结合出现的肉眼可见的凝集现象,称为直接凝集反应(direct agglutination)。抗原称为凝集原(agglutinogen),抗体称为凝集素(agglutinin)。常用的方法有 3 种。①玻片法:又称玻片凝集试验,是指在载玻片上颗粒性抗原直接与相应抗体发生特异性结合,出现肉眼可见的凝集现象。此法简单,但敏感度低,属于定性试验。临床上用于菌种的诊断或分型、人类 ABO 血型鉴定等。②试管法:又称试管凝集试验,是指在试管内颗粒性抗原与相应抗体发生特异性结合出现肉眼可见的凝集现象。此法操作简单、快速,但敏感度低,属于半定量试验。临床上用于血型鉴定、交叉配血试验、肥达反应、外斐反应(Weil-Felix reaction)、布鲁菌抗体检测等(图 12-2)。③微孔板法:又称微量法,是指在微孔板内颗粒性抗原与相应抗体发生特异性结合出现肉眼可见的凝集现象。操作与试管法相似,也属于半定量试验。用于试管法的诊断项目也可以采用微孔板法。

颗粒性抗原 + 相应抗体 → 凝集

图 12-2 直接凝集反应示意图

2. 间接凝集反应 将可溶性抗原(或抗体)吸附在颗粒性物质表面做成诊断试剂,然后与相应的抗体(或抗原)反应,在适宜的电解质中出现肉眼可见的凝集现象,称为间接凝集反应(indirect agglutination),也称被动凝集反应(passive agglutination)。此反应不仅适用于各种可溶性抗原和抗体的检测,更因载体的应用提高了反应的敏感度,所以在临床检验中应用广泛(图 12-3)。根据凝集反应方式和颗粒性载体表面吸附抗原、抗体的不同,将间接凝集反应分为正向间接凝集试验、反向间接凝集试验、间接凝集抑制试验、协同凝集试验四种类型。还可以根据使用的载体不同进行命名，如以红细胞作为载体的间接凝集反应称为间接血凝试验，以聚苯乙烯胶乳颗粒作为载体的间接凝集反应称为胶乳凝集试验，以明胶颗粒作为载体的间接凝集反应称为明胶凝集试验等。

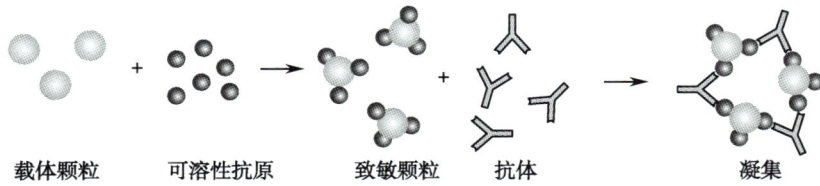

载体颗粒　　　可溶性抗原　　　致敏颗粒　　　抗体　　　　　凝集

图 12-3　间接凝集反应示意图

3. 抗球蛋白试验　抗球蛋白试验（antiglobulin test）由 Coombs 于 1945 年建立，故又称为 Coombs 试验，是检测不完全抗体的经典方法。Coombs 用抗球蛋白抗体作为第二抗体，连接结合在红细胞表面抗原的不完全抗体，使红细胞凝集。常用试验方法有 2 种。①直接抗球蛋白试验：又称为直接 Coombs 试验，是用于检测结合在红细胞表面的不完全抗体的方法（图 12-4）。常用于新生儿溶血症、溶血性输血反应、自身免疫性溶血性贫血和医源性溶血性疾病等检测。②间接抗球蛋白试验：又称为间接 Coombs 试验，是指将红细胞和不完全抗体混合，然后加入抗球蛋白试剂，若待测抗原或抗体存在则出现可见的红细胞凝集（图 12-5），判定为阳性。常用于检测血清中游离不完全抗体，也可检测红细胞上的相应抗原。此试验可用于检测母体 Rh（D）抗体，可用于对红细胞不相容输血所产生的血型抗体进行检测；可对某些细菌、立克次体等感染后产生的不完全抗体进行检测；还可用于血型鉴定、输血前交叉配血试验等。

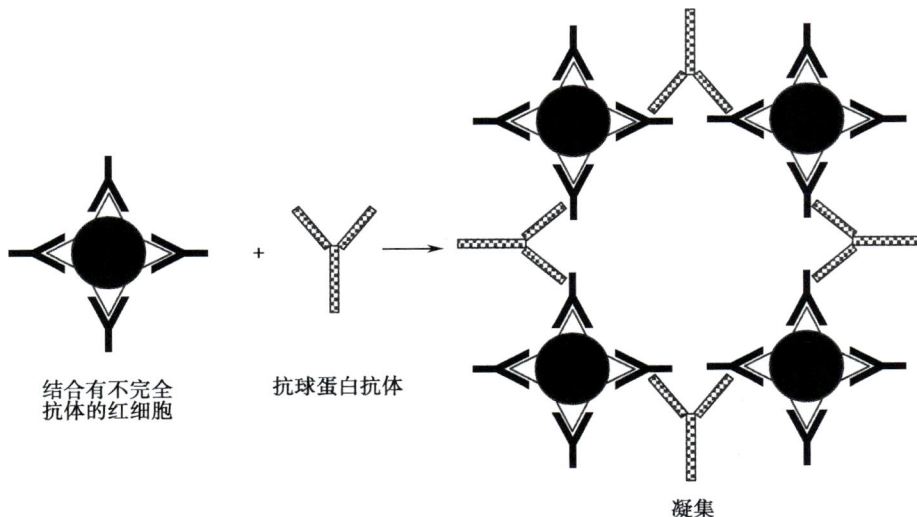

结合有不完全　　　抗球蛋白抗体　　　　　　　　　凝集
抗体的红细胞

图 12-4　直接抗球蛋白试验

（二）沉淀反应

可溶性抗原（细菌外毒素、组织浸出液、血清蛋白等）与相应的抗体发生特异性结合，在适当条件下（电解质、pH 和温度）形成肉眼可见的沉淀现象，称为沉淀反应。据沉淀反

边 学 边 练
加深理解凝集反应的原理及临床应用。请见"实训十四　免疫学应用"。

应的介质和检测方法不同分为 3 种。

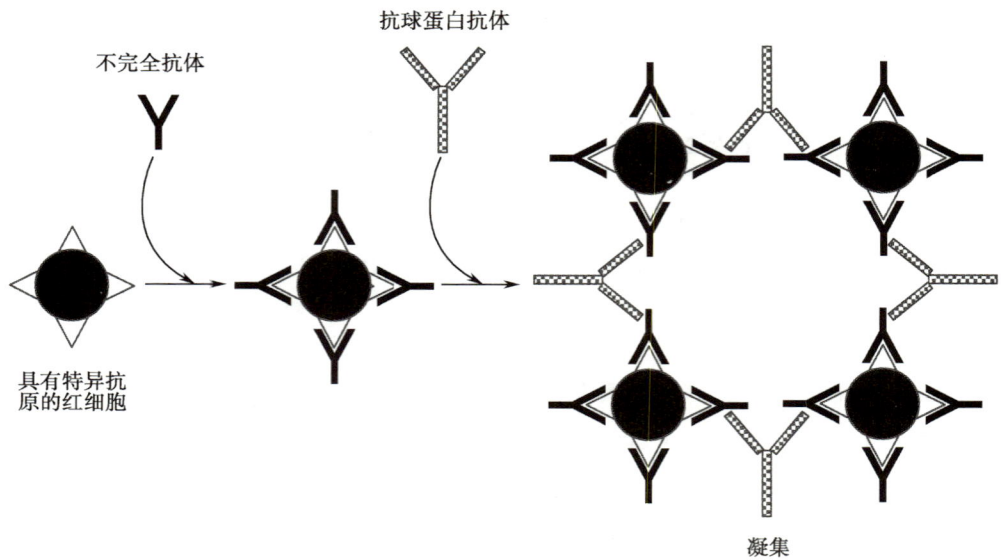

图 12-5 间接抗球蛋白试验

1. 液相内沉淀试验 是以含盐缓冲液为反应介质的抗原抗体特异性结合沉淀试验。根据实验方法不同,免疫复合物呈现的沉淀现象不同,将液相内沉淀试验分为环状沉淀反应(ring precipitation)、絮状沉淀反应(flocculation precipitation)和免疫比浊法(immunonephelometry)。临床上最常用的是免疫比浊分析。其是利用可溶性抗原、抗体在液相中特异性结合,形成一定大小的抗原 - 抗体复合物,使反应液出现浊度。反应液中保持抗体过剩时,形成的复合物随抗原量增加而增加,反应液的浊度亦随之增加,与一系列的标准品对照,即可计算出样品的含量。目前免疫浊度技术主要用于各种蛋白质、载脂蛋白、半抗原(如激素、毒物和各种治疗性药物等)及微生物等检测。

2. 凝胶内沉淀试验 是指在含电解质的凝胶中可溶性抗原和相应抗体向四周放射状扩散,形成浓度梯度,两者相遇并且在浓度比例适当的位置形成肉眼可见的沉淀线或沉淀环。根据抗原与抗体反应的方式和特性,可将凝胶内沉淀试验分为单向琼脂扩散试验(single gel diffusion)和双向琼脂扩散试验(double gel diffusion)。单向琼脂扩散试验是将定量抗体混匀在琼脂凝胶中,继而加入待测的抗原溶液,使其在凝胶内由局部向周围自由扩散。两者在比例适当处出现白色沉淀环,沉淀环的大小与抗原浓度成正相关。在检测标本的同时用标准品测定绘制标准曲线图,根据沉淀环的大小可查待检标本中抗原的含量。双向琼脂扩散试验是将抗原和抗体溶液分别放在凝胶不同的对应孔中,让两者均在凝胶中自由扩散,当抗原与抗体相遇,在比例合适时形成可见的白色沉淀线,观察沉淀线的位置、形态及对比关系,可对抗原或抗体进行定性分析。

3. 凝胶免疫电泳技术 是电泳分析与沉淀反应的结合产物,是直流电场作用下的凝胶扩散试验,是将抗原抗体反应的高度特异性与电泳技术的高分辨力及快速、微量等特性相结合的一种免疫化学技术。常用的方法有对流免疫电泳技术、火箭免疫电泳技术、免疫电泳技术、免疫固定电泳技术。

（三）免疫标记技术

指用某些易检测的物质对抗体（或抗原）进行标记，使其与相应的抗原（或抗体）作用后，再通过检测标记物来观察抗原-抗体反应的免疫技术。免疫标记技术因使用可微量检测的标记物，大大提高了检测的灵敏度，一些用传统方法无法检出的微量物质多可以用此方法检出。目前免疫学检验中的标记技术主要包括酶免疫技术、金免疫技术、荧光免疫技术、放射免疫技术、化学发光免疫技术等。

1. 酶免疫技术　是将酶（常用的有辣根过氧化物酶、碱性磷酸酶）作为一种标记物，与抗体或抗原结合后，制成酶标记试剂，该试剂与抗原或抗体反应后，通过酶分解底物产生有色物质，用酶标仪测定吸光度（A），从而反映抗原或抗体的含量。常用的方法有酶联免疫吸附试验（ELISA）。ELISA 在酶免疫技术中的应用最广泛，主要的操作方法有双抗体夹心法、间接法、竞争法、捕获法、双位点一步法、双抗原夹心法。

2. 金免疫技术　是固相膜免疫分析技术的一种。该方法是以胶体金作为标记物，标记已知抗原或抗体，用于检测未知抗体或抗原的一种检测方法。该技术操作简便、设备要求简单、判断容易，目前应用广泛，以其方便快速而被认可。其中，斑点金免疫渗滤试验和斑点金免疫层析试验等是目前主要应用的，具有广泛、简便、快速、安全等特点的检验方法，在急诊医学、输血医学、现场诊断及个体自我体检等方面得到广泛应用，为临床快速检测及诊断的主要方法之一。如用斑点金免疫层析试验检测人尿中的 HCG，是最常用的人早期妊娠诊断方法（图 12-6）。

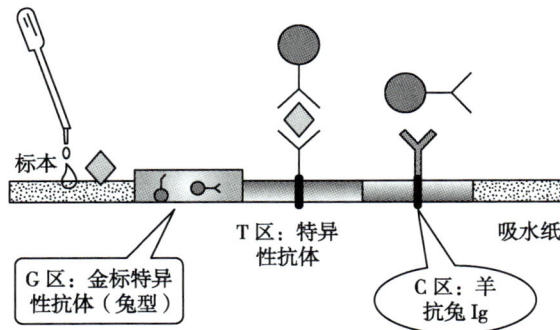

图 12-6　免疫层析试验示意图

3. 荧光免疫技术　是将抗原-抗体反应的特异性与荧光检测技术的敏感性和直观性相结合而建立的一种标记免疫技术。该技术是将荧光物质标记抗体或抗原后，利用荧光检测仪测定抗原-抗体复合物中的特异性荧光信号，从而对抗原或抗体进行定性、定位或定量分析。荧光免疫技术分为荧光抗体技术和荧光免疫分析。传统的荧光抗体技术是用荧光抗体对细胞、组织切片或其他标本中的抗原或抗体进行定位显色，并借助荧光显微镜直接观察结果，故又称为荧光免疫显微技术。荧光免疫分析是在荧光抗体技术的基础上进一步发展起来的，用于液体标本中的抗原或抗体

> **边 学 边 练**
> 加深理解金免疫技术的原理及临床应用。请见"实训十四　免疫学应用"。

的定量检测,极大地拓展了荧光免疫技术的应用范围。

4. 放射免疫技术 放射免疫技术是将放射性核素高敏感的示踪特点和抗原-抗体反应的高特异性特点相结合的一种体外测定超微量物质的新技术。根据其方法学原理的不同主要分为经典的放射免疫分析和免疫放射分析两种类型。这两类技术均具有灵敏度高、特异性强、重复性好、样品及试剂用量少、操作简便且易于标准化等优点。但由于放射免疫试剂存在半衰期短、放射性废物难以处理等缺点,现在放射免疫分析试验已逐步被酶免疫分析和化学发光免疫分析所取代,目前仅应用于少数特殊项目如醛固酮、促胃液素等的检测。

5. 化学发光免疫技术 是将具有高灵敏度的化学发光测定技术与高特异性的抗原-抗体反应技术相结合,用于各种抗原、半抗原、抗体、激素、酶、维生素和药物等的检测,是继放射免疫分析技术、酶免疫分析技术、荧光免疫分析技术之后发展起来的一项新的标记免疫测定技术。该技术具有特异性强、灵敏度高、分离简便、快速、试剂无毒、安全稳定、可自动化分析等特点,在临床免疫学检验中应用广泛。根据标记物及反应原理的不同,化学发光免疫技术大体可分为直接化学发光免疫分析、化学发光免疫分析、电化学发光免疫分析、发光氧通道免疫分析四种类型。

二、免疫细胞功能的检测

检查免疫细胞功能是判断机体免疫状态的重要指标,对临床疾病的诊断、疗效评估、预后判断等方面均具有重要意义。

1. T 细胞功能的检测 T 细胞亚群检测和皮肤试验两种方法。临床应用抗 CD3、CD4、CD8 单抗检测 T 细胞总数及 $CD4^+T$ 细胞、$CD8^+T$ 细胞的数量和比值,此项试验可以初步确定 T 细胞功能。皮肤试验常用的有结核菌素试验和 PHA 皮肤试验。

2. B 细胞功能的检测 常用 B 细胞增殖试验和溶血空斑试验。溶血空斑试验可用来检测抗体形成细胞的数量和功能。将吸附有已知抗原的绵羊红细胞、补体、待检 B 细胞及适量琼脂液混匀,倾注于平皿中培养 1~3 小时后,肉眼可见有分散的溶血空斑出现,每一空斑中即含有一个抗体形成细胞,通过计算空斑数目可知抗体形成细胞的数量。

点滴积累

1. 免疫学检测包括抗原抗体检测和免疫细胞功能的检测。
2. 体外检测抗原或抗体的基本原理是抗原与抗体的结合具有高度的特异性,所以可以用已知抗原检测未知抗体或用已知抗体检测未知抗原。
3. 抗原抗体检测的方法有凝集反应、沉淀反应和免疫标记技术等。其中,免疫标记技术具有可定性、定量和敏感性高等优点而被广泛应用。
4. 免疫细胞功能的检测主要有 T 细胞功能的检测和 B 细胞功能的检测。

目标检测

简答题

1. 列表比较人工主动免疫和人工被动免疫。

2. 比较灭活疫苗和减毒活疫苗的区别。

（徐丽丹）

实验实训部分

实训一 光学显微镜油镜的使用及维护

【实训目的】

学会显微镜油镜的使用与保养方法。

【实训原理】

油镜的原理：从聚光器出来的光线通过标本玻片经空气进入物镜时，由于玻片与空气的折光率不同而发生折射，使一部分光失掉，进入物镜的光线减少，结果视野暗淡，物像不清。如果使用折光率与玻片（$n=1.52$）相近似的香柏油（$n=1.515$）即可减少折射，增加视野光亮度，提高分辨率，获得清晰的物像，如实训图 1-1 所示。

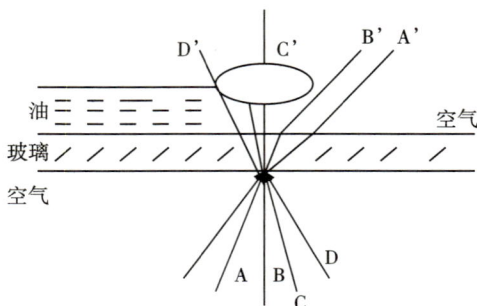

实训图 1-1 油镜的原理示意图

【仪器与试剂】

光学显微镜、香柏油、二甲苯、擦镜纸等。

【实训步骤】

一、光学显微镜的构造

1. 机械部分

（1）镜座：是显微镜的基本支架，由底座和镜臂两部分组成。

（2）镜臂：是一个弓形金属柱，支撑镜筒，也是拿取显微镜时手握的部位。

（3）镜筒：上接目镜，下接转换器，形成目镜与物镜间的暗室。

（4）载物台：是用夹放被检标本的平台。中央有一孔，为光线通路，为光孔。在台上装有标本夹和推动器,其作用为固定或移动标本的位置,使得镜检对象恰好位于视野中心。

(5)物镜转换器:在镜筒下端,用来安装物镜和转换物镜。一般有三个物镜即低倍、高倍、油镜。按需要转动转换器,物镜对准光孔,使物镜、镜筒与目镜接通构成一个放大系统。

(6)粗、细调节器:调节器是移动镜筒调节物镜和标本间距离的构件。镜检时,右手向前旋转载物台上升,标本接近物镜;反之则下降,标本远离物镜。有粗调节器和细调节器。细调节器每旋转一圈镜筒移动 0.1mm(100μm)。

2. 光学部分

(1)反光镜:是一个双面镜,一面是平面镜,另一面是凹面镜。作用是将投射在其上面的光线反射到聚光器透镜的中央,照明标本。

(2)聚光器与光圈:在载物台下面,它是由聚光透镜、虹彩光圈和升降螺旋组成的。作用是将光线聚焦于镜检对象上,以得到最强的照明,使物象获得明亮清晰的效果。

(3)物镜:安装在转换器上,接近标本。其作用是放大镜检对象。根据物镜放大率的高低,一般有低倍物镜、高倍物镜和油镜等。油镜的标识:90×、100×,N.A1.25。

(4)目镜:在镜筒上端,作用是把物镜放大了的实像再放大一次,并把物像映入观察者的眼中。目镜上标有 5×、10× 等放大倍数。

显微镜总放大倍数是物镜放大倍数和目镜放大倍数的乘积。如油镜放大倍数是 100,目镜放大倍数是 10,则总放大倍数是 1 000。

二、油镜的使用

1. 油镜使用方法

(1)用油镜时,勿将镜臂弯曲倾斜,以免油滴或菌液流淌外溢,影响观察造成污染。

(2)用低倍镜采光,自然光线用平面镜(光源不宜采用直射日光,因直射日光的强度太大容易刺激眼睛),人工光源用凹面镜,同时调节集光器和光圈以获得最适亮度。染色标本油镜检查时,应将光圈完全打开,集光器上升至载物台相平,使光亮度很强。

(3)将标本片放在载物台上,用标本推进器或压片夹固定。

(4)先用低倍镜找出标本的范围,然后在待检部位上加一滴香柏油。转动镜头转换器,将油镜头置于工作位置,从侧面观察并缓慢转动粗调节器,使油镜头浸没在油滴内,当油镜头几乎接触玻片时停止转动,然后眼睛移至目镜,缓慢向下移动粗调节器(只能下降,不能上升,以免压碎标本和损坏镜头),待看到模糊物象时,再用细调节器转动至物象完全清晰为止。

(5)认真细致观察标本,观察完毕,取下标本片,放入消毒缸内。

2. 油镜的保护(操作)

(1)取下标本片后,立即用擦镜纸顺一个方向旋转擦拭镜头上的油。接着用二甲苯滴在擦镜纸上再擦净镜头,然后再用另一张干净擦镜纸拭去镜头上沾有的二甲苯。

(2)显微镜擦净后,降低物镜并将其转成八字形,集光器下降,反光镜推平,光圈关上,放入镜箱中。

注意：取显微镜时，要用双手托持，轻拿轻放。平时放置时要注意通风干燥，防止镜头发霉。

（唐正宇）

实训二　细菌的接种方法

【实训目的】

学会平板划线法、斜面培养基、液体培养基和半固体培养基等接种方法。培养无菌操作意识。

【实训原理】

细菌在合适的培养基上，在一定的温度条件下，可以良好的生长繁殖。

【仪器与试剂】

1. **菌种**　大肠埃希菌、金黄色葡萄球菌。
2. **培养基**　普通琼脂平板、琼脂斜面培养基、普通肉汤培养基、半固体琼脂培养基。
3. **其他**　接种环、接种针、酒精灯、记号笔、试管架、酒精灯、细菌培养箱等。

【实训步骤】

1. **琼脂平板分区划线分离接种法（固体培养基）**　借划线而将混杂的细菌在琼脂平板表面分散开，使单个细菌能固定在某一点，生长繁殖后形成单个的细菌集团（即菌落）以达到分离纯种的目的，常用于细菌的分离和纯化。

步骤：

1）标记：培养皿底上，用记号笔做好标记。

2）灭菌接种环：点燃酒精灯，右手以持笔式握持接种环并放置火焰中烧灼灭菌，然后将接种环移开火焰，待其冷却。

3）取菌种：左手持装有葡萄球菌或大肠埃希菌菌液的试管，取下试管塞，将试管管口迅速通过火焰2~3次进行灭菌。

将已灭菌且已冷却的接种环伸入菌种管中，取一接种环的菌液，然后退出菌种管。将菌种管管口再次火焰灭菌，塞好试管塞，放至原来的位置。

4)分离划线接种细菌：左手拿起培养皿，将培养皿盖打开一条缝隙，右手将沾有菌液的接种环迅速伸入平板内。从平板边缘开始"之"字划线(基准线也称为第一区域)，大约划过平板的五分之一到四分之一左右的面积。关闭培养皿盖，将培养皿调转大约 120°。再次灼烧接种环，将接种环在空气中或靠在培养皿盖内侧冷却后从第一区域末端开始往第二区内划线。两个区域划线的交角大约是 120°。重复以上动作，完成第三区划线操作。

5)划线完毕，关上培养皿盖，将培养皿倒放，送进 37℃保温箱培养。

6)培养 18~24 小时后将培养皿取出。观察琼脂平板表面生长的各种菌落，注意其大小、形状、边缘、表面结构、透明度、颜色等性状。

2. 斜面培养基接种法　常用于细菌的大量繁殖，保存菌种，或观察其某些生化特性。

步骤：

1)用记号笔在待接种的培养管上写明标记。

2)点燃酒精灯，左手持培养基和菌种管，右手持接种针，在火焰上彻底烧灼灭菌。

3)处理试管：将棉塞旋松，以便在接种时容易拔出，同时，确保试管口靠近火焰烧灼，以杀死可能存在的杂菌。

4)接种：取一接种针菌液，然后迅速将带有菌种的接种针伸入斜面培养基管，从斜面底部自下而上画一直线，然后做斜形划线，意在整个过程中，接种环或接种针不得碰触试管壁或管口。

5)接种完毕，灭菌两个试管的管口，塞好棉塞，并放至原来的位置上。重新烧灼接种环，灭菌后放回试管架上。接种好的试管放 37℃温箱培养，18~24 小时后观察生长情况。

3. 液体培养基接种法　液体培养基营养均匀充分，可用于细菌的大量繁殖。细菌在液体培养基中有的呈均匀混浊，有的呈沉淀生长，还有的在液体表面形成菌膜。

步骤：

1)用记号笔在待接种培养基上写明标记。

2)点燃酒精灯，左手持培养基和菌种管，右手持接种环，在火焰上彻底烧灼灭菌。

3)接种环灭菌冷却后，取一接种环菌苔，伸入肉汤管内，在接近液面管壁处轻轻研磨，蘸取少量肉汤调和，使菌混于肉汤中。塞好试管棉塞后，摇动液体，使细菌在液体中均匀分布。

4)接种完毕，将接种环灭菌后放回试管架上。肉汤管放 37℃温箱培养，18~24 小时后观察生长情况。

4. 半固体培养基穿刺接种法　该法常用于测定细菌的动力。

步骤：

1)用记号笔在待接种培养基上写明标记。

2)点燃酒精灯，左手持培养基和菌种管，右手持接种针，在火焰上彻底烧灼灭菌。

3)右手持接种针，灭菌冷却后，取一接种针菌液，垂直刺入半固体琼脂培养基的中心，达试管 2/3 处，然后循原路退出。

4)接种完毕，接种针重行灭菌后放至试管架上，塞好棉塞，37℃培养 18~24 小时后取出，观察细菌的生长情况。

【注意事项】

1. 接种细菌时应注意无菌操作,避免杂菌污染。
2. 平板划线只能与相邻前一区域相交,绝不能与其他区域的划线有重叠。

【思考题】

1. 平板划线法的操作要领是什么?
2. 为什么在液体培养基接种细菌有的会形成沉淀?
3. 为什么用半固体培养基接种细菌观察其动力?

(李国利)

实训三　细菌的分布与消毒灭菌

【实训目的】

通过实验,验证细菌的分布,树立严格的无菌观念;熟悉高压蒸汽灭菌器的使用方法和注意事项。

【实训原理】

自然界如空气、水、土壤中存在大量细菌,且种类繁多。这些细菌生长条件一般要求不高,易于人工培养。通过检查这些活菌的广泛存在,牢固树立"有菌观念",加强"无菌操作"技术。

用于消毒灭菌的物理因素,主要有温度、干燥、过滤、辐射、超声波等。它们通过不同的机制,使细菌发生死亡、生长抑制或变异。

【仪器与试剂】

1. **培养基**　普通琼脂培养基、肉汤培养基、血平板。
2. **器材**　无菌棉签、无菌生理盐水、酒精灯、标记笔、紫外灯、小镊子、接种环、沸水浴、手提式高压蒸汽灭菌器、干烤箱等。
3. **其他**　无芽孢细菌和产芽孢细菌(菌种)、2.5% 碘酊、75% 乙醇、95% 乙醇等。

【 实训步骤 】

一、细菌的分布

1. **物体表面细菌的分布（操作）** 用无菌棉签按无菌操作法蘸取盐水,并在管内挤去多余水分,以此棉签分别选择桌面、文具盒表面、窗台等不同部位涂抹后,再依次用棉签涂抹接种于普通平板表面,将平板标记后置于恒温箱培养 18~24 小时,观察结果(观察细菌生长情况)。

2. **空气中细菌的分布（操作）** 将平板盖打开,暴露于空气中约 10 分钟后,盖上平板,培养 24 小时观察细菌结果(可选择不同环境放置,细菌生长后,作菌落数比较。)

3. **咽喉部微生物的分布（操作）** 无菌棉签蘸取盐水并在管内挤去多余水分,以此棉签在咽喉部采集标本后涂布接种于血平板,培养 24 小时观察结果。

二、细菌的消毒灭菌

1. **煮沸消毒实验（示教）** 先分别取细菌接种于试管肉汤培养基;再将试管置于沸水浴 5~10 分钟;然后置 37℃恒温箱培养 24 小时,观察结果(观察细菌生长情况)。

2. **紫外线杀菌实验（示教）**

(1)取细菌密划线接种于平板。

(2)用小镊子取无菌纸片贴于平板表面。

(3)将此平板置于紫外灯下,打开平板盖,暴露培养基表面于紫外灯下约 30 分钟。

(4)取回平板,用镊子取出纸片焚烧。

(5)盖上平板盖,置于 37℃恒温箱培养 24 小时,观察结果(观察细菌生长情况)。

3. **皮肤消毒实验（操作）** 将一个无菌普通琼脂培养基分成三个区域,分别用于接种消毒前皮肤、消毒后皮肤和对照。首先将未消毒手指的指腹在普通琼脂培养基的相应分区轻轻按压,再用碘酊和酒精消毒刚刚按压的手指指腹,晾干,后在该培养基相应区域再轻轻按压,培养 24 小时观察结果。

4. **高压蒸汽灭菌法（示教）** 由教师介绍手提式高压蒸汽灭菌器、干烤箱、冰箱的使用方法、步骤及注意事项。

【 注意事项 】

1. 在进行皮肤消毒实验时,要注意消毒晾干后再轻按培养基。

2. 用无菌棉拭子蘸取无菌生理盐水后轻擦拭受试者口腔咽喉部黏膜,然后将无菌棉拭子在培养基表面轻轻涂抹。

【实训报告】

记录细菌生长结果并填于实训表 3-1 至实训表 3-5 中,并分析原因。

实训表 3-1　空气中细菌的分布

地点						
菌落数						

分析:

实训表 3-2　咽喉部微生物检查

学生	1	2	3
溶血环(数量)			

分析:

实训表 3-3　皮肤消毒试验

项目	甲		乙	
	消毒前	消毒后	消毒前	消毒后
菌落个数				

分析:

实训表 3-4　煮沸消毒试验

项目	煮沸前(菌落数量)	煮沸后(菌落数量)	分析
葡萄球菌			
枯草杆菌			

实训表 3-5　紫外线杀菌试验

项目	暴露处(菌落数量)	覆盖处(菌落数量)
培养皿		
分析		

【思考题】

1. 微生物学实验中如何避免杂菌污染?
2. 了解人体的正常菌群有何实际意义?

3. 灭菌开始时,为什么要将器内的空气排除干净? 在立式高压灭菌器中,如果改用放气阀来排除空气,对灭菌效果有无影响?

4. 灭菌完毕后,在未放气或器内压力尚未降至"0"位以前,就打开器盖,有什么危害性?

(张 婧)

实训四　细菌涂片标本的制备及革兰氏染色法

【实训目的】

利用涂片法对大肠埃希菌和金黄色葡萄球菌进行制片,采用革兰氏染色法对两种细菌进行染色,观察细菌的形态及染色结果,联系细菌的形态、结构,加深理解显微镜镜检的用途,强化细菌制片及革兰氏染色操作。

【实训原理】

革兰氏阳性菌(G$^+$)的细胞壁较厚,主要由肽聚糖组成,结构致密。在经过结晶紫初染和碘液媒染后,会形成大分子的结晶紫 - 碘复合物。当遇到乙醇脱色处理时,肽聚糖会因失水而结构变得更加紧密,使得复合物不易洗脱,从而保持紫色。

革兰氏阴性菌(G$^-$)的细胞壁较薄,外膜类脂含量高,肽聚糖层薄且交联度低。在遇到乙醇脱色处理时,外膜会迅速溶解,单薄多孔的肽聚糖层无法阻止复合物的溶出,从而失去结晶紫的颜色。最后,经沙黄或其他红色染料复染后,呈现红色。

【仪器与试剂】

大肠埃希菌,金黄色葡萄球菌,生理盐水,医用酒精,载玻片,盖玻片,革兰氏染色液(草酸铵结晶紫、卢戈氏碘液、95% 乙醇、沙黄),接种环,酒精灯,显微镜。

【实训步骤】

1. 涂片　取灭过菌的载玻片于实验台上,滴加 1 滴生理盐水。用灼烧冷却后的接种环取少许待检菌到生理盐水中,涂布成均匀的约 1.0cm^2 的菌膜,涂布面不宜过厚。

2. 干燥　菌膜面向上,手持载玻片一端的两侧,小心在酒精灯上方热空气中微微加热,使水分蒸发干燥,但切勿紧靠火焰或长时间加热,以防标本烤煳而变形。

3. **固定** 利用高温固定,使菌体牢固黏附在载玻片上,以免水洗带走。用镊子夹住载玻片的一端,标本向上,快速通过酒精灯火焰外焰 3 次,共约 2~3 秒,并不时以载玻片背面触及皮肤不觉过烫为宜(不超过 60℃),放置待冷后,进行染色。

4. **初染** 在涂片菌膜上滴加草酸铵结晶紫 1~2 滴,使染色液完全覆盖菌膜,染色约 1 分钟。

5. **水洗** 斜置载玻片,用蒸馏水小股冲洗至染色缸内,直至洗下的水呈无色为止。

6. **媒染** 吸取碘液滴在涂片菌膜上,使染色液完全覆盖菌膜,染色约 1 分钟。

7. **水洗** 斜置载玻片,用蒸馏水小股冲洗至染色缸内,直至洗下的水呈无色为止。

8. **脱色** 加 95% 乙醇,完全覆盖菌膜,脱色 10~30 秒,不时摇动至无紫色逸出为止,即刻用蒸馏水小股冲洗至染色缸内,直至洗下的水呈无色为止。

9. **复染** 在涂片菌膜上滴加沙黄染液 1~2 滴,使染色液完全覆盖菌膜,染色约 1 分钟。

10. **水洗** 斜置载玻片,用蒸馏水小股冲洗至染色缸内,直至洗下的水呈无色为止。

11. **干燥、观察** 用吸水纸吸去水滴,待标本片干后置显微镜下,用低倍镜观察,发现目的物后滴加香柏油 1 滴于玻片上,用油镜观察细菌的形态及颜色,呈紫色是革兰氏阳性菌,呈红色是革兰氏阴性菌。

12. **操作结束** 清理工作台,物品放到指定位置,倒废液,用消毒液擦拭桌面(标本片放标本盒内),消毒双手。

【注意事项】

1. 涂片时菌膜要尽可能薄,以免影响染色结果的准确性。
2. 脱色时间要严格把控,必要时要做标准对照,以免产生假阳性及假阴性结果。

【思考题】

1. 大肠埃希菌和金黄色葡萄球菌镜检后的结果分别是什么?
2. 乙醇脱色是革兰氏染色的关键步骤,何种情况会出现假阳性?何种情况会出现假阴性?如何有效避免这种情况?
3. 进行革兰氏染色、显微镜镜检时,对细菌标本有什么要求?

(牛四坤)

实训五　机体抗感染免疫

（一）中性粒细胞吞噬作用试验（手指血法）

【实训目的】

掌握中性粒细胞吞噬作用试验的应用，提高对中性粒细胞吞噬作用临床意义的认识。

【实训原理】

中性粒细胞具有趋化、吞噬和杀菌等多种生物学功能，是机体固有免疫系统的重要组成部分。当与颗粒物质（如葡萄球菌）混合孵育一定时间后，颗粒物质会被吞噬。取样涂片染色镜检，可以测定中性粒细胞吞噬百分率和吞噬指数，判断中性粒细胞的吞噬功能。

【仪器与试剂】

葡萄球菌菌液（浓度 5×10^8/ml）、采血针、酒精棉球、干棉球、瑞氏染液、微量移液器、抗凝管、水浴箱、显微镜等。

【实训步骤】

1. 酒精棉球消毒手指和采血针，消毒部位取血 50μl 加入肝素抗凝管中。

2. 用滴管取 1 滴葡萄球菌菌液加入抗凝管中，并轻摇混匀。置 37℃水浴箱水浴 30 分钟，中途混匀 1 次。

3. 取出试管，用微量移液器从试管底部细胞层轻轻吸取 5μl 滴于载玻片上，用另一玻片推成薄血片，静置，待血片自干后，经瑞氏染色法染色后用油镜观察。

4. 中性粒细胞吞噬细菌后，显微镜下观察可见细胞核与被吞噬的细菌均被染成紫色，细胞质被染为淡红色。

油镜下，计数 200 个中性粒细胞，并分别记下吞噬细菌的中性粒细胞数及被吞噬的细菌总数。计算如下：

$$吞噬率 = \frac{200 \text{ 个中性粒细胞中吞噬细菌的细胞数}}{200} \times 100\%$$

$$吞噬指数 = \frac{200 \text{ 个中性粒细胞吞噬细菌的总数}}{200}$$

1. 用微量移液器从试管底部细胞层轻轻吸取悬液滴于载玻片上,涂血片时不宜过厚,否则不易观察结果。

2. 本实验属于活菌实验,注意无菌操作,注意生物安全。

【思考题】

实验过程中有哪些注意事项?

(二)巨噬细胞吞噬作用试验

【实训目的】

掌握巨噬细胞吞噬作用试验的应用,理解巨噬细胞吞噬作用在临床中的意义。

【实训原理】

巨噬细胞具有吞噬大颗粒异物的特性,鸡红细胞被注入小鼠腹腔后,会被小鼠中的巨噬细胞吞噬。取腹腔液涂片染色,显微镜下可见到鸡红细胞被吞噬的现象。计算吞噬率和吞噬指数可判断巨噬细胞的吞噬功能。

【仪器与试剂】

小白鼠、1% 鸡红细胞悬液、6% 淀粉溶液、瑞氏染液、无菌注射器、动物解剖用具、显微镜等。

【实训步骤】

1. 实验前 3 天,在小白鼠腹腔注射 6% 淀粉溶液 1ml。

2. 实验当天给小白鼠腹腔注射 15ml 鸡红细胞悬液,轻揉小白鼠腹部,使悬液分散。

3. 40 分钟后用颈椎脱白法处死小白鼠,将小白鼠置于解剖盘中,消毒后,先剪开腹部皮肤,然后提起腹壁斜剪一小口,取腹腔液涂片,自然干燥后进行染色。

4. 加瑞氏染液数滴,1 分钟后加等量蒸馏水,混匀,染色 5 分钟后,用蒸馏水冲洗,自然晾干后用油镜观察。

5. 结果判断　油镜下可见圆形或不规则形状核呈蓝紫色的巨噬细胞,未被吞噬的鸡红细胞胞浆呈紫红色,细胞核被染成蓝色,多为椭圆形;被吞噬消化的鸡红细胞核模糊,细胞核肿胀,染色浅,多观察不到细胞核,且形态变圆。

油镜下随机观察 200 个巨噬细胞,计数吞噬鸡红细胞的巨噬细胞数和被吞噬的鸡红细胞总数。

$$吞噬率 = \frac{巨噬细胞中吞噬鸡红细胞的细胞数}{200} \times 100\%$$

$$吞噬指数 = \frac{巨噬细胞吞噬鸡红细胞的总数}{200}$$

【注意事项】

1. 给小白鼠注射 1% 鸡红细胞悬液后要等待 40 分钟左右处死小白鼠,让巨噬细胞有足够时间充分发挥吞噬作用。

2. 取腹腔液涂片时注意取材位置,并要严格按照瑞氏染色法的操作步骤进行染色。

【思考题】

1. 涂片薄厚是否影响结果的观察?
2. 吞噬作用时间长短对结果观察有什么影响?

(张　丽)

实训六　细菌内毒素的检测

【实训目的】

熟悉细菌内毒素检测常用的试验方法——鲎试验。

【实训原理】

鲎的血液及淋巴中有一种有核变形细胞,胞浆内有 20~30 个致密大颗粒,内含凝固酶原及凝固蛋白原,当内毒素与鲎变形细胞冻融后的溶解物(鲎试剂)接触时,可激活凝固酶原,继而使可溶性的凝固蛋白原变成凝胶状态的凝固蛋白,即内毒素可使鲎试剂变成凝胶状态,呈阳性反应。利用这种反应可检测微量的内毒素。该方法目前广泛用于协助临床诊断内毒素血症、革兰氏阴性菌引起的尿路感染、脑膜炎等,也可用于食品和部分药品细菌内毒素的检验,具有快速、简便、灵敏度高、重复性好的特点。

【仪器与试剂】

内毒素检测试剂盒(标准内毒素、鲎试剂、无致热原生理盐水、无菌蒸馏水),待检物(血液、细菌培养上清液或注射剂等),1ml 微量移液器,37℃水浴箱等。

【实训步骤】

1. 打开 3 支安瓿鲎试剂,各加 0.1ml 无致热原生理盐水使之溶解。

2. 分别取 0.1ml 标准内毒素(阳性对照)、无菌蒸馏水(阴性对照)、待检物,各加入 1 支鲎试剂安瓿中。

3. 轻轻摇匀,垂直放于 37℃温箱中,1 小时后观察结果。

4. **结果** 形成牢固凝胶,倒置试剂瓶凝胶不流动为阳性,否则为阴性。

【注意事项】

1. 本法灵敏度高,可检测出 0.01~1.00ng/ml 的微量内毒素,但其不能鉴别内毒素来源,即由何种革兰氏阴性菌产生。

2. 本试验所用玻璃器皿、溶液等均必须绝对无致热原,否则会影响检测结果,故同学们要养成精益求精的工作态度,培养高度的责任心。

【思考题】

1. 简述鲎试验的原理。
2. 简述内毒素检测的临床意义。

(张业霞)

实训七　药物敏感试验

【实训目的】

1. 熟悉药物(如抗生素)抑菌、杀菌的基本原理。
2. 了解药物敏感性试验纸片法、试管法的试验方法及应用。

【实训原理】

临床上常用于治疗细菌感染的药物如青霉素、甲氧苄啶等具有抑菌和杀菌作用,其作用机制主要是阻碍和影响细菌细胞壁的合成、干扰细菌的代谢、膜的通透性及核酸和蛋白质的生物合成,不同类型的细菌,对同一药物的敏感性不同,因此测定病原菌对抗菌药物的敏感性,对于合理用药和提高临床疗效具有重要意义。本实验通过两种方法测定细菌对抗生素的敏感程度。

【仪器与试剂】

1. **菌种**　金黄色葡萄球菌、痢疾志贺菌 6~8 小时肉汤培养物。
2. **培养基**　普通琼脂平板(直径为 9cm)、肉汤培养基。
3. **药品**　青霉素溶液(50U/ml)、抗生素滤纸片。
4. **器具**　恒温箱、接种环、酒精灯、试管、无菌棉拭子、无菌小镊子、无菌吸管。

【实训步骤】

1. 纸片法

(1)用无菌棉拭子分别蘸取已培养好的金黄色葡萄球菌、痢疾志贺菌 6~8 小时的肉汤培养物,均匀涂布于两个琼脂平板上。

(2)用无菌镊子夹取抗生素(青霉素、链霉素、红霉素、庆大霉素、卡那霉素等)滤纸片,分别贴在两个平板上。两个纸片中心距离不小于 24mm,纸片中心距平板边缘不小于 15mm。一般每个平板贴五个滤纸片为宜。

(3)将平板置 37℃温箱培养 24 小时后取出,观察滤纸片周围的抑菌圈(实训图 7-1),用尺子测量其直径,并对照细菌对抗生素敏感度判断表(实训表 7-1)作出结果判断。

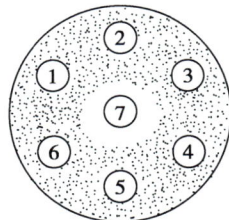

1—氨苄青霉素;2—庆大霉素;3—青霉素;4—链霉素;5—多黏菌素;6—红霉素;7—磺胺。

实训图 7-1　药物敏感试验(纸片法)

实训表 7-1 细菌对抗生素敏感度判断表

抗菌药物	纸片含药量	抑菌圈直径 /mm			最低抑菌浓度 /（μg·ml⁻¹）	
		耐药	中度敏感	敏感	耐药	敏感
青霉素（葡萄球菌 / 其他细菌）	10U/	≤ 20	21~28	≥ 29	≥ 0.2	≤ 0.1
	10U	≤ 11	12~21	≥ 22	≥ 32	≤ 1.5
链霉素	10μg	≤ 11	12~14	≥ 15	≥ 15	≤ 6
氯霉素	30μg	≤ 12	13~17	≥ 18	≥ 25	≤ 12.5
红霉素	15μg	≤ 13	14~17	≥ 18	≥ 8	≤ 2
庆大霉素	10μg	≤ 12	13~14	≥ 15	≥ 8	≤ 4
卡那霉素	30μg	≤ 13	14~17	≥ 18	≥ 25	6
四环素	30μg	≤ 14	15~18	≥ 19	≥ 12	≤ 4
多黏菌素 B	300U	≤ 8	9~11	≥ 12	≥ 50U	
磺胺	300μg	≤ 12	13~16	≥ 17	≥ 350	≤ 100
甲氧苯青霉素	5μg	≤ 9	10~13	≥ 14		≤ 3
奈啶酸	30μg	≤ 13	14~18	≥ 19	≥ 32	≤ 12

2. 试管法

（1）金黄色葡萄球菌菌液制备：取金黄色葡萄球菌 6~8 小时肉汤培养物 0.1ml 加于 2ml 肉汤培养基中，置 37℃恒温箱培养 6~8 小时后备用。

（2）方法：取 10 支无菌小试管标号后，除第一管外其他每管加入肉汤培养基 1ml。

在第一、二管中各加入青霉素（50U/ml）溶液 1ml，混匀。

从第二管中吸取 1ml 加入第三管中，混匀，然后依此法加样稀释至第九管，再从第九管中取出 1ml 弃去。

第十管不加青霉素作为对照管。

于每管中加入金黄色葡萄球菌菌液各 0.1ml，混匀。

置 37℃温箱培养 24 小时后观察结果，以培养基混浊程度来判断细菌对青霉素的敏感程度，最高稀释度的抗菌药物仍能抑制细菌生长者为最低抑菌浓度，可用 U/ml 表示。

【注意事项】

购取抗生素滤纸片因产地不同，纸片含药量也可能不同，因此在判断结果时应注意参照标准。

【思考题】

细菌药敏试验的意义是什么？

（赵柯蔚）

实训八　放线菌菌落特征及菌丝、孢子形态观察

【 实训目的 】

掌握观察放线菌形态的基本方法,并观察放线菌的形态特征。

【 实训原理 】

和细菌的单染色一样,放线菌也可用石炭酸复红或碱性美蓝等染料着色后,在显微镜下观察其形态。放线菌的孢子丝形状和孢子排列情况是放线菌分类的重要依据,为了不打乱孢子的排列情况,常用印片染色法和胶带纸黏菌染色法进行制片观察。

放线菌是由不同长短的纤细菌丝所形成的单细胞菌丝体,菌丝体分为两部分,即潜入培养基中的营养菌丝(或称基内菌丝)和生长在培养基表面的气生菌丝。有些气生菌丝分化成各种孢子丝,呈螺旋形、波浪形或分枝状等。孢子常呈圆形、椭圆形或杆形。气生菌丝及孢子的形状和颜色常作为分类的重要依据。

【 仪器与试剂 】

1. **菌种**　放线菌划线平板置 28℃、3~5 天后的培养物。
2. **仪器**　显微镜、培养皿、载玻片、牙签、擦镜纸、吸水纸、染色缸等。
3. **试剂**　乳酸石炭酸棉蓝染色液,石炭酸复红染液,生理盐水。

【 实训步骤 】

1. **放线菌自然生长状态下的观察**　将培养 3~4 天的放线菌培养皿打开,放在显微镜低倍镜下寻找菌落的边缘,直接观察菌丝、孢子丝和孢子。

2. **印片法染色观察**

(1)用接种铲或解剖刀(或牙签)将平板上的菌苔连同培养基切下一小块,菌面朝上放在载玻片中央。

(2)用另一块洁净载玻片置火焰上微热后,盖在菌苔上,轻轻垂直按压,将其压碎,使培养物(孢子丝或孢子)黏附在后一块载玻片中央,弃去培养基,制成涂片,将有印迹的一面朝上,通过火焰 2~3 次固定。

(3)用石炭酸复红染液或吕氏碱性美蓝染液覆盖印迹,染色 0.5~1 分钟后水洗。

(4)干燥后,用油镜观察营养菌丝、孢子丝及孢子的形态。

(5)绘图说明所观察到的放线菌主要形态特征。

【注意事项】

操作时不能压碎培养基,也不能将孢子或菌丝压入培养基。

【思考题】

1. 镜检时,如何区分放线菌的基内菌丝和气生菌丝?
2. 显微镜下,细菌、放线菌、酵母菌和霉菌的主要区别是什么?

(赵柯蔚)

实训九　真菌菌落特征及形态观察

【实训目的】

1. 正确辨认毛霉、青霉和曲霉的形态、结构与菌落特征。
2. 正确辨认白念珠菌的形态、结构与菌落特征。
3. 正确辨认新型隐球菌的形态、结构与菌落特征。
4. 正确辨认皮肤丝状菌的形态与结构特征。

【实训原理】

1. 真菌有单细胞型真菌和多细胞型真菌两种类型。单细胞型真菌的菌体呈圆形或卵圆形,以出芽方式繁殖,如酵母型真菌和类酵母型(有假菌丝)真菌。多细胞型真菌由菌丝和孢子组成,又称为丝状菌(俗称霉菌)。
2. 不同真菌的菌丝和孢子形态各异,可作为真菌鉴别和分类的依据。

【仪器与试剂】

1. **示教片**　白念珠菌革兰氏染色片、新型隐球菌墨汁染色片、皮肤丝状菌棉蓝染色片、毛霉、青霉和曲霉的棉蓝染色片。
2. **真菌菌种**　白念珠菌及霉菌培养物。

3. 器材　光学显微镜。

【实训步骤】

1. 观察示教片

(1)毛霉、青霉和曲霉的棉兰染色片观察：用低倍镜先找到菌丝和孢子，再用高倍镜观察菌丝和孢子的形态，辨认各种霉菌的菌丝和孢子特征。

(2)皮肤丝状菌棉兰染色片观察：用低倍镜先找到菌丝和孢子，再用高倍镜观察菌丝和孢子的形态，描述菌丝和孢子的类型。

(3)白念珠菌革兰氏染色片观察：用低倍镜先找到视野，在高倍镜下详细观察，可见革兰氏染色阳性、圆形或卵圆形的菌体，有假菌丝和芽生孢子。

(4)新型隐球菌墨汁染色片观察：用低倍镜先找到视野，在高倍镜下详细观察，可见黑色背景下的透亮圆形菌体，周围有宽厚、透明的荚膜，有时可见到发芽的菌体。

2. 真菌菌落观察

(1)白念珠菌菌落观察：观察白念珠菌在沙保弱葡萄糖琼脂培养基上的生长现象，描述其菌落形态、大小和颜色等。

(2)各种霉菌菌落观察：观察白念珠菌在沙保弱葡萄糖琼脂培养基上的生长现象，辨认并描述各种霉菌的菌落特征。

【注意事项】

1. 注意显微镜的正确使用，避免压碎标本片及损伤镜头。
2. 注意显微镜使用后的维护，使用后须正确复位并保持镜头清洁。

【思考题】

1. 白念珠菌是单细胞真菌还是多细胞真菌？有哪些形态及结构特征？
2. 毛霉、青霉和曲霉的形态与结构有何区别？

(崔艳丽)

实训十　乙型肝炎病毒表面抗原的检测

【实训目的】

掌握酶联免疫吸附试验（ELISA）的结果判定和意义。

【实训原理】

抗原或抗体吸附到固相载体表面，仍保持其免疫活性；抗原或抗体与酶联结制成的酶标记抗原和酶标记抗体仍保持其免疫活性和酶活性；将已知抗体吸附于固相载体表面，加入待检标本，使标本中的抗原与固相载体上的相应抗体结合，再加入酶标记抗体，形成已知抗体-标本中抗原-酶标记抗体复合物。最后加入酶的底物。结合在复合物上的酶与相应底物反应形成带有颜色的产物。可根据显色程度对抗原进行定性或定量分析。

【仪器与试剂】

乙型肝炎表面抗原检测试剂盒、待检样品、微量移液器、水浴箱等。

【实训步骤】

1. **实验准备**　从冷藏环境中取出 HBsAg 检测试剂盒，在室温下平衡 30 分钟；将浓缩洗涤液按说明书稀释为应用液。

2. **加待测标本**　每次试验设阴性、阳性对照各 2 孔，分别加入阴、阳性对照 50μl，空白对照 1 孔；其余各孔加入待测标本各 50μl，封板，置 37℃水浴箱中孵育 60 分钟。

3. **洗板**　取出反应板，弃液、拍干，每孔注满洗涤液，静置 5 秒钟后弃液、甩干，重复洗涤 5 次，在干净的滤纸上拍干。

4. **加酶结合物**　每孔用滴瓶滴加 1 滴（空白孔不加），振荡混匀，封板，置 37℃水浴箱中孵育 30 分钟。

5. **洗板**　操作同前。

6. **加显色剂**　每孔先后加显色剂 A、B 各 1 滴，振荡混匀，封板，放置 37℃水浴箱中避光孵育 10 分钟。

7. **终止反应**　每孔加入终止液 1 滴，混匀。

8. **酶联免疫吸附试验（ELISA）实验结果**
OD 值分析：P（样品）、N（阴性）

P/N=(待检样品 OD– 空白 OD)/(阴性对照 OD– 空白 OD)

P/N ≥ 2.1 为阳性。

【注意事项】

严格按照试剂盒说明操作。

【思考题】

简述乙型肝炎病毒表面抗原检测的原理。

（徐丽丹）

实训十一　无菌检查法

【实训目的】

无菌检查法系用于检查《中国药典》(现行版)要求无菌的药品、医疗器械、原料、辅料及其他品种是否无菌的一种方法。本实验以水溶性药品为例,金黄色葡萄球菌为阳性对照菌,采用薄膜过滤法进行无菌检查,旨在让学生了解无菌检查程序及注意事项。

【实训原理】

通过集菌仪将供试品通过一次性无菌集菌培养器中 0.45μm 的微孔滤膜进行过滤,将供试品中的微生物截留于微孔滤膜上,在一次性无菌集菌培养器中加入相应培养基,并于适宜的温度下培养,若一次性无菌集菌培养器中有微生物,则说明供试品并非无菌状态,药品不合格。

【仪器与试剂】

无菌检验隔离系统或净化工作台、集菌仪、培养箱、灭菌器、生物安全柜、硫乙醇酸盐流体培养基,胰酪大豆胨液体培养基、一次性无菌集菌培养器、刻度吸管、75% 酒精棉球、洁净服、接种环、剪刀、镊子。

【实训步骤】

1. 培养基配制

(1)硫乙醇酸盐流体培养基：先称量胰酪胨 15.0g，氯化钠 2.5g，酵母浸出粉 5.0g，葡萄糖 / 无水葡萄糖 5.5g/5.0g，新配制的 0.1% 刃天青溶液 1.0ml，L- 胱氨酸 0.5g，琼脂 0.75g，硫乙醇酸钠 0.5g（或硫乙醇酸）(0.3ml)，注射用水 1 000ml。除葡萄糖和刃天青溶液外，取上述成分混合，微温溶解，调节 pH 为弱碱性，煮沸，滤清，加入葡萄糖和刃天青溶液，摇匀，调节 pH，使灭菌后在 25℃的 pH 为 7.1±0.2。分装至适宜的容器中，其装量与容器高度的比例应符合培养结束后培养基氧化层（粉红色）不超过培养基深度的 1/2。121℃高压灭菌 15 分钟，备用。

(2)胰酪大豆胨液体培养基：先称 / 量取胰酪胨 17.0g，大豆木瓜蛋白酶水解物 3.0g，氯化钠 5.0g，磷酸氢二钾 2.5g，葡萄糖 / 无水葡萄糖 2.5g/2.3g，注射用水 1 000ml。除葡萄糖外，取上述成分，混合，微温溶解，滤过，调节 pH，使灭菌后在 25℃的 pH 为 7.3±0.2，加入葡萄糖，分装，121℃高压灭菌 15 分钟，备用。

2. 菌悬液的制备
接种金黄色葡萄球菌的新鲜培养物至胰酪大豆胨液体培养基上，30~35℃培养 18~24 小时，上述培养物用 0.9% 无菌氯化钠溶液制成每 1ml 含菌数小于 100cfu 的菌悬液，备用。

3. 其他实验用品的准备
将洁净服、镊子装入呼吸袋内，于 121℃灭菌 30 分钟，传入洁净区；无菌手套、一次性无菌集菌培养器、灭菌后的培养基容器等，用 75% 乙醇喷洒消毒后传入洁净区备用。

4. 试验过程

(1)取出一次性无菌集菌培养器前先检查包装是否完好无损，在无菌检验隔离系统 / 净化工作台内打开无菌包装袋，将一次性无菌集菌培养器的弹性软管装入集菌仪蠕动泵的管槽内，要求定位准确，软管走势顺畅。

(2)打开待检样品，拔下进样双芯针管护套，插入样品瓶中。开启一次性无菌集菌培养器，取规定检验量直接过滤。

(3)将一次性无菌集菌培养器的底口封上，用软管夹子依次开闭软管，开启集菌仪，将培养基注入指定的一次性无菌集菌培养器内。

(4)先将 1 个一次性无菌集菌培养器加入 100ml 胰酪大豆胨液体培养基；再将另外 2 个一次性无菌集菌培养器各加入 100ml 硫乙醇酸盐流体培养基。

(5)用夹子夹闭与一次性无菌集菌培养器连接部的软管，留出 5~6cm 软管，剪除其余部分，并将留下的软管开口端插在空气过滤器的开口上。

5. 阳性对照
将以上操作完毕的样品，取 1 个含硫乙醇酸盐流体培养基的一次性无菌集菌培养器，转移至阳性对照室生物安全柜内，用一次性注射器从空气过滤器的开口处加入金黄色葡萄球菌液（小于 100cfu/ml）。

6. 阴性对照　取同批配制、灭菌的硫乙醇酸盐流体培养基、胰酪大豆胨液体培养基分别过滤至一次性无菌集菌培养器,作为阴性对照。

7. 培养及观察

(1)供试品观察:将上述接种供试品后的样品分别培养,硫乙醇酸盐流体培养基置30~35℃培养箱内培养,胰酪大豆胨液体培养基置20~25℃培养箱内培养。培养时间为14天,逐日观察并记录是否有菌生长。

(2)阳性对照:置30~35℃培养箱内培养不超过120小时。

(3)阴性对照:根据培养基类型与供试品同时进行培养,逐日观察至14天。

8. 结果判定

(1)供试品溶液:培养器中溶液澄清说明无菌落生长,则判定为合格;如浑浊者说明有菌落生长,则判定为不合格。

(2)阳性对照培养器应菌落生长良好,阴性对照培养器不得有菌生长。

【注意事项】

1. 实验过程必须保证无菌操作,穿灭菌后的洁净服,双手佩戴无菌手套,如实验过程中碰触其他物品,应及时进行手部消毒。

2. 无菌操作中所需试验用具需提前进行消毒、灭菌后传入无菌隔离器或净化工作台,避免外界干扰造成的假阳性。

3. 消毒剂的使用不得影响微生物检出,避免造成假阴性。

【思考题】

1. 为什么所有实验用具均需要提前进行消毒或灭菌?
2. 器具及洁净服的最佳灭菌方式是什么?

(张兰英)

实训十二　药物的微生物限度检查法

【实训目的】

微生物限度检查法分为微生物计数法及控制菌检查法,其中微生物计数法应用更为广泛,故以本法为例。微生物计数法系用于检查非无菌制剂及原、辅料等中能在有氧条件下生长的嗜温细菌和真菌的计数,以判断被检查药品的微生物限度是否符合标准。本实验以水溶性片剂药品为例,采用平皿倾注检查法进行微生物限度检查,旨在让学生了解微生物限度检查法的试验过程及注意事项。

【实训原理】

将制备后的供试品分别接种至胰酪大豆胨琼脂培养基和沙氏葡萄糖液体培养基中,按照实验步骤操作,并将样品放至合适的温度下培养。需氧菌、霉菌和酵母菌在培养基上生长繁殖形成肉眼可见的菌落。通过计数菌落数,推算出供试品中单位重量、体积或表面积内所含需氧菌、霉菌和酵母菌的数量。

【仪器与试剂】

净化工作台、培养箱、灭菌器、平皿、胰酪大豆胨琼脂培养基、沙氏葡萄糖琼脂培养基、刻度吸管、75% 酒精棉球、洁净服。

【实训步骤】

1. 培养基及稀释液配制

(1)胰酪大豆胨琼脂培养基:胰酪胨 15.0g、大豆木瓜蛋白酶水解物 5.0g、氯化钠 5.0g、琼脂 15.0g、纯化水 1 000ml。除琼脂外,取上述成分,混合,微温溶解,调节 pH,使灭菌后在 25℃的 pH 为 7.3 ± 0.2,加入琼脂,加热溶化后,摇匀,分装,121℃灭菌 15 分钟,备用。

(2)沙氏葡萄糖液体培养基:动物组织胃蛋白酶水解物和胰酪胨等量混合物 10.0g、葡萄糖 40.0g、琼脂 15.0g、纯化水 1 000ml,除葡萄糖、琼脂外,取上述成分,混合,微温溶解,调节 pH 使灭菌后在 25℃的 pH 为 5.6 ± 0.2,加入琼脂,加热溶化后,再加入葡萄糖,摇匀,分装,121℃灭菌 15 分钟,备用。

2. 其他实验用品的准备

洁净服、刻度吸管、培养皿灭菌后传入洁净区;灭菌后的培养基容器,供试品用 75% 乙醇喷洒消毒后传入洁净区备用。

3. 试验过程

样品使用刻度吸管分别取供试液或稀释级各 1ml,置直径约为 90mm 的无菌平皿中,注入 15~20ml 温度不超过 45℃的溶化的胰酪大豆胨琼脂培养基或沙氏葡萄糖琼脂培养基,混匀,凝固,倒置培养。每稀释级每种培养基至少制备 2 个平皿。

4. 阴性对照试验

取试验用的稀释液 1ml,置无菌平皿中,注入培养基,凝固,倒置培养。每种计数用的培养基各制备 2 个平皿。

5. 培养及观察

(1)供试品观察:胰酪大豆胨琼脂培养基平皿在 30~35℃培养不少于 3 天,沙氏葡萄糖培养基平皿在 20~25℃培养不少于 5 天,观察菌落生长情况,点计平板上生长的所有菌落数并计数。

(2)阴性对照:根据培养基类型同样品一起培养,不得有菌生长。

【注意事项】

1. 实验过程需尽量避免微生物污染,试验前需进行手部消毒或佩戴一次性无菌手套,试验中不定期进行手部消毒。

2. 所需试验用具需提前进行消毒后净化工作台,避免其他因素干扰。

【思考题】

阴性对照有菌落说明什么问题? 该如何处理?

(张兰英)

实训十三　动物 I 型超敏反应

【实训目的】

观察豚鼠对马血清的过敏反应,联系青霉素引起过敏性休克的临床表现,加深理解 I 型超敏反应的发病机制,并提高对防治 I 型超敏反应性疾病重要性的认识。

【实训原理】

经变应原刺激的动物机体可产生 IgE 类抗体,其与肥大细胞、嗜碱性粒细胞上 IgE Fc 段受体结合,形成致敏的肥大细胞和嗜碱性粒细胞,使机体处于致敏状态。同一变应原再次刺激机体后,可立即与致敏的肥大细胞、嗜碱性粒细胞表面的 IgE 结合,激活肥大细胞和嗜碱性粒细胞,脱颗粒释放生物活性介质如组胺、白三稀等,引起过敏性休克。

【仪器与试剂】

雌性豚鼠,马血清,鸡蛋清,生理盐水,碘酒,乙醇,无菌注射器,解剖板,手术剪,镊子。

【 实训步骤 】

1. 取健康成年雌性豚鼠 3 只。空白对照组 1 只,模型对照组 1 只,实验组 1 只。空白对照组豚鼠皮下注射 0.5ml 无菌生理盐水,模型对照组和实验组豚鼠皮下各注射 0.5ml 马血清。

2. 2~3 周后,先观察各组豚鼠状态,然后固定好豚鼠,找到心尖搏动最明显处,用碘酒、乙醇依次消毒后,空白对照组豚鼠心脏内注射 1ml 马血清,模型对照组豚鼠心脏内注射 1ml 新鲜鸡蛋清,实验组豚鼠心脏内注射 1ml 马血清。

3. 注射后密切观察豚鼠变化,注意有无过敏反应出现。如于注射后数分钟内,豚鼠出现兴奋、不安、鼻翼扇动、用前爪搔鼻、咳嗽打喷嚏、耸毛等现象,继而发生呼吸困难、站立不稳、痉挛性跳跃、大小便失禁、倒地挣扎而死亡视为过敏性休克。空白对照组和模型对照组豚鼠应安然无恙,实验组豚鼠会出现上述过敏反应。

4. 将死亡豚鼠解剖,可见肺气肿,肺脏充满整个胸腔。

【 注意事项 】

1. 心脏注射必须准确,有回血后再注入。
2. 由于存在个体差异,少数实验组豚鼠可能不会出现明显的过敏反应症状。

【 思考题 】

1. 为什么实验组豚鼠心脏内注射马血清后会出现上述症状?为什么其他组不会出现上述症状?
2. 所有实验组豚鼠都会出现上述症状吗?
3. 发生过敏反应的豚鼠都会死亡吗?
4. 发生过敏性休克后如何进行救治?

(张佳伦)

实训十四　免疫学应用

一、血型测定

【实训目的】

掌握直接凝集反应的原理、操作方法和临床意义。

【实训原理】

直接凝集反应是颗粒性抗原（如细菌、螺旋体和红细胞等）在适当的电解质参与下，可以直接与相应的抗体结合，从而出现凝集现象。

【仪器与试剂】

红细胞抗 A 标准血清、红细胞抗 B 标准血清、载玻片、人红细胞悬液、滴管、牙签、记号笔。

【实训步骤】

1. 取载玻片 1 张，用记号笔分别于左右上角标写"A""B"。
2. 用一支滴管吸取抗 A 标准血清 1 滴置"A"角，用另一支滴管吸取抗 B 标准血清 1 滴置"B"角。
3. 用第三支滴管吸取人红细胞悬液 1 滴分别滴入载玻片两角的标准血清内，以牙签搅匀混合。
4. 观察结果，结果分析见实训表 14-1。

实训表 14-1　ABO 血型测定结果

A 端	B 端	ABO 血型类型
+	−	A
−	+	B
−	−	O
+	+	AB

注："+"表示凝集，"−"表示不凝集。

【注意事项】

1. 室温需保持在 20℃左右，若低于 10℃，易出现冷凝集现象而造成假阳性。
2. 结果要及时观察，时间过长可致标本干涸影响结果观察。

【思考题】

简述直接凝集反应的原理。

二、早早孕检测

【实训目的】

掌握金免疫技术用于早早孕检测的原理、操作方法及临床意义。

【实训原理】

试剂条(实训图 14-1)A 端和 B 端分别为吸水性材料，A 端吸水性材料上还黏附有吸尿玻璃纤维；A 端的近 G 处粘贴有冻干金标记的抗 HCG 玻璃纤维，紧接着为硝酸纤维素膜，其上有两个反应区域，测试区(T)固定有抗 HCG 抗体，对照区(C)固定有对应的抗 IgG 抗体。测试时将试剂条下端浸入液体标本中，通过吸水材料虹吸作用吸引标本液向上移动，使胶体金标记的抗 HCG 复溶，如果标本中有与金标抗体相对应的 HCG，两者即在该处结合，此抗原抗体复合物流至 T 区时，即被固相抗 HCG 所获，胶体金颗粒发生聚集变为红色。反之则不出现颜色。过剩胶体金标记的抗 HCG 或金标记的抗体抗原复合物继续向前移动，与 C 区的抗 IgG 抗体结合，出现红色质控条带。

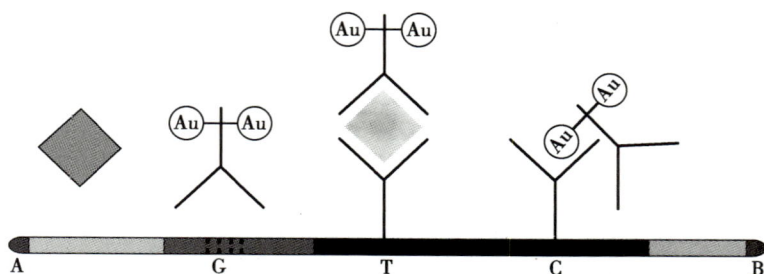

实训图 14-1　斑点金免疫层析试验双抗体夹心法测抗原示意图

【仪器与试剂】

一次性洁净的尿杯、市售金标早早孕检测试剂盒。

【实训步骤】

1. 嘱待检者用一次性干燥洁净的尿杯留取新鲜尿液。

2. 将测试纸条有箭头的一端插入尿液标本容器中，至少 5 秒钟后取出平放，5 分钟内观察结果。

3. 若出现两条紫红色线为 HCG 阳性（妊娠），若只质控线显示紫红色为阴性（未妊娠）。若测试条质控线无紫红色反应线出现，表明试验失败或测试条失效。

【注意事项】

1. 早早孕试纸条应置于 4~30℃避光密封干燥储存，切勿冰冻，使用前恢复室温（20~30℃）。

2. 尿液标本应收集在干燥洁净的一次性尿杯中，尿液应新鲜。

3. 测试纸条插入尿液不可超过 MAX 标志线。

4. 强阳性尿液中 HCG 含量较多，测试区可能显色偏淡，甚至不显色，出现假阴性结果，可以将尿液稀释后重新检测。

【思考题】

简述早早孕检测的原理。

（徐丽丹）

参考文献

［1］ 凌庆枝, 魏仲香. 微生物与免疫学. 2 版. 北京: 人民卫生出版社, 2018.

［2］ 曹雪涛. 医学免疫学. 8 版. 北京: 人民卫生出版社, 2024.

［3］ 肖纯凌, 吴松泉. 病原生物学和免疫学. 8 版. 北京: 人民卫生出版社, 2018.

［4］ 刘荣臻, 曹元应. 病原生物学和免疫学. 4 版. 北京: 人民卫生出版社, 2019.

［5］ 陈红, 张驰. 病原生物学和免疫学. 成都: 四川大学出版社, 2017.

［6］ 熊群英, 张晓红. 微生物基础. 北京: 人民卫生出版社, 2017.

［7］ 郭晓奎, 彭宜红. 医学微生物学. 10 版. 北京: 人民卫生出版社, 2024.

［8］ 李剑平, 吴正吉. 微生物学检验. 5 版. 北京: 人民卫生出版社, 2020.

［9］ 吴雄文, 强华. 微生物学与免疫学. 9 版. 北京: 人民卫生出版社, 2023.

［10］ 蔡凤. 微生物学与免疫学 47 版. 北京: 科学出版社, 2021.

［11］ 杨朝晖. 病原生物与免疫学. 2 版. 北京: 中国医药科技出版社, 2022.

［12］ 袁嘉丽, 刘永琦. 免疫学基础与病原生物学. 4 版. 北京: 中国中医药出版社, 2016.

［13］ 林逢春, 孙中文. 免疫学检验. 5 版. 北京: 人民卫生出版社, 2020.

［14］ 陈廷, 李水仙. 病原生物学和免疫学. 4 版. 北京: 人民卫生出版社, 2019.

［15］ 吴移谋, 邵国青. 支原体学. 3 版. 北京: 人民卫生出版社, 2022.

［16］ 吴移谋, 杨天赐. 梅毒螺旋体与疾病. 厦门: 厦门大学出版社, 2023.

［17］ 国家药典委员会. 中华人民共和国药典: 2025 年版. 北京: 中国医药科技出版社, 2025.

［18］ 王莹, 李雪松, 赵健琦. 1 例亚胺培南/西司他丁引起药物热的病例分析. 中国实验诊断学, 2017, 21 (8): 1475-1476.

［19］ 耿晶, 李佳薪, 念诚. 免疫细胞代谢及其功能调节研究进展. 中国细胞生物学报, 2019, 41 (7): 1225-1235.

［20］ 王娜, 韩晓红. 微生物菌群与抗肿瘤药物疗效及不良反应相关性研究进展. 协和医学杂志, 2023, 14 (5): 932-938.

目标检测参考答案

第一章　微生物和微生物学

一、简答题

略。

二、实例分析

要点提示：

1. 从巴斯德的实验发现中可以看出,变酸的酒是因为一种又细又长的细菌导致的。这种细菌很可能来自空气污染。

2. 从巴斯德实验可以看出,50℃的温度下加热并密封,葡萄酒依旧酒味芳醇,而不加热的酒却把人的牙都酸软了,说明 50℃的温度可杀死致酒变酸的某些细菌。故可采取加热的方式对酒消毒,但温度不能太高,目前常用的方法为巴氏消毒法。

第二章　原核微生物

一、简答题

1. 答:革兰氏染色法的操作与步骤如下。

   (1)标本片制作:取材,涂片,干燥,固定。

   (2)染色步骤

   第一液:碱性结晶紫,初染 1 分钟,水洗。

   第二液:碘液,媒染 1 分钟,水洗。

   第三液:95% 乙醇,脱色,30 秒,水洗。

   第四液:稀释石炭酸复红,复染 30 秒,水洗。

   (3)镜检:光学显微镜放大 1 000 倍,观察其形态,染色性,经革兰氏染色将细菌分为两大类,一类是革兰氏阳性菌呈紫色;一类是革兰氏阴性菌呈红色。

   (4)革兰氏染色的意义:①鉴别细菌;②指导选择用药,革兰氏阳性菌对青霉素敏感;③致病性方面,革兰氏阳性菌大多数以其外毒素致病,革兰氏阴性菌以其内毒素致病。

2. 答:细菌的群体生长繁殖分为以下四期。

   (1)迟缓期:指细菌进入新的环境后短暂适应阶段。

   (2)对数生长期:保存菌,药敏试验。

   (3)稳定期:抗生素合成,芽孢形成,外毒素合成。

(4)衰亡期：形态呈多形性。

3. 细菌的合成代谢产物及其医学意义

合成代谢产物	作用
热原	注入动物体或人体内，引起发热
侵袭性酶类	如透明质酸酶分解结缔组织中的透明质酸，有利于细菌扩散
毒素	内外毒素是构成细菌毒力的重要致病因素
色素	鉴别细菌
抗生素	抑制或杀灭多种某些其他微生物或肿瘤细胞
细菌素	作用范围狭窄，仅对有亲缘关系的细菌有杀伤作用
维生素	合成的 B 族维生素和维生素 K 对人有益

4. 肺炎支原体的传染源是患者和带菌者，主要通过飞沫传播，肺炎支原体感染引起的病理改变以间质性肺炎为主，又称为原发性非典型肺炎。临床症状较轻，可出现咳嗽、发热、头痛等症状，X 射线检查肺部有明显浸润。个别患者可伴有呼吸道以外的并发症，如心血管、神经症状和皮疹。

5. ①革兰氏阴性，呈圆形或椭圆形；②具有独特的发育周期，在活细胞内以二分裂方式繁殖；③有细胞壁，无肽聚糖，只含微量的胞壁酸；④有 DNA 和 RNA 两种核酸；⑤有核糖体和较复杂的酶类，能进行多种代谢，但缺乏供代谢所需的能量来源，必须由宿主细胞提供；⑥对多种抗生素敏感，衣原体广泛寄生于人、哺乳动物及禽类。

6. 通过性接触传染，也从母体通过胎盘传给胎儿。获得性梅毒分 3 期。Ⅰ期梅毒：约在感染后 3 周左右，局部出现无痛性硬下疳，多见于外生殖器，也可见于肛门、直肠和口腔。Ⅱ期梅毒：全身皮肤黏膜常出现梅毒疹（主要见于躯干及四肢）、全身淋巴结肿大，也可累及骨、关节、眼和神经系统。Ⅲ期梅毒：亦称晚期梅毒，此期波及全身组织和器官，呈现慢性炎症损伤，常见病变是慢性肉芽肿，特点为皮肤黏膜出现溃疡性坏死病灶，局部组织因动脉内膜炎所引起缺血坏死，以神经毒和心血管梅毒最为常见。

二、实例分析

1. 诊断依据：青壮年男性，高烧、咳嗽 3 天急诊入院；3 天前因淋雨后出现寒战，体温高达 40℃；咳嗽，咳痰，痰呈铁锈色，WBC 18.5×10^9/L，X 射线胸片发现右肺中叶有大片阴影。

2. 肺炎链球菌，是革兰氏阳性菌。

第三章　真核微生物

一、简答题

1. 真菌的生物学特性有以下几点。

(1) 真菌是真核细胞型微生物,有单细胞型真菌和多细胞型真菌,单细胞型真菌呈圆形或卵圆形,多细胞型真菌有孢子和菌丝两种形态。孢子和菌丝是真菌鉴别和分类的依据。真菌能进行有性繁殖和无性繁殖,孢子为其繁殖结构。

(2) 真菌营养要求不高,在高糖、高氧、高湿、低温(22~28℃)pH 偏酸环境中易生长。常用沙保弱葡萄糖琼脂培养基,多数生长缓慢,可形成酵母型、类酵母型和丝状三种菌落。

(3) 真菌不耐热,对干燥、紫外线有较强的抵抗力,对抗细菌感染的抗生素不敏感。

2. 病原性真菌多进行无性繁殖,产生无性孢子。无性孢子主要有三类。①叶状孢子:芽生孢子、厚膜孢子和关节孢子。②分生孢子:大分生孢子和小分生孢子。③孢子囊孢子。

3. 可引起中药发霉变质的真菌主要有毛霉、根霉、梨头霉、曲霉、青霉。

4. 常见的病原性真菌有白念珠菌、新型隐球菌。

白念珠菌引起皮肤、黏膜及内脏的急性或慢性炎症,称为念珠菌病。

新型隐球菌多引起外源性感染,初始感染灶为肺部,一般预后良好,可从肺部播散至全身其他部位,最易侵犯的是中枢神经系统,引起慢性脑膜炎。

二、实例分析

1. (1) 该患者可能感染了黄曲霉。

(2) 黄曲霉除了可以引起肺曲霉病外,还可污染食品产生黄曲霉毒素,引起人或动物急、慢性中毒,损伤肝、肾、神经等组织器官。黄曲霉毒素与肝癌的发生亦有密切关系。

2. (1) 该患者感染了白念珠菌。

(2) 白念珠菌通常存在于人的皮肤、口腔、上呼吸道、阴道及肠道黏膜,多引起内源性感染,为机会致病真菌。在机体抵抗力下降时引起皮肤、黏膜及内脏的急性或慢性炎症,称为念珠菌病。临床表现主要有:①皮肤念珠菌病,如皮肤湿疹样症、肛门周围瘙痒症、指(趾)间糜烂症等;②黏膜念珠菌病,如鹅口疮、口角糜烂、外阴炎及阴道炎等;③内脏念珠菌病,病原菌可随血流扩散至全身,引起支气管炎、肺炎、肠炎、膀胱炎、肾盂肾炎、关节炎、心内膜炎等;④中枢神经系统念珠菌病,如脑膜炎、脑膜脑炎、脑脓肿等。

第四章　病　毒

一、简答题

1~3 略。

4. 流感病毒的抗原变异有两种形式。①抗原漂移(antigenic drift):由于病毒基因点突变,HA、NA变异幅度小,属量变,引起局部中、小规模的流行;②抗原转换(antigenic shift):由于病毒基因重组,HA 或 NA 变异幅度大,属质变,常导致新亚型出现,可引起较大规模的流行。

5. (1) 乙型肝炎的主要传染源是患者和无症状的 HBV 携带者。

(2) HBV 的主要传播途径有 3 条。①血液传播:输血、输液、注射、手术、针刺、拔牙、妇科操作、纤维内镜检查等均可传播。此外,针刺(文身)、静脉药瘾者及皮肤黏膜的微小损伤等亦可导致感染。②母婴传播：也称垂直传播。传播方式包括宫内感染、围产期传播、哺乳或密切接触传播。③性传播及密切接触传播：由于 HBV 存在于唾液、精液及阴道分泌物等体液中，因此，性滥交者、同性恋者及不安全性行为者是 HBV 感染的高危人群,HBV 感染者的配偶也比其他家庭成员更易受到感染。

6. (1)艾滋病的传染源是 HIV 感染者和艾滋病患者。

(2)艾滋病的主要传播途径有 3 条。①性传播：是 HIV 的主要传播途径,包括同性或异性间的性行为,直肠和肛门皮肤黏膜的破损更易感染；②血液传播：静脉药瘾者是高危人群；③母婴传播：HIV 可经胎盘、产道或哺乳等方式传播。

(3)主要措施包括：①开展广泛宣传教育,普及预防知识,认识艾滋病的传染方式及其严重危害性,杜绝吸毒和性滥交；②控制传染源,建立 HIV 感染的监测系统,掌握该疾病的流行动态；③切断传播途径,对供血者进行 HIV 抗体检查,一切血制品均应通过严格检疫,确保输血和血液制品的安全性；④禁止共用注射器、注射针、牙刷和剃须刀等。暴露后 24 小时内选用 2 种及以上药物实施暴露后预防,有暴露风险人群可实施暴露前预防。

二、实例分析

1. 该患者感染了人类免疫缺陷病毒(HIV)；可能经性传播或血液传播；该患者处于典型 AIDS 期；可确诊该疾病的试验是蛋白质印迹法。

2. 该患者感染了乙型肝炎病毒(HBV)；可能经血液传播或性传播及密切接触传播；该患者处于急性或慢性乙型肝炎(俗称"大三阳")；血液有传染性。

第五章　微生物在药学中的应用

简答题

1~2 略。

第六章　免疫学基础概述

简答题

1. 免疫是机体识别和清除抗原性异物,维持机体自身生理平衡与稳定的一种生理功能。

2. 免疫功能对机体正常条件下有利,异常条件下有害。

主要功能	生理表现	病理表现
免疫防御	抵抗病原体的感染作用	过强：超敏反应性疾病 过低：免疫缺陷病
免疫稳定	清除体内衰老、损伤及死亡的细胞	紊乱：自身免疫病
免疫监视	清除体内突变细胞、病毒感染细胞	低下：肿瘤、病毒持续性感染

第七章　抗　　原

简答题

1. 常见的人类同种异型抗原有血型抗原和人主要组织相容性抗原即人白细胞抗原(HLA)。已发现有40余种血型抗原系统,如ABO系统和Rh系统。HLA是人群中多态性最高的同种异型抗原,成为个体区别于其他人的独特遗传标志,是介导人体间移植排斥反应的主要移植抗原。

2.

	TD-Ag	TI-Ag
表位结构特点	复杂,含多种表位	含单一表位
表位组成	B细胞和T细胞表位	重复B细胞表位
T细胞辅助	必需	不需
MHC限制性	有	无
激活B细胞种类	B2	B1
免疫应答类型	体液免疫和细胞免疫	体液免疫
产生抗体类型	IgM、IgG、IgA等	IgM
免疫记忆性	有	无

3. 佐剂的作用机制为:①刺激抗原提呈细胞,增强其对抗原的加工和提呈,延长抗原在体内潴留时间;②改变抗原物理性状,延缓抗原降解;③刺激淋巴细胞的增殖分化,增强和促进对抗原的免疫应答。

第八章　免疫器官与免疫细胞

简答题

1. 免疫器官包括中枢免疫器官和外周免疫器官。人体中枢免疫器官包括骨髓和胸腺,外周免疫器官主要包括脾脏、淋巴结和黏膜相关淋巴组织。中枢免疫器官是免疫细胞发生、分化和成熟的场所,外周免疫器官是淋巴细胞定居、增殖以及产生免疫应答的场所。

2. 淋巴细胞可分为T淋巴细胞和B淋巴细胞及NK细胞等。B淋巴细胞在人的骨髓内分化成熟,又称为骨髓依赖淋巴细胞,受抗原刺激后,活化、增殖分化为浆细胞产生抗体,发挥体液免疫的作用;T淋巴细胞在胸腺微环境作用下分化成熟,故称为胸腺依赖性淋巴细胞,受抗原刺激后活化、增殖、分化为效应T细胞,发挥细胞免疫效应;NK细胞可直接杀伤肿瘤细胞、病毒或细菌感染的细胞以及机体某些正常细胞,故称自然杀伤细胞。在机体免疫监视和早期抗感染免疫过程中起重要作用。

第九章 免 疫 分 子

简答题

略。

第十章 免 疫 应 答

一、简答题

1. 非特异性免疫应答是生物体在长期进化过程中形成的、与生俱有的天然防御功能。
   其特点是:①人生而有之,可遗传;②作用无特异性,可防御多种病原体;③起效快,接触抗原即发挥防御作用;④没有记忆性,再次接触抗原无放大作用;⑤有种属特异性而无个体差异性。
   2~3 略。

二、实例分析

(1)甲型病毒性肝炎是由甲型肝炎病毒(HAV)所引起的急性传染病。本病无慢性化倾向,预后良好。机体对 HAV 感染的体液免疫应答主要表现为特异性抗体的产生,包括了 HAV-IgM 抗体、HAV-IgG 抗体、HAV-IgA 抗体。IgM 抗体于血清中出现 HAV-RNA 数天后即可查到,是早期诊断甲肝的指标,预示着机体受到了 HAV 的感染,之后 IgM 抗体迅速增多,约在 2~4 周内升至高峰,持续 3~6 周后逐渐下降。

(2)抗 HAV-IgG 出现稍晚,滴度缓慢上升,于感染后 3~6 个月达到高峰,具有很强的中和 HAV 作用,可保护机体不受 HAV 的再次感染,能长期存在,甚至终生,所以该患者出院后复查 HAV IgG 阳性结果,而 IgM 抗体持续 3~6 周后逐渐下降并消失,故患者出院后复查 IgM 阴性。

第十一章 超 敏 反 应

简答题

1~2 略。

3. ①相同点:均有抗体和补体参与。②不同点:抗体和补体参与的角度不同,参与的细胞类型也不尽相同。 Ⅱ型超敏反应,抗体与靶细胞表面抗原结合后,在补体、巨噬细胞和 NK 细胞参与下,引起靶细胞的溶解破坏;Ⅲ型超敏反应,抗体与抗原结合成可溶性循环免疫复合物,其沉积于血管基底膜激活补体,在肥大细胞、嗜碱性粒细胞、血小板和中性粒细胞等效应细胞参与下,引起了组织损伤。

第十二章　免疫学应用

简答题

1~2 略。

课程标准